丝路百城传

特立，不独行

罗马

《圣彼得受难》（卡拉瓦乔画作）。圣彼得被钉在十字架上头朝下，因为他认为自己不配和耶稣以同样的方式死。十字架在尼禄古埃及方尖碑附近。方尖碑伫立在圣彼得广场并被誉为彼得死亡的见证。

圣彼得大教堂。欧洲天主教徒的朝圣地与梵蒂冈罗马教皇的教廷,是全世界第一大圆顶教堂。

圣彼得大教堂圆顶廊檐上有十一个雕像,耶稣基督的雕像位于中间,廊檐两侧各有一座钟,右边的是格林威治时间,左边的是罗马时间。

《圣朗吉诺》（贝尔尼尼）：画中的罗马士兵在耶稣受难时，用手里的长枪刺过十字架上耶稣的腹肋查验死活。耶稣的血顺长枪淌下，溅入这位行刑士兵的眼睛，他原本近盲的双眼立即变得明亮！乃顿悟耶稣真是神的儿子。自此，他痛悔过去，皈依基督，终成圣徒，称为"圣朗吉诺"。

《圣殇－哀悼基督》（米开朗基罗）：依据《圣经》故事，表现基督从十字架上被卸下来后，圣母玛丽娅抱起儿子尸体时悲痛与哀悼的情景。死去的基督肋下有一道伤痕

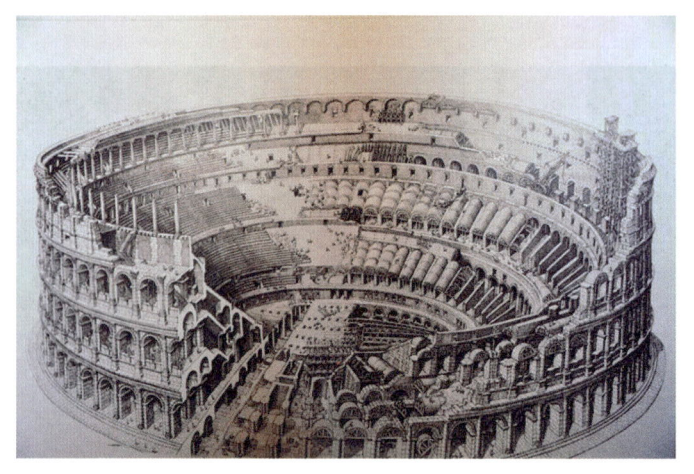

公元70年,提图斯攻破耶路撒冷,为庆贺胜利,皇帝韦帕芗下令强迫8万犹太俘虏建造斗兽场,以取悦凯旋的将士,工程历时八年,斗兽场在提图斯继任皇帝时终于完工。

罗马斗兽场。

《创造亚当》（米开朗基罗）。1564年，艺术家达尼埃莱·达·沃尔泰拉受命遮住西斯廷礼拜堂里米开朗基罗所绘的裸体画的下半身，因此给自己挣了个"大裤衩"的绰号。

崇尚斯多葛哲学的罗马皇帝：马可·奥勒留，撰有名著《沉思录》

鲜花广场中心树立着著名哲学家乔尔丹诺.布鲁诺的雕像，1600年，布鲁诺因宣传日心说而被罗马教会烧死在广场中央。

恺撒遇刺

公元前450年，罗马第一部成文法《十二铜表法》出台，罗马法发展史上的一个重要里程碑。铜表在公元前390年高卢人入侵罗马时被毁。

东罗马帝国皇帝查士丁尼和法学家们。查士丁尼皇帝设立专门委员会编纂罗马法，形成了包括《查士丁尼法律汇编》《法学总论》《法律汇编》《新敕令》四种法律文献在内的法律汇编，统称为《民法大全》，这是罗马法体系最终完成的标志。

查士丁尼一世

《创世纪》穹顶画(米开朗基罗)

"丝路百城传"丛书

刘传铭　主编

THE
BIOGRAPHY
Of
ROMA

人类历史的镜子

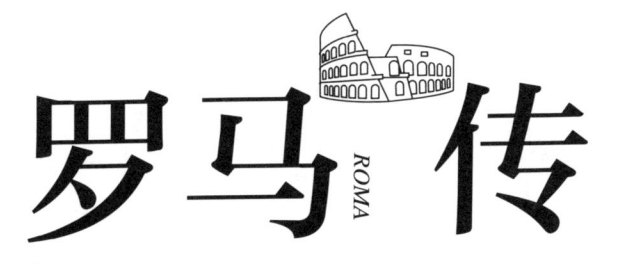

罗马传

科拉多·奥吉阿斯—— 著　吴菡 —— 译

IPG 中国国际出版集团　新星出版社 NEW STAR PRESS

总　序

刘传铭

如果说丝绸之路研究让我们洞见了一部全新的世界史，一定会有人表示惊讶与质疑；

如果说城市的创造是迄今为止人类文明进程中最伟大的事情，则一定会得到人们普遍的支持与认同。

"丝路百城传"丛书的策划正是发轫于这样一个历史观的文化叙述：

丝绸之路是一条无路之路；

丝绸之路是一条既古老又年轻，"不知其始为始，不知其终为终"的漫漫长路；

丝绸之路是一条历史时空里时隐时现，变动不居，连点成线，连线成网的超级公路；

丝绸之路是点实线虚、点变线变、点之兴衰即线之存亡的交通形态，那些关山阻隔、望洋兴叹的城市，便如一颗颗璀璨的明珠镶嵌在路；

丝绸之路是一个文化概念，叠加其上的影像曾被不同国家不同民族的人们呼作：铜铁之路、纸张之路、皮毛之路、奴隶之路、铁蹄之路、黄金之路、朝贡之路、宗教之路；

丝绸之路是中西文明交流与传播、邦国拓展、民族融合之路，也是西方探秘中国、解码东方之路，更是我们反躬自问"我是谁？我从哪里来？我向何处去？"的寻根之路、回家之路；

丝绸之路是今日中国走向世界的新起点、新思路，是"一带一路"中国倡议走向人类命运共同体的未来之路……

无可否认，一个世纪以来，丝路研究之话语为李希霍芬、斯文·赫定、斯坦因、伯希和、大谷光瑞、于格、橘瑞超、芮乐伟·韩森、彼得·弗兰科潘等东西方人所主导。然而半个世纪以来的大国崛起，正在使"夫唯不争"之中国快速走向文化振兴。我们要将《大唐西域记》《真腊风土记》的传统正经补史、继绝往圣、启迪民智、传播正信，同时也将丝绸之路城市传文学以实为说、以城为据、芳菲想象、拒绝平庸的创作视为新使命、新挑战。让"城市传"这样一个文学体裁开出新时代的鲜花。

凭谁问：昆仑巍峨、河源滔滔、玉山储秀、戍堡寂寞；

凭谁问：旌节刻恨、驼铃悠远、琵琶起舞、古调胡旋；

凭谁问：秦汉何在、唐宋可甄、东西接引、前路正新；

凭谁问：八剌沙衮今何在？罗马的钟声谁敲响；

凭谁问：撒马尔罕的金桃今何在？帕米尔上的通天塔何时建成、何时倾倒？

凭谁问：伊斯兰世界的科学造诣何时传到了巴黎和伦敦；

凭谁问：鉴真大师眼中奈良和京都的樱花几谢几开；

凭谁问：乌拉尔河上何时传来了伏尔加河的纤夫号子；

凭谁问：杭州湾的帆樯何时穿越马六甲风云……

诗人说：这条路是唐诗和宋词的吟唱，是太阳和月亮的战争；

军人说：这条路是旌旗卷翻的沙漠，是铁骑踏破的血原；

商人说：这条路是关涉洞开的集市，是金盏银樽的盛宴；

僧侣说：这条路是信仰鲜花盛开的祭坛，是生命涅槃的乡路……

一个个城市的前世今生，一个个城市的天际线风景，一个个城市的盛衰之变，一个个城市的躁动与激情，一个个城市的风物淳美与人文精彩，一个个城市的悲欢离合，一个个城市的内动力发掘与外开拓展望，一个个城市的往事与沉思，一个个城市的魅惑和绝世风华……

从长安到罗马和从杭州湾到地中海是卷帙浩繁的"丝路百城传"丛书的框架结构。也是所有参与写作的中外作家和编辑们共同绘制的新丝路蓝图。《尚书·舜典》有"浚咨文明"之句，孔疏曰："经纬天地曰文，照临四方曰明。"《论语·雍也》曰："质胜文则野，文胜质则史，文质彬彬，然后君子。"又《易经·贲卦·彖辞》曰："刚柔交错，天文也；文明以止，人文也。观乎天文，以察时变；观乎人文，以化成天下。"故文化乃"人文化成"而以文教化"圣人之教也"。"周虽旧邦，其命维新"，丛书编纂与出版岂非正当其事，正当其时也！

读者朋友们，没有踏上丝路，你的家就是世界；踏上丝路，世界才是你的世界、你的家园……唯祈丛书阅读能助君踏上这样一个个奇妙无比的旅程。

丝绸之路从远古走向未来,我们的努力也将永无休止。

戊戌谷雨前五日于松江放思楼

目 录

中文版序：一个罗马人对罗马的深情凝视 / 1
前　言 / 7

第一章　时空之间 / 1
第二章　我见城墙与拱门 / 33
第三章　恺撒之死 / 53
第四章　另类的米开朗基罗——卡拉瓦乔 / 83
第五章　平民的纪念碑 / 113
第六章　《摩西》的历险 / 139
第七章　罗马梦工厂 / 165
第八章　恐惧之塔 / 191
第九章　死于1944年3月24日 / 217
第十章　罗马佳人 / 239
第十一章　布尔乔亚的新生 / 263
第十二章　意大利众弟兄 / 283
第十三章　侯门惨案 / 303
第十四章　犹太高墙 / 327
第十五章　古城新景 / 349
致　谢 / 366
译后记 / 368

中文版序：一个罗马人对罗马的深情凝视

获悉我的这部作品即将发行中文译本，开心之余甚感荣幸。

迄今为止，中华文明和古希腊—罗马文明是人类历史上最重要的两种文明形态。当然，未来将是人类发生质跃的智能时代，很可能会出现更富创造力更高级的新文明。这个未来的新纪元在英国科学家詹姆士·洛夫洛克（James Lovelock）的书中被称为"novacene（超智能时代）"。这样的时代注定会充满惊喜，我们祈愿它能给人类带来积极意义而非相反。然而就目前来看，我们可以毫不犹豫地断言，几千年来地球上的主流文化依然是从这两大古老文明中孕育出来的。

我希望，通过阅读本书能拉近读者与罗马的距离，激起他们亲近罗马的热望，并在观赏中有比普通游客更了然于胸的敏锐。中华文明或古希腊-罗马文明均源远流长，要真正"看见"一个地方（而不仅仅是"看"这个动作），绝不只是下了飞机就参观景点，拍拍照后去餐厅吃顿饭，最后再买点纪念品。这种惯常的旅游形式用来体验一下被蓝色海洋环绕的岛屿或海岸上的小渔村还算行得通，可在这样一个历史悠久、文化丰富的国家，只是我来了、我看了是远远不够的。所以如果您只是以下车拍照的方式参观罗马，则等同于视若无睹，只见树木而不见森林，那倒不妨省下这笔旅行的费用，舒舒服服地待在家里看看电视上的纪录片。罗马与中国一样，城市景观、庙宇和纪念性建筑等，皆底蕴深厚，实在是容不得尔等如此漠视。

罗马还有一个独一无二的特征：由多样文明构成一个整体，相融共处，维纳斯神庙的柱子装饰着一座天主教教堂，一座原始基督教的大教堂建在一座米特拉神庙之上。米特拉神庙是一座神秘而美丽的宗教庙宇，这个宗教在很长一段时间里曾一直挑战着基督教的崇高地位。蒙托里奥（贾尼可洛山）圣彼得罗教堂一处卡住的炮弹见证了1849年罗马共和国被法国军队击败的血腥突袭。奥塔维亚门廊路（欧洲最古老的犹太人居住区）上卖陈列品的商店还是古典时期的罗马商店风格，其中大大小小的细节包括整座建筑物都在讲述它数百年的历史。然而它们只愿意同那些懂得欣赏的人交谈，同那些善于向这座城市提问的人交谈，同那些已学会倾听的人交谈。如果你是以上这类人，你会发现其实要"看见"罗马并不难。我想举个具体的例子。

罗马在其鼎盛时期是一座被大理石包围的城市。罗马人从世界各地包括西班牙、埃及、希腊和高卢地区带回了很多巨型的石块。这些彩色的大理石还常常拥有迷人的名字："圣门""东方小蜗牛""小小紫""小蛇""方尖碑的花岗岩"。其中最知名的是"红斑岩"和"帝国"，这两种大理石材质坚硬，难以加工，特供帝王使用，而帝王也正是埃及采石场的所有者。

大理石不仅用于装饰最豪华的房屋、别墅和庙宇，还用作坚固的建筑材料。比如用来制造圆柱，巨型的圆柱就像圣彼得大教堂中庭或拉泰拉诺的圣乔瓦尼洗礼堂，又或像诸位所看到的万神殿中庭那样。如今，这些大理石犹在，成为重要的历史见证，它们曾使这座城市的外观丰富多彩，而今却已失去最初的光芒。对于那些还想体验探秘惊喜的游客，我想提一点小建议，不妨在雨后去洞穴、帕拉蒂洛山或者沿着古阿庇亚大道去散步，您会看到从潮湿的土里冒出的无数色彩斑斓的小碎片，它们曾是构建这座城市的五彩缤纷的大理石，美丽了两千年，今已化为碎屑，躺在一层一场小雨便足以化开的薄土里。

另一种欣赏这些彩色石头的方法就是去看那些嵌在早期基督教教堂地板和墙壁中的石头。中世纪时，教皇开始重建罗马。人们从蛮族入侵破坏的废墟中发现了大量的建筑材料，并加以重新利用。就这样，曾经用来装饰帝国城市的大理石有了新用途，即用来装饰这座教皇之城，基督教之都。

我恳切希望来罗马的众多游客当然也包括罗马本地人，能通过本书见识罗马的魅力——尽管几个世纪以来，它历经无数劫难，但你们仍可自废墟中看到它的辉煌。除此之外，还特别希望拙作能帮助中国读者们（游客们）更好地了解罗马的奥秘，同时，在我们两大文明之间架起一座认知的桥梁。

除了书中内容，我还想在这里另说几个例子。在圣克莱门特教堂的地下室墙上，留有一幅半剥落的插画涂鸦，旁边还配有文字。画中主人正督促他的奴隶们拖一根圆柱，并大声呵斥奴隶们："给我拉，你们这些下流坯子（Traite, Fili de le pute）！"主人说话的那幅"小漫画"可算是从拉丁语过渡到意大利语所用中间语言的最早文献记录之一，也即《神曲》作者但丁写作和说话时用到的"俗语"。（最早只有教廷和贵族使用拉丁语，后拉丁语在向意大利语的过渡过程中出现"俗语"，夹杂有法国和意大利的方言，并开始描述市井生活，上面提到的画就是"俗语"的活化石。译者注）所谓"俗语"，也即语言更通俗，更平民化。所以，这幅画的价值，更多体现为语言学变化的证据，而非记录那位古代主人的暴力行径。

另一个例子是塞巴斯蒂亚诺城门。这座最美的城墙带有两座雄伟的塔楼，横跨在阿庇亚古道之上。在二楼的房间（城墙博物馆所在地）中，有两块马赛克地砖：罗马风格，黑白相间，做工不错。最大的那块马赛克的中间部分是位骑士，骑士的周围，有一些士兵在与敌人作战。它们是古罗马时期的马赛克吗？由于这位神圣的骑士有着墨索里尼的方形脸，因此这种误解没有持续太久。实际上，这块马赛克的历史可以追溯到20世纪30年代，当时这座城门式的建筑已成为法西斯头子埃托雷·穆蒂（Ettore Muti）的私人住所，那是一个跌宕起伏的以悲剧告终的故事。

你肯定想知道罗马有什么可看的，但要我说，在罗马看不到的那些东西其实同现有的罗马遗存一样重要。这里举几个例子。特拉斯特弗雷是罗马台伯河右岸人口最集中的片区，而圣玛利亚德拉斯卡拉小教堂（Trastevere）是特拉斯特弗雷的一块隐形瑰宝。小教堂所在的广场上，还有一家历经劫难却保存完好的17世纪的药店，可谓一个文物保护奇迹。我们再说回到教堂。在它高高的祭坛上方，本应该是卡拉瓦乔的画作《处女之死》。然而现在取而代之的是一个精心制作的体面的圣人场景，不免令人感叹。而要欣赏卡拉瓦乔，我们可以去圣玛丽亚·波波罗教堂（Santa Maria del Popolo）、圣路易基·德·弗朗西斯教堂（Sant Luigi dei Francesi）和圣奥古斯丁教堂（Sant'Agostino），罗马保存有这位伟大画家的六幅画作，只需进入教堂即可免费欣赏。

为什么在圣玛利亚德拉斯卡拉小教堂中的卡拉瓦乔画作不存在了呢？此事说来话长。不仅由于这幅画的主题，也涉及当时的社会氛围（当时反改革浪潮高涨）以及艺术家的狂暴个性和常常发生在他身上的那些放荡的荒唐事。简言之：那幅画作被订购它的修道士们拒绝了。如今这幅画珍藏在卢浮宫，每次去那里时我都感到很难过，因为总看到成群的游客涌向莱昂纳多（即达·芬奇，译者注）的《蒙娜丽莎》，而咫尺之遥的那幅伟大作品却几乎无人问津。

在圣彼得大教堂的奇观中，有一座保罗三世教皇的坟冢，他的脚下是两座雕塑。正义像在左，智德像在右，雕像上刻有衣服的褶皱。然而雕像最初并非如此。其中一个雕塑是以朱莉娅·法尔内塞（Giulia Farnese）为原型，她是教皇的妹妹，也是教皇亚历山大六世的小情人，另一个是教皇的母亲乔凡妮拉·卡塔尼（Giovannella Cateani）。雕塑将欲望与圣洁、家庭感情和感恩政治融合在了一起。教皇克莱门特八世觉得以朱莉娅的全裸形象作为正义的隐喻实在太具挑衅性了，便安排将它遮盖起来，他说"乳房、胸部和其他部位都太过淫荡了"，暗示"露出的大腿到躯干的部分都要遮挡起来"。后来他便让人用一种熔化的古铜色金属将她们遮起来，这才出现了今天被衣服覆盖的两座雕像。以上仅举几例。马克·欧杰（Marc Augé）在他的著作《废墟中的时间感》里说："如今我们需要学会在废墟中感知时间以重温历史。一切废墟令我们确信，历史已然结束。但我们仍需重返时光找寻历史的脉络，以信其存在。"此亦吾意。

我希望中国朋友会因译者的生花妙笔而喜爱本书,同时也希望你们别把本书仅仅当作一部探秘罗马之书,它更是一个罗马人对罗马的深情凝视。从某种意义上说,罗马,一直在,只需你们懂得如何去"看见"。

科拉多·奥吉阿斯

2020 年 4 月 10 日

亲爱的读者,这是一本真诚的书……
在本书中,我尽量去除伪饰,以简单、自然、平常的方式表达……
因为我描绘的是我自己。

——蒙田,《随笔》,致读者

前　言

该从哪儿开始讲述罗马，这一包罗万象的大都市的故事呢？在这座诸多要素冲撞激荡的城市中，既留存有昔日的荣光，也积累了数个世纪的废墟与尘埃，在每一人类活动与情感的背后，人们都能找到诸多前尘往事的痕迹：勇敢或是胆怯，高尚或是卑劣，积极进取或是好逸恶劳。在已知的历史中，没有什么历史事件能完全不着痕迹，无踪可寻，它总会在历史的肌理上留有伤疤，印有划痕。

罗马，从来就不是一座循规蹈矩、四平八稳的城市，也从不会向着设计好的方向前进。如果说人类的历史充斥着暴力和纷乱，那么罗马就是这部历史的镜子，能忠实而又痛苦地反映出每一处细节，包括那些不堪回首的瞬间。

那么，究竟从哪儿开始讲述罗马呢？拉丁人说："每一个好故事都应该从头开始。"拉丁语abovo（从头开始），原意是"从蛋开始"，蛋指宙斯幻化成天鹅亲近勒达（又译作丽达）使她受孕所生的蛋，此蛋孵出了绝世美女海伦（意大利语为埃莱娜）。而我们之所以要"从头开始"，不仅有历史变迁的原因，也由于它神话和传说性质的起源。这座城市的背影中有历经劫难却依旧有迹可循的历史源头，而就这座城市本身而言，诸多的灾难与不幸也是它难逃的宿命。那么，城市的源起究竟是怎样的呢？尽管罗慕路斯与雷穆斯的传说人人皆知，但并非每个人都能道出这传奇两兄弟如何来到世间的种种传闻。他们的母亲可能是阿尔巴隆加的公主雷亚·西尔维娅，她被迫成为女祭司（这应是17世纪的说法），也就是进入圣殿成为人们供奉的贞女，在其需要秉承的众多义务中，就包括保持绝对贞洁这一条。迫使她这样做的，是她篡位的叔叔，目的是防止她因生育给自己的王朝带来后患。然而，有一天，似乎是由于神的介入，人们发现这个年轻女子怀孕了（因神的参与而怀孕的故事在传说中司空见惯），而这个神可能就是战神马尔斯。根据这一版本的传说，再追根溯源，我们会找到阿斯卡尼奥这个可能使公主怀孕的人，他是女神克勒莎与从特洛伊逃出的埃涅阿斯的儿子。但这可信吗？维吉尔说他相信，或至少维吉尔在他的民族史诗《埃涅阿斯纪》中是这么写的。

后来，这个传说有各种版本，且越传越神，并广为人知。比如普鲁塔克在他的《罗慕路斯的一生》这本书中写道：有一天，残忍的阿尔巴隆加国王塔尔切齐奥看到了惊奇的一幕，一个巨大的男性生殖器从烟囱里落下来，在屋子里到处乱转。尽管伊特鲁里亚的占卜师从未读过弗洛伊德的大作，但他们却解释说这是伟大的马尔斯神的魂灵，马尔斯同国王起了冲突，于是就想给他生一个继承人。为了取悦愤怒的神，国王就得给马尔斯进献一名处女。塔尔切齐奥命令女儿去满足这个在各处游荡的神的要求，可以想见，这要求当然被少女拒绝了。于是，一个无权抗拒的女奴被迫代替公主完成了这个使命。

这一番超现实的云雨巫山，并不算光彩，却在九个月后，带来了两个婴儿。邪恶的国王为了永绝后患下令杀死这对新生儿。于是，他们被放入篮筐中，弃于台伯河之滨（就像发生在摩西身上的事一样）。然而，由于河水退去，更重要的是一匹母狼由于口渴从附近的山上下来，发现了他们，便用乳汁喂养了婴儿，使得这对双胞胎兄弟得以存活。但喂养他们的真的就是一匹母狼吗？提托·利维奥在他有关罗马史的一书中怀疑救婴儿的不是一匹真正的母狼，而是某个叫拉伦齐娅的女人，一个外号是"母狼"的妓女，在游牧环境中，她通常会把自己出卖给一些野蛮人：有些人认为，这种妓女，因为经常出卖自己的身体，故在牧民间被称为"母狼"。（"Sunt qui Larentiam volgato corpore lupam inter pastores vocatam putent."）当法西斯党魁想要称呼党内青年组织的少年为"母狼的儿子"时，他们没有意识到由于自己的无知而闹出了大笑话。

这两个没有纯正血统的男孩在成长过程中逐渐显露出不同的性格特质。雷穆斯行事更为坚定果敢，似乎更适合当领导。罗慕路斯从体格上显得更为羸弱，但却精明狡猾得多。罗马建城伊始，兄弟两人进行了一场比赛，看谁第一个看到穆尔西亚山谷的秃鹰，穆尔西亚山谷就是后来马西莫竞技场所在的位置。然而，罗慕路斯谎称是他先看到飞过穆尔西亚山谷的秃鹰，惹得雷慕斯怒火中烧，于是雷慕斯挑衅似地跳过罗慕路斯命人绘制的确定城市边界的壕沟，却被一个伊特鲁里亚杀手用锄头砍倒了。击败兄弟后，罗慕路斯狂暴地叫喊道："Sic deinde, quicumque alius transiliet moenia mea!"（谁要是敢越过城墙，都将受到同样的惩罚！）

罗马城徽——母狼乳婴

罗马的名称真的来源于罗慕路斯？有可能，但也不确定。有些推论还说罗马之名源于伊特鲁里亚语中的河流一词（rumon），因此意为"河流之城"；又或者它来源于奥斯克语中的山丘一词（ruma）。可见，罗马这一名称的来源恰同那对双胞胎的身世一样，迷雾重重。

我们来看看罗马起源的第三个时期，这一时期也像之前一样众说纷纭。为了建立自己的城市，罗慕路斯聚集了一帮来自四面八方的流民。根据普鲁塔克的记述，每一个赶来的人都带来了自己家乡的一把土，并将其抛入在城墙外围中心挖出的称之为 mundus（拉丁语世界的意思——译者注）的沟壑中。普鲁塔克认为，抛入沟里的各地故土，携带了"从社会习俗到自然禀赋等人类生存的所有必备信息"。在这群氓组成的村庄里只缺少一样必需品：女人。于是他们询问附近村庄的少女是否愿意在新城安家，但是那些惊怒之人拒绝了。总之，最后他们采取极端手段，绑架临近的萨宾妇女，如此，罗马才得以继续繁衍生息下去。

要想粉饰这一满是奸淫谋杀的惨淡故事实在得费很多工夫。由于战神马尔斯的神圣起源已经站不住脚了，于是人们就将罗马新城的诞生嫁接到另一个神话故事上，即特洛伊战争，他们将维纳斯之子埃涅阿斯列为罗慕路斯的祖先。在奥古斯都时代，维吉尔将新的传说与荷马史诗直接联系在一起，创作出

9

《埃涅阿斯纪》这一伟大的文学遗产。

任何传说都有现实基础，但对于罗马来说，这个"基础"源于动乱。几乎可以肯定的是，这群富有侵略性的居民是通过暴力开疆拓土，从而将他们新的定居点战略性地定在了两种文化——伊特鲁里亚人和古意大利人之间，并最终占据了伊特鲁里亚人定居的托斯卡纳和希腊人定居的坎帕尼亚之间重要的贸易十字路口。需要花费数个世纪打造的不仅是城市创立的神话，还包括一个法律规则和行为规范体系，只有这样，才能确保居民们在这些靠武力和冒险创建的聚居地上能平等地共生共存。数个世纪以来，这些准则都得到了遵守，而要真正说到法律，可以说罗马法在许多方面至今仍是无出其右，比如这几则短小精干的法则就展现了罗马法包含的基本原则：各得其所（Unicuique suum），不得加害（Neminen laedere），王法无情（Dura lex sed lex），一事不再理（Ne bis in eadem），不可强人做特定之事（Nemo ad factum cogi potest）等。

完善法律需要几个世纪的漫长时光，但法律之光毕竟已经开始照耀罗马。来自萨宾的努马·蓬皮利乌斯是罗马城的第二任国王（约公元前700—前600年在位），也是国王蒂托·塔切齐奥的女婿。在罗慕路斯去世后，罗马人选他为国王。他性格温和，有着虔诚的宗教信仰，与周邦人民维持了良好的睦邻关系，从而保证了很长一段时间的安宁与和平。普鲁塔克记述了他的一生，还对此做了令人印象深刻的评判，这一评价穿越数世纪的时光流传至今：

> 有人会说：罗马难道不是靠战争得到进步和发展的吗？对有些认为进步是指财富、奢华和版图扩张，而非安全、礼仪、独立、公正的人来说，这是一个需用长篇累牍回答的问题。

努马国王尤其重视组织宗教活动，他意识到就教化尚未开化的民族尊重法律而言，借助神明和对死亡的恐惧有着举足轻重的作用。"努马的缪斯，"普鲁塔克又写道，"是温和的、人性化的，它将罗马城内的放纵与野蛮转变为了和平与正义。"想到早期罗马人对萨宾女人的霸凌，努马便格外强调要培养有节制的房事风俗，他要男性克制，也让女性更为压抑："要求她们必须高度地

台伯河畔梵蒂冈

谨慎自制,不允许她们干涉任何外部事务,告诫她们应保持端庄和沉默的品性。"罗马的女人不等身心成熟就要婚嫁:"在12岁甚至不到12岁时结婚,才能给丈夫冰清玉洁、不染尘埃的身体和心灵。"加诸所有年轻女子身上的贞洁观念演变为侍奉灶神贞女的强制规定,而灶神的指令正是努马政令的基础。贞女灶神,火之守护神,象征着罗马的永恒。供奉她的女祭司选自那个时代的罗马少女,女孩年龄需在6至10岁之间,出生于正派规矩的贵族之家,并在30年内保持处女之身。只有30年年限到了,她们才可以结婚。除了承担守护圣火的职责外,她们还要在神庙内守夜,为公众的健康祈祷,看管圣典和其他重要的文件。女祭司享有极高的尊荣:就连执法官在她们经过时都要放下束棒,给她们让路,她们有权得到侍从官的护卫,侮辱她们的人会被处以极刑。然而,失去贞洁的灶神祭司则会以通奸罪论处,引诱她的人遭鞭刑至死,她自己也会被带到犯罪现场,在那里受到严厉的惩治,普鲁塔克详细地描述了这一过程:

> 违背守贞誓言的女祭司会被活埋在科林尼城门附近,城墙内有一道延伸的小土台,土台底部有个小房间,顺楼梯可至。房间里准备了一张

床，一盏明灯和一些被子，此外还有少量的生活必需品，比如面包、牛奶、油和一小壶水，这样一来，人们似乎就不会因为将这个曾经把全部身心奉献给神的人饿死而心存愧疚了。人们把染罪的女祭司放到一个架子上，将她全身裹满布后，用绳索把她从外部捆紧，直到外面听不见她的哭声，再把她抬去市民广场。当她经过的时候，所有人都默默躲避，跟在她身后肃静庄严：对于这个城市来说，没有任何场面能让人感到更加惊骇，也没有任何日子更让人感到悲戚。到了行刑地以后，打手们松开捆绑的绳子，大祭司双手朝天，在行刑前低声祷告。随后把全身覆盖的罪人扶起，放在通向小房间的楼梯上，这时他与其他的祭司一起转过身去。在犯人走进小房间后，他们撤掉梯子，用大量泥土把入口填满。这就是惩处违反守贞誓言的灶神祭司的方式。

1972年蒙达多里出版了一本马里奥·普拉兹的佳作《与蛇的契约》。在书中的诸多杂文中有一篇《邓南遮的罗马》，其中有这样几句话："有时，我从瓦雷塞街上饰有雕塑的小别墅前经过，别墅的百叶窗常常紧闭着，松树和棕榈树将它环绕其中，如北方的树那般幽深悲愁。我不知道还有什么场景比这更适合侦探小说。"共和国报报社有将近三十年时间都在独立广场的一栋楼宇中办公，瓦雷塞街就在街角的后面；当我在该报社编辑部工作时，上述这些话就出现在我的脑海中。如今那神秘的小别墅还在那里，处在路中央，打广场方向过来的左边。普拉兹所言极是，那座房子看起来很神秘，特别是它与所属的居民区（曾被称为"澳门区"）感觉截然不同，人们通常觉得它是被冷落废弃的街道住宅，阴沉丑陋。昔日的别墅沦为了小旅馆、学校和政府办公楼，残存着几根衰败的科林斯式柱子，小花园里满是20世纪的方盒建筑（我觉得普拉兹说的那栋别墅就是《共和国报》编辑部所在地），只在某些角落里尚留有旧日繁茂的印记。

但只要用心观察，普拉兹提到的这些"印记"仍然清晰可见。那些街道曾一度是生活的中心，现在繁华虽逝，仍留下痕迹——散落的残存古建筑，少量装饰的壁画，有柱顶的中楣，以及深宅大院里隐约可见的轮廓缩影。有些书亦曾为之做记录，不过，现在就连这些书籍也变得鲜为人知了——当然，我不是指《欢乐》这一1870年之后的重量级作品，这一作品我稍后会再做进一步讲述。也非在短暂的唯美主义时代里邓南遮亲自指导的《拜占庭新闻》杂志（1885—1986）——我指的是一些页数很少的小册子，如古董商阿尔贝托·阿尔杜伊尼写的《澳门贵妇》，书名颇诱人，这本书出版于1945年，之后就没有再版过。但为什么叫它澳门呢？罗马与位于中国南部的（曾被葡萄牙殖民不排除占领），一个以"烟花柳巷"和异域风情的冒险著称的城市有何关联呢？原来，这一名称来源于建立在卡斯特罗·比勒陀里奥区的一座基督教神学院，那里自16世纪起就专门培养派往远东的传教士。

皮埃蒙特人打算在这里建立一个居民区，同时也在此设立新兴的意大利王国的主要政府部门。选择此地的主要原因是它距离火车站很近，交通便利。再有就是它海拔高，是罗马地势最高的地区：自古以来就有高地之称（意大利语alta Samita，是罗马一条地势很高的古街），由于高出河湾低地80到100米，因此这里空气更为洁净。新的管理者计划在此建造一个现代化的、理性的、没有宗教气息的住宅区，这一点从垂直交错的街边设施，到新统治阶层和国家高官的别墅楼房，以及整个区没有一座教堂的情况上都能体现出来（除了我们将在最后一章讲到的特殊情况以外，这在罗马可以说是独一无二的）。

政治家、金融家、文人墨客、记者和名媛贵妇纷至沓来，走在澳门区的大街小巷上，后者也正是阿尔杜伊尼《澳门贵妇》这本书书名的由来，有关这一街区，他有过这样一段描述："慵懒的街道在早上很晚的时候才苏醒过来。穿着条纹衣服的服务生，用水冲洗马车的马车夫，拿着剪刀和喷壶的园丁是最先开始忙碌起来的。稍晚些后，身着紧身服的男女骑兵和身着皮草的议会议员逐次登场。中午过后，这些人便架起一副矫揉造作之态，往平齐奥山去了。下午五点的时候，路上的行人透过勾花帷幕遮掩的阳台能隐约看到昏暗灯光笼罩下穿着衬裙华服的贵妇们，面色白皙、知书达理的姑娘们和身着定制礼服的绅士们。冬日的花园里，他们品茗小憩……浓郁芬芳的空气中不时还飘荡着一点儿瓦斯气味。"

也许阿尔杜伊尼笔下的澳门区从未真实存在过；诚然，一些优雅的别墅至今仍存，但他所渲染的氛围更多是一种幻象，并非事实。罗马既不像伦敦高雅的布鲁姆斯伯里区，也不同于巴黎讷伊区或者十六区的静谧小道；它的氛围是不一样的，可以说它懒散，也可以说它悲戚，一如往常。（阿尔杜伊尼最后应该是死于暴力，他在解放后不久的几个月里，就被一个美国军人杀害了，究其原因可能是因为一段糟糕的恋情关系而引发的争吵。）尽管澳门区在意大利王国最终统一的时候已不复存在，但正是由于这一高端住宅区，才使罗马能够与巴黎、伦敦、柏林等欧洲大都市比肩，使它摆脱了自己在政治和文明上的孤立地位。

罗慕路斯时代的古罗马和19世纪后期的罗马都已经被历史的旋涡吞噬，被时光的尘埃淹没。如若非要我指出这座城市的一个内涵特点，我认为：不同时期的城市共存于此，一个嵌在另一个之中，一旦我们想要越过表层的现实和喧嚣，向下探索，就会发现叠加而成等着我们去揭开面纱的地下第三、第四、第五层。

在古罗马广场上，一夜暴雨过后，能够看到地上闪耀的无数小石子，它们比尘埃碎屑大不了多少：这些都是数世纪以前从世界各个角落运来的彩色大理石碎片。历史中心区的每一次挖掘，无论是为给建筑打地基，还是挖隧道，都不可避免地要使过往生活的遗迹复见天日。伦佐·皮亚诺在建设新音乐城的时候就有一番亲身经历，费德里科·费里尼在他的电影《罗马》中也对此展开了想象：一束光使隧道深处的罗马壁画重见光明，但也正是这束光，在一瞬间毁了它，使它永远消失。

在罗马会出现这样一些情况：尼禄的黄金屋（Domus aurea），作为有史以来建得最为辉煌的宫殿，在经历短短数年的光辉过后便埋藏于地下，成了新皇帝温泉浴场的地基；尼禄竞技场的扶垛支撑着1909年建造的宫殿的门廊；维纳斯神庙的石材则被人们采来用作基督教堂的圆柱。这些相互交错的渗透，记录了城市流动而永不停歇的历史，如水一般，穿城而过，仿佛在一段亘古不变的海滩上，用时而轻柔，时而汹涌的浪潮，进行着一次次的挑战，执着地冲刷或冲积着一段段滩涂。爱弥儿·左拉在小说《罗马》中准确描述了这种城市特征，并借主人公对这座城市进行反思：

异教罗马在基督教罗马中复苏。在此基础上，天主教罗马成为新的政治中心，以森严的等级统治着人民。但是，在经历了地下墓穴的原始年代之后，是否存在过一个真正的基督教罗马？这座城市从帕拉蒂诺山、阿庇亚大道、圣彼得大教堂中获得的思想日久弥坚。就在那个早晨，在他的西斯廷礼拜堂，在签字厅，他惊异于自己所钦慕的这一切，认为自己已经很好地重新理解了那位天才所带来的事物。在米开朗基罗和拉斐尔的作品中，异教无疑都以基督教精神再现。但这一精神难道不是建立在同样的基础上吗？也许米开朗基罗雕刻的赤裸巨人并不是通过奥林匹斯山从耶和华可怖的天堂而来的？拉斐尔绘画中的理想人物只是想以圣母之名表现维纳斯圣洁而又令人渴望的肉体之实呢？

这样的融合是罗马的美丽之所在，也是它所负之重担。这座城市被沉重的过往所累，令它始终不能轻易地逃脱自己的梦魇。且不说纽约这个不断变换面貌的城市，就连巴黎也没有与它的历史有过如此紧密的联系。差不多到 1000 年以前，法国的首都，被罗马人称为鲁特蒂亚—巴黎西（Lutetia Parisiorum）的地方不过是一个在城市岛上建有军事防御的村庄，只是因位于马恩河下游的位置而显得尤为重要。它比罗马年轻了 1700 岁。这一点人们既能看出来也能感受得到。

这本书不是罗马的史书，也非它的观光指南，它意在通过叙述一条街道、一座宫殿、一处古迹以及与之相关的事件，来描述罗马——而且，所有这些描述都会结合我自己的个人经历——生活中不经意间与它们的相遇与接触——这很有意义：我记叙自己所住过的地方，今昔有何不同，正如罗马也是在一直变化中的。有些地方的描述则是我从书中或是身边人的讲述中得来的印象。要描述这座城市某些地方的变迁，就不可避免要追溯历史中它所经历的苦难和动荡，实际上，即使是 1870 年之后，这座城市也从未真正风平浪静过。

有时我会天马行空地想象罗马在过去几个世纪里其他可能的命运。比如在 15 世纪和 16 世纪，罗马如果能成功地从教皇统治中摆脱出来，成为一个王国的中心，那是否能就此真正转变为一个现代化首都？在这两个世纪的时间中，亚平宁半岛有着欧洲不可比拟的经济文化大发展，如果在那时马基雅维利和圭恰迪尼的统一梦想能够实现的话，罗马的命运也会发生变化，很可能会更好。然而，由于城市和区域格局的复杂关系，或者说得更不客气些，由于利益集团和地方保护主义者的阻拦，这一计划最终还是被搁置下来；然而罗马终于成了首都，只是时间推延到 19 世纪末，这时候，意大利在文化、社会、生产各方面都已陷入低迷，在世界舞台上的影响力也微乎其微。罗马只能一直负重前行。

　　本书将要谈到，至少有两个时刻，罗马似乎摆脱了几世纪以来的耻辱。第一个时刻，它消除了帝国陷落后遭受的屈辱，清洗了中世纪时期的鲜血与战争，也解除了路德新教改革后所受的压制，试图在 1849 年建立一个以法律为基础的民主共和国，但最后这一切只成了光荣而徒劳的努力。另一时刻是纳粹法西斯占领的九个月间罗马发起的抵抗运动，它弥补了罗马 20 年来集权统治的欺辱。在书中其他部分读者会看到一些故事、简述、人物与事件，它们一起尽力还原这个城市的复杂全貌，但这个城市本身还是承载着很多甚至过多的历史遗产，从而沉重不堪：比如罗马帝国、被基督教改造的犹太一神教、几个世纪以来民众的惰性、极端的无政府主义以及对列强专横的习以为常。然而，可能正是这种软弱安逸和无所谓的逆来顺受，使得许多人将罗马当成了自己的家：包括贝利萨里奥、多迪拉、东方的国王与野蛮人狄奥多里克、查理大帝与德意志的奥托皇帝、歌德与蒙田、大仲马与左拉、司汤达与果戈理、亨利·詹姆斯与柯罗，以及大批的游客、朝圣者与艺术家。在尼尼微、巴比伦、亚历山大、提尔、雅典、迦太基、安提阿等古代世界的所有大城市中，罗马是唯一一个延续至今的城市，并且从未沦为几近废弃的村庄，与之相反，它发现自己经常处于世界旋涡的中心，当然同时也为此付出了高昂的代价。两千七百多年的时光里，罗马城始终面对着这滚滚河流，有此处断壁颓垣的哀怨古韵，也有彼处因人民怠惰而致的残破不堪；无数次被军队的铁蹄蹂躏，也多次被移民潮席卷；有时它是号令天下的主角，有时又沦为附庸。总之，罗马历经沧桑，却依旧葆有旧日荣光，历史赐予它的苦难和辉煌都已成为它的财富，使它一直保持着永恒的魅力和不竭的动力。

The
biography
of
Roma

罗马 传

"一切废墟令我们确信,历史已经结束。但,纵然历史的演出业已曲终人散,我们仍需(自废墟中)重新找回时间的线索,以证历史的存在。这或许便是幸存的废墟赐予我们的启迪和教育。"

——此正是我写本书的初衷。

第一章 时空之间

皮埃尔·保罗·帕索里尼

1957年，有一本在当时引起轰动的诗集问世了，那就是皮埃尔·保罗·帕索里尼所著的《葛兰西的骨灰》。帕索里尼是第一位公开宣称自己是亲共产主义的诗人，诗集表达了正义的伸张不应只限于消除贫富差距，并因此使自己奉为圭臬的政治文化首次陷入了危机。恩佐·西西里诺在他为这位诗人所著的传记中写道："在帕索里尼所属的左派思想体系框架中，有关人的伦理道德的诉求完全被忽略了——这是一种全新的道德诉求，在这种道德框架下，个人可以在整体性和特殊性上都得到弥补和完善。"诗人帕索里尼的特殊性在于，他是一名同性恋，但作为一名天主教徒，他又为此深感自责和内疚，于是他向左派大声疾呼，企盼能出现一种新的伦理道德。

然而在那些年，有些东西是人们避而不谈的，尽管在现在看来这有些难以想象。当时，没有人谈论同性恋者的尊严问题，同性恋被认为是一种病，是需要掩藏起来的耻辱。帕索里尼是第一个痛苦地向人坦诚自己是同性恋者，并在自己的作品中作公开声明的人。来自正统观念的咒骂如暴风雨一般落在他的身上（并伴随了帕索里尼的一生），即使在左派中，他也面临着诸多窘境；比如1968年这位诗人想为在朱莉娅山谷中被学生袭击的警察们作辩护，称警察为"人民的子女"，但这却遭到了学生们的驳斥，他们说警察是"资产阶级的后代"。类似这样的行为让左派也感到十分窘迫。

切萨雷·加尔博利是最先将"罗马人帕索里尼的反叛经历"与定居罗马的

《酒神巴克斯》——卡拉瓦乔画作

画家卡拉瓦乔（见第四章）的叛逆性格相比较的人。帕索里尼将其反叛性诉诸电影与小说，而卡拉瓦乔则借助他的油画作品进行展现。在卡拉瓦乔油画作品《酒神》与帕索里尼的电影及小说《伙计》中，主人公都赤裸身躯，傲然蔑视地回应着那些冷眼嘲弄的目光，他们并非以天使般的纯真，而是以那种充满了在了解自身价值后会意狡黠和嘲讽戏弄的眼神来直面人们的恶意。

此外，帕索里尼的诗篇还有另外一种特质，即他第一次用深情的语句把紧张肃杀的墓地写进了诗里，那是坐落于切斯提亚的一处公墓，是一座"英国式的"或者说"非天主教徒的"金字塔形墓葬。这处僻静而简朴的小小拉雪兹神父公墓，被写入了他融浪漫主义与新古典主义于一体的诗中，嵌入了罗马巴洛克风格与天主教艺术：

　　……在古老残破的围墙里，

>明媚的五月却如同深秋一般
>弥漫着死亡般的寂静，
>如同我们万念俱灰的命运。
>在这里世界一片灰暗，
>十年艰辛的生活和天真的努力过后，
>在废墟之上纪念着重建生活的奋斗历程。

时值五月，但当帕索里尼在安东尼奥·葛兰西那刻着"葛兰西的骨灰"碑文的墓前驻足凭吊时，却像是身处凄凉的深秋。阴沉的气氛昭示了为"重塑生活"而付出的努力是多么的"艰辛而天真"。在"苍凉的土地"上两株粗糙多疤的海桐树划分出一块狭小的空间，就是在这里，这位伟大的政治思想家的骨灰被封存起来；骨灰盒上是拼写错了的拉丁语碑文（骨灰一词不应是cinerea，而应是cineres）。那只"瘦弱的手"所描绘的遥远理想不再照亮这片沉寂，只有那些政治所激发的真正的情感还残存着：

>一块破碎的红布巾，
>像是游击队员脖上系着的红领巾，
>在骨灰盒旁边苍白的土地上，
>有两株红得异样的天竺葵。

后来这里有了公墓，公墓围墙的四周是泰斯塔乔街区上的各个作坊和汽车修理厂，那里传来的噪声时常也会传至坟墓：

>……平淡的，
>只有泰斯塔乔的作坊里敲打铁砧的声音
>隐约传到你耳畔，
>声音渐渐消散在暮色中；
>作坊寒酸的顶棚底下，

> 暴露着一堆白铁罐和旧铁器,
> 干完一天活儿的学徒哼着慵懒的歌曲,
> 四周的雨也悄然停息。

对于我这一代的很多人来说,那些诗篇标志着一位伟大诗人的诞生,一种理想政治的新方式的出现,能教人如何摆脱当时普遍存在的意识形态内涵。帕索里尼与左派的辩论一刻不停歇,他抗议、争吵,揭露他们落后的地方;但也从不忘记提醒他们,在当时落后的意大利,左派运动是从这些理想开始才被推动起来的。《葛兰西的骨灰》的诗句风格近乎 19 世纪的诗风,它最主要的特征是以出身低微者的口吻缓缓叙来:

> ……来自未来的光
> 不会停止刺痛我们的双眼:
> 我们的痛苦正是在这里,在我们每日的生活中燃烧,
> 生命给予我们信心也给予我们痛苦,
> 在涌向这些工人的冲击中,
> 在人道主义战线的其他地方,
> 缄默的人们举起了代表希望的破碎红布巾。

但对于我们中的很多人来说,这首诗也让我们发现了罗马最具思考价值的一处角落。19 世纪以前,在罗马行政官盖奥·切斯提欧·艾普隆在此建造的豪华纪念金字塔的四周还只是一片田野和(在当时)著名的"罗马人民的草场",喂养了很多羊群。渐渐地,人们在这个地方开始埋葬一些非天主教徒,尤其是德国人和英国人。因为他们与妓女一样,都是被禁止在正式的墓地内安息的。他们的葬礼仅被允许在晚上举行,可能就是为了避免激起平民在看到不信奉天主教的异教徒祭司后的一些宗教狂热行为。我们知道,1821 年,因沃尔特·斯诺德爵士得允在大白天安葬他的女儿,警方预先安排了一支宪兵组成的骑兵来护送,以"保护其免受可能的暴行"。由于泰斯塔乔区的小酒馆和餐

馆比较多，一些醉汉或个别狂热分子，夜间常在此处徘徊来破坏这些坟墓。诸如此类的事情并不鲜见。

1817年，普鲁士、沙俄和汉诺威选民的代表们向国务秘书红衣主教康萨尔维请求，允许他们自行出资为公墓修建围墙。在等待了四年时间，以及英国议会的多次强硬抗议下，这位红衣主教才开始考虑这一请求。对于他的不情愿，主教解释说，是由于担心围墙建成后可能会妨碍进入金字塔。不过，他最终还是出让了邻近的一块土地，并由教皇国出资将这块公墓围了起来。但不管怎样，又经过好些年，公墓的"古代部分"才被用一堵围墙完全地封闭起来。在施工的过程中，一段完好的奥斯蒂亚古道也重见天日，如今人们还可以在金字塔和古墓之间的城壕中看到这条古道。1870年之后，这片公墓才最终形成了现今的规模和气概。教皇国在管辖这片土地的时候，实行了一系列针对非天主教徒的禁令：禁止提及永恒的幸福，因为非天主教徒不允许得到拯救；禁止在坟墓上插十字架，甚至禁止刻写那些提及神的仁慈的碑文，例如"上帝是仁慈的"或是"安息在上帝身旁"之类的句子。

在这里被埋葬的人中，有两位伟大的英国诗人：雪莱和济慈。后者的无名墓碑上刻着一篇著名的墓志铭，堪称浪漫主义的杰作：

> 这座坟墓/埋葬着一位不朽的/年轻英国诗人，他/在临终的睡床上/对敌人的恶毒势力/仍心怀忧愁，他希望/将这些文字/刻在他的墓碑上"此地长眠者/声名水上书"/1821年2月24日。

在较远处围墙的纪念板上另外写了一段文字，来回应这段墓志铭：济慈！若你珍贵的姓名是写在水上的话，那么这每一滴水都是从为你哭泣的人脸上掉落的泪。两位故友之间的对话，深情动人。而他们的这一段对话恰好表明了在罗马这样的地方，尤其是古罗马的那部分，浪漫主义的典例与新古典主义运动中的朴素与庄重有机地融为了一体。

在青少年时期，我曾在罗马拉丁门和阿庇亚古道附近生活过很长一段时间。在古罗马墓地玩耍会不会夺走童年玩乐的无忧无虑呢？应该比不上玩手榴弹和子弹的乐趣。战后，罗马周围的大片田地尚存并且未被耕种；卸下那些大口径枪炮的弹药可是一件相当有趣的事；即使是卸下小口径武器（手枪和滑膛枪等）的子弹也能使那些不安分的男孩子们——我也是其中之一——相当满意了。我们把这些倒空了弹药的无法爆炸的子弹壳一个挨一个地摆在电车轨道上；当电车经过的时候就会发出一连串的噼噼啪啪的爆炸声，吓得乘客人心惶惶，却让我们这群潜伏在四周的小土匪们乐不可支。在如今的电视新闻中，也常常能看到处在战争中的国家的孩子们做出类似的事情；我猜想他们的感受与我们当时应该很类似。

在那些年里，阿庇亚古道曾是最受欢迎的去处之一，因为它带有一种浓厚的冒险特质。骑着自行车可以很顺利地直达切契利亚·梅特拉的墓地，路上汽车很少。一种深沉的寂静笼罩着这一片稀稀落落的建筑，还有残破的废墟和一排排的柏树。如果仔细观察，在石头路面上还能发现几个世纪前被马车上加了箍的车轮留下的车辙印。切契利亚·梅特拉听起来似乎是一个神秘的名字，她那巨大的坟墓，形状像是一个圆筒或是一个顶着城垛的大鼓，在我们看来它就像是一座童话城堡，神秘又高耸。

那条道路像一把长剑笔直地向前延伸；极目远眺，似乎能够触及远方绵延的蔚蓝色山峰。古道两旁也有迷人的岔路，泥泞小道不知道在何处终结。突然，在一棵古树的后面出现了一块墓碑，所刻的碑文只剩下零星几个几乎无法辨识的词语。

甚至不是因为周围这片景色或阿庇亚古道所代表的工程奇迹，而是这些墓碑成了我开始了解所在生活环境的关键。这

阿庇亚古道有几百公里长，像一把长剑向前延伸着

座位于拉丁门的早期基督教圣若望小教堂门廊的墙壁上镶刻着碑文，碑文言简意深："妻子蒂齐耶娜致她的丈夫"，献给她的丈夫，也就是德语中的"mein Mann"，我的男人或我的丈夫；所有的一切都包含在这几个单词里了。我还看到了另一段刻在一个小姑娘墓碑上的碑文，那种克制的凝练使它显得更为动人："大地啊，请你轻轻地覆盖她，她曾轻轻地压在你的身上。"在碑文的修辞方面，古罗马人达到了极高的水平。比如在一条狗的墓碑上写着："马车的守卫者，从不无故号叫；现在它不再出声，只有黑暗像好友般护卫着它的骨灰。"——我给它加了一个形容词"像好友般"，因为拉丁语是十分严肃的，而意大利语则显得更近人情一点。

一出圣塞巴斯蒂安门，阿庇亚古道上一座已经变成喷泉池的石棺就出现在了眼前。人们可以在此处饮水，清洗双手，也可以泼水嬉戏。在两座面部磨损的大理石雕像下埋葬着一对夫妻，当初他们请人给自己雕像的时候，本以为可以得到永世的安宁，想不到如今成了这些过往的旅行者的娱乐消遣。但是，在过去的岁月里，这些过往的旅行者正是人们所担心的。这些坟墓沿着一条条罗马古道排成一列，暴露在过往的旅客面前，也暴露在被猥亵的风险之下，因为任何时期都不缺流氓匪徒。于是在其中一座坟墓上，我们可以看到这样一句警示："任何一个在这里撒尿或者拉屎的人，都将遭到天堂和地狱诸神的天谴怒火。"围绕此主题，不妨多说几句，在仲裁官彼得罗尼奥的讽刺作品《萨蒂利孔》一书中记述了这样一件逸事：一次特里马乔内醉酒之后，在宴会上口述了他对自己葬礼的安排。突然，他带着醉汉的坦率高喊道："我将会让一位赎了身的奴隶来保管我的骨灰盒，因为这样就没人能在我的坟头上拉屎了。"

在几个世纪的漫长岁月中，阿庇亚古道所经历的磨难远不止这些粪便之事。二战后，古道上沿途的一些文物古迹或是遭到了掠夺，或是受到了野蛮的破坏而被损毁，道路两侧因过多的违章建筑而堵塞，古道路面不堪交通的重负而被破损殆尽。这条世界上曾经最辉煌的道路早已日渐破败，不复当年的风采，仅仅剩下一些残影，而对于它本应拥有的辉煌而言也只是一场梦而已。早在15世纪中期，当艾伊尼阿斯·西尔维乌斯·比科罗米尼（日后的庇护二世

教皇）在经过这条路的时候，就禁不住呵斥了一个正在敲碎这些古代石块准备拿来盖房子的农民。可是就在16世纪末，罗马元老院却向伊波利托·德埃斯特授予拆除切契利亚·梅特拉

考古学家画的想象中的阿庇亚古道

坟墓的许可，以获取用于建造他位于蒂沃利的别墅（德埃斯特别墅）的石材。这样的破坏程度远远超过那些可怜的农民用锄头造成的损失。元老院一位开明的罗马保护主义者保罗·兰切罗蒂出面干预才撤销了这一许可，然而当时那座坟墓地基部分的大理石贴面已经被取走，所以这就形成了这处古迹如今所呈现的样子。

阿庇亚古道是在监察官阿皮奥·克劳迪奥（"盲人"）的提议下修建的，而他之所以颇负盛名还因为他主持修建了第一条引水渠。这条宏伟的道路从蒂贝里纳岛开始，穿过大竞技场的山谷，由卡佩纳门（共和时期的城墙）而出，行经如今的考古大道，在穿过努马·蓬皮利乌斯广场后，很快便从拉丁大道分流（岔道口如今还在那里，外观并不起眼），随后继续向前延伸，得益于后来不断续建的道路，这条路最终能通到布林迪西。所以我称其为工程史上的奇迹。事实上，阿庇亚古道完全是按高速公路的标准建造的：长而笔直的大路径直指向目的地，中途越过各个小山谷，避开了聚集的居民区。而这条长达几十公里而没有一处拐弯的所谓的"特拉西那公路带"，就为同样的道路网树立了一个很好的榜样。因为出于商业和军事用途需要，当时要求在最短的时间里到达卡普阿。这条道路绵延近两百公里，徒步仅需耗时五天，是一条完美的连接两地的媒介。老普林尼自豪地将这条大道，与埃及人和希腊人骄傲的建筑成就相对比："我们罗马人在三件事情上十分出色：引水渠建设，下水道以及最重要的道路建设，而这三件事恰恰是被希腊人所忽略的。"

想要体会沿着阿庇亚古道从罗马行至布林迪西的感受，只需阅读贺拉斯的《讽刺诗集》第 1 卷第 5 篇。这是有关这段路途的一篇极其生动的游记。步行的第一天，从罗马到阿里恰，大约 25 公里；第二天步行 40 公里抵达佛拉皮奥等诸如此类的记录，一共一百篇，都是滑稽有趣的故事。你们感受下这些诗句："夜晚在大地上展开阴影，在天空中撒满星星。"人们可能以为这是一篇"夜晚"的抒情诗的开头。但其实根本不是。事实上这仅是一点修辞技巧，紧接着，这一浪漫的场景就被一场仆人与水手之间粗鲁的争吵打破了。了不起的贺拉斯！

历代的国王、皇帝以及各种军队都曾踏上阿庇亚古道，直到 1944 年 6 月 4 日美国陆军第五军的装甲先锋队也从这条古道进入罗马，结束了纳粹对罗马的占领。

古罗马军队历经东方的数次胜利后凯旋，他们在武器战车的铿锵声中踏过这条胜利之路。1924 年阿庇亚古道也被奥托里诺·雷斯庇基写进了交响诗《罗马的松树》中。交响诗中有一首慷慨激昂的《进行曲》盛赞了阿庇亚古道上松树。诗的开头是一段明了的解说词，表达了整首乐曲的意境："阿庇亚古道在雾霭中迎来黎明，悲壮的田野被孤独的松树守护着……"在诗人的想象中涌现了古时荣耀的景象；军号吹响，一支执政官的军队踏着初生太阳的光芒而来，向着圣道迈进，登上卡比托利欧胜利的顶峰。

我可以用一整章，甚至是一整本书，来讲述这条神奇的阿庇亚古道的所有故事。但是罗马太大了，有关这条古道我也只能提及三个让人充满回忆的地方。距离圣塞巴斯蒂安门不足一公里处的右手边是一处著名的工业遗址，原拉提那造纸厂。一直到第二次世界大战前，它都在采用阿勒莫内河的水进行生产，这条河正好从造纸厂的一侧和底下流过（今天必须探出头仔细瞧，才能分辨出陷在河床深处的一条不显眼的水流）。罗马人将它视为一位神灵，阿勒莫内神，他也是一个重要的东方神灵。1944 年，仓皇而逃的德国军队在跨越河面的路段炸出了一个深坑，企图拖慢美国人行军。那时我还只是被父亲牵着的小孩子。我就站在那里，张着嘴惊讶地看着那些隆隆作响的巨大盟军坦克。坦克在那个坑洞前停了下来，从队伍的最后方驶上来一辆履带车，装载着两条像蟹钳一样折叠起来的钢轨。履带车升起两条钢轨，将它们旋转了一圈，搭在了那处因爆炸产生的坑洞上。几分钟后，队伍继续前进，坦克兵——大部分都是黑人——从坦克的瞭望塔中钻出头来，兴致勃勃地向人们投掷一些奇怪的中间有孔的糖果和口香糖，我们也很快学会了怎么去嚼着吃口香糖。当时那场景里的每一个小细节，如今都填满了我的回忆，充斥着我的梦境，随着年代久远也逐渐变得如针扎一般使我痛苦：坦克铁皮上的凹凸不平的焊缝，一侧略微脱落的一颗白色五星，履带在土皮上留下的深深沟壑，一名黑人坦克兵为自己活着抵达罗马而发出灿烂的笑声。那些和我一样消瘦悲惨的人们，含着泪向他们鼓掌。

再向前几百米，会遇到一个三岔路口：向右拐便是埃汀缇娜大道，接着是继续向前延伸的阿庇亚古道，最后是比其他两条路更窄的卡法雷拉路。在那里有一个圆形的小教堂，它那不加修饰的外观很容易让人忽视。然而它的历史可以追溯到16世纪中期，由英国人红衣主教雷金纳德·波尔为感恩逃脱英王亨利八世对他行刺死里逃生所建。那时，桀骜不驯的亨利八世新创立了英国圣公会教，自然不能容忍他的一个英国臣民竟成了神圣罗马教会的红衣主教。（关于雷金纳德·波尔这位杰出的人物，我将在米开朗基罗那一章中对他进行讲述。）

继续沿着阿庇亚古道前行，在切契利亚·梅特拉坟墓前三百米处就是马克森提乌斯竞技场。它是最令人印象深刻的古罗马建筑之一，体型巨大，拥有能够容纳一万名观众的看台，中轴线长达三百米，建筑总长半公里。这里原来是一个下陷的洼地，为了填满它整整耗费了一座小山的泥土。贝尔尼尼用来装饰纳沃纳广场四河喷泉的方尖碑就是从这里发现的。关于这个还有一段有趣的历史故事，故事的主角是博学的英国冒险家威廉·佩蒂（亚历山德拉·拉皮埃尔为他写了传记）。1636年，他发现了这块半埋在植被下早已碎成数段的方尖碑，于是立刻向教皇国买下了这座方尖碑，意图将它带回英国，转卖给一位早已打算收藏的狂热古董买家。然而，在最后关头，教皇乌尔班八世（马菲里奥·巴尔贝里尼）及时阻止了这件事，才避免了这块方尖碑文物的流失。当时，贝尔尼尼正为他那座新建的喷泉雕塑寻找合适的搭配装饰，便一眼挑中了这座方尖碑。

教皇的这一举动当然是警觉且有远见的，尽管这远不足以根除掠夺古物的恶习。一个多世纪后，1756年乔凡尼·巴蒂斯塔·皮拉内西在他的作品《罗马古物》中写下了这段文字："或是因为时间流逝造成的侵蚀，或是因贪得无厌的房主，罗马的古建筑遗迹眼看着日渐稀少，只能三三两两地散落在花园和其他一些田地里。为了建造新的住宅，一些房主不惜偷偷地毁掉这些遗迹，暗中卖掉这些建筑碎片。因此我决心在我的作品中记录下这些古建筑。"

四河喷泉上的方尖碑

在一座小山丘的山顶上可以看到马克森提乌斯故居的遗迹，有一条拱廊连接着故居和竞技场；向着阿庇亚古道继续往前，是罗马的儿子罗慕路斯的坟墓。这里的一切都如此宏伟，又是如此哀伤。312年，在著名的米尔维奥桥战役中，马克森提乌斯向康斯坦丁发起进攻。战败后，他纵身跳进台伯河中试图逃命，却最终不知是溺水还是中箭而身亡。然而追忆他的"大教堂"依然矗立在这里，这些庄严的废墟，是一个时代终结的象征——一个非基督教时代的见证与纪念。

我们不妨从另一个角度，或者说从它的"反面"，通过早期基督教遗迹来观察非基督教的终结。我们暂时离开阿庇亚古道，转向阿文提诺山。尽管在罗马的确不乏一些早期基督教教堂，但只有少数（或者没有）教堂能够像在圣撒比纳大道——罗马城中最吸引人的道路之一——上的那些教堂一样，能使人回想起基督教创立伊始的情景。阿文提诺山，向西延伸进台伯河，面向贾尼科洛山，俯视着山脚下盆地中这座城市核心地带最古老的那一部分。最开始，这一片只是普通百姓的居住区，建有许多平民的房屋；到君主制时代，拉齐奥人民在这里建造了一座祭祀狄安娜的神庙。而臭名昭著的强掳萨宾妇女事件可能就发生在距离此地几步之遥的马西莫竞技场山谷。

到了中世纪，阿文提诺山成了众多修道院和教堂的所在地，而大部分土地依旧用于农耕。如今这里的农业用地只占了很小的一部分，但活动痕迹还是被保存了下来，只有明眼人才能发现。圣撒比纳大教堂是5世纪时期大教堂的完美典型，也是早期基督教理念的最佳范式。教堂的圆柱来自古罗马时代，大门的柏树门扇经过精心雕刻划分成了若干方格。在这些方格雕刻的图案中，有一幅同主题作品中年代最古老的耶稣被钉十字架的场景。在大教堂内部，还有一块古老的马赛克碎片，上面涉及的是431年以弗所圣公会议的场景。

相邻的圣阿莱西奥教堂虽然同样历史悠久，但不如前一座教堂时间久远，因为它的历史"仅能"追溯到8世纪。它建在另一处更古老的教堂基础之上，还经历了多次重建。教堂有一个罗马风格的地下墓室，这在整座城市中都是独一无二的；祭坛盖着华盖，内里保存着圣人的遗骸。有人认为地下室的地下有一根圆柱，曾经用来捆绑殉教时的圣塞巴斯蒂亚诺，当然这只是一个传说。

出了教堂，道路的尽头是一片广场。它气质庄严、装饰美丽，是罗马最美丽的广场之一。这一片开阔的场地是用来纪念马耳他骑士团的。广场被一圈围墙围住，围墙上陈设着早期新古典主义风格的方尖碑、神龛，以及刻有海军和宗教图案的石碑。这个广场是乔凡尼·巴蒂斯塔·皮拉内西于1764年在红衣主教雷佐尼科的委托下设计的。广场上还有一座大门，门上有一个著名的锁孔，透过锁孔望去，在绿色的廊座尽头可以看到远处圣彼得大教堂的穹顶，它被完美地框在了这小小的圆形视野中。附近稍远处一道栅栏门里是骑士团的修道院和一座圣母教堂。这座圣母教堂也是由皮拉内西设计的，他的坟墓也在教堂内。教堂并不是特别漂亮，里面只有一个满是灰泥雕饰的中殿，保存着几座墓碑。不过，教堂四周的环境却十分幽美，花园被精心打理过，建筑物也十分错落别致，还有一口可以追溯到13世纪的圣殿骑士会使用过的古井和一块不应错过的小型墓碑，它上面记述了1853年教皇庇护九世曾来到这座教堂视察它的重建修复情况的场景，因为教堂在1849年封锁时期曾因受到法国人的炮袭而损毁。修道院在939年刚建成时属于本笃会修道院（由奥多内·迪·克鲁尼主持），随后它被移交给圣殿骑士会，最终又转入了马耳他骑士团手中。历史更迭交替，岁月回响不停，至今仍裹挟着它的气息。身处在此，我们向下俯瞰，不难想象脚下山谷中的这座城市将会是何种景象。在这狭小的空间里，在广场、花园和教堂之间，皮拉内西，这位高明的古代建筑设计师和杰出的蚀刻画家，给我们留下了他唯一一件建筑作品。

对面的拉威尔纳莱路，坐落着圣安塞尔莫教堂。相比于其他的教堂它更为近代，因为它建于19世纪末。在这座教堂中，人们可以听到美妙的格列高利圣咏的演唱。底下的这座堡垒属于教皇保罗三世，由朱利亚诺·达·桑加洛设计，建于16世纪中期。曾有计划要加固堡垒的墙壁以更好地保护罗马免受袭击，但后来这个计划被放弃了。

在此我不能不提及另一座建于同一时期且具有同样魅力的大教堂；它坐落在距离此处不远的对面的切利奥山丘上。去到切利奥山，我们得沿着圣保罗德拉克罗齐大道前进，再从高大的多拉贝拉拱门底下穿过。这座拱门的历史可以追溯到公元初，很可能也是仿照极为古老的塞尔维乌斯城墙上的切里蒙塔纳门而建成的。沿着这条苦行者之路，就来到了圣若望和圣保罗大教堂。在第二次世界大战结束后，纽约人红衣主教弗朗西斯·斯佩尔曼命人修复教堂，希望恢复其原有的风采，因为这座保存至今的神圣建筑修建年代久远，在过去几个世纪的变迁中早已面目全非。教堂所纪念的两位圣人若望和保罗是两位正式的基督徒，他们都在叛教者尤利安的短暂统治时期被杀害。教堂中最古老的建筑建于398年，但仅仅十几年后就被西哥特人国王阿拉里克破坏了。入侵罗马后，他放任军队在这里巧取豪夺。1084年，教堂再一次被罗伯特·吉斯卡德的诺曼底军队劫掠。之后罗马历史上一系列的更迭交替又使它惨遭损毁，为了符合当时的风格教堂还进行了多次改建。

我们现在所看到的这座教堂详细记录了这段悲剧的过往。圣若望和圣保罗大教堂右殿的深处可以通向地下。地下建筑发现于19世纪末，共三个楼层，约二十几个房间，有的还绘有精美的壁画，是异教和基督教时期建筑的完美融合。这里还有些有关两位殉教者原始信仰的小礼拜堂。这是一座令人触动颇深的建筑：因为人们很少能像在这座教堂里一样，在罗马其他地方亲手触碰它在几个漫长动荡世纪里那段纠结缠绕的历史。但这座值得尊敬的大教堂之所以令人心绪激荡还有另外一个原因，它能让人直观具体地去衡量天主教堂在受巴洛克风格影响而变得日益奢华壮丽后与它最初的节制主张偏离得有多远。

这种改变是否已经影响了它的精神实质，是我们每个人都必须做出判断的问题。

要返回阿文提诺山，只需穿过穆尔西亚山谷或是马西莫竞技场的山谷。除了我提到的一些大教堂外，这座山上还有一座宏伟的露台，站在露台上，人们可以俯瞰广阔的城市、民居的屋顶、屋顶的平台、教堂的穹顶以及台伯河浑浊的河水。罗马有两处天然登高望远的景观。一处是从贾尼科洛山东望；而另一处，则是阿文提诺山反向看过去。于我而言，我更偏爱第二座山。因为此处萦绕着观景者的，是那些使城市景色变得更为深沉的名胜古迹。如果说有那么一个基督教开始取得胜利并逐步得以扩张的地方，那就是这里了。313年，君士坦丁皇帝在米兰宣布基督教为合法宗教；350年，他的儿子君士坦丁二世又宣布基督教为帝国的官方宗教。而在391年，另一位帝国皇帝狄奥多西则确认了基督教的国教地位，并颁布禁令禁止所有其他的宗教崇拜，甚至人们在家祭祀先祖都不允许。在短短六十多年的时间里，文明世界就从一个温和包容的多神教社会转变成为一个独断专一信仰基督的一神教社会。

尽管有关基督教如何从罗马天主教中脱颖而出并最终获得胜利，逐渐使自己位列其他所有宗教乃至内部数十种教派之上，还使它们都被当作"异教"被清理的过程已被多次讲述，但这确实是人类历史上最令人印象深刻的重大事件之一。这也许是政治机敏与不带任何偏见地适应时代精神和科学发现的独特契合，也是消除和镇压最危险敌人的典例。这是支撑每个权力体系的磐石般的规则，没有例外可言。对于罗马教会而言，这些规则常常与真挚的精神信仰相结合，从而进一步加强了新宗教强有力的组织结构和形象。阿文提诺山上的那些教堂使人回想起那些历史，那些斗争和那些最终取得的胜利。此外，从这座山上那个高高的露台上，可以在远处地平线看见那场胜利最完美的象征：圣彼得大教堂的绝妙穹顶。尼古拉·果戈理曾在他的长篇小说《罗马》中这样描绘他从阿文提诺山上远眺穹顶在日暮余晖中的画面："圣彼得大教堂那雄伟的穹顶，当你离它愈远时，它便愈发显得宏大，当最后整座城市都已消失时，它仍神圣地矗立在地平线上。"

在一座常常回荡着祈求与呼喊，经历了太多暴力惨死的城市里，从来都不缺少能让人追忆亡灵、纪念故人的场所。我指的不是公墓，而是那些隐蔽无名的地方，尽管这些场所有时候可能就是顶级艺术家的杰作，例如坐落于伦加拉大道的圣贾科莫大教堂。这是一座僻静的教

教皇亚历山大七世墓

堂，教堂内殿的右侧保存着一座由乔瓦尼·洛伦佐·贝尔尼尼创作的奇特墓葬：法学家伊波利特·梅琳达的坟墓。她被塑造成一具长着翅膀翱翔空中的骷髅形象，鹰爪状的手指和牙齿叼着一篇纪念她的悼念笺文。这种毛骨悚然的写实主义创作也被贝尔尼尼用在了教皇亚历山大七世（原名法比奥·基吉）位于圣彼得大教堂的葬礼纪念碑上。在精心雕刻的奢华墓葬的顶部，是正在专心祷告的教皇雕像。他的下方铺着一块珍贵的裹尸布，一扇死亡之门半掩着，一具手中拿着沙漏的骷髅自这扇门中探身向外，预示教皇死期已至。

教皇祭坛后侧的教坛上是保罗三世的坟墓，它与贝尔尼尼设计的亚历山大七世墓葬遥相呼应。大多数人认为保罗三世的墓葬是古列尔莫·德拉·波尔塔的杰作，因此这值得我们稍稍偏离主题，在此简述。

保罗三世的雕像立于墓顶，庄严而肃穆；他脚下有两座雕像（一开始甚至有四座），分别象征着正义（左）和谨慎（右）。据说前者以教皇的妹妹朱莉娅·法尔内塞为原型，同时她也是个情窦初开的少女，教皇亚历山大六世（罗德里戈·波吉亚）的情妇，而另一座雕像的原型则是他的母亲乔瓦内拉·卡

塔妮,这是一个集欲望、圣洁、亲情与政治认同于一身的形象。坟墓于1575年举行落成仪式,保罗三世的侄子当时见证了这一切,他与叔叔同名,也叫亚历山大·法尔内塞。过了若干年,在历经了五任教皇后,在位的克莱门特八世突然意识到正义女神雕像的裸体过于具有挑逗性,因此在特伦托圣公会议后发起了一场艺术道德化运动,并将这座雕像列为第一个下手的对象,指示说:"要移除教皇保罗三世坟墓中的那些雕塑,或遮盖起来使之更为得体。"在处置这些雕塑时监察官也说,"雕像的乳房、胸部和其他部位都过于淫荡了","一条大腿直接裸露至根部"。总之,实在是太过分了。

保罗三世墓

然而问题还不止于此,有流言说一名不知是朝圣者还是游客的人,被裸体雕像挑起了兴奋的神经,竟然对着它手淫。朱塞佩·乔阿奇诺·贝利听闻这个流言,就在1833年5月的一首十四行诗中做了转述:

那座雕像是多么迷人
竟使一位英国绅士心生邪念
被圣彼得大教堂卫兵抓个现行
他正做着淫秽的动作,手中握着生殖器
于是当时的教皇
让人给雕像穿上了一件铜制衣裳
也就是今天我们在这里所看到的样子

历史学家罗贝尔托·扎派利长期致力于研究教皇保罗三世和那段时期的历史。他认为，也许贝利这首诗真正的意图，是针对那些到罗马旅行的英国游客，他们络绎不绝地来到罗马，可当他们离开时依然带着原有的成见。不过我不想太过偏离我叙述的中心。我们只需要知道，这个流言实际上是另一个传言的翻版：普拉克西特列斯创作的《克尼多斯的维纳斯》肢体匀称，造型完美，以至于有一名游客为能够和她做爱而躲藏在了神庙之中。

正如我们将在《罗马最美丽的夫人》一章中详述的，朱莉娅·法尔内塞，是教皇波吉亚的情妇，她的青春美丽为人所称道。她的哥哥亚历山大之所以能够被任命为红衣主教，应当归功于她。路德将这场交易收录在了他的一部著作中，还抨击道："教皇保罗三世在成为教皇前，将他的妹妹送给了在位的教皇作情妇，这才为自己争取到了红衣主教的任命。"威尼斯共和国驻罗马大使安东尼奥·索里亚诺也知晓此事，还在给政府的一封信函中写道："他被任命为红衣主教并不光彩，鉴于他有隐情在先；也就是说，这一任命是出于教皇亚历山大六世和他的妹妹朱莉娅之间的亲密关系；因此自任职以来很长一段时间里，他一直被称作风流好色的法尔内塞红衣主教。"关于这一事件的一份更为古老（15世纪）的史料来源来自因费苏拉，他在他的《罗马城日记》中列出了1493年9月20日教皇任命的红衣主教名单，在他们之中就有"法尔内塞家族的一位成员，他是教皇的情妇，美丽的朱莉娅的同胞手足"。

1595年，"正义"女神雕像被包裹上了一层金属外衣，并在外部进行了粉刷使之有了大理石的质感。据说在很长一段时间里，只要给大教堂的守卫们一些小钱，他们就会将罩布掀起片刻，好让人一品底下的风光。鉴于我们正在谈论这个话题，就再补充一件类似的事情，那就是共和国广场（也称环楼广场）上由艺术家马里奥·鲁泰利于1901年雕刻的水神喷泉。这位艺术家为了能够呈现水神体态的华美富腴，找了一位名妓来做模特。结果，作品过于写实，令人杂念丛生，滋生了各种流言；可是这座雕像又无法用罩布遮掩起来，就只能强迫那些必须穿过广场的神学院学生转过头去，让他们的目光从那些妖娆润湿的身躯上移开。

让我们言归正传，重回有关死亡的主题。艺术作品中常常会出现对骷髅形象描绘的坚持，其中一些骷髅造型甚至还配有沙漏和镰刀，这是17世纪一种反宗教改革的刻板观念。在圣彼得镣铐教堂的左殿也有两座骷髅像，做工精良，令人印象深刻；在这一时期的教堂里，死亡几乎总是以最凄凉的方式来进行表现：它或是裹挟着一层黑衣，或是出现使人目眩的裸露骸骨，又或是在头颅上展现一对空洞的眼眶。在阿文提诺山上的圣母玛利亚教堂中甚至并列摆放着两座骷髅。在巴洛克模仿主义和反宗教改革的整整一个世纪里，对死亡的描绘都上升到了对世界的虚无、对罪人要面对的永恒痛苦的最大警示。

当这些骷髅不再是大理石的逼真雕刻，而是使用真正死者的尸骨，如同灰色海绵般的枯骨时，这种死亡的主题才真是达到了顶峰。这些枯骨来自那些曾经活着、随后如哈姆雷特所说的"因情绪和欲望而死"的人，他们因情感而颤抖，为激情所鼓动。位于威尼托大道的嘉布遣兄弟会地下骸骨厅便是对这种死亡祭礼最有力的证明。对于容纳这处骸骨厅的教堂（圣母无玷始胎教堂），我们不应该想象它位于那条以导演费里尼闻名的道路脚下，而应想象它最初的位置，周围的环境曾经是什么样。威尼托大道不过是近代的创造。在这条交通要道建成前，教堂前仅有一个装点着两排榆树的小广场，一路延伸向毗邻的、拥有贝尔尼尼所创作的美丽海神喷泉的巴尔贝里尼广场。在嘉布遣兄弟会的这座教堂内保存着一幅卡拉瓦乔的《圣弗朗切斯科》，但这座教堂最"吸引人"的是它的地下室，那里陈列着约4000名在17—19世纪死去的神父遗骨，这些骸骨被当时的神父们挖掘出来并布置成地下墓室的装饰。当时人们用300辆小推车将这些遗骨从奎利那里山脚一个古老的修道院一直运送到此处。这处骸骨厅的训诫之义被简明扼要地刻写在墓笺上："汝之今日即吾辈之昨日，汝之明日即吾辈之今日。"

另一座极尽巴洛克奢华繁复且同样纪念死亡的教堂是位于朱莉娅大道的圣母玛利亚祷告与死亡教堂。它比先前提到的教堂更为古老（可追溯到16世纪末），在当时也因为"善终会"的所在地而闻名。这个组织以我们今天的话来说就是一个"志愿活动"联合会。一些善良的人组织起来，在城市街道以及罗马郊外的农村地区去收集那些未被掩埋的尸体，最后集中葬在教堂地下。一直到19世纪中叶大约三个世纪里，教堂的地下室中一共埋葬了近8000具尸体，它们最终都得到了体面的安置。

几年前由于新闻报道工作的需要，我曾对奎利那里宫（与凡尔赛宫并称为欧洲最美丽的宫殿）进行过深入的了解，发现在对教皇的遗体进行防腐保存处理之前，会先在朝向广场的那个阳台后的大殿中将其腹腔内脏摘除。完成摘除流程之后，这些被民众称为"圣肠"的内脏，会被密封在一个瓮中，并被庄严地运送到位于特莱维喷泉广场与拉瓦托雷大道拐角处的圣温切佐及阿纳斯塔西奥教堂中。这一传统始于第一位在奎利那里山宫殿入住的西斯笃五世教皇（1585—1590），这个传统延续了近三个世纪，一直到利奥十三世才停止。即使在今天，这里依然保存着整整二十二位教皇的心脏。防腐处理的操作过程也在一本 18 世纪后期的编年史书中进行了详细描述："教皇死后，药剂师和教皇敕令中任命的修道士们，会用药和香料将他的嘴、鼻孔和耳朵堵起来，如果有条件的话还会用芦荟……最后，如果脸部有褶皱，会给他涂上优质的香膏，双手也是一样。"这一处地下教堂是由本笃十四世在 1757 年命人建造的，专门用于存放去世教皇的心脏。

贝利在他的十四行诗《特莱维喷泉圣温切佐及阿纳斯塔西奥教堂》（1835年 4 月 22 日）中描写了两位普通民众关于这种操作过程的对话：

> 教皇死后，被开膛破肚还涂上了香料，
> 他那神圣的内脏装到了坛子里，
> 被小心翼翼地交到神父手中。
>
> 他那些最虔诚的修士们护送着拿在手上的内脏，
> 安置在一座地下室，
> 那简直就是一座脏器博物馆。

不过即便如此，圣温切佐及阿纳斯塔西奥教堂也有一段有趣的历史。这座建筑原本年代久远，但在 17 世纪时，遵照一位著名的红衣主教儒勒·马扎然的意志，进行了彻底的重建。马扎然主教生于阿布鲁佐，后来成了法国的一位部长。他是一位在此前没有被任命为神父就任职的红衣主教。他是法国女王的情人,甚至可能是她秘密的丈夫。他具有广泛的外交和谋略能力。华丽的族徽也被显眼地摆放在教堂的正面墙上,不是由两位,而是整整四位天使托举着。

在没提到另一处纪念死亡,或者说是展示人间受难暴行的地方之前,我还想说一个简短的题外话,那就是坐落在切利奥山脚下的圣斯德望圆形教堂。16世纪末,波马兰齐奥和安东尼奥·坦佩斯塔在这座极其古老的(重建多次的)教堂的墙壁上绘制了34幅壁画。壁画描绘了34位圣徒在基督教徒遭迫害的年代中殉教的故事。而那时正在进行全面的反宗教改革,对这种虐待迫害行径的可怖披露,是为了达到教诲启发的目的。人们从这些壁画中可以看到那些饱受恶人折磨的不幸生命,有人因压在脖子上的石块窒息而死,有人被活活烧死,有人被挖去双眼,有人被绞死,有人被剁去手足,还有人被石头砸死。这些壁画里甚至还有一幅直接再现了正在挖掉一名少女乳房的刽子手(据说当迪·萨德侯爵在1775年见到画中这一场景时,顿时感到局促不安)。

在罗马有一个长期以来被认为是典型的平民街区:那儿有工人们的住宅区、小商店、大理石工匠、铁匠,现在还有制造塑料制品的工匠。它就是圣洛伦佐区,位于罗马最古老、最大的维拉诺公墓附近。这座公墓在著名的《拿破仑法典》颁布后的1804年建成,而它也给予了福斯科洛撰写诗集《墓冢》不少的灵感。这个街区的名字来自一座古老的教堂,罗马五大家族教堂之一的圣洛伦佐教堂。1943年7月,这片地区遭受了英美联军的残酷轰炸。如今,从战争的废墟中建立起来的圣洛伦佐街区变得相当时尚,具备欧洲所有那些受年轻人欢迎的城市街区的所有特征。然而它的街道仍然保留着那次悲剧历史事件中留下的伤痕。仔细观察,你就可以发现其中端倪:一些建筑物高矮不齐,轰炸前曾是一片房屋的地方现在成了空地,墙壁四分五裂,矗立在新建筑物旁的旧建筑显得格外突兀。如今,那些袭击当天早晨曾在那里的老人们也分不清他们所讲的故事中有多少是事实,又有多少是想象了。

1943年7月10日,美军在西西里岛登陆,仅遭微弱抵抗。九天后,他们对罗马的轰炸带着军事与政治的双重目的:打击首都将成为法西斯政权大势已去的明显标志。同盟国共同动用了庞大的军力,这支在意大利领空出现过的最庞大的机群:由268架战斗机护送着的662架轰炸机。在这约1000架飞机中,有著名的B-17"飞行堡垒"、B-24、B-26掠夺者,解放者,P-38闪电歼击机,都是美国军事工业所能生产的最精良的武器。它们飞抵了罗马上空海拔20000英尺的高度(代号为二十个天使),相当于6000多米。

1943年7月19日星期一,战争爆发后的第1134天,这是炎热、无风且能见度极佳的一天。早晨的气温已经很高了,下午2点时温度计显示已高达40摄氏度。第一枚炸弹于11:03落在圣洛伦佐区的火车站。炸弹是从绰号为"幸运女士"的B-17飞行堡垒上投下的。这架飞机为令人畏惧的飞行纵队中长机,而那个纵队使用了超过1000吨的炸药,分成了六拨轮番发起轰炸,重创罗马,造成超过2000人死亡和极大的物质破坏,这其中包括被炸毁的圣洛伦佐教堂。首都遭受了152分钟的连续轰炸,从11:03一直持续到13:35。随着飞行纵队的推进,浓烟和粉尘甚至遮挡了轰炸机飞行员的目光。除了交通货运站以外,还有数百所房屋、大学和综合医院惨遭轰炸。在肿瘤医院内,当围墙因为轰炸而摇晃不止的时候,两个外科手术团队依然一刻不停地在做着手术。维拉诺公墓前的花店被第一批炸弹炸成了十几块。赶来查看伤亡损失的宪兵指挥阿索利尼·哈桑不幸遭遇了第二轮轰炸。最后,他与他的副官和司机因为一枚小型炸弹而被烧死在汽车中。

此次轰炸的军事目标除了圣洛伦佐火车站以外,还有位于萨拉利亚路的利托里奥机场(今天的乌尔贝机场)和位于阿庇亚古道的钱皮诺机场。在预先任务布置过程中,飞行员们都接到了明确指示,即只允许对上述目标进行轰炸。飞行员中一些极端激进的新教徒们(作为反天主教教徒)被排除在此次轰炸任务之外。相反,指挥官们告知那些信仰基督教的飞行员,只要他们提出信仰需要被尊重就可以允许他们不参加此次任务。

这一行动的战略目标是切断交通运输系统,以阻断自英美军队登陆之日起一直处于作战状态的西西里岛的直接物资供给。与930架高度武装并由最快速的歼击机护送的战机相比,意大利防空部队只能使用过时的高射炮,其中一些武器甚至能追溯到第一次世界大战时期,只有屈指可数的飞机可以用来作战,但驾驶这些飞机的飞行员都是真正的勇士。当意大利军队的飞行员们起飞的时候他们就很清楚,自己很有可能有去无回。美国对双方战力评估十分准确,预计这次作战的损失大约为1%,而实际上还要低得多,仅为0.26%。一位美军指挥官在返回地面后被问任务进行得如何,他回答说:"实在太容易了。"

在轰炸之前,美军飞机曾两次飞过罗马上空,投下了数千张传单。其中第二次发生在17日周六的晚上。这些传单由丘吉尔和罗斯福共同签署,上面写着:"这是来自美国总统和英国首相给意大利人民的一封信。此时此刻,美国、英国与加拿大的联合军队正将战争推向你们国家的腹地……墨索里尼使你们卷入了这场战争,使你们的国家成了毫无人性的、破坏民族与自由的独裁者的卫星国。"由于很多人都阅读了这份传单,报纸被允许公开刊登传单的内容。尽管这是一封来自敌人的信,但还是二十年来第一次在报纸头版出现这样的语句:"这场战争是墨索里尼和法西斯政权强加于你们的可耻政治的直接结果。"

国王埃马努埃莱三世站在萨沃伊别墅的露台上用一副"蔡司牌"望远镜观察轰炸的情况。教皇庇护十二世也透过他房间的窗户看着那些大火和浓烟产生的阴云,身边站着代理国务卿乔瓦尼·巴蒂斯塔·蒙蒂尼。下午教皇亲赴瓦砾堆进行祷告。那个周一,墨索里尼并不在罗马。他在费尔特雷和希特勒会晤。他曾向同僚们保证:"这一次我会和他把这些事说清楚。"但事实上,所有会晤时间里都是希特勒在怒吼,而他几乎没能开口。

在罗马的历史进程中,它曾多次遭入侵:哥特人、匈奴人、罗伯特·吉斯卡德以及1527年的德国雇佣兵,而在骇人的1943年7月的早晨,美国军队也侵入了罗马,随后的9月8日又来了德国军队。7月19日的空袭达到了联军战前制定的所有预期目标。货运站被摧毁。一个星期后,即24日周六与25日周日之间的那个夜晚,法西斯政权就像一截被虫蛀空的树干一样,轰然垮台。

在战争结束后的很长一段时间里,流传着这样一个小故事:一名美国士兵开着吉普车经过古罗马斗兽场的时候,惊讶地向同伴喊道:"我的上帝啊,我们竟然把这儿也炸掉了!"没有人知道这个故事是否属实。在罗马,确实有一些古迹看起来就像是刚刚遭过空袭一样。不过古罗马斗兽场不在此列，而卡拉卡拉皇帝古浴场的那片遗迹确实遭受了这次轰炸的洗礼。那片巨大的建筑遗骸，除了向我们昭显年轻罗马皇帝的野心以外，也极大地体现了古罗马人非凡的建筑才能。与当初古浴场刚建成时的辉煌相比，如今残存的这片废墟遗迹简直不足挂齿。这也让我们得以理解如今人们对这座遗迹的惊叹，感叹其令人伤感的魅力，但对于那些曾经见证它顶峰时期辉煌的人们来说，那就完全应该是另外一种惊叹了。奥尔特加·伊·加塞特在《大众的暴动》一书中写道：

> 古罗马帝国早期，当一个机灵的外地人——比如卢卡、塞涅卡之流——来到罗马城，第一次看到作为帝国永恒权力之象征的富丽堂皇的皇宫建筑时，他们的内心会受到强烈的触动。这个世界上当然再不会出现什么更新鲜的事物了，因为罗马城就是永恒的象征。如果说笼罩在古代废墟之上的郁郁幽思让人想起凝滞在死水上弥漫的酽酽氤氲，那么这些多愁善感的外来客面对那些永恒之象征的建筑所抒发的感伤情怀，也是同样的浓烈阴沉，尽管是出于完全相反的原因：那是对于这些永恒建筑的惆怅。

安东尼奥引水渠的一条分支曾经向罗马供水，它从德鲁索拱门上方越过阿庇亚古道。托提拉率领的哥特人破坏了这些引水渠后，使得在该地区形成了一块疟疾病发区。随后的几个世纪里古浴场屡屡遭到掠夺，几乎被洗劫一空，沦为一处取之不尽的建筑材料采石场。矗立在佛罗伦萨圣三一广场上的花岗岩圆柱便来自这里，它是科西莫·德·美第奇在1561年派人从古浴场中搬走的。从这里运走的石材还被用来筑成了两座宏伟的灰色花岗岩水池，用来做成了喷泉，装点着罗马的法尔内塞广场。后者是盗窃无数次的欧都阿尔·法尔内塞在1612年完成的"丰功伟业"。直到20世纪初，教育部长圭多·巴克利提出开辟"考古步行道"时，才真正开始采取保护古浴场遗址的实际行动。

1887年的春天，焦苏埃·卡尔杜齐在游览这片古浴场废墟的时候，惊讶于所看到的那些遒劲的残垣断壁，像被闪电击中了一样驻足不前。那些矗立在一片重新变得近乎狂乱的草木中的庞大废墟,似乎将诗人向往已久的古罗马文明有血有肉地展现在他的面前。他用顿挫分明、风格文雅的诗句写作了《野蛮颂》,如雷鸣般夸张地宣泄了自己的感触。徘徊在幻想与追忆之中,诗人这样描述了四月的一个暴风雨天:"乌云在切利奥山与阿文提诺山之间翻涌 / 潮湿的寒风从萧瑟的平原吹来 / 远远地矗立着 / 是那白雪皑皑的阿尔巴诺山。"

我不知道在那个遥远的春天山上是否还有积雪。但我确定,从古浴场废墟的位置是无法看到阿尔巴诺山的。诗人在他的想象中看到了积雪的山峰,并把它放进诗句中,因为他感受到若要使这幅画面完整似乎有必要添加一点白色。他还见到了一名正试图在旅行指南上寻找一些关于这片废墟信息的英国女游客:"一位英国女士在书中寻找 / 古罗马城墙的凶险 / 在这天空下的这一刻。"诗人看到一群"密集的、黑色的、呱呱叫的"乌鸦在天空盘旋。最重要的是,他亲眼看到了那些令人难以忘怀的废墟古迹:"古老的巨人赫然而立——似乎愤怒于 / 这群翱翔天空的占卜者——莫非你们对天空有什么企图? / 传来拉特兰的钟声 / 庄严肃穆地萦绕在耳边。"

这并不是一种超凡的诗体,但我意识到,也许只有那种格律狂野的诗体,即古希腊古罗马式的韵律诗体,才能与他如此地契合。那些赫然而立,触碰天际的古老巨人,这种宏大的构思,确实体现了诗人所热爱的世俗宗教信仰。当卡拉卡拉皇帝在217年庆祝古浴场的落成时,他也一定怀着这种同样宏大的构想:当时浴场占地11公顷,可以同时容纳1600人,配有冷水和热水浴池、健身馆、图书馆、走廊、马赛克地板、壁画、雕塑(其中就包括海格立斯雕像,后来名为法尔内塞雕像),它的地下空间是如此巨大,甚至马车都能在此奔驰;浴场的周围还有众多的花园、观赏喷泉以及定期修剪的小树丛和祭坛。

在他短暂的执政时期里(211—217年),马尔库斯·奥列里乌斯·安东尼努斯·巴西亚乌斯,因其常穿的凯尔特式带帽披风而被称为卡拉卡拉,并以此名字永垂史册。他在所有的事情上都相当辉煌,甚至包括他的暴行。卡拉卡拉188年生于里昂;当古罗马军队拥护他为皇帝时,他只有23岁。其父塞普蒂米乌斯·塞维鲁(古罗马广场上的最后一座凯旋门是为了纪念他而建造的)在濒死之际,给卡拉卡拉和他的弟弟盖塔只留下了一句遗言:"你们一定要确保军队生活富足,保持他们强大和忠诚,其余之事都不必理会。"他幻想着,希望两兄弟能和睦共处。但后来卡拉卡拉将盖塔刺死在母亲的怀中:这成了他一系列臭名昭著的、令人生畏的,但本人却引以为豪的罪行的开端。据统计,也许是那些史学者(全部站在元老院一边)夸大了事实,他所杀害的人多达两万,其中一些甚至只是对盖塔的死表达了悲痛而已。但是,卡拉卡拉牢记了父亲的遗言,将军队的薪水提高了一倍。为了弥补这最主要的一部分财政支出,卡拉卡拉提高了征收和没收反对派财产的力度,还铸造了一种全新的货币("安东尼努斯",三世纪的古罗马银币),起初该银币的含银量极高,但后来迫于通货膨胀的压力,不得不逐渐减少了钱币中银的含量。

他最轰动的一个政治举措,是在212年向帝国的全体自由居民授予了古罗马帝国公民的身份("安东尼努斯法")。尽管卡拉卡拉也许只是出于深思熟虑和对利害关系的权衡,但无论如何这确实是一个革命性的举动,是一次伟大的创举。这项法律用今天的话来阐释,即扩大了官方税收的范围。至少历史学家狄奥尼·卡西奥是如此认为的。但是,仍然还有其他原因使卡拉卡拉敢于采取此措施:为了回敬那些不信任他的元老院所代表的贵族阶层,给予他们另一个致命的打击,在君主制政体下提高所有平民的地位。我们知道,卡拉卡拉一生只在一件事情上失败了。他想要娶帕提亚国王的女儿为妻,以此实现亚历山大大帝建立一个东西方统一的帝国的伟大梦想。然而,他那位可能的岳父,众王之王,却不信任这个计划,或者说是对卡拉卡拉本人不抱信心,又或者两者兼有,从而最终这段婚姻成了泡影。

卡拉卡拉曾指望过军队,但正是他自己的一名士兵成了杀死他的工具。一次卡拉卡拉向东出发,想再次追寻亚历山大大帝的丰功伟绩。途中,他的一名士兵受卫队执政官马克里努斯指使,用剑结果了卡拉卡拉,他死去的时候甚至还不到三十岁。

为什么我在罗马可叙述的千万种事中偏偏选择用以上这些篇幅来描写卡拉卡拉和他的古浴场呢?我要对此稍作解释。整本书——尤其是这第一章——是基于我个人的经历所做的极为主观的决定。好吧,其实是因为我由于各种原因曾在卡拉卡拉古浴场度过了几年的童年时光。我是指,在浴场"里面",我

卡拉卡拉古浴场

曾探索了它的各个角落，上层和下层，包括那些地下通道，多年以来这段记忆依然鲜活清晰：没有尽头的地下通道，大多一片漆黑，只有几处地方被从天花板上透光口处落下来的细细光束所照亮。这片浴场废墟是一群住在附近的即将进入青少年时期的孩子们的天然游乐场。在地下通道的两侧是一些房间，有的很宽敞，有的很狭小，另外还有一些神秘甬道，那些迷失在绝对黑暗中的隐秘深处是我们不敢涉足的禁地。墙壁上经常出现一些高度不一的孔洞，很多年之后我才明白那些是输水管道。水管的底部覆盖着一层细细的暗黄色粉末，这层粉末摸起来几乎感觉不到，比女人们化妆用的香粉更易飞扬。在我们的想象中这可能是死人的骨灰，是那些在读本中所描写的残忍娱乐项目中被杀死的人的骨灰。很久以后我们才知道，与这些想象有关的其实是那些在残忍狂热竞技中丧生的第一批基督徒，而当时的我们不应该把这处废墟和古罗马斗兽场相混淆。

秋日的一天，在其中一间光线不足的房间里，我们发现了一小群人，他们之中有些站着，有些坐着，正在专心地讨论。当时我们可能有三四个人，突然从走廊里冒出来把他们吓了一跳，因为他们并没有听到我们的脚步声，而我们也没有听到他们的声音。这种意料之外的相遇伴随了一阵漫长的尴尬。过了一会儿，他们中的一个男人率先有了动作，他向其余的人致意告别后便向出口走去。在与我们擦身而过的那一瞬间，他以一种介乎热情与粗鲁的动作用手揉乱了我的头发。多年来我几乎已忘却此事。而当它再次浮现在我脑海中的时候，我想这些人也许是一支游击队的成员，当时正专注于讨论他们的行动计划，而当看到我们的时候他们就只好不说话了，或许是因为他们已经讨论完了，又或许只是出于谨慎。谁又知道他们到底是什么人呢。

我一直将法国视作我的第二故乡，如果可能的话，我希望长眠于此。我对巴黎和法国的热爱是在罗马通过一些阅读和歌曲而产生的。这些歌曲基本上都由乔治·布拉森斯谱曲，而读物一开始是夏多布里昂所写的一些回忆录，正是这些书给我打开了法国文学和历史的大门。当埃诺迪-伽利玛联合出版社于1995年出版了由伊万娜·罗西翻译的经典意大利文版《死后回忆录》的时候，切萨雷·加尔博利使我明白了法国魅力的缘由。他在序言中写道："阅读意味着全身心的投入，它改变了时空观念，使人忘记实际所处的时空。没有人能做到像夏多布里昂那样，善于抓住读者的注意力，让他们沉浸在那些历史事件中。"时空转换之间，我也就这样陷入其中。西班牙广场和罗马人民广场之间的那几条路，马格塔街、巴布依诺大道、康多提大道，在我眼中就变成了巴黎圣日耳曼的某几个特别的角落。而那个时候孩子们热衷于模仿的冲动让我抽上了高卢牌女士香烟，这是最糟糕的一种香烟，它的烟味足以撕裂胸脯，但却十分独特，叫人永远不会混淆，在那时甚至连让·迦本也会抽这种烟。马格塔街是组成我幻想中巴黎的重要部分，一开始，它只是巴布依诺大道那些楼房的后间，在这块地方变成像巴黎蒙马特高地的某些小街一样的各个艺术家工作室的据点之前，曾经有很多马厩，马车停放在此，很多贫苦的手工业者也居住于此。此外，康多提大道上曾有一家古老的希腊咖啡店，是18世纪末由一个希腊人开办的。这是一家为数不多的保留了19世纪装饰的咖啡店，尤其是在这样一座没有任何一家咖啡馆能成功在装饰风格中保留那么一点传统特色的城市里。

法国巴黎对罗马一直拥有一种强大的影响力。从16世纪开始，美第奇别墅——后来的罗马法国学院所在地——就被作为特别住所提供给罗马大奖赛的获胜者；别墅曾接待过安格尔、比才、柏辽兹、德彪西等人，此处不做更多列举。还有法尔内塞宫，这座全世界最精美的大使馆，法兰西共和国（和意大利共和国一起）以无可挑剔的方式维持着对它的保护与管理。罗马坎皮泰利广场的法国文化中心，曾几何时它代表了法国文化和音乐研究的标杆，如今它转让给了罗马第三大学（首都中最有活力、最年轻的大学）。颇值一提的还有法国在罗马的圣路易国家教堂。1805年因肺结核病逝于罗马的37岁的保利娜·德·博蒙特就安葬在圣路易教堂内。她是夏多布里昂的恋人，而她的坟墓也正是由夏多布里昂亲自设计的。我想在此引述这位作家是如何讲述他们最后一次相聚的情形的：

> 有一天我带她去了古罗马斗兽场；那是只有在罗马才能得见的十月格外晴朗的一天。她设法沿着台阶一步一步走了下去，然后坐在一块石头上，面前是一座环绕着那座雄伟建筑物的祭坛。她抬起头，把目光缓缓投向那些死气沉沉的拱廊。长久以来，这些拱廊已经目睹过太多人的死亡；废墟上爬满了荆棘和在秋天时变得枯黄的楼斗菜，笼罩在一片阳光下。随后，我生命垂危的爱人随着台阶移动着目光，直到竞技场，她的眼睛才避开阳光，似乎把目光落在了祭坛的十字架上，然后对我说："我们走吧，我有点冷。"我把她送回了家，将她安置在床上。从此她就再也没有起来。

这本关于罗马的书几乎全部都类似本章一样：有逐渐深入的探索和层出不穷的惊喜，与本人工作相关的地方或与情感相关的地方也会接连出现。这一切相对随心，无所限制。只有一个人曾长久生活过的、已经成为个人生命一部分的城市，才能用如此肆无忌惮的方式来讲述。而在人们要游览参观的城市里，如异国城市以及那些人们也许居住了多年的城市，至少一开始，总会存在一个精确的准则来指导人们的行动，引导人们的脚步走向一个街区，一座纪念碑或一条道路。身处异国城市的时候，可能会体验到一种不知自己身处何处的迷乱和陶醉。也可能因此在某一个不确定的时间里，这些异乡城市就变成了一座迷宫，一个未知的世界，甚至是一座容易迷路的热带丛林，正如人们常说的"沥青丛林"一样，这也正是约翰·休斯顿执导的那部令人难忘的著名电影的名字。

有趣的是，作为社会文明最发达的城市，却使自己成了野蛮生活、陷阱与阴谋之地的象征。一方面，城市中那些林荫大道、花园和拥挤又安全的广场，使它成为理性的化身；另一方面，它又是一个充满了不合理、孤独和危险的地方。象征主义流派的许多作品——尤其是夏尔·波德莱尔的《恶之花》更是其中典型的代表——见证了能够接纳每一种生活形态的城市中相对立的两方面。"拥挤的城市里，充满了梦想，在这里幽灵在光天化日之下引诱着路人。在这强大的巨人体内，各种秘密如同黏稠的液体沿着血管滴落。"又或是，"迷人的夜晚是那些罪恶的朋友，它与一匹恶狼为伍逐渐走来。地平线像一个巨大的壁龛一样缓缓地合上，失去耐心的男人就变成了野兽。"

在我看来，罗马也不乏现代都市之恶。在罗马会发生令人毛骨悚然的事件，有残酷的行为和悬而未决的谋杀案，不过，这种事情无论在哪儿都会发生，罗马也不例外。但这座城市的主要特征并不是凶残。如果要找出罗马的主要特征，我认为，罗马常在两种相去甚远的可能性之间摇摆不定：一是在当前的"全球化"中保持中立（同步），罗马发生或存在的大多数事情都将类似于其他大都市；相反，另一方面是其极具分量的历史价值。这段历史已如此遥远，只存在于各类文学作品中，如今，唯剩云彩、穹顶、棕榈树和立柱，茕茕独立于现代社会。今天，"罗马气概"更多地被用作小说或电影中的环境或背景。在18到19世纪间，罗马最后一次成为现实的、文学以及绘画的理想典范。伴随着新古典主义时期的结束，浪漫主义的最后回声也已散落，自此，罗马似乎只存在于"罗马式幻想"中。法西斯政权的经验教训从反面验证了这一点：他们试图重现往昔罗马帝国神话，但最终只不过沦为一场用镀金纸板和锡剑作道具进行荒谬模仿的闹剧。

但也许罗马进入梦幻和虚构的境地并非坏事。一个地方的精彩，是它的"精神"，一些人也称它为"灵魂"，常常更多地存在于想象之中而非现实之中。在《杂记》的一节中，贾科莫·莱奥帕尔迪于1828年11月30日阐述了他的一点想法，虽然在《伦敦的秘密》一书中我已引用过这段文字，但我还是乐意在此再次转述："对于一个敏感且富有想象力的人，他在不断感受与想象之中过活——我正是这样生活了很长一段时间。世界万物对于他来说常以双重的形式存在着。他用眼睛看到一座塔，一座乡村；用耳朵听到一段钟声；而同时，他通过想象力也看到了另一座塔，另一座乡村，听到另一段钟声。而在这第二类事物中，才蕴含着这所有一切的美好与快乐。"

当一个人真切地想见到某些东西的时候，总是会发生这样的情况。我只举一个例子。俄罗斯作家尼古拉·果戈理在他的小说中，这样描述他在日落前于现实与动情的想象中所见的罗马：

> 在他面前的是在惊人的光辉景色之中矗立着的永恒之城。所有房屋、教堂、圆顶和塔尖都被落日的强光所照亮。屋舍、房顶、雕像、通风的露台和画廊相继出现，或是连绵成群，或是独自成景；在那里，细长塔尖上的钟楼与用阿拉伯纹饰繁复装饰的灯塔，点缀在一整片彩虹色的光景里；看啊，那是饱受风霜洗礼的万神殿的平缓圆顶；安东尼诺立柱的装饰柱顶屹立着使徒保罗的雕像；往右，布满骏马和人物雕像的古罗马神殿建筑群层层叠叠在卡比托利欧；继续向右去，越过一片光彩夺目的房屋和屋顶，宏伟而严峻的古斗兽场耸立在它周身深沉的广阔空间中；在那儿再向前，则再次出现了笼罩在耀眼阳光下的露台围墙和圆顶。在所有发光的建筑物上方，远处卢多维西别墅和美第奇别墅中的参天的圣栎树顶，绿色浓密的枝叶已经渐渐隐入黑暗；而在这些之上，一整排由细长树干支撑着的罗马松树穹顶般的树冠在空中显出了轮廓。沿着这画面铺展，绵延耸立着蔚蓝的、如空气般透明轻盈的山峦，在余晖中染上一层近乎磷光的光泽。

卢多维西别墅曾是罗马众多奇迹中的一个。在安东尼奥·尼比1865年的一本城市游览指南中，他这样写道："别墅的花园里有雕像、半身塑像、浅浮雕、骨灰盒等。在这些大理石之间，还有一尊宏伟的森林之神的雕塑……那儿附近有两株异常高大的东方梧桐树。"卢多维西别墅如今已不复存在，这是在意大利国家统一之后，城市规划建设最先显现出的恶果之一。

有幸赶在别墅消失之前得见其貌的亨利·詹姆斯惊叹道："我从未见过如此美丽的东西。"所幸罗马的昔日辉煌犹可在废墟中得窥一斑，罗马特质也在既往的历史人物和事件中留下了痕迹以供我们寻索。

此正是我写本书的初衷。不敢奢求太多，只希望能有益于读者，给人以启迪。

The biography of Roma

罗马 传

我见城墙与拱门 第二章

罗马,这座独一无二的城市,除了脆弱的建城之初和孱弱的暮年之时,在其他时间都不需要城墙。

本章将要讲述的历史从罗马城墙上最宏伟的城门开始，跨越数个世纪，直至法西斯党魁埃托雷·穆蒂以悲剧收场的传奇人生为止。在结尾处我们还要再讲述一个几乎已被人遗忘的故事，一个连最近出版的《穆蒂传》中都未曾提及的故事。在这一章中，我还选取了贾科莫·莱奥帕尔迪的诗歌《致意大利》的开篇，作为本章的标题：

罗马古城墙

  啊，我的祖国，我仰望着祖先留下的
  城墙、拱门和圆柱，
  神像、塔楼和雕塑，
  但我却看不见古代祖先
  负有的光荣、桂冠和钢铁！

  在罗马帝国和意大利共和国的历史中，这些诗句没有汇聚成民众的呼喊声，却成了历史编年的记忆："多少伤痕，多少青肿，鲜血淋漓！"而接下来我要讲述的事实也会再次证明这些诗句对当时环境的描述是多么恰如其分。

  故事开始于罗马雄伟壮丽的圣塞巴斯蒂安城门。它最初叫阿庇亚城门，因横跨通向乡村的阿庇亚古道而得名，阿庇亚大道素有古道之王之称。后来，随着基督教的盛行，人们倾向于用那座距它稍远一点的大教堂即圣塞巴斯蒂安大教堂来为之命名。为了简洁起见，我称它为最雄伟的城门，但这一表达其实并不准确，因为这只反映了它的外观特点。事实上，这座高贵宏伟的建筑，每天都静待着城门下往来的车马，目睹了诸多历史事件，对于那些了解历史的人来说，走进它就如同坐上了时光机。

罗马城墙的历史很是不同寻常。那时候的古罗马城墙只围绕着帕拉蒂诺山修建，如今几乎已消失殆尽，余下些彼此分离的残骸。公元前4世纪人们还兴建了另一道城墙，这些城墙以当时国王的名字塞尔维乌斯·图利乌斯命名，主要用凝灰岩筑成。上一章中提及的伽利蒙塔纳门（多拉贝拉凯旋门）便是这段城墙的城门。该城墙绕罗马七丘一圈，长达十一公里。不过在帝国时期，它们也部分遭到了损毁，有的被拆除，有的部分则被挪作他用。如今现存的围绕整个罗马的城墙，是由奥勒留皇帝于270年下令修建的，并由下一任皇帝马库斯·奥里利乌斯·普罗布斯最终完成，而后又经过了多次的整修和巩固。就工程技术角度而言，这是一项了不起的作品：它蜿蜒盘行近19公里，不仅围绕七丘，还跨越河流，将河右岸的一部分也囊括了进来。墙上的城门数不胜数，与执政官下令修建的罗马古道相得益彰。人们时不时还会打开一些易于管控的小城门，便于当地居民往来交通。

罗马，这座独一无二的城市，除了脆弱的建城之初和孱弱的暮年之时，在其他时间都不需要城墙。在其历史的大部分时间里，罗马的边界与帝国的边界一致，而帝国的领土十分广阔，几乎包含了当时已知的所有世界。整整六个世纪中，罗马一直统治着如此广阔的疆域。然而，频频发生的内战，或爆发在

最早的阿庇亚城门（后来叫圣塞巴斯蒂安城门）是阿庇亚古道的起点

某个遥远的村镇，或出现在城内，抑或直接产生在它的宫殿里，人们互相残杀，争权夺力，一系列的暗杀、流放、背叛、劫掠接二连三。塔西佗在他撰写的《历史》开篇，就描绘了这种险恶的政治氛围。对于从加尔巴到图密善统治的那些年代（69年到96年），他存有如下的记述：

> 这是一个多事之秋，战争使这里满目疮痍，叛乱使这个年代动荡不安，甚至在和平时期也会发生恐怖的事件。都城在火海中焚毁，古老的圣殿遭破坏，甚至连卡比托利欧山也未能幸免于难。宗教仪式被亵渎，通奸成为常态；大海上漂泊着流放者，礁石上留下谋杀的血污。都城的暴行实则更为残酷：贵族、财富、头衔，无论拒绝还是接受都同样是一种罪行；留给英勇者的只有被谋杀的结局……被收买的奴隶反抗主人，已经赎身的奴隶则会与为他们赎身的人为敌，那些没有仇敌的人，也会被自己的朋友摧毁。

在塔西佗异常精彩的拉丁文描述中，（只有马基雅维利能够原汁原味地将之翻译成意大利语），有很经典的最后一句：那些没有仇敌的人，也会被自己的朋友摧毁。在这样的"战乱"中，一旦邪恶从内部滋生出来，那么城墙便成了摆设，再没能有什么保护作用了。

古罗马人以高超的技术熟练快速地建成了长达19公里的奥勒留城墙。275年，皇帝逝世时，外围工程几乎已完工。这段城墙之所以可以快速建成得益于多种有利因素，墙体不高且古罗马人充分利用了天然的崎岖地势和已有建筑：从塞斯提伍斯金字塔到马焦雷门和缇布缇娜门引水渠，再到残留的卡斯特罗·比勒陀里奥的城墙，均得到了合理利用。已有的墙体高度虽然有限，但山丘的天然高度却弥补了施工的难度。此外，台伯河也被纳入了这一工程，河的左岸一段修建了城墙，城墙又跨过河流将对岸特拉斯提弗列区囊括入其中，城墙另一端沿山势上行将贾尼科洛山包裹进来形成三角形。而城墙的北面则与多米奇和阿齐力家族花园的围墙（即今天的托尔托墙）连为一体。

城墙的布局非常有规律：每3米有一个供弓箭手使用的射击孔，每30米有一个坚固的方形塔楼，塔楼向外突出3米，便于有效袭击来犯的敌人。塔和塔之间的距离则是根据投石器的射程范围计算出来的。

然而，人们很快发现，最初的这项工程远远不够。这个旧世界的首都已经无力统治如此广阔的疆域了，来自四面八方的威胁愈演愈烈，因此半汪达尔人斯提里科将军说服了奥古斯都大帝（384—423年，首任西罗马帝国皇帝）加大城墙厚度、提升城墙高度。这项双重加固措施完成得很有效率，但还是没能阻止西哥特人在410年（使罗马元气大伤的一年）对罗马的入侵。

尽管如此，加固城墙的防患意识是正确的，而且还给后人留下了更多的发挥空间。倘若我们从圣塞巴斯蒂安城门出发，沿着城墙散步，越过哥伦布大街，最后就会到达坚固的桑洛堡垒。在散步的过程中，我们还能清晰地辨别出新旧城墙衔接的痕迹，会看到原有城墙与后来加高所建的巡逻道间的接缝。尽管几个世纪以来，城墙饱经风霜，经历了多次重建和夯实，但最令人不安的时刻还是城墙建设之初。在并不算长的一段时间里，罗马的城墙经历了从无到有，最后变成强大的防御性工事，但是，面对各方来犯者的攻击、复仇的怒火、帝国公民萌发的"民族"自豪感，以及各省想要对首都进行掠夺的"贪婪"，再强大的防御工事也不过就是纸老虎罢了。

尽管如此，这些城墙至今依然存有巨大的价值。它不仅是我们研究历史的重要资料，也向我们展示了在经济和政治衰退的年代里，日渐衰落的罗马人是如何保持他们非凡的组织能力和实践能力的。

早在建造这座城墙数十年之前，作家埃利奥·阿里斯蒂德斯就在他的《罗马颂》一书中写道："想要得到救赎，只需做一个罗马人，或者，成为罗马的国民。你们将荷马所说的土地是所有人财产的理念变成了现实。你们丈量了整个世界，架桥造路，开山辟野，用法律和秩序维护了更美好的生活。"这位古希腊作家可能就想通过这种夸张的方式表达他对这座向他敞开双臂的城市的感激之情。

然而无数文献资料告诉我们，罗马的衰落迹象一年比一年明显，那些意识到形势何等严峻的人，承受着巨大又真实的痛苦。410年，城墙没能阻挡住阿拉里克率领的西哥特人对罗马的劫掠。五年后，克劳迪奥·鲁蒂奥尼·纳马齐亚诺，一位担任古罗马城市行政长官的异教徒贵族，决定逃离这座废墟一般的城市，回到他自己的故乡高卢的图卢兹。在他这部难得流传至今的作品里（通常称作《重归故里》），作者表达了对此番一去不复返的旅程的感慨；罗马已经远去了，如同它承载的古文明一般渐行渐远、逐渐沉沦。这位作者还指出，从前罗马所展现出的对神庙里不同信仰的包容，如今已荡然无存，取而代之的是单一的基督教，在他眼中，这是一种野蛮倒退的信仰"侵略"。离开了罗马城的人儿，仍在歌颂着罗马文明的伟大，但却与赞扬古罗马英雄主义的维吉尔角度不同。"你，罗马人，你要永远铭记：治国安民，为和平制定规则，宽恕敌人，粉碎叛军。这才是你的才能。"（《埃涅阿斯纪》，第六章）然而鲁蒂奥尼眼中的古罗马则如日薄西山，已至垂暮之年。《罗马颂》的字里行间就透露着一种真挚的感伤。罗马没落时期的拉丁作家没有受到应得的重视；他们的敏感和温柔，对情感的宣泄和对灵魂的理解和我们对这个世界感受反应的方式是如此接近。与我们面对可怕而空虚的岁月时一样，他们也会表现出同样的困惑和焦虑。鲁蒂奥尼对罗马的道别，也是他发自内心的"祈祷"，其间优美的修辞和真挚的情感完美融合，令人难以忘怀："罗马帝国使很多不同族群拥有了共同的祖国，使世界各地变成了同一座城市。"

> 罗马是整个世界的女王，其威严崇高与日月同辉，不灭不熄，不会消失于人心之中。无论是灼热的沙漠还是北方刺骨的寒冷都没能阻碍她前行的脚步；任何一个有生命的地方，都有罗马人的足迹。她统一了众多民族，成立了一个国家。她知道如何用宽容去缓和战争的力量。她制定的法律使战败者也可以享有与罗马市民平等的权利……尽管会有痛苦，但伤口终会愈合，四肢也将更加强壮；繁荣来自逆境，财富生于废墟。

罗马城墙博物馆设立在圣塞巴斯蒂安城门。某一天，主管这个城墙博物馆的负责人向我介绍了如何区分历代修建的城墙，比如通过观察砂浆层如何涂抹、两排砖之间的砂浆厚度，材料的不同质量，或者某些组成装饰的不同，就可以发现众多施工者间的区别、不同工人技能的差异，而这些差别其实就是承包城墙的各个时代公司的"个性签名"。

圣塞巴斯蒂安城门内约10米处，矗立着一个名为"德鲁索凯旋门"的遗迹。实际上，这个规模巨大的拱门，是引水渠的一部分。这条引水渠曾跨越阿庇亚古道，给邻近的卡拉卡拉浴场供水。后来，这座拱门被用作内门，划定了内部空间的界限，使内部空间变成了一个真正的堡垒。罗马许多其他的城门也以同样的方式进行过整修，但圣塞巴斯蒂安城门仍然是其中最为雄伟的。它的下面部分还镶嵌着废弃坟墓和古迹上的大理石材料，它们都取自阿庇亚古道附近。

实际上，我省略了许多可以直接观察到的细节，或者是很容易在旅游指南上找到的内容，例如见证历史事件的图案，嵌入墙壁的支撑铁条，壮观且有寓意的雕刻和人物。其实，城门的内部更值得细述。通过右侧堡垒的城墙博物馆入口进入城内，登上几级楼梯就来到了一层的走廊，马路恰好就在它的下方，那儿会有惊喜等待着我们。我们此时其实是在一间"操作室"中，这里的机关复杂精巧，人们通过操作设备可以打开和关闭一个可以垂直移动的铁栅栏和一扇巨大的双扇门，并随之控制下面通道的开关。我们还可以透过走廊地板上的玻璃缝隙来观察铁栅栏两侧的大理石凹槽，这是铁栅栏滑动的导轨。

房间里放置着图画、图表和备有解说词的照片，通过它们我们可以了解到有关城墙的一些信息，例如它的历史、修建时期和一些奇闻逸事。不过，其中最吸引人的还是两幅马赛克作品，一幅长方形的在走廊的地板上，另一幅圆形的位于堡垒内。两幅作品均由黑白两色的镶嵌物组成，是典型的古罗马风格，做工精良。圆形的马赛克画上绘有一只即将落入虎口的鹿；走廊的那幅长方形画作则面积更为巨大，占据画面中心的是一位骑士，他的四周围绕着一群手持短剑的正与敌人作战的士兵；作品的框架上还绘有剑和月桂树作点缀。

然而它们真的是古罗马时期的马赛克吗？外观上看起来确实是。但是，那位骑士的面孔却很容易让人联想起墨索里尼。因此我们很快就得到了答案。事实上，这两幅马赛克画都是20世纪30年代的作品，那么为什么有人要在一座3世纪的宏伟建筑物中陈列两件法西斯时代的作品呢？原因很简单：圣塞巴斯蒂安城门在那个时期是有名的法西斯党魁埃托雷·穆蒂的住所。

提起穆蒂和他稀奇古怪的家，我还有一段生动的个人记忆。多年前的一个秋日下午，我还是个与同龄的小伙伴们在拉丁门附近玩耍的孩子。突然，我们发现，从附近的圣塞巴斯蒂安城门来了一支奇怪的队伍，这些人拿着各种各样的东西：有的肩上扛着卷起来的地毯，有的人拿着两把椅子，有的人抱着一些锅碗瓢盆，还有两三个人则费力地搬着一张桌子。好奇心驱使我们逆着人流的方向走过去，很快就到了城门口，发现一小群人围在一个位于左侧堡垒内的小入口前（这个入口现在仍然存在，但已经弃用了）。在这狭窄的通道里，人们来来往往，气喘吁吁，怀里抱着几个瓶子想要出去的人被焦急闯进来想捞点东西的人堵住了。过了一会儿，在天黑前，来了一支可能是德国人的军事巡逻队才结束了这场劫掠。两名士兵站在门两侧把守着，其他士兵爬上了楼。"掠夺者"被挡在了门外，只有一个女孩在与哨兵交谈后得到了进入的许可。大家对此还窃窃私语，讨论着为什么士兵会给那个女孩特殊待遇，还发出了些许邪恶的笑声，猜想这个女孩可能的遭遇。很多年后，我才知道那天究竟发生了什么，而当时它给我带来的不过是沉重的压迫感而已。这场劫掠应该发生在1943年9月8日左右，即穆蒂在弗雷杰内的松树林里被杀害后的十到十五天。有关谋杀的内容我们后面再细说。

埃托雷·穆蒂1902年出生于拉文纳市。他的父亲是一位名不见经传的市政府职员，家里真正的主导人物是他的母亲切莱斯蒂娜，一位可能生于贵族之家的女性。显然她野心勃勃，对自己的儿子也尤为宠爱。穆蒂从小就是个片刻也不能安宁的孩子，喜欢吹牛，敏捷勇敢，下手凶狠，不学无术（实际上他就上了个技术学校）。他身材高大健壮，外表英俊潇洒，却十分骄傲自负，几乎就是个存在于电影中的人物。当时有一种流行的青年读物叫《探险者》，这个冒险连环周报的主人公是一个名叫吉姆的男孩，据此穆蒂为自己取了一个绰号"吉姆"，这个绰号伴随了他一生，也出现在了邓南遮的著作《绿眼睛的吉姆》中。

当意大利陷入第一次世界大战时，埃托雷激动不已。本来上学就使他感到十分厌烦，但充满冒险的战争却令他兴奋不已。1917年秋天，他离家出走，谎报年龄，加入了突击队。在前线他冲锋陷阵，格外英勇，因此被提名授予一枚银质奖章，但由于不想暴露自己只有 15 岁的真相，他拒领了这枚奖章。退役回家后，《卡里诺日报》专门为他写了一篇报道，标题是"最年轻的意大利士兵"。回到学校没多久，他就再次离开了。当邓南遮占据菲乌美时，穆蒂感受到了这项不凡事业的召唤，认为它在轰轰烈烈之中充满了乱世的机遇。于是，他与四五名前敢死队员一起出发投奔了邓南遮军团。这本该是穆蒂获得技校文凭的一年，但命运已经紧紧抓住了他；从那以后，他对学校的事只字不提，终其一生也很少阅读学习。不过也有特例，他对埃米里奥·萨尔加里十分狂热，甚至还给自己的一个女儿起名为约兰达，这可不是为了纪念萨沃伊王朝，而是向《黑海盗》的女儿致敬。

对于法西斯主义的重要滋生地菲乌美，前人的描写已经十分翔实。此处简要提及，我只想强调，作为法西斯主义者，埃托雷·穆蒂的形象是如此深入人心，甚至被视为法西斯的典范。众所周知，在进军罗马前的动荡年月里，作为一名法西斯行动队队员他耀武扬威，臭名远扬：袭击社会党的总部，用武力逼迫对方吞下蓖麻油，看对方因肠胃痉挛痛得直不起腰来，他却一边比画着嘲弄的手势一边哈哈大笑。他还会在腰带上别着匕首，带着左轮手枪和手榴弹私闯民宅。他是个纯粹的法西斯主义者，无情冷酷，做这些事情时也没有考虑要在事业上飞黄腾达，而仅仅是出于本能和好斗的天性，还将它视为自己的英雄气概。对他而言，这就是场赌博，而赌博的奖励就是赌注本身。

穆蒂性格如此，激情旺盛如此，还散发着强烈的吸引力；除了是一位理想的法西斯男性以外，穆蒂本人还具有粗野却真挚的情感。对于当时许多女性（甚至今天）来说，穆蒂就是她们的理想情人，众多少女幻想同他共乘他的玛莎拉蒂 2300，一起以时速一百公里的速度兜风，开启一段疯狂的旅程，并与他痛饮香槟，然后在豪华酒店里共度良宵。现实生活中，他在自己的出生地拉文纳结了婚，生有一个女儿。之后他便定居罗马，与妻子事实分居。在他众多的情妇中，一位业余女高音与其维持了一段最为持久的关系。她叫阿拉切利·安萨尔多·卡布雷拉，是记者乔瓦尼·安萨尔多的表妹，出身于西班牙贵族家庭。第一次遇到穆蒂时，19 岁的阿拉切利正充满了那个年纪少女怀有的天真幻想。在日记中她记下了那个在罗马度过的不同寻常的夜晚："我们从圭里诺剧院出来后,去了波利广场的罗马餐厅吃晚餐……突然他进来了,天啊!他好像自带一个强大的磁场!我激动不已,怦然心动,甚至无法分辨是他吸引了我还是我吸引了他,因为他也盯着我看了好一会儿。他的脸和身材有种古典的美感,充满了奥林匹斯山的神圣之气……"

两人的爱情故事完全值得被写进风靡一时的女作家利亚拉或卢洽娜·佩弗雷里的小说中。甚至连醉心于冒险的大粗人埃托雷,似乎都收起了平日的傲慢,在街头漫步时成了第二个"邓南遮",写下了充斥着"粉红"色彩的诗篇:"在你赋予我的由水晶和月亮构成的祭坛面前,我们的爱情记录在星空的交响乐里"或者"我将我们俩的感情打了一个丝绸做的结"。阿拉切利也用同样甜蜜的句子记录了点点滴滴来回应恋人的深情。那时,两人栖居在特伦托的欧若拉酒店。阿拉切利写道:"一天夜里——我记得我穿着一身白色睡衣——来到阳台上欣赏倾泻而下的月光,月光投射在花儿和喷泉上,仿佛一场光影游戏……我没有听到他的脚步,只听到他的声音:'多么神圣的一幕!多么皎洁的月光!站在那儿不要动,朱丽叶。'我也附和道:'罗密欧,我正在阳台上等你!''当然,我来了。'如果我没有阻止他,他就会真的跑到花园里爬上阳台进来……"阿拉切利的回忆好似电影中的一幕场景,后来这类电影都被称为"白色电话"电影。

尽管如此,穆蒂在军事上的贡献和他出手狠辣的特点仍是毋庸置疑的:在与非洲作战时,他是一名不惧危险的飞行员;在西班牙战争中他曾经指挥装甲部队和法西斯先头部队一起进入马德里;后来在阿尔巴尼亚,他成功地拉那登陆,是首批登陆人员之一。飞机一落地他便冲进一辆汽车,立刻赶到皇宫(国王索古早已逃跑),几乎单枪匹马就占据了整个皇宫,并爬上高塔插上了三色旗。

1939年年底,墨索里尼任命穆蒂取代斯塔拉切担任法西斯国家党的书记。此前,墨索里尼给当时的国家党书记斯塔拉切下达了一封关于"换岗"的信,信中口气十分冷硬:"亲爱的斯塔拉切,我的最终选择是穆蒂……最后一场战争,西班牙之战是穆蒂的使命。您就调去部队吧。墨索里尼。"信中竟然一句表示感谢的话都没有——虽然斯塔拉切这个人有点笨拙,有时甚至荒谬——但他毕竟全心全意地效忠墨索里尼多年。不过这又是另一个故事了。

彼时的墨索里尼并不知道任命这样一个毫不安分、性格强硬的人来指挥一个充斥着官僚主义的复杂又懒散的组织,只能让事态愈发恶化。穆蒂是一个典型的行动派,丝毫不了解政治手段和伎俩。其实这一次任命是外交大臣、墨索里尼的女婿加莱亚佐·齐亚诺的"杰作",后者坚持认为穆蒂是最好的候选人。1939年10月4日,他在日记中写道:"墨索里尼六年来第一次向我谈起想要撤掉斯塔拉切。我鼓励他坚持自己的想法,并推荐了穆蒂。穆蒂是一位勇敢而忠诚的人,在公共事务方面虽然缺乏经验,但他有天赋有毅力。他会胜任这项工作的。无论如何,斯塔拉切的接班人一定会取得成功,至少因为意大利人早就对他的前任斯塔拉切深恶痛绝了。"几天后,也就是10月7日,他又写道:"我把穆蒂的履历给了领袖;他对穆蒂印象深刻。穆蒂完全可以与中世纪早期的战士相提并论。"

新内阁中插入了齐亚诺的许多朋友和心腹,正是从这一点上来看,穆蒂使雄心勃勃的年轻部长齐亚诺失望了。他总是一意孤行,最后往往事与愿违,此外,他藐视一切形式,忽视等级制度和特权,这就已经不是小事了,而他还总是随心所欲,且完全只是出于直觉与本能,并无任何谋划,这就更加严重了。

当时的教育部长朱赛佩·博塔伊立即对这位新任书记产生了反感。作为法西斯评论杂志社的社长,博塔伊是一个文雅且有教养的人,但也不乏个性:1943年7月24日晚,他发挥了一定的作用致使墨索里尼垮台,之后他匆忙逃跑,加入了外国军团,以免遭报复。而对于穆蒂,他完全不屑一顾,无论是他的粗鲁,还是他的无知都深深地激怒了他。1940年1月11日,他在日记中写道:"穆蒂没穿西服上衣,就穿着衬衫挽着袖子在他特别闷热的房间里接待了我。我们围绕青年培训中心的问题进行了断断续续的交谈,……穆蒂是一介莽夫,而非一名战士。他只会逞匹夫之勇,并不具备平均水平的共同社会价值观。"

有一天,当博塔伊在巴勒莫进行视察时,穆蒂突然到来,他和从前一样毛躁,像是个永远长不大的小伙子。博塔伊部长写道:"昨天我来巴勒莫参加农村学校会议。穆蒂从天而降,令我十分意外。用餐时他跟我说:'我不知道你在这里。别惊讶,我从不读报纸。当我还是个孩子时,在罗马涅大区不知谁塞过一份到我手里。但是看它们会让我心烦意乱,所以我就再也不读了。'"不难想象,这样的蠢话会给博塔伊留下多么糟糕的印象。果然他对穆蒂的印象特别不好,以致1943年8月,他是这样描绘穆蒂的:"他的小脑袋圆润而结实,根据德国人和拳击手的习惯剃光了头,他的眼睛深陷,眼眶突出,缺乏思考、观察和理解力。他的脸上也是毫无血色,很是灰暗。这个人额头很窄,窄到足以给初次见面的人留下极深的印象,让人觉得很不吉利。"

1940年8月,博塔伊与齐亚诺一同在弗雷杰内的海边度假。晚上,他在日记中写道:"我与加莱亚佐、斯塔拉切在海滨度假。可我对穆蒂的厌恶与日俱增;我们已经处于仇恨、蔑视的边缘……人们告诉我,在卡斯塔福萨诺的松树林与大海之间,有一个宽敞的豪华寓所,寓所中有倾斜的高梁屋顶和美丽的英式凉廊;房屋四周尽是棕榈树和花圃,屋内配有全套的家具,而为这些掏腰包的正是当地政府。穆蒂常常在此招待客人,并同情妇在这儿寻欢作乐。而作为回报,当地政府长官的入党日期将会提前到1919年。这桩丑闻令人汗颜;有人告诉我,墨索里尼本人也了解此事。"这是在法西斯重要人物的日记中第一次提到了这幢小别墅,这栋楼也被叫作"豪华的棚屋"。 我们正是要在这里看到穆蒂上演的悲惨而又神秘的最终一幕。

博塔伊与齐亚诺根据穆蒂傲慢而又粗野的外表给他起了个嘲讽的绰号"刽子手的帮凶"。的确,穆蒂的官运很是不济,他在担任法西斯党书记后,依然我行我素,就像他当兵时一样,冲动莽撞,不知三思而后行,也不考虑会得罪谁惹恼谁。刚一上任他便宣称要"清理死角",采取的相应行动也非常迅速,比如:撤职了多位地方官员,向司法机关告发他们的污秽勾当,无视有权势的党魁们为他人疏通关系时提出的要求,规定党内任职者不得承担其他有报酬的工作。这些人平时都挂着闲职,到处捞油水,日子得过且过。这种长期的懒散形态突然被他打破,自然激起了大家的不满。

倘若穆蒂至少懂得和将他扶上位的人保持稳固关系的话,或许还是能够顶住这批中小级别官员日益增长的不满情绪的。可是恰恰相反,由于他的疏忽、愣头愣脑,抑或傲慢自负,他竟然连加莱亚佐·齐亚诺也不放在眼里。这就注定为自己埋下祸根。此前,正是齐亚诺在领袖面前一直坚持称赞他,而他现在却意识到自己根本无法指望这个人,于是便绞尽脑汁想让穆蒂下台。齐亚诺写道:"穆蒂空有胆识却无头脑……想都不想便擅自行动,自以为是,他越来越少地听取我的意见。"然后,他又心怀不满地在10月4日的日记中写道:"在火车上和领袖长谈后,他决定马上解雇穆蒂,因为此人毫不中用,唯利是图。"于是穆蒂法西斯党书记的职业生涯就此结束了。

与此同时,其他更加严重的事件却迫在眉睫。战争的形势很是不利,包括罗马在内的主要城市被联军轰炸,使意大利元气大伤。1943年7月24日至25日的那个晚上,墨索里尼丧失了法西斯大委员会对他的信任,议会长迪诺·格兰迪发起的一项决议让他"祈求国王陛下承担武装部队的指挥权,把国家赋予他的最高决策权抓在手中"。这实际上就是让墨索里尼下台,然而这精准的一击,不过是墨索里尼的自食恶果。解除最高指挥官的职位无异于让他承认他不懂如何指挥他不惜一切代价想要发动的战争,尽管他知道意大利对此并未做好准备,而且还选错了盟友。

那几天,穆蒂和他的第二任妻子阿拉切利还在西班牙。此前几周,当他还在罗马的时候,就毫不掩饰自己对墨索里尼的失望。而当他了解即将举行的决议后,便以他一贯的急躁冲动用罗马涅方言大声嚷道:"还要搞什么决议,你们想让领袖下台,就让我去杀了他!"他深知事件的紧迫性,试图乘坐"法西斯之翼"航空公司(战后成了如今的意大利航空公司)的飞机返回罗马。然而,这架飞机受敌机胁迫不得不降落在马赛。穆蒂只好改乘火车,辗转而下,途中经历了双方的交火、桥梁被炸、多次空袭,一路甚是坎坷。在博洛尼亚停留期间,他还赶去拉文纳和前妻匆匆见了一面,并在24日早晨,一个星期六,动身前往罗马。大委员会的会议定于18时召开,但博洛尼亚和罗马之间的旅途并不顺利,穆蒂在周日早上才抵达,当时所有程序都已结束,墨索里尼准备前往萨沃亚别墅面见国王,但却在那里遭到了逮捕。

如果当时穆蒂在场,他会如何投下手中的一票呢?这个问题引起了许多争议。战争结束后,那些新法西斯主义者们根据他的悲惨结局,将他看作法西斯事业的殉道者。但事实上,这些事件可以有完全不同的解读。如果我们相信他曾经叫嚣着"就让我杀了他!"我们就很可能会相信埃托雷·穆蒂会在著名的格兰迪决议上签下他的名字,使最终投票结果变为29票中有20票赞成(官方结果为28票中19票赞成)。

墨索里尼被捕后,这些策划决议的人都惶恐不已,一方面害怕被抓,另一方面又担忧被墨索里尼阵营那些誓死效忠的人来追杀。穆蒂则将策划者的头领——惊恐万分的格兰迪带在身边,并为他提供住宿,起初是圣塞巴斯蒂安城门的房子,随后又转移到了位于弗雷杰内的"豪华的棚屋"。

正是在那座小屋里,穆蒂度过了他人生最后的时光。在那个离罗马不远的宜人之地,清新的海风和茂密的松树林伴着穆蒂度过了闷闷不乐的夏日。他身边还有一名勤务兵、一位女佣和一位拉文纳的老朋友。一个名叫达娜·哈弗洛娃(生于1921年5月4日,原名伊迪斯·费舍洛娃)的捷克斯洛伐克演员也一直陪伴着他,使他感到十分愉悦。这名演员刚刚和奥多阿多·斯巴达罗剧团一起完成了一次名为《手插口袋,鼻嗅清风》的剧院演出。

据未经证实的消息来源,这名年轻女子本来也是德国人的间谍。9月8日之后,她逃到了西班牙避难,最终在20世纪60年代被枪杀。有些人认为,杀死她的凶手应该是她众多恋人中的最后一个;另一些人则认为,这位女子在占领期间告发了许多犹太人,因此遭到以色列情报机构的追捕。

在众多法西斯党魁中,有的逃往葡萄牙,有的在德国寻求庇护,还有的成了非法移民,但为什么只有穆蒂结局落得如此含糊悲惨呢?从事发之日起,有关他被杀的情况就有两种声音。由于政治原因和事件记录的不完整,他的死亡和众多悬而未决的案件一样,已注定无法解开。我们也只能概述些事实,或者更确切地说,整理那些我们可以找到的碎片化的事实。

在7月25日政变后的几天里,墨索里尼还以为自己可以像一个普通退休人员一样,和家人一起在卡米纳特城堡颐养天年,但是关于他想要恢复权力的传言散布开来。对此,穆蒂似乎没有想太多。他还是经常到罗马来,有人在威尼托大街的酒吧里看到过他,他表现得很平常,好像什么也没发生过,那时他以为自己早已渡过难关,并不知道自己余下的日子已经屈指可数了。此时,政府首脑巴多利奥从特务部门负责人贾科莫·卡尔波尼将军那里得到消息,说墨索里尼东山再起的阴谋似乎正在酝酿之中。那么是谁在传播这种毫无根据的流言呢？有人猜是巴多利奥本人，因为他担心国王想要摆脱自己，便一心想保住自己的职位。也有可能是卡尔波尼将军为吓唬巴多利奥而制造的流言，好让他明哲保身选择辞职，换自己登上权力的宝座。

我们并不清楚那段时间穆蒂在想什么。有些人说，他已经厌倦了法西斯主义和墨索里尼，渴望脱离政治；也有人说他非常热情地同巴多利奥见了面；还有人（卡尔波尼将军）信誓旦旦地称巴多利奥将穆蒂视为帮助墨索里尼恢复权力的头目，认为他的存在是一个巨大的威胁。另有一些人则宣称是巴多利奥下令逮捕穆蒂并将这一任务交给了宪兵上校乔瓦尼·弗里尼亚尼，一位完成这类棘手任务的绝佳人选（正是他在萨沃亚别墅逮捕了墨索里尼）。这里也多说一句，根据记载，这位上校后来也加入了抵抗运动，并于1944年1月被一支埃里希·普里布克上尉指挥的德国军队逮捕，在纳粹报复性的阿尔代亚大屠杀中丧生。

穆蒂到底只是被逮捕还是被直接杀害了呢？在这一点上，同样也是众说纷纭。8月23日到24日的那个晚上，在身体强壮、行事果断的中尉埃齐奥·塔代伊指挥下，一小队宪兵在凌晨两点到达了帕罗比那路12号，穆蒂居住的那座两层别墅。这位国家法西斯党的前书记当时是光着膀子，穿着睡裤来面对这群不速之客的。中尉称他们接到命令要逮捕他，穆蒂一听十分恼火，回复说让一个中尉来逮捕一个上校不合规矩。他试图阻止塔代伊进入卧室，卧室内的达娜被吵闹声惊醒，只好尽量用被子盖住自己。最后，面对一群武装分子的威胁，他只好让步。随后慢吞吞地穿上了夏季的空军制服，从容地跟着这群人走了。尽管逮捕的局面十分混乱，但穆蒂仍然保持着平静，可能是因为此前警察局长卡尔米内·塞尼塞曾多次跟穆蒂强调会保障他的生命安全。离开家时，穆蒂戴着一顶军用贝雷帽，还一如往常地将它斜戴着，一副土匪做派。我们在下文将会发现，这个细节不容忽视。

一行人并没有走向停有车辆的通往弗雷杰内的大路，而是走进了松树林。当时参加这一次行动的宪兵阿提里奥·孔蒂耶罗描述了这队人当时是以何种排列方式前进的："穆蒂走在最前面，他的右侧是特别行动队上士，左侧是马卡热赛军营的宪兵福劳·萨瓦托雷。后面是一位穿着卡其色西装的人。再往后十到十五步，便是我所在的宪兵队，中间站着塔代伊中尉和巴罗拉队长。"在这个队伍中，那位身着卡其色西装、端着一挺机枪的神秘男人十分显眼，他是一个两鬓微秃的矮男人，40岁左右，操着一口那不勒斯的口音（后来查出他应该叫什么阿巴特）。这支队伍沿着一条荒僻的路走进了黑暗的松树林（据记载，这是一个没有月亮的夜晚）。从这一刻起，我们所知的内容就都不是第一手资料了，而是亲历者在各种调查期间向法官提供的调查报告。例如，孔蒂耶罗在战争期间和战争结束后分别接受审讯时，就讲述了以下两个截然不同的版本。

当这支队伍前进时，突然从密林深处传出了枪响。由于不远处就是德国伞兵连驻扎的地方或者是有海防炮台的炮手，宪兵们担心遭到袭击，就开始还击，可是中尉塔代伊担心误伤友军，便下令停止开火。此刻——根据流传的版本——穆蒂开始跑了起来，好像是想趁乱逃跑；但不幸被一阵机枪的扫射击中，当场倒地身亡。而根据另一个版本，穆蒂根本就没有试图逃跑，短暂的交火只是他们用来掩人耳目的工具，交火结束后穆蒂不幸中弹，倒地身亡。死亡时间是8月24日凌晨3点左右。

我们究竟应该相信哪个版本呢？上校兼高等军事法官安东尼·瓜尔图尼，在第二天早上得到命令前往切利奥军事医院进行尸检。在报告中他写道："两颗冲锋枪的子弹从下方穿破颅骨，经前额一起出来，会合形成了一个弹孔，造成了一个大约10厘米的宽阔伤口，穿窿和颅底多处骨折，并伴有大脑物质的创伤性软化。"他还指出两颗子弹甚至都穿破了帽檐。穆蒂的朋友莫齐上校将这顶贝雷帽交给了穆蒂的妻子费尔南达。当时她已匆匆赶到了罗马，就住在广场酒店。"你要一直保存好这顶帽子。"莫齐把贝雷帽交给她时如是说。事实上，这顶保存完好的贝雷帽现在变成了一个文物；贝雷帽的后面和前面分别留有子弹进入和穿出的两个孔。我们并没有找到近距离射击中可能留下的特征痕迹，但在一个"月黑风高"的夜晚对一个仓皇逃跑的人进行盲射，居然能如此精确，确实令人匪夷所思。

这是一场有预谋的谋杀吗？还是执行者的失控行为？鉴于当时有位身着卡其色西装的男人，我们倾向于第一种假设，因为宪兵几乎从不执行这样的任务。9月7日，弗里尼亚尼上校在接受地方法官的审讯时称，他收到的命令只是逮捕穆蒂，并不是要杀死他。那么是穆蒂试图逃跑使他们不得不开枪吗？地方法官瓜尔图尼决定采纳这个说法，并以此结案，因为"根据1941年6月18日的皇家法令，为了防止囚犯逃跑，在紧急情况下可以使用武器"。

新法西斯主义者则认为，由于"穆蒂被杀害了"（无论如何这都是事实），他就成了墨索里尼垮台后第一位萨罗共和国的殉道者。他的死亡标志着"内战"的开始，而那段被鲜血浸染的意大利历史直到1945年4月才结束。

战后，原警察局长卡尔米内·塞尼塞认为这只是一次"意外"："因为宪兵是不会招惹这种麻烦事的，就算他们接到的是铲除一个反对国家的阴谋家的命令也不会如此。"他补充说："还有一千种更方便、更容易、更妥帖的方式。"

24日上午，史特凡尼通讯社发表了一则简洁的报道："昨晚于西班牙战争中获得金牌勋章的埃托雷·穆蒂在罗马郊区离世，他曾是已解散的法西斯国家党前书记。"据称，在得知这一消息时，"巴多利奥元帅展现出无比满意的神情"，甚至有人将其描述为"狂喜"。9月8日后新成立的萨罗共和国亟须树立典型，穆蒂也因此成了一个神话般的象征。1944年1月人们将他的遗体从维拉诺墓地移出运到拉文纳，还举行了盛大的国葬，最后他被葬在存有但丁遗骨的圣弗朗西斯教堂。国家法西斯党书记亚历山德罗·帕沃利尼在葬礼的悼词中说，穆蒂曾是"我们最勇敢的战士，我们民族最优秀的勇士……身为法西斯党魁和行动队队员，他在战斗中不怕牺牲，杀敌无数"。再后来甚至有人以穆蒂的名字组建了一支军团，而这个军团后来在皮埃蒙特犯下了骇人听闻的罪行，他们服务纳粹组织，打压抵抗运动。

1951年，司法机关对穆蒂一案重启调查，最后却以不予受理而告终。这次调查报告宣称是卡尔波尼将军激起了巴多利奥元帅对墨索里尼权力恢复的恐惧感，尽管法官对此没有具体说明，但他的动机却很容易推测得出来。法官排除了巴多利奥元帅谋杀穆蒂的可能，因为签署逮捕令的是军事情报部门的负责人卡尔波尼将军。那么谋杀的命令是不是也来自卡尔波尼将军呢？只能说，仅凭我们了解的情况，无法给出确切的答案。

8月26日，在穆蒂死亡48小时后，博塔伊在日记中写道：

49

星期二，即两天前，埃托雷·穆蒂在弗雷杰内的松树林被谋杀了。我不知道这个动词用得是否恰当，而且在一段时间内，无人知道"谋杀"这个词到底用得对不对。但可以确定的是，他是被一名宪兵队队员打死的，这支宪兵队在他海边的房子里逮捕了他。那他是因企图逃跑而被依法开枪打死的吗？这似乎是最有说服力的假设。但也有谣言说是因为他知道了一些不该知道的事而被杀害的；或者可能是他的亲信导致他卷入了意大利石油集团的财务丑闻；还有人说，他就是墨索里尼复辟阴谋的策划者……我还记得，在非洲默克莱的营地时，他是一名飞行员。在那里，我第一次见到他。我和法西斯行动队的接触纯属偶然，而且互相充满了不信任。在那里，他把战争当作一场体育比赛，那蔑视一切的勇气已经扭曲了人性，丧失了正常感情，在他们看来没有所谓的宗教意义上的"罪"，面对死亡也都不会感到害怕，这使我十分反感……现在穆蒂已经死了。想起他的悲惨结局我也很是感伤。

这是一首写给穆蒂的无情挽歌，在博塔伊眼里，他鲁莽冲动，无所畏惧，几乎完全看不到人类的其他价值观。

当准备撰写这一章时，我特意参观了穆蒂位于拉文纳的墓地。灰白的简陋墓碑上刻着不起眼的铭文"埃托雷·穆蒂，金质军功勋章的获得者，1902.5.22—1943.8.24"。铭文下方刻着一架三引擎飞机。一块小小的大理石牌匾上刻着献给他的题词："战争中的勇士向永远铭记的英雄致敬。"唯一让人惊讶的是，穆蒂的坟墓就在加尔蒂尼家族小教堂的后面，而这座教堂在外却没有任何标识。

穆蒂为什么要在圣塞巴斯蒂安门修建住所呢？在他职业生涯的高峰期，穆蒂突然感到需要有适当的住宿环境与他繁忙的工作和喧嚣的生活相匹配。为此，他选择了奥勒留城墙的这座古城门。这儿有很多优点，譬如可以从塔顶欣赏到如今仍旧可见的开阔美景。除此之外，对于这样一个风流成性的男人来说，这个特殊的住所还给了他必要的私密条件。他与情妇们的频繁交往是会定期被他人汇报到元首那里的。为了修建这座城门府邸，穆蒂向路易吉·莫雷蒂（1907—1973）寻求帮助。莫雷蒂是20世纪最伟大的建筑师之一，热衷于藏书，酷爱阅读，精通古代和当代艺术。他因驾着小船在卡普拉亚岛的海面上航行时突发心肌梗死离世，享年六十六岁。

莫雷蒂的作品众多，这里仅举几例：台伯河对岸区的意大利法西斯青年中心、武器之家以及位于罗马现代化体育场的领袖健身房。武器之家，也被称为"击剑大楼"，在20世纪70年代被改建成了审判庭，审理各种诉讼案件。它曾是意大利20世纪的建筑杰作之一，针对其修复，曾经有无数次抗议和呼吁，但都无疾而终。直到21世纪初，人们才开始谈论对这座建筑的修复工作。

由于与法西斯主义的亲密关系，莫雷蒂在战后一度被忽视。后来，凭借与建筑公司和梵蒂冈各界的亲密关系，莫雷蒂才重拾设计工作。他在国外也有许多杰作，如与尼克松政治丑闻有关的华盛顿水门大厦等。不过，莫雷蒂最重要的作品还是完成于法西斯政权期间。他和墨索里尼交往甚密，墨索里尼还任命他担任巴利拉全国工程局的技术总工程师。正是由于这项任务，他成了穆蒂的朋友，而为了消遣时间，他同意帮助穆蒂改造这个不同寻常的住宅。

这栋房子在穆蒂逝世后经历了我上面提到的掠夺，房子也没留下任何能够体现这位天才建筑师设计构思的痕迹。如今圣塞巴斯蒂安城门的墙壁上什么也没有，不过幸运的是，一些幸存的当年的照片仍保存在国家中央档案馆中，本书中也收藏了其中一些复印品。结合这些照片和实景，我们可以发现莫雷蒂作品的两个特点。一是他尽可能少地改变城门结构。就算是为了宜居而不得不增减的部分也会避免改变原有建筑，不过分影响外墙。不过也有例外，我们今天还可以隐约看到卫生洁具排水沟的连接处。二是房间里的家具风格仿佛是在强调主人的冒险和愚昧气质，甚至有些颇具讽刺意味：华丽而沉重的帷幔，铺着虎皮的大床，如此富丽堂皇，像是电影中的场景，而非一个私人住所。博塔伊曾轻蔑地说圣塞巴斯蒂安城门的住所其实就是一个单身汉的安乐窝。尽管莫雷蒂并未采取这种轻蔑态度，反而还用优雅和趣味对其进行描述，但他似乎与博塔伊一样达到了讽刺效果，可谓殊途同归，异曲同工。

在豪宅落成的那一天，穆蒂和建筑师莫雷蒂都不会想到，这座房子的主人享受到的欢乐是多么的短暂，未来又会落得一个多么悲惨的下场，而那些以他的名义进行战斗的人又会给人民带来怎样的恐怖，给他蒙上多大的耻辱。

罗马传

The biography of Roma

第三章 恺撒之死

> 恺撒的形象超越了史上其他所有的军队指挥官和政治家；只有拿破仑、奥古斯都、亚历山大大帝，以及其他少数人可以与他相提并论。

恺撒像

罗马城的起始便与一起政治谋杀有关（指罗慕路斯击杀兄弟），之后的罗马就接连上演了无数场政治谋杀。昏暗走廊中的短剑，金银酒杯中的毒药，宫殿台阶上的突然袭击以及当权者眼皮子底下合法化了的广场公开处决：这群穿黑色长袍、貂皮斗篷以及猩红主教长袍的人被司法、宗教和政治上的权利保护着，个个镇定自若，无动于衷。而基督徒、奴隶和战俘则常常被竞技场的野兽撕得粉碎。所谓的政治谋杀，就是所有那些为支持政府的路线方针，为强化民众对当权者的拥护，为将群众的注意力从眼前的困境转移开来而进行的谋杀。罗马的土地上浸透了这类凶杀案的鲜血，然而其中有一场成了所有其他政治谋杀的典范。显然，这就是对盖乌斯·尤利乌斯·恺撒的刺杀。

恺撒像

每次参观古罗马广场的时候，我都不禁会问自己，是否在世界上的其他角落也存在过这样一个地方，几个世纪以来一直是世界的中心，并从地理和自然的角度提醒着人们一个不同凡响的事实，那便是，罗马曾是宇宙的中心，古罗马广场是罗马的中心，因此，在那片土地上，在那些神庙和雕像的脚下，在那两座宿命的山丘——帕拉蒂诺山和卡比托利欧山之间的土地上，人类的文明和法理的胜利这两颗伟大行星的轨迹交汇了。在塞维鲁凯旋门附近至今仍保存着一块圆形的基座，它称罗马是世界的"肚脐"（umbilicus Urbis）。距此不远处矗立着一座覆着青铜的圆柱，它是帝国时期各条大道的起点。这些大道从古罗马广场辐射而出，通往各地：北方寒冷的森林，非洲炽热的荒漠，还有亚洲让人迷失方向、身处未知险境的西伯利亚大草原，这些对于古罗马军团和这个

55

古罗马广场遗址

星球本身而言都是一个永恒的挑战。

如今，古罗马广场已经成了一片废墟，这些废墟在经历了入侵者的摧残、自然灾害的破坏以及罗马公民的劫掠后幸存了下来：雕像被粉碎，圆柱被破坏，道路也受到了损毁；建筑物成了一堆残砖碎瓦，大理石进了炉灶烧成了石灰，被盗的各种装饰，流散到了世界各地。留存至今的只有些碎石粉尘、裸墙微屑，以及时不时冒出来的拱顶的硬币，游戏的骰子和小首饰。但是，古罗马广场遗址中不止有这些微不足道的残迹，那里还有着一些地点和时间的准确记录，是人为事件的重要历史参考，而这其中就包括了那些曾掌握过世界命运的人。尤利乌斯·恺撒就是这样的人，正是在这里，他走到了生命的终点。也是从这里，他迈出了与谋杀他的凶手赴约的最后的脚步。

在现代视角下，仅从地形角度看，古罗马广场其实很小。这片低矮的平原本没有任何宏伟之处，曾经的沼泽，通过公元前几世纪的一项浩大水利工程（马克西姆下水道），终于变成了平原。蜂拥而至的人群，鳞次栉比的纪念碑、房屋、大教堂都给人一种几乎窒息的感觉，然而它们却很好地还原了昔日罗马嘈杂混乱的日常生活。公民代表、政治人物、各国使节和商人们都汇聚于此；这里自设立之日起就施行民主，同时也是商业活动、贸易往来以及会晤朋友的理想场所。上述这些活动在奥拉奇奥著名的讽刺作品中得到了生动细致的描绘，文章开头的一句话可谓家喻户晓："我像往常一样沿着神圣大道漫步，一副不着调的样子。"庄严的民间队伍和凯旋的军队从这里浩浩荡荡地走过，抵达卡比托利欧山顶的朱庇特神庙，这里是诸事的源头。此处还坐落着安托尼努斯和法乌斯提那神庙（如今变成了圣洛伦佐米兰达教堂），从规模上来看，这座神庙和元老院一样可能是这里最宏伟的建筑，并且它还有着一段奇特的历史。法乌斯提那去世后，她的丈夫安托尼努斯想要尊她为神，于是修建了这座宏伟的建筑来纪念她。到了161年，安托尼努斯也去世了。由于他终生都追求正义，人们便称之为"庇护皇帝"；安托尼努斯的养子马可·奥勒留也是一位伟大的皇帝，他娶了安托尼努斯的女儿为妻。7世纪时，安托尼努斯和法乌斯提那神庙被改建成了一座教堂，但在1536年，教皇保罗三世想要向皇帝查理五世展示古罗马时期遗留的辉煌，好让其留下深刻印象，于是神庙里基督教增建的部分又被移除了。查理五世在手下的德意志雇佣兵劫掠罗马九年后，才为了所谓的"和解"来到罗马进行了隆重的访问。如果说墨索里尼为了迎接希特勒而命人建造了一座新火车站（奥斯蒂恩塞火车站），保罗三世则为了给皇帝查理五世留下好印象，拆除了一座教堂，在曾经只有一条羊肠小道的废墟中，硬是开辟了一条风光大道：圣格里高利大道。

安托尼努斯和法乌斯提那神庙之宏伟，仅从外观就可见一斑；然而，在我看来，最能完整表达古罗马建筑理念的并不是这里，而是罗马城的另一头，位于诺门塔那大道上的圣女康斯坦齐亚陵墓。该陵墓是4世纪初为君士坦丁大帝的两个女儿康斯坦齐亚和海伦娜建造的。虽然建筑几个世纪后被改建成了教堂，但它却保留了古罗马神庙的结构（和宏伟）。所有第一次进入到这里的人，都会产生一种强烈而生动的感受：大厅呈圆形、穹顶巨大，十二对装饰有华丽柱头的花岗岩圆柱将宽阔的殿堂分隔开来。四周环形走廊的天顶上饰着一些古罗马最美丽、最古老（4世纪的作品，与大教堂同一时期）的镶嵌画：白色的衬底，装饰性图案，图中树叶和枝条交织在一起，还有一些小动物的形象点缀其上。走廊两端则是康斯坦齐亚和她的丈夫汉尼拔尼安的画像，整个建筑精妙非凡。几步之外的圣安妮斯大教堂（教堂底下是一个巨大的地下墓穴）是拜占庭影响下早期基督教建筑的杰出代表。

让我们再说回古罗马广场，介绍一下那两扇宏伟的青铜门。第一扇门位于元老院（塞蒂米奥-塞韦罗凯旋门旁边），它是件复制品，原件则被弗朗切斯科·博罗米尼拆下并转移到了圣约翰大教堂。直至现在，原件依然保存在那里。另一扇门则位于安托尼努斯和法乌斯提那神庙旁边的罗慕洛神庙，或称佩纳特斯神庙。当然，我们不应将这座神庙所供奉的罗慕洛跟罗马的建立者相混淆；这里的罗慕洛是马克森提乌斯的儿子，死于309年，他的父亲想要将他埋葬在斗兽场前面的阿庇亚古道上。罗慕洛神庙的这两扇青铜大门，装饰精美，而且从很久很久以前就被安置在这里作装饰了，这让人很是出乎意料；更重要的是，它们在经历了数个世纪的掠夺后，在疏于保护的情况下居然奇迹般地幸存了下来。每每想到这一点，都让人感慨良多。

古罗马广场上有很多纪念恺撒及恺撒被刺的地方，其中一处被称为"祭坛"，它是屋大维皇帝在公元前29年为恺撒修建的。在神庙前，距贞女之家不远的地方，有一座地坛，或者说是一座教坛，地坛用古埃及船只上取下的喙形舰首做装饰，而战船是屋大维两年前在阿齐奥夺来的。恺撒的遗体就是在这里被火化的。两个世纪后，希腊人阿庇亚诺在他的著作《罗马史》中这样描述到："人们把他的遗体放置在古罗马广场，放在古罗马皇宫所在的地方，然后在广场上堆起了一些桌椅，还有一些木材和所有能找到的木头……接着点起了火，那一夜，所有人都见证了这场火葬。后来人们就在那里建起了一座祭坛。现在这是一座恺撒神庙，在神庙中，恺撒被尊奉为神。"苏维托尼乌斯在《恺撒传》中补充道："在地坛前面修建了一座黄金神龛，它的灵感来源于维纳斯神殿，神龛里放着一副紫色镶金的象牙棺，棺头一侧立着碑，上面呈放着恺撒被谋杀时所穿的衣服。"

距离祭坛不远处便是"官邸"的废墟。在被刺杀前，恺撒在这里度过了他生命中最后一段时光。而在这之前，他曾在贫民区的一所简陋房屋内住了很久。生命中的最后几天他显得很不安宁，一边酝酿着无数计划，一边做出许多承诺（他一生几乎都是如此），其中也不乏不祥之兆，让我们在此一一道来。

3月14日到15日之间的那个晚上，盖乌斯·尤利乌斯·恺撒才睡了一小会儿；刚起床就感到一阵眩晕，虽说这是老毛病了，但如今发作得尤为频繁，十分恼人。他早上得去庞培元老院主持大会，但心中却很不情愿，这倒不只是因为身体不适，而是最近几天，他一直有些奇怪的预感。虽然恺撒不是那种轻易受迷信影响的人，但这些预感不仅接二连三地出现，还出奇地一致和明确。从青年时期开始，他都一路青云直上，一路的坦途使他总是对所谓预兆只报以一笑。每次要开始一项活动或进行就职典礼时，上苍都需要给一些启示，可能是一道闪电，也可能是天空突然放晴。恺撒总是想方设法让这些"信号"以某种形式呈现出来，虔诚的祭司和官员自然也会尽全力让恺撒心想事成。比如，吉兆是一道光，那么某位随从就会信誓旦旦地说他正是在预言中信号出现的地方看见了那束光。

可是现在情况有所不同：虽然能看见有些人被火焰包围，但火焰却并未真正烧到他们；一只衔着月桂枝的小鸟被宫中豢养的猛禽咬得四分五裂；防备森严的宫殿里，战神的盾牌相互冲撞，发出恐怖的、青铜碰撞的叮当声。然而预兆还不止这些：几天前，恺撒讨厌的占卜师斯普里纳来拜访了他，这一次，他话语铿锵有力，仿佛不再是传达某种神灵的启示，而是带来了真实确凿的消息。他说："恺撒，从三月份起，你要小心一点。"斯普里纳刚一离开，科尔内利奥·巴尔博也谈到了这个话题："恺撒，我劝你，去庞培元老院的时候，务必带上对你十分忠诚的西班牙护卫队。"在鲁基乌斯·布鲁图斯的雕像脚下，有人留下了一块牌子，上面写着："哦，布鲁图斯，如果你还活着的话，一定会杀死那个暴君。"伟大的布鲁图斯因热爱共和国而杀死了塔尔奎尼奥国王，而另一位布鲁图斯，也就是恺撒的养子（或许是他的私生子），被认为是伟大的布鲁图斯的后裔。一时间，罗马城流言四起，人心惶惶。传言说，比起罗马人，恺撒更喜欢野蛮人；他要让高卢人在元老院占有一席之地；甚至还有传闻说，他要颠覆共和，自己做国王。这对罗马共和国来说可是一大冲击，发动这样的政变是会被判处死刑的。元老们对此议论纷纷："人民厌恶君主制这个想法。"恺撒耐着性子听着那些烦人的嗡嗡声，给他们解释说，共和国早已经名存实亡，徒留下一些遗迹和外表，不如将它们同共和国都一并抛弃。此时，同样忧虑的还有他的第四任妻子卡尔普尼亚，她卑微地爱着恺撒，原谅了他所做的一切。一连几个晚上，她都焦躁不安，长吁短叹。

前一天晚上，恺撒去了马尔库斯·雷必达家赴宴。他很少喝酒，但那天他侧躺在躺椅上喝了不少，实属罕见。宾客中有一位他敌对阵营里的成员——德基姆斯·布鲁图·阿尔比努斯。假如这个人真够勇敢，他应该直接对恺撒出手。然而，他却举起酒杯以示祝福，同时抛出了一个别有用心的哲学问题："恺撒，对你来说，最好的死法是什么样的？"恺撒像往常一样，迅速做答："我在色诺芬的书中读到，居鲁士国王身患重病后，为自己的葬礼安排好了一切……我不想要那种做好准备的死亡。最好的死亡是突然降临的。"周围的谈话声一下都停住了，这倒不仅仅是因为恺撒在说话，还因为这番简短的打趣留下了一阵不安的回响。恺撒趁着沉默的间隙起身离开了。眼见东方既白，元老院的会议即将开始，也许最好是真的不要去呢。

被如此不祥预兆折磨着的究竟是怎样的人呢？那是一个大权在握，几乎无所不能的人，他是罗马的统治者，也是世界的主宰，56岁（也可能是57岁）的他依然精力充沛。他一生中的大部分时间都在战斗，从陆地到海洋，从英国寒冷的森林到非洲无涯的荒漠；他驰骋疆场，精力无限，头脑灵活，能够同时向多位书记员口述四到五封言辞微妙的信件。他大胆、傲慢，是个即使囊中羞涩也要大手大脚花钱的花花公子；虽然他算不上英俊，还时常被士兵们嘲笑秃顶，但他有一种能够征服所有人、让所有人对他俯首听命的光环。他具有大政治家的风范，能散发出一种君主的威严。但他也像人们笔下所描写的那样（例如西塞罗），能够践踏人和神制定的一切原则。甚至（这次是加图·乌地森西斯所写）为了实现自己的野心，可以违反一切法律。毫无疑问，他曾践踏罗马法制，在征服高卢之后，为了个人利益不惜发动了内战，给人民带来了伤悲和毁灭。总而言之，恺撒将伟大政治凌驾于当代道德观之上，提前实践了16个世纪后才由马基雅维利理论化的政治自主性。

政治的道德自主性并不意味着中饱私囊，而是指依据总体利益设定目标，并有能力达到它，哪怕采用的手段不正当。在罗马，任何一位总督都挪用过公款，恺撒也不例外，但他却有一个令人震撼的宏伟计划。他以一种高傲和极度平静的心态践踏着法律；他精神集中，严肃认真，坚定不移，由于武装穿越卢比孔河，越过了祖国的边界，他成了共和国的敌人；在渐变的改革之路和急遽的革命之间，他迫不及待或者说运筹帷幄地选择了后者。他的不道德在于他放弃了道德准则，而根据传统和法律，道德本该是每一位罗马贵族都应当履行的义务。他的伟大当然不在于服从，而在于他几乎总能在保护国家利益的同时又能顾及自己的利益。

恺撒的政治生涯是深谋远虑和精于算计的每一步组成的，此外，他还常常被运气眷顾。从一开始他就选择了依靠平民和军队。对于人民的认识，他跟所有人的想法是一样的：群众的辨别力并不比小孩更强，因此，需要一个人来引导他们。恺撒出身贵族，是罗马名门大族的后裔，埃涅阿斯和克瑞乌萨的儿子，维纳斯的孙子——阿斯卡尼俄斯，就是恺撒的祖先之一。在为其姑姑茱莉亚的葬礼所做的演讲中，他毫不含糊地说道："从母亲这边来说，我的家族具有皇室血统，而从父亲这边来说，我是不朽神灵的后裔。"30岁时，他就已经清楚地知道，在政治生活中，尽管说谎十分厚颜无耻，但谎言越是无耻，越是有用。总之，在寡头政治和平民之间，他选择了后者，也就是如今在罗马成为"城市无产阶级"的这群人，这些人躁动不安，需要用竞技游戏来分散他们的注意力，用公共救济和小恩小惠来笼络住他们。

恺撒在生命中遇到了两位有强大影响力的人物：一位叫格涅乌斯·庞培，另一位叫马库斯·李锡尼·克拉苏。庞培比恺撒大6岁，是一位跟恺撒一样伟大的将军。当海盗威胁到小麦的供应，可能会造成饥荒之时，庞培受命前去追捕海盗。那些不法分子十分猖獗：他们抢劫商船，登陆海岸，劫掠村庄，奸淫妇女。庞培对他们穷追猛打，没有给他们丝毫喘息的机会，不到三个月内就将他们完全击溃：一万人被杀，两万人和800艘船被俘。在与罗马的劲敌——本都国王米特拉达特的战争中，庞培也一样取得了胜利：他击败了米特拉达特的军队，致使米特拉达特被迫逃亡，最终自尽。

克拉苏也不遑多让。他非常富有，手握公共矿山的开采权，还在建筑业投机赚钱，日进斗金；当恺撒竞选最高领袖的时候，克拉苏投入了大量金钱资助他的竞选活动，帮助他大获全胜。同时，克拉苏还是一位出色的将军：他镇压了斯巴达克领导的奴隶起义，这可是一项伟大的功业且绝非易事；他率领六到八个军团花了两年的时间才将这些誓死抗争的反叛者制服。克拉苏在战场上击败了他们，并把活捉的幸存者沿着阿庇亚古道钉死在十字架上。数千人在那些十字架上饱受折磨，持续数日，这样做的目的是杀一儆百，以儆效尤，让人们再也不敢轻易发动起义暴乱，不敢挑战罗马和它的社会秩序及经济。

公元前 70 年，庞培和克拉苏同时升任执政官。当时，克拉苏 45 岁，十分富有，庞培 36 岁，满载荣光；30 岁的恺撒一直默默关注着他们，他知道，这两个人表面上是同盟，实则相互敌视，执政的寡头因为对他们两个都心存戒备，便使计让两人相互对抗。恺撒考量后认为自己可以加入他们，来平衡两方势力。克拉苏需要庞培的巨大声望，庞培则需要克拉苏用金钱向元老院施加影响；恺撒则在罗马平民中很受欢迎，跟他并肩作战过的士兵也很崇拜他。

有关古罗马政治生活的特征和恺撒的复杂性，在所谓的《喀提林阴谋》中展示得淋漓尽致。这简直是一部精彩绝伦的政治小说，主角们都是相当伟大的人物：恺撒、西塞罗、加图和反面人物喀提林。这四个人中最神秘的当然是喀提林；最暧昧不清的则是恺撒。还有马尔库斯·波尔基乌斯·加图·乌地森西斯，也被称为乌蒂卡人，他是监察官加图的曾孙，后者因坚守品行并坚持认为必须摧毁迦太基而青史留名（《一定要打败迦太基》）。马尔库斯·波尔基乌斯也同样坚定地保卫着共和国的理想和元老院的职能。谁想要破坏国家制度，就是与他为敌：无论是西拉、喀提林，还是第一个三头同盟的成员（恺撒、克拉苏、庞培）。当恺撒和庞培之间爆发内战时，加图认为恺撒对共和国制度更有威胁，所以支持了庞培。冲突开始后，为了哀悼破碎的祖国，他蓄须、蓄发明志。庞培战败后，他被流放至乌蒂卡并在那里自杀。

加图·乌地森西斯是一位伟大的人物，但不幸的是，人们已经把他遗忘了。埃齐奥·雷蒙迪称他有"古罗马的英雄气概和圣经中主教的气韵神采"。但丁将他作为守护者置于炼狱前的岸边，他的脸被"四束圣光"（谨慎、正义、坚韧、节制）照亮。即使没有得到《启示录》的恩宠，他却仍然具备这些基本品德。维吉尔向但丁介绍加图的时候是这样描述的（炼狱第一卷 70—75）：

现在但愿你欢迎他的来临：

> 他正在找寻如此可贵的自由,
>
> 这与那些为自由舍命的人所见略同。
>
> 他对这一点了若指掌,
>
> 你曾在乌蒂卡为自由而牺牲,
>
> 但这并未使你感到凄伤,
>
> 因为你留在那里的躯体终将在某一个伟大的日子里绽放光芒。

但丁将加图塑造成了精神自由、品格坚定、秉持正义并为公共利益献身的象征。在伟大的道德品质面前,他异教徒和自杀者的身份显得微不足道。比如在《飨宴》中,但丁写道:

> 因此,他们都是古代的哲学家,在这些哲学家中,最重要的就是芝诺:他们认为人生的目标就仅仅是坚守正直;也就是严格地不顾及一切去追寻真理和正义……这些人以及他们的学派被称为斯多葛学派,光荣的加图就属于这个学派。

然而,也有人指责加图。蒙森就批评他,还把他定义为"保守派",即那些"力图保护共和国,但结果却加速使它灭亡"的人。

那么这场阴谋是怎么诞生的呢?它诞生的原因又是什么?喀提林曾经三次竞选执政官,但因为时运不济、徇私舞弊,导致每次都竞选失败,当然这其中西塞罗针对他想出的计谋也十分管用。在公元前64年那场选举中,西塞罗就参加了竞选并且当选的可能性最大。他代表的是我们现在所说的贵族党,而他的主要对手喀提林和盖乌斯·安东尼乌斯·叙布里达,除了(表面上看来的)平民拥护外,还有恺撒和富有的克拉苏用自己的影响力给予的支持。叙布里达是这两位平民派中较弱的那位。因此,西塞罗暗中承诺将自己的部分选票转让给他。说到做到,就这样,叙布里达当选了,而喀提林则成了首位淘汰者。

那么恺撒和克拉苏在这次竞选中扮演着怎样的角色呢?他们很可能认为

喀提林是个不安于现状且精力旺盛的人，有着可以广泛笼络群众的邪魅，而叙布里达一旦当选，则会成为一个比喀提林要顺从很多的工具，所以，二人很可能在背后也推动了叙布里达的当选。其实，这才是问题的关键。那喀提林究竟是个什么样的人？他是不是一个肆无忌惮地策划叛国的造反派呢？或者他就是一个被以西塞罗为代表的保守党所厌恶的过激的革新者？最有可能的推测是，喀提林是我们现在所说的"民粹主义煽动者"，一位能够将进步和保守分子的观点集于一身的人物。他为当选所做出的其中一项承诺便是取消一切债务。这在当时是个可以受到广泛支持的提议，因为在当时的社会，高利贷几乎已经把人逼上绝路，不管是富人还是穷人，都经常负债累累。没有人会关心竞选公职的花费，因为大家都相信，一旦当选，金钱就会随之而来。可能就是他的（我们今天所说的）"竞选纲领"中的这个特别条款促使克拉苏出手阻止他当选，因为克拉苏是当时大规模放高利贷的债主之一。当然还有一些其他条款，包括给妇女和奴隶部分权利，以及可能会影响到大地主利益的土地再分配。尽管这都是些必要的调整，但对于古罗马这样一个保守的社会来说，人们担心这些会成为扰乱社会的不稳定因素。喀提林通过做出这些承诺，期望得到濒临破产的小商人、被剥夺继承权的穷人和平民的选票。而另一方面，西塞罗和萨卢斯蒂奥则千方百计将喀提林的支持者描绘成社会渣滓。毫无疑问，喀提林周围确实聚集了一些冒险家和一些一旦出现混乱就会头脑发热的人。但如果这些人只是社会渣滓的话，那他们就不会以英雄史诗般的结局退出历史舞台了。

公元前63年，喀提林再次参加竞选，这次他制定了一个明确的"左派"纲领。尽管他并非出身名门，但终究也是个贵族；从来没有一位罗马贵族如此公开地支持过平民。然而，我们千万不要把他当作一名理想主义者，一种19世纪社会主义的先驱。喀提林是个野心勃勃的人，也一样能够为争权夺利去杀人；意志坚定以致凶狠残暴，可谓胆大包天。在谋取个人利益方面，他也像其他竞选者一样，从来都是不择手段的。但是喀提林的竞选活动显得笨拙而不加掩饰，开展方式过于张扬，严重缺乏政治策略。而几年后，在几乎同样的竞选格局中恺撒则通过操纵选票市场，展现出了自己的政治谋略，显得游刃有余。这一次喀提林犯了"极端主义"的错误，对西塞罗的计策十分有利。他作为执政官以职务之便,再次成功地夺走了喀提林的部分支持者。

选举中获胜的自然是恺撒和克拉苏支持的两位候选人,喀提林再次成了第一个被淘汰的候选人。于是阴谋就在这一刻诞生了,这位竞选一直失败的候选人决定赌上自己的性命,一夜之间成了一位革命的理想主义者。从某种意义上来说,他拯救了自己,至少在支持此论点的学者眼中是这样的。第一个揭露这个阴谋的是一个女人,名叫富尔维亚,是喀提林的情人。她在得到(或者说是骗取)情人的秘密后,想通过向西塞罗告密来获取个人利益。"她不想保守这个秘密,"萨卢斯蒂奥在《喀提林的阴谋》中写道,"这对共和国来说是个巨大的威胁。"实际上,这次泄密的理由似乎并不那么高尚。可能这个女人当时手头拮据,而为了使这段逐渐冷淡的关系重新回温,喀提林就向她暗示自己以后可能会发财。然而,在好奇的富尔维亚的不断逼问下,喀提林最后只得和盘托出。就这样,富尔维亚了解到密谋者们正策划在罗马城中实施暗杀,而且很有可能同时发动军队的哗变。恺撒也提供了一些其他信息,那时的他游走在阴谋的边缘,期待着阴谋得逞,而万一事情没有照预想的方向进行,他也会注意让自己不要牵扯太深。此外,克拉苏也提供了一些帮助:他递交了一些恐吓信,虽然这些信件是匿名的,可能就是他自己或者他的追随者帮忙编造的,但却仍被认为是有力的证据。

西塞罗虽然作为执政官掌握着元老院的全权,但同时,他也是个胆小鬼,总是让护卫队时刻保护着他。在为西塞罗撰写的传记中普鲁塔克就说道:"当他进入古罗马广场时,他和他的随从几乎挤满了整个广场。"11月8日,元老院在帕拉蒂诺山脚下的朱庇特神庙召开会议,并派重兵把守神庙。不知是为了与众不同,还是想要以自己的出席来否认参与伊特鲁里亚策划的阴谋,总之喀提林以傲慢的姿态出席了会议,然而在那里,他却被所有人孤立了。喀提林还不知道,再过一会儿西塞罗就要发言,宣读那份把他永远钉在耻辱柱上的起诉书,那篇有史以来政治和司法文件中的巅峰之作:"喀提林,你打算什么时候停止愚弄我们的耐心?你还想用那种狂妄的行为嘲弄我们多久?你所吹嘘的那种放肆的无耻途径何时才能结束?"这段话后来永载史册,但在当时却没有引起喀提林足够的重视。可能是出于公共治安的考虑,西塞罗当时没有下令立刻逮捕他。依据萨卢斯蒂奥的描述，不仅如此，喀提林甚至还用一句公开挑衅的话作了回答："虽然我被敌人包围了，人们想要让我走上绝路，但我会把废墟下燃起的一切反对我的火焰统统扑灭。"说罢他走出了元老院，直接去往他在菲耶索莱的"军队"。

此时，忠于喀提林的密谋者们正计划着在 12 月 17 日，也就是农神节开始的那天，发动政变，而罗马军团也正在向喀提林的"军队"行军。可是，喀提林表现得就好像并没意识到军队要来一样。不过此时，以如此轰动的方式揭露的阴谋已经不具备任何价值了，它也不再是个阴谋，而只是一场屠杀的前言序章罢了。怎么会有看起来如此不合逻辑的行为呢？我们无法知道答案；所有的假设都只是推测性的，每个人都可以想象对自己来说最可信的答案。其中一种猜测是反叛者喀提林意识到，只要他留在罗马，就定会被杀。而他要是离开罗马，流亡他乡，则还有一线生机。

故事的结局令人悲伤，却又如史诗一般悲壮。五名留在罗马的同谋者在元老院的一场激烈争论后被捕，并在监狱中被绞死。几天后，在公元前 62 年 1 月的一个寒冷清晨，喀提林在托斯卡纳的皮斯托亚附近遭遇禁军。双方战斗十分激烈，战斗也持续了很久。最后，喀提林身负重伤，横躺在一堆尸体中。禁军在找到喀提林的时候，他的身体仍在抽搐，于是当时就命令将他斩首了。"对抗结束了，"萨卢斯蒂奥写道，"我们可以看到喀提林和他的士兵是多么有勇气，多么无畏。他们死后都倒在了自己生前战斗过的地方。"

那么恺撒在其中的表现怎么样呢？从 12 月 5 日，也就是在元老院讨论如何处置关押在马梅尔蒂诺监狱的五位同谋者的那天起，他始终暧昧不清的态度开始显露出来。按照萨卢斯蒂奥的叙述，恺撒作为大法官，在发言的时候，一开始是毫不含糊地谴责喀提林和他的追随者；接着又说对于这样的罪行，怎么惩罚也不为过，但无论如何，最后决定权在元老院手中。在这里，他十分巧妙地运用诡辩法进行了阐述，他认为神灵将死亡视为生命的自然终结，而不能将死亡当作一种惩罚。由于他们一旦死亡，惩罚也会随之结束，所以不应当判处同谋者们死刑。并且他还提醒元老院警惕判处死刑后可能引起的骚乱，他认为这才是真正潜在的风险。恺撒在最后点明，有一种比死刑更加严酷的刑罚，即无期徒刑。

恺撒的演讲至今仍被认为是演讲界的杰作。即使没有确凿证据表明他是否参与了这次阴谋，但所有人都知道他对此一直密切关注。他在法庭中所处的立场很艰难：如果他支持判处死刑，那么他就背离了传统上依靠的那个政党；如果他反对死刑，人们则会更加对他产生怀疑。然而他巧妙地回避了这个问题，并且还坚持说如果不给一位罗马公民向人民申诉的机会就直接判处死刑，那便违反了宪法。就这样恺撒凭借出色的技巧摆脱了困境。此举的巧妙之处在于，他支持对此种行为做出严厉地惩罚，并且同时让人们认为针对如此严重的行为，死刑并不是一个与之相称的刑罚。一方面，他承认元老院有权惩罚犯人，包括判处犯人死刑；另一方面，他通过在一群胆小怕事的人（首先就是西塞罗）面前通过严谨的逻辑提示发生骚乱的风险，又力图阻止元老院判处死刑。最终，恺撒动摇了元老院在会议召开时的坚定决心，成功混淆了他们的判断。只有恺撒才能如此游刃有余地解决如此棘手的问题。克拉苏也被怀疑是阴谋的同谋者，但那一天他连面都没露。恺撒演讲的效果非同寻常：所有出席人员在恺撒演讲完后都赞同了他的提议；还有人被他的话语所鼓动，想要直接越过他，建议活捉喀提林，并交给元老院听证会审判。

然而就在此时，又发生了一桩意外事件。平民任命的法官马尔库斯·加图从最后几席审判官席中站了起来。当时他只有32岁，比恺撒还小五岁。他的一席演讲与恺撒的不分伯仲。加图批判了恺撒以及元老院的懦弱，指出对于如此严重的阴谋，人们不应当有任何犹豫，死刑是唯一适合这种犯罪行为的刑罚，而判处的刑罚若有半点手软，这样的先例对于共和国来说就是毁灭性的。加图的演讲撼动拷问着元老院成员们的良心，其效果相当显著，元老们纷纷站了起来走到他身边，以此方式表达了投票的意图。直到加图看到恺撒收到一封信件，演讲所带来的激动气氛才被打破。加图抓住机会指责恺撒甚至在元老院里也在与叛国贼通信。但加图这一步走错了，反倒给了恺撒可乘之机：他向元老院展示了自己收到的这封信，那是他的情人塞薇利娅，也就是加图同母异父的姐姐写给他的情书。

这就是恺撒和他最大的敌人第一次交锋。虽然加图做了蠢事，但他仍占据上风；他并不知道这次胜利会怎样改变他的命运。萨卢斯蒂奥将这两人的演说能力和胸襟气度放在了同一高度。他写道：

> 恺撒因乐善好施和慷慨大方而伟大，加图则因生活正直廉洁而伟大。恺撒因宽厚和仁慈而闻名，加图则因执法严谨而闻名。恺撒通过给予他人、助人为乐和宽容待人来获得声望，加图则因其从不浪费挥霍并严于律己获得声望。在恺撒那里，穷人可以找到他们的避难所，而在加图那里，坏人则终将走向毁灭。

几年后，即公元前59年，恺撒和玛尔库斯·卡尔普尔尼乌斯·比布路斯一起成功当选了执政官。由此，恺撒提出了一项广受人民欢迎的政策——制定农业改革法，依据该法律土地将被征调分配给庞培的老部下和罗马的穷人。比布路斯跟加图关系密切，交情很深。他试图鼓动元老院成员反对恺撒，但恺撒却越过了他们，将那项提议直接带到了人民大会去表决。在投票的前一天晚上，恺撒的追随者占据了古罗马广场。当第二天早晨比布路斯到达的时候，就只能从辱骂推搡自己的人群中勉强挤出一条路来；他试图发言未果，执政官权力的象征——侍从官手执的束棒也被折断了。第二天比布路斯将自己遭遇到的暴行报告给了元老院，然而却什么都没有发生。根据史学家们所说，他十分愤怒，但同时也很害怕。这次议会只是为了表明共和国的陈旧体制如今已经无法适应新时代的强烈要求了。比布路斯愤怒地返回了家中，并宣布再也不会踏出家门。他想借此表示法律已经名存实亡，罗马再无自由可言；鉴于当时的情况，他的表现只能说明他的无能。人民要求通过农业改革法，因此元老院只能屈服；恺撒的政敌们开始四处传播谣言，说现在的执政官并不是恺撒和比布路斯，而是尤利乌斯和恺撒（即恺撒一人，因为恺撒全名叫尤利乌斯·恺撒）。

几年后，恺撒和庞培的关系也每况愈下，罗马虽大但也无法同时容下这两位枭雄。克拉苏在对抗帕提亚的时候身亡了，而恺撒远征英国失利后，也陷入了低谷；他的老对手马尔库斯·波尔基乌斯·加图在恺撒结束高卢任期时坚持认为恺撒应接受指控，因为他的行为违反了罗马法。庞培与政治寡头们走得越来越近；加之他的妻子，即恺撒的女儿茱莉亚的去世，也使两人间的联系进一步淡化。不仅如此，两人的野心不断膨胀，已经到了公开冲突的地步。恺撒当时还在高卢，对于人们要求他返回罗马视而不见，他才不肯仅仅作为一位普通将军荣归故里；由于他对元老院和加图心怀戒心，因此很想获得一个由选举产生的职位，这样才能保证自己免受攻击。然而这个要求一直没有得到回应，并且罗马也没人打算快速找出一个解决方案。因此，紧张局势不断加重，由于无力解决这个问题，形势急转直下。当贵族党最终成功说服庞培公开反对恺撒时，元老院才松了一口气；当所有调解的尝试都失败后，元老院便命令反叛者恺撒放下武器。

公元前49年1月，恺撒在卢比孔河沿岸扎营，等待元老院讨论的结果。这条河虽然微不足道，但它细小的河流却标志着共和国不可跨越的边界。恺撒必须做出决定了，于是他下定决心，在历史上留下了又一句振聋发聩的口号："木已成舟（Alea iacta est）"，他要背水一战。内战开始了，战争会波及帝国的大片领土：先是在西班牙，然后是希腊，最后是非洲。决战是在色萨利南部的法萨卢斯展开的。双方交战人数多达七万人，恺撒凭借其无可挑剔的战术部署大获全胜，迫使庞培落荒而逃。庞培向埃及国王托勒密寻求庇护，但埃及国王为了讨好恺撒，命人将其杀害。公元前48年10月2日，恺撒进入了亚历山大城，看到了庞培的尸体，但他并不开心。狡猾的托勒密国王完全算错了账：他想要将敌人的头颅献给恺撒，可他却不知道在这两位罗马人之间，除了让他们浴血对战的敌意外，还有着很多错综复杂的情感。这位国王也没能想到自己的胞妹克利奥帕特拉会在这位将军身上点燃其一生中最炽烈的激情。

恺撒强健的身体里重燃爱情的火焰，而且毫无保留。斯韦托尼奥曾试图列出一个不完整的名单，看看有多少罗马贵妇被恺撒所俘：塞尔维奥·苏尔皮乔的妻子波斯图米亚；奥洛·加比尼奥的妻子洛丽亚；马库斯·克拉苏的妻子泰尔图拉；庞培的妻子穆恰。这份名单还不包括少女、奴隶和野蛮人，也不包括他人生中最重要的那两三段恋情。在这之中最受宠爱的便是塞薇利娅，在长达二十年的恋情中，恺撒送了她无数件礼物，包括一颗价值连城的珍珠：价值600万银币。塞薇利娅是马尔库斯·布鲁图斯的母亲，而布鲁图斯则很有可能

69

是塞薇利娅和恺撒所生,至少这种说法在罗马曾流传了很长时间。当塞薇利娅察觉到恺撒开始厌倦她时,就将自己的小女儿泰尔齐亚推向了恺撒的床。如此恺撒既是布鲁图斯的父亲,又是他的妹夫,两人"亲上加亲"。

恺撒的另一个重要的情人便是克利奥帕特拉,在她这里,浪漫传说、东方神话、奢华糜烂以及政治与爱情全都交织为一体,爱情之洪流一发不可收。两人彼此的野心和共同的利益使得他们相拥时激情倍增。恺撒在亚历山大城遇见克利奥帕特拉的时候,已是位 52 岁的成熟男人了;而克利奥帕特拉当时只有 20 岁,但在情感的智慧方面,她却完全可与维纳斯一较高下。克利奥帕特拉和她的兄长托勒密十四世正因王位的继承而相互残杀。托勒密家族是埃及法老的继承者,是个十分残暴的家族,为了保证自己的权力,他们不惜近亲结婚,也就是乱伦。托勒密十世就曾娶其亲生女儿贝勒尼基为妻,后来贝勒尼基又嫁给了她的堂弟托勒密十一世。20 岁的克利奥帕特拉也曾嫁给她年仅 13 岁的弟弟。托勒密家族还经常发生自杀事件。克利奥帕特拉就是个例子。她在结束与恺撒和马克·安东尼的恋情后,也曾试图引诱屋大维但未能如愿,于是就放毒蛇咬死了自己。屋大维没被勾引,一方面是由于克利奥帕特拉风华不再,但最主要的原因还是他有着不容动摇的优先顺序;只是克利奥帕特拉根本不在这序列之中。

当恺撒到达亚历山大城的时候,王宫中还有另一个人的身影,那便是克利奥帕特拉的妹妹阿尔西诺伊,一个同家族其他人一样渴望权力的姑娘。恺撒试图通过协商来分割权力,来调解这些你争我夺的兄弟姐妹,但他没有成功,还险些招来杀身之祸,他的敌人竟然在他官邸的水中下了毒。于是,恺撒只好迎战托勒密,并在战场上打败了他,阿尔西诺伊则被带上镣铐押送至罗马。现在,王位对于克利奥帕特拉来说已是囊中之物,于是就给自己和得胜的恺撒安排了一个男人所能拥有的最美妙的蜜月旅行。根据斯韦托尼奥所说(或许是一种恶意的诽谤),恺撒沉迷于她的无双美貌和魅惑风情,对她言听计从。要不是及时意识到自己的军队这次不会随他而去,恐怕他就要陪着克利奥帕特拉去埃塞俄比亚了。最后,他们只是在尼罗河中乘坐桨手推动的舰船溯流而上,整艘船张灯结彩,成了一座华丽的水上婚房。那是公元前 47 年的 4 月,微风拂过，吹绿了尼罗河河岸，岸上茂密的棕榈林、清凉的水井、迷人的村庄和神秘宗教遗留的镀金古庙都让他们目不暇接。一支小舰队护送着旗舰，保证了旗舰的供应和偶尔停靠登陆及打猎的保卫工作。整整两个月他们都在这种安逸奢侈的状态下。克利奥帕特拉说她在这几个星期里怀上了孩子，他便是后来的恺撒里昂。

然而，爱情的美梦突然就结束了，恺撒接到了令人忧心忡忡的消息，迫切的局势亟须他来处理。米特拉达特的儿子法尔纳克是本都王国（现在的土耳其）的国王，他一直是罗马的劲敌，还在战场上击败了恺撒的代理长官；罗马这方应当迅速扭转颓势，因为本都是罗马的一个省，失去本都对罗马来说是一种软弱的信号，十分危险；更何况，法尔纳克正在用最残暴的方式处死被捕的罗马俘虏。于是恺撒离开了克利奥帕特拉的怀抱，日夜兼程地行军至本都，并在距离泽拉不到一公里的地方扎了营，而泽拉正是法尔纳克筑垒自卫的地方。恺撒很快意识到这个小暴君只是个不值一提的统帅：那些军队在错误的指挥方针下，很快败亡。恺撒向士兵们承诺，城里的所有战利品都属于他们，于是不到五天就攻下了泽拉。由此，他向罗马发去了有史以来作为一位将军所能传达的最简洁、最骄傲的信件："我来，我见，我征服。"

这则传奇的信件向我们展示了恺撒的另一个特点：他在沟通交流方面的天才能力。他总能通过强调每一个对自己有利的状况，巧妙地掩饰负面事件，从而塑造出自己永能服众的自信形象。他的文学作品和战役报告都是世间流传的杰作，不仅因为其创作质量上乘，还因为他有强大的让史实服务于自己宣传需要的能力。在这一点上，只有拿破仑能与其相提并论：拿破仑也永远只展现自己叫人喜欢令人钦佩的一面，即使他的军队因痢疾损失惨重，即使在战场上遭遇的只是一小群不堪一击的强盗，他也会向政府汇报成轰动一时的胜利。恺撒的言行也是一样的。公元前 61 年，在恺撒前往西班牙担任总督时，他就知道这个职位能为自己赚取足够的钱，还能帮他偿还累积下的巨额债务。然而他想从此职务中获取的还远远不止这些，他要的是军功与荣耀，这才有利于他与格涅乌斯·庞培相抗衡。于是，他开始四处征战，作战的理由有时是正当的，但更多时候只是托词，比如他曾在没有给出任何正当理由的情况下就下令将埃斯特雷拉山的山民集体迁移至平原，遭到山民拒绝后，恺撒就下令攻打他们，甚至一度把他们追到海边，屠杀殆尽。

庞培死后，恺撒继续与庞培的追随者战斗，直到公元前46年的塔普苏斯（现在的突尼斯）之战，庞培派被彻底打败。还不到50岁的加图前往乌蒂卡避难，明白大势已去后便自杀身亡。但丁为之写下了忧伤的诗句：

> 你正在找寻如此可贵的自由，
> 这与那些为自由舍命的人所见略同。
> 你对这一点了若指掌，
> 你曾在乌蒂卡为自由而牺牲，
> 但这并未使你感到凄伤……

元老院决定授予恺撒前所未有的荣誉。人们涌向罗马，几天之中，为恺撒举办了整整四场凯旋庆功仪式，以庆祝他在高卢、埃及、本都和非洲取得的四场胜利。在第一场庆祝仪式中，恺撒的马车后面拉着一个拴着锁链的人，此人是一位名叫维钦托利的高卢年轻贵族，他曾成功地联合各自为政的高卢各部于公元前52年向恺撒发动了一场决定最终胜者的阿莱西亚战役。恺撒将维钦托利关押了6年，直到在庆祝仪式上让他游街示众后，才将他杀害。而在第二场凯旋仪式上，克利奥帕特拉作为恺撒独子（官方承认的）的母亲受邀出席，她最大的乐趣就是看到敌人兼妹妹阿尔西诺伊戴着镣铐游行。游行队伍从战神广场出发，沿着弗拉米尼奥竞技场前进，穿过维拉布洛和神圣大道，最终到达卡比托利欧山的朱庇特神庙。沿途的街道上挤满了嘈杂兴奋的人群，现场拥挤不堪，游行的队伍展示着他们的战利品，有描绘不同战斗场景的木版画，还有表现战斗发生地的巨型作品（据统计恺撒参加了五十场战役，总共杀了一百多万敌人）。跟在后面的是拖着锁链的囚徒们；游行的队伍中，赫然出现了阿尔西诺伊这个女囚，这可是桩叫人大开眼界的新闻（即使恺撒没有要她的性命，却命人将维钦托利作为暴动者和背叛者绞死）。再后面则是侍从官们，他们个个手持束棒，束棒上装饰着月桂树枝。之后，恺撒的马车才在人群的高声欢呼中由两匹白马牵引着入场。恺撒穿了一件猩红色的长袍，头戴桂冠，右手紧握着塑有罗马苍鹰的权杖，在他身后，一位奴隶将金环悬在他的头顶，同时在他耳边低语："记住，你是个人。"值得注意的是，他的脸上还涂上了胭脂，因为这象征着朱庇特，而战争的胜利则得益于朱庇特的庇佑。军团士兵们的马车紧随其后，他们曾随恺撒一起英勇战斗；他们得允转向自己的指挥官，并同他说些玩笑话来逗乐子。

针对恺撒的玩笑主要集中在他的秃头以及他风流浪荡的名声上："市民们，千万看好你们的女人。我们跟着秃头情人来了。"他们对恺撒开的另一个玩笑则让恺撒十分恼火，他直接严令禁止传播这个笑话。这则笑话关涉他年轻时在比提尼亚的事。比提尼亚位于马尔马拉海和黑海的边上，它的君主尼科美德十分文雅。出使比提尼亚时，恺撒还没有什么海外经验。他当时的任务是前往小亚细亚拜访尼科美德，说服他派舰船跟罗马军队一起围攻米蒂利尼。尼科美德本来已经同意了，但又陷入了犹豫，于是战船迟迟未达。虽然恺撒最终还是说服了尼科美德派船，但据说在他滞留皇宫的这段时间里，成了尼科美德的情人。当时在那儿经商的一些罗马商人回到罗马后，就传出消息说恺撒已经变成"比提尼亚王后"。忠心的士兵们用玩笑的语气，吟诵着一副嘲笑他的对联，内容大概是："恺撒征服了高卢凯旋；尼科美德未能凯旋却征服了恺撒。"后来甚至连西塞罗也就此事毫不客气地指责过恺撒。

庆功典礼结束后，竞技场和剧院都举行了华丽的演出。大名鼎鼎的角斗士们在竞技场上对决，城市各处的剧院都上演着用帝国所有语言表演的悲喜剧；巨大的帷幔盖住了整条圣道，好让人们免受阳光的暴晒。为了让所有人都能吃饱喝足，一共摆了两万张餐桌。整整五天，战俘都在和死刑犯们进行着殊死决斗：一千个人、六十名骑士、四十头大象，最令人惊讶的是长颈鹿，在罗马，还从来没人见过这种动物，因此，它引起了一阵惊讶和欢呼。战神广场灌满了水，变成了一个人工湖，两组战船在湖里对战，真实再现了一场海战。据斯韦托尼奥记载，大量的人流涌入罗马，很多人只能睡在临时搭的帐篷里，或者直接睡在大街上，而且，"整座城市已经拥挤到常常发生踩踏事故，就连两名元老都因此丧命了"。庆典的最后还分发了战利品。据估计，在公元前46年至公元前44年这两年，恺撒将战利品铸成了约两千万枚金币。战功显著的老兵们得到了巨额嘉赏，就连穷苦平民也都分得了一些。

公元前45年3月，在西班牙蒙达，庞培派的最后一批成员也被彻底消灭，自那以后恺撒再无敌手。元老院破例做出规定，给予恺撒一定的特权：宣布恺撒为不可侵犯之人，并授予他十年的独裁官头衔，拥有任命国家最重要职位的权力。恺撒还享有军事豁免权，可以从事立法工作。他以他惯常的狂热节奏引导着立法工作：所有这些工作的总体目标都是为了消除或减弱损害平民利益的那些不平等规定，因为法律都是寡头们制定颁布的。恺撒颁布了一项法律，禁止过度炫富，为严格贯彻这项法律，他甚至没收了过于奢华但却已经摆上宴席的桌子；他尽全力为老兵们安置分配工作；为了遏制腐败现象，他还规定各省领导的任期都不得超过两年。同时，他还严厉打击选举中的裙带关系和腐败现象，毕竟他对选举中的各种手段都了如指掌，因而长期从中获益。为了改善罗马市政的混乱状况，他实施了一系列城建项目，推动了罗马南部沼泽地的治理改良以及道路和桥梁的施工建设，他还下令设计了一座大型剧院。然而这座剧院并没有在他任期内完工，而是直到屋大维时期才最终建成：这就是后来的马切罗剧场。在那之前，罗马一直使用阴历：每两年需要加上一个整月，但却没有根据行星运动进行相应校准。于是恺撒设立了每年365天的阳历，每四年一闰。

可以想象，从事着如此繁杂、宏大的事业，恺撒每天的生活会是何等的繁忙，他周围的气氛又会怎样，他的秘书以及手下大臣们都在以怎样的节奏工作。据说，恺撒甚至在剧院看戏的时候都会批阅公文，还能毫无倦容地迅速回复信件、申请和请愿。他沉浸在工作之中，每天都愈发认识到自己所承担的责任，愈发觉得共和国体制是一个阻碍。或许正是由于这个原因，元老院的人数从600增长到了900；他想让元老们在无尽的内部争论中耗尽心力，而让自己乘机独揽大权。但恺撒确实也赞赏一些元老的意见与忠告；令他无法忍受的是整个共和体制，在这一生中，他已经多次体会到这种制度的软弱和无能。

位于幼发拉底河对岸与叙利亚行省交界的帕提亚帝国成了恺撒唯一的心腹大患。公元前53年，克拉苏曾前去与其作战，结果战败被杀。现在情况变得更加困难，主要是因为叙利亚已被掌握在庞培派反叛分子手中。据说，恺撒正在酝酿一个十分宏伟的计划，想要进行一次疯狂大胆、势不可当的远征。这次远征要像一束耀眼的闪电，或一束熊熊烈焰，甚至要盖过亚历山大大帝的威名。公元前44年1月1日，恺撒宣布，在离开罗马前他会卸下一切职务。然而，他却不知道，自己的生命只剩下不到八十天了。

公元前45年9月恺撒立下一份遗嘱。在遗嘱中他指定自己18岁的甥外孙盖维斯·屋大维为第一继承人。虽然这位年轻人身体虚弱，但似乎颇有潜力，表现出了卓越的政治天赋。恺撒将自己的声望和大部分财产都留给了他。他也再一次做出了一个正确的判断。这位多病的青年后来成了历代帝王中的佼佼者——屋大维·奥古斯都皇帝。公元前45年末到公元前44年初，元老院授予了恺撒一系列荣誉，而这些荣誉并不因任何一场军事胜利所得。他得允一直穿着凯旋服，侍从官手中的束棒可以一直挂着月桂树；他还获得了国父的称号；生日也成了全国的公共节日，就连他出生的月份也以自己的名字命名（意大利语中7月为luglio，源于他的名字尤里乌斯Jiulius）；所有的神庙都应摆放他的雕像；元老院会议期间，他可以坐在黄金宝座上，还可以戴上伊特鲁里亚国王的金冠。最后，他的独裁统治期限被延长至终身。事实上，他的统治已经变成了君主制。甚至，与其说是君主制，不如说是个人崇拜。这种特殊的权力运行方式因此也被称作恺撒主义。

恺撒的形象超越了其他所有的军队指挥官和政治家；只有拿破仑、奥古斯都、亚历山大大帝，以及其他少数人可以与他相提并论。恺撒之所以能够达到这样的高度，得益于他的累累功业、天赋过人、文采斐然以及一直伴随他的好运。但他对公共事务和权力的清醒认识，灵活多变但又恰到好处的分寸把握也相当重要。

那些对恺撒想要称王的指控或许是不合理的。恺撒不太可能渴望登上王位，这当然不是因为他觉得自己不够资格，而是出于一个十分现实的原因：他宁愿保留终生独裁官的头衔，这样就可以在没有王朝义务和约束的情况下，独自行使权力。除了权力外，他还想留住人民对他的喜爱和拥戴。他喜欢在军队管制、警方温和镇压和民粹主义之间进行巧妙切换：这是一种以煽动群众和施展个人魅力为基础的权力形式。这种形式十分危险，在各个时代包括当今这个时代都有众多的模仿者。实际上，这种形式与民主恰恰相反。这位"民主独裁者"的统治并不与人民作对；无疑他需要一批忠诚的警务人员，需要一个特务组织来监视人民，他还需要金钱笼络亲信，需要奸细打探揭发。然而这样的独裁者也是一个能够毫无畏惧地出现在公众面前的人，他甚至会在主席台、阳台或者电视屏幕上，以宽容且平静的祝福姿态接受群众的欢迎，并开心地向群众问好。这位民主独裁官并不是监视一切的暴君，不会残酷地消灭一切对手。人们对于暴君会偷偷咒骂，一转身出门身后就会有一串骂声；民主独裁官的权力是介于镇压和宽容之间的，也就是说，他既强加自己的意愿，也听取公众的热切需求，是将个人崇拜、自身利益和国家利益视（混淆）为一体。民主制的运行是烦琐的、缓慢的而且花费巨大的：民主独裁官需要削减开支，通过打破权力机构间的平衡，加速决策进程，为民主运作谋得一些利益；作为交换，他认为必须限制自由，将自己的意愿作为唯一合法意志强加于人民，他想要人们畏惧自己，但同时又不能因此失去人们的喜爱和拥戴。民主独裁官认为自己是人民的父亲，就像是一位普通的父亲一样，他可以保留根据自己的判断决定奖惩孩子的权力。事实上，这与民主正好是反向而行的。

恺撒对于自己在最后几个月所得到的过度认可感到沾沾自喜，这倒是可以理解的。但难以理解的是，元老院为什么要以如此低的姿态臣服于恺撒。是元老院的元老们太胆小了吗？或者说这其实是一种笑里藏刀的阴险招数？在古代，没有人能真正了解人与神的界限。难道他们想通过把恺撒奉为神灵，而非国王，让他到达令人眩晕的高度，然后再使其一落千丈，直至毁灭？"独裁官"上升的高度越高，不满的迹象就会出现得越频繁，这种迹象不太会出现在被恩惠迷惑、被表演欺瞒的普通人民中，而更会出现在骑士阶层和一些知识分子中。总是少数有思想的人会首先注意到国家衰败的迹象，以及随之而来的不可避免的腐败，并深深为之忧虑。恺撒当时的情景也是如此：只有少数人在担心，大多数人都忽略了这些，只知道一个劲地享受着民主独裁官施与他们的小恩小惠。在共和国全盛时期，人民和元老院应该是权力组成的两大支柱。然而，时过境迁，之前那种体制的理念和职能已经所剩无几；人民（populus）

大多已退化成了无意识的平民（plebs）。

对于恺撒而言，他几乎拥有所有头衔，就差一个"国王"了。呼唤这个头衔的种种迹象也在每每发生。有一天，恺撒在演讲台上的雕像被戴上了王冠；一月份，当他骑马进入罗马城时，人群中响起了一阵呼喊，大家欢呼着叫他"雷克斯（意为'国王'，也是一个姓氏），雷克斯！"他回答说自己叫恺撒，不叫雷克斯，虽然实际上雷克斯是他祖母家族的姓氏。然而做完解释后，恺撒还下令禁止惩罚那些已经被警察扣押的百姓。不过，最重要的一个迹象，发生在 2 月中旬的牧神节庆祝活动期间，也就是恺撒被谋杀的前一个月。信奉古代神灵农牧神的祭司们通过举行仪式，来祈求神灵保佑女性的生育能力，这种习俗可追溯到罗慕路斯和雷穆斯被母狼哺育的神话。恺撒穿着紫红色长袍主持了庆祝活动。当他坐上黄金座椅的时候，同僚马克·安东尼执政官参加了传统的牧神节赛跑，他全身赤裸，只在腰部系了一根皮带。安东尼走近恺撒，两次试图将王冠戴在恺撒头上；而恺撒两次都将王冠连同它的象征之意一并推开了。

这个举动代表着什么呢？是拒绝吗？对此存在着各种各样的解释。马克·安东尼对恺撒十分忠诚，他做出这个举动是完全自愿的吗？或者说，他已经预感到了危险，想要通过此举来摸清恺撒的真正意愿？再或者就是恺撒授意安东尼做出这个举动，以此来观察人群的反应呢？还有可能是恺撒要求安东尼这样做，然后自己在公众面前拒绝王冠，想以此消除自己的嫌疑？不要忘记，在共和国体制中，法律规定想要称王的人是要被判处死刑的。当时的恺撒早已拥有王的权力，事实上这种形式上的认可对他来说已经不太重要了。但从王朝的角度来看，这一点很重要，而且这也是他的盟友们主要关心的一点。那时克利奥帕特拉还在罗马，带着恺撒里昂住在台伯河对岸的恺撒花园官邸里。如果忽略掉恺撒和布鲁图斯之间可能的父子关系，恺撒里昂就是恺撒唯一的儿子。人们热烈讨论着两位执政官的这种行为、这种拒绝。认为牧神节发生的事只是一次"演练"，真正请他称王的提议是要在一个月之后，也就是 3 月 15 日的元老院会议上才会提出的。

刺杀恺撒的动机至今仍有部分未明，正如恺撒最后几天的行为一样令人费解。这也是恺撒谋杀案持续引人关注的原因之一。从写作的角度来看，犯罪动机未完全查明（以后也不会查明）的犯罪才是最引人入胜的。

像恺撒这样圆滑的政治家，如此多谋善断，居然会没有意识到这一系列的授权会让他更加招人憎恨，这样的假设符合逻辑吗？虽然这些授权并不是他怂恿所得，但他为什么要默默接受如此多的权力呢？这个政治经验如此丰富的男人，难道因为年事已高就失去判断能力了吗？他也会被荣誉冲昏了头脑吗？又或者是，他相信自己能够通过这些权力永存于罗马人的记忆之中，达成当时他自以为唯一可行的真正的不朽？或者，他的行为是否很好地证明了，人类的虚荣心是没有止境的？

也许，在众多假设之中，真正可能的原因其实不过是恺撒个人的性格，是丧失理性的一时冲动而已？恺撒的生活节奏是常人难以忍受的，他已经被繁忙的生活弄得疲惫不堪了？很明显，他看起来不太好，显然很疲惫。因此在这种情况下发生这样的事也是理所当然的。根据西塞罗的说法，恺撒就好像跟克拉苏一样，自从与本都发生战争以来就难以恢复。或许恺撒已经察觉到了这场阴谋，或者已经有所怀疑了；事实上，恺撒在最后几天的表现很符合东方人的宿命论。他明知道自己身处险境，还解雇了保卫他的忠诚的西班牙护卫队。抛开其他假设不谈，不带任何护卫就只身深入元老院这样一个危险的地方，原因只有一个，即这是一种挑衅，一种对阴谋者的蔑视，好像在说：我倒想看看你们敢不敢。

大约有60人同时参与了这场阴谋。就像所有的政治密谋一样，这场阴谋中包含了各种不同目的的人：有想要为自己的首领复仇的庞培派成员，有因个人恩怨改换门庭的前恺撒派成员，有专门挑拨是非的坏人，也有共和国体制的捍卫者。卡西乌斯·朗基努斯和马尔库斯·布鲁图斯是这场阴谋的主谋。布鲁图斯是加图的外甥，还很可能是恺撒的私生子；无论如何，他的母亲和姐姐多年来一直是恺撒最喜欢的情人。因此可以理解为什么布鲁图斯对恺撒怀有十分错综复杂的感情。但丁将布鲁图斯作为最大的叛徒归入了地狱（神曲第34章，第64—65节）；莎士比亚则把他塑造成了为自由而战的英雄。尽管西塞罗愤世嫉俗地写道，他们的行动"带着雄心壮志，但却只有如同婴儿般的智慧"，但抛开感情来谈，这些阴谋的策划者可以说几乎都是正直的人，他们的行动也都完全出于对共和国体制真挚的热爱。他们的想法很简单，一旦杀了暴君，共和国就可以重现过去的辉煌，回归简朴的民俗，回归严格而敦厚的道德风尚，而这种道德风尚曾使罗马变得伟大。恺撒则看得更远；他清楚地知道，罗马再也无法回归共和制了，应当将它托付给伟大的人去治理：他自己，以及他的养子盖维斯·屋大维（屋大维·奥古斯都）。

阴谋的策划者缺乏的不只是政治上的远见，还有军事筹措方面上的高瞻远瞩。忠于恺撒的有执政官马克·安东尼，还有他的代理人雷必达。即使不算那些从恺撒捐赠的土地和金钱中受益的老兵，他们也还掌控着一些军团。由于在政治评价中，只有最终结果才是最重要的，所以，不得不说，这次暗杀的结果（后被认定为一个错误而非罪行）是，罗马又陷入了长达十五年的内战，直到公元前27年，屋大维被授予"奥古斯都"头衔，内战才得以结束。

或许，在公元前44年3月的那个早晨，恺撒就已预感到了一切；当然不是指预见了事件的具体过程，也不是预见了他即将到来的死亡，而是预见了他的孤立，他存在的重量，以及几天后将要面临的可怕战争的负担。当奴隶们给恺撒穿衣服的时候，卡尔普尼亚进来拥抱了恺撒，并紧紧地抱住了他；她显得有些惊慌失措，十分害怕。她又一次梦见自己的家被风暴毁灭，又一次看见了丈夫鲜血淋漓的身体。或许，当时恺撒真在考虑要不要去元老院了；但这时德基姆斯·布鲁图冲了进来，劝说恺撒不要再缺席他自己召开的会议，再次羞辱元老院的元老们了。于是恺撒命令奴隶抬来轿子，然后上轿出发了。立在门口的恺撒雕像可能被一个奴隶撞到了，突然跌落摔碎了。卡尔普尼亚发出尖叫，但恺撒视若无睹，命令奴隶们继续赶路。就这样他最后一次穿过了罗马的街道。吉罗姆·卡尔科皮诺曾在《罗马的日常生活》中用生动的语言这样描述道：

"各类店铺一旦支出摊子开始营业，就会拥挤不堪；这边理发师在马路中间给顾客刮着胡子……那边，小菜馆的服务员们再三呼喊一位假装没听见的客人，声音都嘶哑了，热锅里还放着冒烟的香肠……另一边，

恺撒被刺

还有一个换钱的人在脏兮兮的桌子上把他的银币摆弄得叮当作响……乞丐们用颤抖的声音叙述着自己的不幸，试图感动行人……阳光下或阴暗处，都各成一个世界，五花八门，无奇不有，人来人往，吵吵嚷嚷。"

恺撒掀开帘子的一角向外窥视这座城市，他为建设这座城市做出了很大的贡献。认出他的人们喊他"皇帝！""独裁官！"；一个男人向他走了过来，递给他一张羊皮纸，说他的主人阿尔泰米多罗·迪·克尼多请他看看这封信，由于恺撒做了一个手势，让他把羊皮纸交给秘书，那人便坚持道："你要马上读！一个人读！"这是在劝告恺撒保持警惕，但恺撒却无视了这条忠告。恺撒穿过了差不多是今天威尼斯广场所在的地方，继续沿着现在的暗铺路前行，然后到达了阿根廷广场，抵达了庞培元老院（他的雕像被下令不得拆除并仍矗立在那里）。元老院就在现在那一片宏伟遗迹的边缘。恺撒看见了曾为他卜算出3月将有不测的占卜师斯普里纳，便对他开玩笑说：你不是跟我说要防范3月吗？如你所见，现在已经是3月份了呀。"但还没有过去呢。"占卜师回答道。

元老院成员们穿着白色的长袍，挤满了半圆形的议事厅。一共来了约900人，几乎所有元老都出席了，如果这不是一群懦夫的话，那他们就十分可怕。当恺撒步伐庄重地走向庞培雕像时，图利奥·钦布罗突然冲到他面前跪了下来，抓住他的长袍，请求赦免他的兄弟。恺撒转过身来环顾四周，发现他身边围着卡西乌斯、布鲁图斯、卡斯卡、特雷波尼乌斯和蓬齐奥·阿奎拉。图利奥·钦布罗死死地抓住了他的双臂，这已经不再是恳求了，而是暴力。开始的时候其他人的动作很迟疑，之后便愤怒地拔刀向他砍去。恺撒试图反抗，但他手中只有一把短剑能刺向众多的敌人，可这怎能招架得住呢？他鲜血直流，感到背上、颈部还有腹股沟处多处被刺，痛苦万分。他紧紧靠着庞培的雕像，这样至少有一侧不会受到袭击。就在此刻，他发现自己的儿子布鲁图斯正举着匕首向他逼近，因此，恺撒说出了他在人世的最后一句遗言："也有你吗，我的儿子？"然后，他用长袍遮住了脸，倒在血泊中。

尸检表明，恺撒一共中了23刀，只有刺入胸膛的那刀是致命伤，如果没有这刀，其他伤口并无大碍，他还会活下来。斯韦托尼奥这样写道：

> 恺撒全身被刺23刀，只有第一次被刺中的时候，他发出了一声呻吟，但未发一语……当所有刺杀者慌张逃离后，他在地上躺了很长时间，然后才死去，后来他的遗体被放在担架上，由三个奴隶抬回了家中，享年56岁，被后人尊为神灵……至于那些谋杀他的凶手们，没有一个活过三年，也没有人是自然死亡……有一部分谋杀者，还用当时他们大胆行刺恺撒的匕首结束了自己的生命。

The
biography
of
Roma

罗马传

另类的米开朗基罗——卡拉瓦乔

第四章

16世纪末至17世纪初的罗马，混乱无序、残忍暴力与神奇事迹交织上演，社会持续动荡，整个城市被无数日常问题、宗教问题所纠缠，处处都有风险。而米开朗基罗·梅里西，也就是我们所说的卡拉瓦乔的一生，便如镜像一般正好反映出了罗马当时的情形。

卡拉瓦乔——扮作酒神的自画像

罗马有一点是其他地方无法比拟的，那就是人们有机会在此自由地欣赏卡拉瓦乔的顶级画作，其方便程度和我们在教堂里看一些表面上很普通的画作没什么区别。无论是世界的哪座城市，仅凭上述这一点就足以让它声名鹊起了。而在罗马，人们能欣赏的除了卡拉瓦乔六幅公开的画作（不包括那些出现在各种画廊和博物馆的作品），等待他们的还有其他各类巨作。我们可以从人民广场开始这条瞻仰卡拉瓦乔的线路。

《圣保罗的皈依》

人民圣母教堂位于人民门前的不远处，传说1099年建这个教堂就是为了驱逐在家族墓地附近徘徊不安的尼禄大帝的鬼魂。尽管这座教堂中珍藏着布拉曼特、平图里乔、拉斐尔、塞巴斯蒂亚诺·德·皮翁博、贝尔尼尼及桑索维诺等人的作品，但是我们的目光还是首先被祭坛左侧切拉西礼拜堂内的两幅卡拉瓦乔的画作所吸引。这两幅画作分别是《圣彼得受难》和《圣保罗的皈依》。

咱们先看《圣彼得受难》：圣彼得是一位经历了多次生命考验却仍旧精神矍铄的老人。反观那些刽子手们：他们好像一群牲畜正吃力地想把圣彼得沉重的身体和木制十字架竖起来。这些可怜的家伙，光着脏兮兮的双脚，虽担当着施行者的角色，却同那些砌墙种地的人无异。那是1601年，已过而立之年的大师功成名就，而这幅画则标志着他新艺术风格的开端。我们再看第二幅画中的圣保罗：他倒在地上，张开双臂，面露恐惧，完全被信仰所征服。身旁一匹骏马跃然纸上，堪称整个绘画史上绘马之神作。

至于参观的下一站，我推荐去 16 世纪的圣路易·德伊·弗朗切希教堂。尽管这里也不乏大师的杰作（多美尼基诺、圭多·雷尼），但我们还是直接前往藏有三幅卡拉瓦乔画作的肯塔瑞礼拜堂（也叫圣马太礼拜堂）吧。这三幅作品分别是《圣马太与天使》《圣马太蒙召》和《圣马太殉教》。卡拉瓦乔采用残酷的现实主义手法再现了殉教时的场景，他通过戏剧化的光线切割技巧为画面增加了撼人心魄的效果，又通过对各个人物性格，特别是主人公马太的精准刻画，展现了他抛弃收税官的身份转而成为一位基督徒的关键时刻。只见马太惊讶地指着自己说道：我？我的主啊，你真的选中我了吗？

最后要参观的是距离纳沃纳广场仅几步之遥的圣奥古斯丁教堂，教堂的立面以罗马斗兽场取来的石灰岩贴面。在这里人们能够欣赏到大师最震撼人心的画作之一——《朝圣者的圣母》。即使并非信徒的世俗之人也能清楚地看到圣母与众不同的姣好面容。但其实画中只是一个怀抱圣子的拥有常人美貌的普通罗马妇女，就像这个人物的原型，为创作这幅画请的模特莱娜一样。圣母在画中的位置稍高于两位朝圣者：她身材修长，略微丰腴；低头注视着下面的信众，还把头侧向他们，像是为了聆听朝圣者的祈祷。在她面前跪着一个粗莽的年轻人，丰满的臀部和粗大邋遢的农民般的双脚正对着画作的欣赏者；而他旁边则是一位布满皱纹的贫穷老妇人，花白的头发裹着一块脏兮兮的破布包，就好像街头随处可见的可怜人一样。这种十分真实地描绘生活的现实主义手法，给人强烈的视觉冲击。可是直至 19 世纪，它才逐渐形成了一个完整流派。

这位才华横溢的艺术家本应还有第七幅作品存放在另一座教堂里——确切地说，是位于台伯河对岸的斯卡拉圣母玛利亚教堂中。然而由于种种原因，这幅杰作后来沦落他乡，如今存于巴黎卢浮宫博物馆。

那么卡拉瓦乔为何以这种方式绘画，以及他又是如何完成了那幅整个艺术史上最具魅力画作的呢？画作的创作背景是 16 世纪末至 17 世纪初的罗马，此时的罗马混乱无序，残忍暴力与神奇事迹交织上演，社会持续动荡，整个城市被无数日常问题、宗教问题所纠缠，处处都有风险。而米开朗基罗·梅里西，也就是我们所说的卡拉瓦乔，他的一生，便如镜像一般正好反映出了罗马当时的情形。提及他时，人们想到的无外乎放纵、傲慢、善变和阴晴多变等诸如此类的描述。可这种坏名声是否是因为与之相关的很多消息多是断章取义呢？或者更确切地说，是否是因为他绘画本身的特征，他现实主义手法的黑暗背景影响了对他的评价？在一个面对新教势力日益扩张而感到惊恐的时代里，天主教会就试图强制推行具有强烈意识形态和思想教化目的的理想化画派。而在卡拉瓦乔的绘画中，生活的残酷事实首次被揭露了出来：圣人和圣母不再凝视天空，他们头顶上也没有了天使的光环，再也不是双手合十沉浸在虔心祈祷中。在展现荣耀与殉道之时，卡拉瓦乔创作的首先都是人，而作为人，他们的身体就会显露出相应的迹象：疲惫、衰老、疾病、痛苦和沉重的肉身。画家在画中甚至还描绘了酷刑和死亡的场面，包括倒在血泊中的牺牲者和握紧匕首正欲挥刀砍杀的刽子手等。

1592年秋，20岁出头的米开朗基罗·梅里西·达·卡拉瓦乔来到罗马，当时还没有什么名气。一位名叫卢卡的理发师这样描述他："这是一位20岁到25岁间微胖的小伙子，眉毛粗犷，眼睛乌黑，长发遮脸，还留着一撮小黑胡子，他常穿黑色的衣服，但衣衫不整，脚上的黑袜子也都是破破烂烂的。"用我们今天的话说，这些描述都是从"司法警察记录"中摘取下来的。由于这位年轻的画家常常卷入打架斗殴之中，有这些询问记录也就很自然了，当时的场景大概是这样的：一串匆忙的脚步声后，就是一阵突然袭击，再然后就得拼命逃跑。被扼喉的呼叫声和尖叫声在罗马动荡的夜空和阴暗小巷中回荡；巷子两侧的墙壁残破不堪，地面上流淌着不知来自何处的小水沟。不少人都就卡拉瓦乔用色之阴暗有过著述；还有些人甚至夸张地将他作品的这一特点归因于他"又粗又黑的眉毛和乌黑的眼睛"。乔万·彼得·贝洛里（1613—1696年）是一位知识分子，也是一位艺术鉴赏家，他就在他的《现代画家和雕塑家的生平》一书中写道："卡拉瓦乔采用的绘画风格与其外貌相一致；他的肤色黝黑，眼睛乌黑发亮，睫毛和头发都是黑色的，以致这种颜色也会反映在他的作品中。"

卡拉瓦乔生于1571年，一个非常重要的年份。因为这一年在勒班陀，基督联盟舰队打破了撒拉逊人战无不胜的神话。后来卡拉瓦乔去了米兰的一家画室学画，可能也去过威尼斯，但二十来岁时，他便来到了罗马。罗马好比19世纪末的巴黎和20世纪末的纽约，是每一个才华横溢的艺术家都偏爱去的地方。起初，他给号称"阿尔皮诺骑士"的朱塞佩·切萨里当学徒。二人年龄相差无几但性格却截然相反。切萨里只比他大三岁，童年时家境贫寒，父亲只是一名在还愿物上绘图的普通画师；不过也许是命运的某种补

《提水果篮的少年》

偿，十分懂得找庇护与后台的切萨里很快就站稳了脚跟，还获得了教皇的恩宠。他作品的优雅、华丽和简单，使其广受欢迎。功成名遂也使他变得"开朗、幽默、洒脱"，因此身心一直都保持着健康状态。长寿安康的他到了生命的最后几年才有了些忧郁的倾向，但对于一位年事已高的老人而言，这也不足为奇了。

他在托雷塔广场附近的画室很热闹，许多年轻人都在那里工作，包括意大利人和北欧人。朱塞佩以拉斐尔的继承人自居，将任务分配给那群学徒和工人去做：有的负责制作装饰用的画框，有的则要去完成不太重要的细部和精加工，有的人分得了画花的工作，也有的人负责画水果。年轻的卡拉瓦乔也是画室的一分子，而且他就住在那里。但所谓的"住宿"不过只是画室角落里铺上的一块草褥子罢了。卡拉瓦乔也会常常轮到去画花和水果，根据贝洛里在书中的说法，"卡拉瓦乔画的花和水果甚至好到能够以假乱真，往往也比别人更胜一筹，他自己也会感到由衷的高兴"。如此这般持续了大约九个月，在之后的一场斗殴中，他的一条腿严重骨折，不得不住进了一家救助安抚的医院里。康复以后，他就对朱塞佩骑士和他的画室失去了兴趣。然而，尽管在作品《酒神巴克斯》和《提水果篮的少年》中，人物形象成为绘画的主要特征，并且画中两个年轻人的轮廓也俨然画出了卡拉瓦乔自己的外貌，但是从二者中的任意一

幅里都还能看到他不得已绘制水果的那段经历所留下的痕迹。

那么这位才华横溢却又不安分的二十岁年轻人所接触到的是什么样的罗马呢？16世纪末，教皇国不过是一个比乡野村庄稍好一点的地方，到处穿行的是羊群，遍布各处的是废墟。贵族们的府邸夹杂矗立在一排只有两层的小破屋之间，小破屋用材低劣，而里面住的人则更为可怜。整个城市人口刚刚超过十万；城墙外，甚至是城墙内，都能看见辽阔土地上的大片草地，偶尔还会有废墟的残垣断壁横亘在其中。然而在天主教徒中，不时还有人为此欢欣鼓舞。耶稣会士格雷戈里·马丁于1581年给友人的信中就这样写道："罗马曾有的一切美景都去了哪里？如今除了荒芜和孤寂又剩什么呢？没有住所，没有房子，只有众多神圣虔诚的教堂分立四处……基督的国度已经推翻了撒旦的帝国。"

尽管拥有大量宗教建筑，罗马这座城市却是一如既往的动荡和危险。古典时期的作家吉奥瓦内就写过一篇讽刺诗："谁夜晚与朋友聚餐，最好先立个遗嘱。"19世纪罗马方言诗人贝里也将他的一首十四行诗命名为《夜路即黄泉》。16世纪时，日落之后走进黑暗、荒凉的街道，很可能就是一场致命的冒险。当时，任何有自卫能力的人都会带着长剑或匕首出门，尽管这一点是明文禁止的。正人君子、老少妇孺都不会在日落后出门，但自然也会有人恰好就需要在黑夜中冒险，比如想要拈花惹草，寻欢作乐，所谓"牡丹花下死，做鬼也风流"。这些甘冒风险的人中有很多是艺术家，还有许多则是被罗马无可比拟的光芒吸引而来的外国人。他们常常在"圣三一广场"（现在的西班牙广场）附近的一些小酒馆碰面，而在陡峭的草坡的坡顶则坐落着圣三教堂。聚会的晚餐总是伴随着吵闹喧杂，充斥着玩笑、下流话和一些挑衅的言语，满是一种看似友好却往往暗藏讥讽的氛围。艺术家之间的竞争一旦开启便会激起嫉妒、争吵、诈骗和相互指责。其中最常见也最损人清誉的就是指控他人鸡奸（甚至可能引发刑事后果）。

另一个人口稠密的地区位于卡比托利欧山脚下，紧挨着马切罗剧院，包括犹太人聚居区在内。其中名叫摩尔、狼、熊、塔和土耳其的几家当地小酒馆是人们常常可以喝到深夜的地方。这里也不难寻到带客回家或干脆去一个僻静角落草草了事的妓女们。此外，在奥古斯都皇帝陵墓所在的那个地区还有许多烟花柳巷。

不计其数的神父、士兵、冒险家、朝圣者前来光顾，所有的人从法律上也都是未婚或至少没有女伴的。这使得各处的妓女们都相信自己在此可以大赚一笔，于是蜂拥而至。17世纪初的统计表明，罗马城内有不少于13000名妓女，包括年迈的妇女和儿童在内，每100名女性居民中就有18名女性卖身。此外，教皇利奥十世正是通过向妓女征收特别税才得以修建了里佩塔街。时至今日，罗马城中还有一座广场是为了纪念名妓而以她的名字命名的，这在世界上是实属罕见。历史上人们称她为"诚实的名妓"，或者用我们今天的话说，就是"上流社会的交际花"。这座广场就是克洛纳里大街附近的菲亚梅塔广场，得名于菲亚梅塔·米凯利斯，她曾是教皇亚历山大六世的私生子切萨雷·波吉亚的众多情人之一，而这位瓦伦蒂诺公爵之所以名声赫赫则离不开马基雅维利的功劳。菲亚梅塔的家在阿夸斯巴达街16号，也就在今天以她的名字命名的广场的一角。像大多数妓女一样，她经常会前往附近的圣奥古斯丁教堂忏悔和祈祷，还为生活在炼狱中的人们慷慨捐赠。她死后就安葬在那座教堂里，然而她的坟墓如今已然寻不到半点痕迹。

17世纪罗马的另一个特点就是每条街道和每个十字路口都挤满了大量的乞丐。由于有些吉普赛人专门依靠他人施舍度日，被认为是贫穷或欺诈的象征。人们对这个群体的总体印象不是狡猾的小偷就是绑架儿童的绑匪。此外，乞丐里还有部分讨要点钱才得以归家的贫苦的朝圣者们。按编年史作家卡米洛·法努奇的说法，"放眼望去罗马净是些乞丐，他们数量如此之多，以致簇拥着你让你无法行走"。教皇西斯图斯五世用生硬至极的言语侮辱他们，说他们就好像野生动物一样到处乱窜，他们的抱怨打扰到了虔诚的信徒，让他们无法潜心祈祷。卡拉瓦乔在自己的一些作品中就描绘了乞丐和骗子的形象：在《好运》中，一位吉普赛女郎在为年轻人看手相时顺走了他的东西；而《纸牌作弊老手》中则生动形象地表现了两位骗子正欲诈取一个未谙世事的男孩所带钱财的场景。

当然除此之外，还有一些人会善待穷人和社会的边缘人，对他们表以深切的同情。这些人中就包括菲利普·奈里，他是天主教传统中最和蔼可亲的人物之一，许多罗马人称其为"善良的比波"。他经常去探视最贫穷的街区、监狱和医院，还特别关心许多以后可能会走上犯罪或卖淫道路的弃婴，他不仅具有佛罗伦萨人与生俱来的机智，还习得了罗马人的明晓事理，他与孩子们待在一起，让他们唱歌玩耍，展露笑容，同时他也尝试教给他们一些东西，想尽一切办法不让他们流落街头，至少不总是受冻挨饿。

过去，罗马的街头仿佛热闹的大戏院，阴晴不定，难以预见，时而欢快祥和，时而阴森恐怖，有时还会上演极刑。而行刑的场所常常设在圣天使桥的一端（这个地点比较合适是因为它距离托尔德诺那监狱很近），或者人民广场和鲜花广场。根据一块墓碑上的记载，1825年11月，两名烧炭党人安杰洛·塔尔吉尼和莱奥尼达·蒙塔纳里"遵照教皇的旨意"，因"威胁教皇并带有危险的伤口"在人民广场被处以死刑。第二年，一位名叫朱塞佩·法里纳的人因抢劫并杀害神父被"乱棍"打死，这是最后一次在那里施行死刑。费迪南德·格雷戈罗维斯在他不朽的巨著《罗马中世纪史》中有过记载，说公开处决的场面在当时频繁发生，以致下榻在鲜花广场太阳酒店的旅客抱怨自己每天不得已就会看见执行死刑的场面，而且附近绞刑架上还悬挂着被绞人的尸体。

但是最有名的执刑地还当属圣天使桥，这是哈德良皇帝为自己陵墓设计的重要入口。7世纪前，这座桥一度被称为艾里奥桥。后来教皇格雷戈里·马尼奥看见一位天使显圣，把剑重新插入剑鞘内以宣告一场可怕瘟疫的终结。从那刻起，城堡和桥梁才改成了现在的名字：圣天使。圣天使桥自1300年教皇伯尼法齐奥八世宣布第一次圣年时才开始发挥主导作用。桥中心的一排小商店具有双重作用，一是形成一个市场进行商业活动；二是将往返的朝圣者分开，把桥变成两个通道。从1488年起，圣天使桥又变成了将斩下的头颅示众和悬吊被绞死者尸体的场所。桥上有十座精美的装饰性雕像，为人们营造了朝圣路的美好理想和氛围。这些雕刻都是贝尔尼尼的学生们按照他的设计雕刻而成的。贝尔尼尼只亲手雕刻了其中两座天使：一个头戴荆棘冠冕，另一个手持纸卷。然而几经波折之后，这两件"原版"雕像最终存放在了圣安德勒弗拉特教堂中，再也没有移动过。我们之所以介绍如此多关于圣天使桥的故事，是因为在圣天使桥前面的广场上曾执行过一次骇人听闻又难以忘记的死刑，这对于卡拉瓦乔的一生都产生了至关重要的影响，所以值得我们费一些笔墨来讲一讲。

1599年9月11日是天气闷热的一天，贝亚特丽切·情契与她的继母卢克蕾齐娅及兄弟贾科莫在圣天使桥广场被处死。这次案件引起了巨大轰动，这些反响所制造的神话，给许多电影导演和艺术家（比如司汤达、雪莱、大仲马、圭多·雷尼、德拉臾什和莫拉维亚）提供了创作灵感，留下了无数感人之作。这场迷雾重重的犯罪事件中混杂了许多引人议论和浮想联翩的因素：年轻的贝亚特丽切才二十出头，就遭遇了暴力与凌辱，还有法律方面的纠纷与难言之隐。贝亚特丽切就这样在不同作家的笔下成为反抗父母暴虐的年轻叛逆又迷人的美女，以及无辜受害者和不惜一切代价寻求独立的受压迫女人的象征。

贝亚特丽切的父亲名叫弗朗西斯科·情契，是一个家道中落的堕落又暴虐的男人。他第一次结婚时只有十四岁，生育的十二个孩子中仅有七个长大成人。第一任妻子埃尔西利娅·桑塔克罗斯去世后，他又娶了带着三个孩子的生活殷实的寡妇卢克蕾齐娅·佩尼。贝亚特丽切家住古老的情契宫，就在以前犹太人居住区内，对面便是蒂贝里纳岛。一个倩影怡人又无忧无虑的女孩初初长成，她热爱生活，但可能也是太过热爱生活，她的一些行为在父亲看来就需要严加管教。因此他把贝亚特丽切和自己的第二任妻子卢克蕾齐娅一起关在了彼得雷拉萨尔托城堡，这座城堡离教皇国不远，在通向阿布鲁佐大区的途中，隶属于那不勒斯王国。事实上，弗朗西斯科·情契将她们囚禁起来是为了把子女们分散开，防止他们联手图谋自己所剩无几的财产。在把卢克蕾齐娅送到向马兹奥科隆纳暂时借来的古堡里时，他甚至直截了当地对卢克蕾齐娅说："我要让你死在这里。"

为了监视贝亚特丽切和她的继母，他还遣来几名仆人，其中一位叫马齐奥·弗洛里亚尼，外号卡塔拉诺，他也是后来被定罪的人之一，还有一位叫奥林皮奥·卡尔维蒂，是科隆纳家族的心腹，年约五十但精力充沛。人们称他为"相貌英俊身材魁梧的汉子"。他也曾拥有一段英勇光辉的历史，1571年奥林皮奥随马尔坎托尼奥·科隆纳参加了传说中的勒班陀战役，当时他已与一名叫普罗提拉·加斯帕里尼的女人结婚。然而，他还是与贝亚特丽切产生了一段恋情，当然这很可能是贝亚特丽切故意撩拨所致。总之，后来贝亚特丽切开始乞求奥林皮奥借在那一带经常出没的土匪之名帮她杀死她的父亲。但事实上最终他们采用了另一种方式。她的弟弟贾科莫给这位陷入困境的姐姐送来了致命剂量的鸦片或是其他什么安眠药。

1598年9月9日黎明时分，在古堡阳台下方的花园里人们发现了弗朗西斯科·倩契的尸体，死者的头已经被砍了下来。同时，阳台的栏杆被人折断并向外弯曲着；在地板上有一条裂痕，仿佛是受到什么重压而留下的。在教堂为其举办了丧葬仪式后，弗朗西斯科的遗体与他阴暗的一生就这样被一起匆匆埋葬了。事实上，弗朗西斯科曾多次被控鸡奸，按律是应被判处火刑的。四年前，在法庭对他的审判上，目击证人声称："我看到好几次弗朗西斯科先生带着男孩们到我工作的马厩，当着我的面打他们，并把他们按倒在地上脱掉他们的裤子，然后对我说'马修，你走开'。"受害人也包括一些曾与他被迫发生关系的女佣。但弗朗西斯科并不否认，他为自己辩解道："我们是以正常的方式发生关系的。"然而另一名仆人的证词再次推翻了他的辩解，并透露了十分具有说服力的细节，详细讲述了这个男人的无耻行为："他问我有没有什么病；我回答说，'没有'，他又说，'不、不，谁知道你有没有病，可别把病传染给我，我才不干蠢事呢，你转过去'。我拒绝转身，但他强行将我转过去，还把我压在了椅子上。"所有的这些事情对贝亚特丽切的案子都产生了一定的影响，但这并不是压倒骆驼的最后一根稻草。

由于弗朗西斯科已经下葬了，案件就可被视为了结了。但事实并非如此。由于人们普遍怀疑弗朗西斯科是被谋杀的，当局为了维护"名誉"迫不得已开展了一场调查，以驱散民众的疑虑。在首先解决了一些复杂的属地管辖权问题后，当局调查核实了一系列令人不解的谜团。结果表明：弗朗西斯科的床单和床垫上面沾满了血迹，而在发现他尸体的地方血迹倒很少，仅仅这一发现就让人怀疑他并非是在此地遇害的。另外，人们发现，阳台上的栏杆间隙非常小，几乎没有人的身体可以从那儿通过："弗朗西斯科先生的身体没有办法通过那样窄的间隙。即使是一个十分瘦削的身体都很难过得去，更何况是胖胖的弗朗西斯科先生呢？更重要的是，即使他真的能通过这个间隙，由于间隙非常窄，身处如此险境的人会死死抓住栏杆，因而栏杆应该朝内弯曲，而不是朝外弯曲。"

卡塔拉诺被逮捕后，被脱光衣服带入刑讯室。这是基于一种恐吓的程序进行的，这样做的目的是用严刑恐吓和威胁被告说出实情。当他看到那些将要对他施行的刑具时，便立刻和盘托出，讲述了两个女人是如何蒙冤受屈被囚禁古堡，如何日日被残暴的弗朗西斯科骚扰和暴力虐待，他还暗示贝亚特丽切也曾受到过父亲的性虐待。因此她们起了杀心并想到了一个办法：先用下了药的酒将其迷晕，再把他乱棍打死，最后把尸体推下阳台，从而制造出意外事故的假象。这个看似"完美"的犯罪过程最终演变成了一团糟的糊涂事。事情并没有朝着想象中的方向发展，酒中鸦片的剂量不足以让弗朗西斯科彻底昏睡，而只是让他"有点眩晕"；整个打死他的过程持续了相当长的时间："我打了弗朗西斯科先生两下，用之前说过的木棍打他的胫骨。我们花了很长时间才把他打死。他流了很多血，床上一片混乱，整个床单、床垫和毛毯上都沾满了血。"

调查人员现在有了可靠的证词，铁证如山不容反驳。这两个女人和其他同伙都被关押进了圣天使城堡。然而，贝亚特丽切则坚持否认这一切：她和她的兄弟贾科莫都坚信能够最终摆脱困境。由于他们出身贵族，所以不能对他们行刑逼供。他们在法官面前的态度还是一如既往的傲慢，甚至掺杂着些许天真。这是某些贵族子女典型的做派。

卡塔拉诺当着贝亚特丽切的面受了酷刑的折磨，这就是另一种方式的"逼供"。用完刑不久，这个倒霉鬼就去世了。然而，贝亚特丽切和卢克蕾齐娅坚持否认指控，相信一定会有些重要人物帮助她们。然而她们的希望破灭了，几乎没人为她们出头。唯一的例外是他们的一个主教朋友，他雇人杀了奥林皮奥·卡尔维蒂以免事情败露。三名杀手把奥林皮奥诱骗到偏僻的地方杀死了他，并且凶残地砍下了他的头颅。然而谋杀一位既是嫌疑人又是证人的行为彻底激怒了法官，使得两个女人在监狱的生活更加艰难。同时又对卡尔维蒂的一个兄弟长时间用刑，因为官方认为他知情不报。最后，教皇克莱门特八世本人亲自颁发了决定性的法令；1599 年 8 月他颁布手谕授权法庭对两个女人用刑，认为她们有罪。贝亚特丽切的兄弟贾科莫在坚持了一段"念信经"的时间后，经受不住绳刑的折磨，最终招供了。然而他却把所有的责任都推到了已经死去的奥林皮奥身上。几天后，贝亚特丽切另一位年纪小几岁的弟弟贝尔纳多也招供了。接着轮到卢克蕾齐娅了；作为照顾与尊重，在给她用刑时不会被剥光衣服或刮去体毛。她也招供了：她指控贝亚特丽切和她的情人奥林皮奥是罪魁祸首。

8月10日轮到贝亚特丽切接受审判了。法官立刻严厉地警告她不要撒谎；但这个少女仍然继续否认。法官想方设法诱使她坦白承认，还告诉她他们知道她父亲对她施加的各种暴力。但贝亚特丽切始终坚持她的证词。在她面前，贾科莫和贝尔纳多再一次被用刑，法官试图以此逼迫她承认。最后她也和衣被施以绳刑。那一刻她才终于让步了：哎呀！圣母玛利亚救救我吧，放下我，我说实话。

绳刑几乎是无法忍受的酷刑。它将被告的双臂反绑在背后，手腕被一根皮带紧紧地捆住。然后用一根坚固的绳子拴上这根皮带，把被告吊在半空中，但悬挂的时间不一，通常是用祈祷"天福经""信经"等各种长短不同的经文来计时。受刑的人会感到极度的痛苦，若是还遭遇了操作不熟练或有虐待倾向的刽子手的粗暴对待，脱臼甚至终生残疾也是常事。

在佩罗斯佩罗·法里纳齐的支持下，贝亚特丽切转而辩称自己曾遭受了父亲的种种暴力和强奸，并试图强调亡父那些臭名昭著的罪行，努力为自己开脱。但其实已经回天乏术了，因为教皇颁布的手谕已经宣判了她的死刑。

1599年9月11日上午九点半，圣若望德科拉托会的会友们一边唱着赞美诗，一边押送死刑犯们来到刑场。只有贝尔纳多因年龄小而免于死刑；他在看台上亲见自己的亲人被处决，然后戴着镣铐乘船被押解到教皇国的监狱服刑。第一个被处决的是卢克蕾齐娅，被斩首时，她眼里噙满泪水。接着是贝亚特丽切。砍头的时候由于刽子手用力过猛，引起了神经反射，"她的一条腿突然抬起来，几乎把衣服都踢到了她的肩膀上"。贾科莫的结局是最惨的，在从监狱坐车摆渡到刑场的途中，他身上就带着烧红的铁链而不得不遭受皮肤撕裂之苦。当轮到他的时候，他先是被大棍击晕，然后被割喉杀死，最后被肢解分尸。

死刑行刑完毕后，拥挤的人群逐渐散去。须臾之前人群还是如此拥挤，加上正值酷暑，有几人因为中暑而死。死刑犯的遗体须曝尸二十四小时，这又吸引了众多的朝圣者和好奇的人：两个女人的遗体被放在担架上，周围放着一圈点燃的火把，贾科莫的尸体则被悬挂在死刑架上。关于贝亚特丽切神话似的纪念就从她被执行死刑的地方流传开来。同时关于教皇克莱门特八世判处他们死刑是为了没收倩契家族财产的谣言也开始流传开来。据证实，在死刑执行几个月后，拍卖该家族的财产时，教皇派人买下了大部分财产，并全部归到了他侄子的名下。

根据史料记载，两位刽子手——亚历山德罗·布拉卡和佩普，都极其悲惨地结束了他们的生命：前者在执行死刑后十三天就死了，因为他每天夜里都受到噩梦的折磨，对所施暴行感到悔恨无比，特别是让贾科莫·倩契戴上炽热的镣铐。后者则在贝亚特丽切去世一个月后在城堡门口被刺身亡。

在围观贝亚特丽切斩首的拥挤人群中一定有卡拉瓦乔，他和奥拉齐奥·真蒂莱斯基与他的小女儿阿尔泰米西娅站在一起。父女二人都是画家。卡拉瓦乔谨遵达·芬奇的教诲，很有可能在执行死刑期间仔细观察死刑犯的行为举止。那位泰斗曾叮嘱画家应当学习"刽子手的眼神，战士的勇气，喜剧演员的动作和妓女的风骚，只有这样才不会错过任何一个细节，而这恰恰是绘画的生命所在"（乔万尼·保罗·洛马佐，《论绘画艺术》）。这绝对不是一个巧合，他和阿尔泰米西娅后来都创作了同一主题的画作《砍下赫罗弗尼斯头颅的朱迪斯》，把杀人的瞬间表现得淋漓尽致，血流成河的场景也描绘得十分夸张。除了爱情、神圣与肉欲之外，卡拉瓦乔的很大一部分画作还描绘了某种形式的死亡或殉难；随着岁月的流逝和内心痛苦的加深，这些主题出现的次数越来越多。虽然创作的背景和源头往往是宗教故事、殉教者和圣徒的生活，但艺术家在画布上把他生活中亲身经历的阴暗面都呈现了出来：深夜的漆黑，伏击与陷阱，长剑上突然闪烁的白光，拥挤的刑场上众人的惊叫声中的身首异处。《露西娅》《赫罗弗尼斯》《戈利亚》《施洗者》，他描绘的都是自己的生活和亲眼看到的东西，反映了当时罗马的残暴与动乱。

贝亚特丽切一案背后的神秘导演是教皇克莱门特八世，本名为伊波利托·阿尔多布兰迪尼。从外表上看，他"身材普通，有些微胖，属多血质和痰

米开朗基罗《创造亚当》

湿质的体格，严肃的神情里常常又透露着几分高贵"。在气质方面，他十分谨慎和多疑，善于外交：在罗马教廷的两股势力亲法派和亲西班牙派之间，他从未表明过明确的立场，虽然大家能够隐约感觉到他可能接见过法国胡格诺派领袖亨利四世的特使。而这位亨利四世也是在被西斯托五世逐出教会后，才开始考虑重新皈依天主教的利弊的。

伊波利托是一个易于被感动、非常虔诚又同情穷人的人。我们知道他对有伤风化的事情深恶痛绝，曾下令驱赶在街头拉客的妓女，也反对艺术作品中出现裸体形象。他甚至组织人挨个检查教堂，以确保完全除去那些放肆或亵渎神灵的绘画，尤其觉得马达莱娜的形象特别扰乱人心。总而言之，伊波利托体现了反宗教改革的精神，认为艺术应该为重振信仰服务。特伦托圣公宗教会议还颁布了明确的规定，要求艺术家的作品必须符合教义要求，排除一些"世俗的、粗俗的或淫秽的、不光彩的事物"。其实早在1564年，艺术家达尼埃莱·达·沃尔泰拉就受命遮住西斯廷礼拜堂里米开朗基罗所绘的裸体画的下半身，因此给自己挣了个"大裤衩"的绰号。

在反宗教改革时期的罗马，不服从命令的人除了失去职务和客户订单外，还会受到惩罚和罚款。对这项政策规定最醉心的支持者中有一位历史学家切萨雷·巴罗尼奥，他是一名神父，后来成了红衣主教，任梵蒂冈图书馆馆长，他是一位宗教狂热分子，也是现如今被称作"折中艺术"的理论家。这种艺术人人都可以欣赏，画中描绘的人物栩栩如生，形式传统，内容健康，主题符合教义。它经常会表现一些殉教的场景，特别坚持描绘在基督教最初几个世纪牺牲的贞女们：切奇莉娅，普鲁登齐亚娜，露琪亚，费利奇塔，佩尔佩图阿，普丽西拉。这类绘画作品里所展现的都是可以放弃生命但绝不放弃贞操的观念。教会想尽量利用玛丽亚·格莱蒂的作品来保留这种直到20世纪都在画中体现的"谈"性色变的意识形态。显然，图像比文字更具说服力。红衣主教加布里埃勒·帕莱蒂，曾在关于此类主题的文章中宣称这种人人都可以理解（包括文盲在内）的图像让人受益良多："图像的感染力有利于加强信仰，而随着人们信仰的增强，对自身行为的忏悔也将增多。只有木头人和石头人才不会为之动容。"

要理解教会为何采取如此严苛的态度以形成如此压抑的气氛，就得考虑到教会正经历的一场可怕危机。整个北欧都受到了宗教改革浪潮的影响，土耳其的威胁正从东南方向逐渐逼近，帝国军队把罗马劫掠一空的苦难才刚刚过去几十年（1527年），罗马教廷分裂成了亲西班牙派和亲法派。这两派在罗马的街上时常兵戎相见。

至于卡拉瓦乔，1595年，在换过无数简陋又不舒适的临时住所后，开始为红衣主教弗朗西斯科·玛丽亚德尔蒙特工作，并且搬到玛德玛宫居住。几年后，即1601年，他又搬到了位于暗铺大街一带的红衣主教吉罗拉莫·马太的奢华住宅——马太宫。这样的豪华府邸是他见过的最舒适的住所，远非他之前的栖身之地可以比拟；频繁拜访这里的人都是当时罗马最活跃最有影响力的知识分子，大多是音乐家和作家，随时都准备着炫耀自己的一技之长。教堂里的绘画必须坚持正统，要教化信众虔诚，可是在这些贵族、教廷上层人士的家里，他们就可以较为宽松地展示大胆新颖的画作，只要不是色情的就可以。这些画作中多半会出现女性裸体和半裸体的形象，而且裸体形象间的亲密接触也有古代历史和神话故事做辩护。然而这种选材不仅没有淡化性感的效果，相反，因为有了依据，常常会加强挑逗作用，让人想入非非。当然，最放肆的画作仅存于密室之中，有时甚至还会蒙上一块幔帐，只有自己最亲密的朋友到访时，主人才会拉开这块小幕布，与客人一同鉴赏。

这位年轻的画家现在正处于罗马艺术生活的中心。由于红衣主教们的大力推动，罗马的艺术创作氛围十分浓烈。虽说他们是教会的红衣主教，但更是现实生活中的主人。除了德尔蒙特，还有斐迪南·德·梅第奇，彼得罗·阿尔多布兰迪尼，亚利桑德罗·蒙塔尔托；他们都住在最豪华的宫殿和最好的别墅里。这些豪宅或在缤乔山，或在城外的阿尔巴尼山上，可以让人们在浓密的树荫间享受夏天的避暑时光。

卡拉瓦乔并没有因此改变他的习惯；他的生活不再孤独，加之收入丰厚，自然让他感到生活舒适惬意，绘画也有了更多灵感，然而，他并没有停止不安分的罗马夜游。比如，在阿方索·德·埃斯特二世死后，他的红衣主教陪同教皇前往费拉拉庆祝该城加入教皇国，而他则在纳沃纳广场因非法携带武器而再次被捕。他毫不收敛自己的作风，相反，随着名气越来越大，态度也变得愈加傲慢，更像一个纨绔子弟了。他经常干出十分荒唐愚蠢的事，参与街头斗殴，主动挑衅对手，如果他们不服要求再战，他就会拔剑相向，准备战斗；在饭馆就餐时，如果服务员稍有闪失，他就会把装洋蓟的盘子往他的脸上扔。他的那些朋友们，不管是不是画家，不是能舞剑，就是能击球，刀械经常拿在手上，常常喝得酩酊大醉。他本人和男人女人都发生过性交易，但服务员却根本不想拥有一个长期伴侣；如果说他也有过那么一点不太短暂的关系的话，那对方一定是一个四肢健美且行为粗鲁的年轻人。

然而，尽管他来往的同伴都很聒噪，但卡拉瓦乔本人的身上总是蒙着一层保守和疏离的影子。卡拉瓦乔富有侵略性，时刻准备着冒险，随身佩剑，这把剑也许就是画作《亚历山大的圣凯瑟琳》中描绘的那把武器；然而，正如锡耶纳医生、艺术鉴赏家朱利奥·曼奇尼在《对绘画的思考》中写道的那样，"不可否认他是个极其古怪的人"，而这里所谓的"古怪"，我们可以很容易地将其解读为深深的不安，而这样的不安或许是源于心灵深处某种神秘的紧张，也或许是因为他骄傲地发现自己是当年罗马最有才华的油画家和祭坛画家。

卡拉瓦乔拥有怎样的才华呢？这个问题专家们曾多次讨论，但在我们这类书中也只能是泛泛而谈了。卡拉瓦乔在宗教绘画中引入了现实主义，打破了圣画的限制。在他的画作中出现了穷人、无产阶级，在某些情况下甚至还有流氓无产阶级，也就是20世纪的帕索里尼所讲述的生活在郊区的年轻人。一个罗马小伙子，不知道与画家在哪里相遇，也不知道从事什么职业，就被画家当作了圣约翰的创作原型。在卡拉瓦乔的画作中，完全找不到拉斐尔的优雅和秀丽，也没有米开朗基罗的魁梧和健美。圣徒、士兵、证人、主角、临时演员都不再隐瞒年龄，他们的皮肤皲裂粗糙，满脸皱纹；干粗重活的人由于用力而青筋毕露，四肢粗短，脚总是很脏，穿着穷人的破旧衣服，十分寒酸。有些人虽然手中拿着书，但由于不习惯而显得十分尴尬别扭，一眼便能分辨出他们是文盲。那些全裸或半裸的年轻人用厚颜无耻的眼神盯着画家（和观画的人），挤眉弄眼，笑得很撩人。这些都是宗教题材的绘画作品，但传统的"天国"气氛却全都消失了，人们能感受到的是大地的厚重，肉体的衰老和死亡，沾染恶习后口中浑浊的气息，以及为了生活而不得不卖身的娼妓。

卡拉瓦乔的传记作者海伦兰登认为，他那样的绘画风格"也许是采用了斐理伯的进攻性策略，也许是源于他渴望羞辱高雅的上流社会，想让他们直面穷人的生活，推动粗俗的、极具乡土气息艺术魅力的表达"。没有人知道这个假设是否正确。但是我们可以确定地知道，在法庭的一次审讯中，卡拉瓦乔为他的艺术下了一个几乎具有挑衅性的定义。他说，他称之为"伟人"的优秀画家是那些"能够发挥自己的才华与技艺，擅长描摹和再现自然事物的伟大画家"。这是他对现实主义最简明扼要的阐释。他所使用的绘画技术也完全反映了这一点：他将人物形象直接呈现在画布上，有时候也可能会用暗室，然后通过光线的变化加以衬托，而唯有他能驾驭这种光线变化。他的一个房东就曾起诉他损坏了房间的天花板。很可能就是因为他在屋顶上开了一个孔，想让光倾泻在模特身上好进行创作。他天才的创作与创新为他带来了声望和成功，但也引起了很多批评，而且这些批评并不止于那些嫉妒他的人。一些对手评价他的作品"缺乏创新，不善于排版和构图，毫无修饰，既不庄重也没有美感，所有人物色调单调一致，没有层次感"。

向他订制作品的人往往不会意识到他作品中的革新意义，也看不到它给那些底层人民所带去的信念感。而画家画中所描绘的圣徒和殉道者，恰恰可以让这些底层人民发现自身的影子从而产生共鸣。但一位神父就曾拒绝了他画的一幅《圣马太》，因为"这个人物的形象一点也不庄重，没有任何装饰，完全不像一个圣人"。本该收藏于台伯河对岸的圣母玛利亚教堂的绘画《圣母之死》更是引起了轩然大波。这座教堂与一个名为慈善之家的修道院同属一个组织，专门收留和救助那些遭受暴力，以及可能为了生存不得不出卖身体的妇女们。在这幅绘画中没有任何传统的神圣特征。玛丽亚只是一具尸体，她肤色苍白、腹部肿胀，好像是在台伯河溺水而亡，姿态凌乱的她还赤裸着一双大脚。她不是"圣母"，而只是一个死去的女人。在她身前鞠躬行礼的使徒们也都是一些可怜人：年老体弱、秃顶、沉浸在尘世的各种痛苦中。加尔默罗会的神父们被这幅画吓坏了，直接拒绝接受这幅作品。他们认为这幅画是淫荡的，并怀疑（而且他们明确指出）这幅画中圣母的模特是一个"肮脏的妓女"。这就是我在本章开头提到的那幅画作。如果它没有引起那些人的恐慌，那么今天我们就可以在台伯河对岸的那座小教堂里欣赏到它，不必再去几经周折后收藏它的卢浮宫了。

可以说这幅《圣母之死》与《朝圣者的圣母》，并列为17世纪留给我们的最动人的宗教形象之一。只有世俗的清醒的眼睛才能真正懂得欣赏这幅画作。事实给出了最好的证明。如果说修士们退缩了，那么鉴赏家和商人们则嗅出了其中的商机。当然这也要感谢鲁本斯对它的推崇备至，经他的安排，这幅作品最终落入了曼托瓦公爵之手。这幅画中的圣母玛利亚的模特只是"一个没有信仰的肮脏的妓女"之事也并不让他介怀。

事实上，这幅画的模特是个被人们称作莱娜的名叫马达莱娜·安托涅蒂的女人（她也是《朝圣者的圣母》的模特）。这是另一段值得我们了解的故事。这个女孩貌似是高级教士和红衣主教的情人，也是一个名叫加斯帕雷·阿尔贝蒂尼的人的情妇，可能一位年轻的公证员也曾向她求过婚，但却遭到了她母亲的拒绝。这时候的莱娜恰好常去卡拉瓦乔的家中做模特。他们之间是否有情爱关系呢？鉴于两者来往甚密，这亦是大有可能的。尽管很多人这么说，但没有人能证明。可以肯定的是，莱娜与卡拉瓦乔之间的过从甚密惹恼了那位公证员，他跑去向她母亲抱怨。两人发生了激烈的争吵，最终年轻的求婚者留下了十分过火的话："既然你的女儿拒绝做我的妻子，那你们就好好留着你这个宝贝女儿当老处女吧。你就让她去那个烂画家那做她喜欢的事儿，咱们走着瞧吧。"几天后，卡拉瓦乔拿着一把斧头，在纳沃纳广场遇到了这个可怜人，朝他的头部直接砍了下去：于是这个公证员"身负重伤，满身是血地倒在了地上"。

在贝亚特丽切和她的同伙悲惨去世几个月后，罗马又执行了另一起更为残忍的死刑，其产生的影响至今未消散：哲学家布鲁诺被活活烧死在鲜花广场。这个可怕的事件源头在威尼斯。这位来自诺拉的哲学家长期在流浪漂泊，到过伦敦、巴黎、日内瓦、法兰克福、布拉格、苏黎世等地，最后来到威尼斯。他是一个持有不同意见、被视为异端分子的多明我会教士。既未被基督教徒所接受，也未被加尔文主义者或其他改革派教徒认可。正如他自己在喜剧《卖蜡烛的人》中给自己下的定义一样："一个不属于任何学派的学者。"一位威尼斯的贵族乔瓦尼·莫奇尼戈邀请他当家教，讲授今天所谓的记忆术。威尼斯共和国，也称"最平静祥和的共和国"，素来以自由和独立闻名，这让布鲁诺放下了戒心，误以为在罗马的格里高利十四世应该也会包容他这种叛逆分子。不幸的是他错了。他与莫奇尼戈的关系可能因为一些琐碎的事情破裂了，于是，1592年5月，在诉讼文件中被称作"告密者"的威尼斯贵族向宗教裁判所告发了布鲁诺。这位哲学家于5月24日晚被捕，并被送进了圣多米尼克监狱。

宗教法庭，又称宗教裁判所，是专门审理反信仰罪的司法机构。该机构主要负责判定在教义、哲学、科学等与信仰问题上是否表达了与教会不同的观点。然而显然这个判定界限并不清晰，这意味着该机构有着广泛自由的裁量权。起初，布鲁诺并没有过多地重视这些指控，他认为这都只是莫奇尼戈传播的流言蜚语，缺乏有力的证据。7月份，在进行了七次听证会之后，布鲁诺便直截了当地在法官面前跪下请求原谅，期望法庭做出轻微的处罚以平息事端。

然而事情并没有照他料想的方向进行。威尼斯的法庭只是宗教裁判所的地方机构，案件还必须转呈罗马审理。罗马的法官审阅这些文件时换了一种视角，并仅考虑到部分涉及被告的利益。在审查过程中，宗教裁判所要求将布鲁诺转移到罗马再次受审。于是哲学家于 1593 年 2 月底抵达罗马，并立即被关进圣彼得宗教裁判所的监狱中。他清楚地意识到自己现在所处的情形更危险了，但一开始他仍然没有太多担忧，因为他寄希望于教皇克莱门特八世的神秘主义。据说，由于少年时在帕多瓦与新柏拉图派的一些朋友结下了深厚友谊，教皇克莱门特八世对哲学家们都十分同情和体谅。但实际上，登上教皇宝座后的伊波利托·阿尔多布兰迪尼身边的顾问和神父总是不断告诫他，任何与经院哲学不同的思想对教会而言都很危险。

起初，法庭并未表现出急于完成审讯调查。当时的教廷是分裂的，整个欧洲也因宗教改革的浪潮而动荡不安，在外交政策方面，教皇必须竭力维持平衡。在此过程中，法院又获得了有关布鲁诺一案的新证据，其中包括一位嘉布遣会的修士切莱斯蒂诺的口供。这位修士本名拉坦齐奥·阿里戈尼，维罗纳人，曾被当作异教徒与布鲁诺一起关押在威尼斯的牢房中，可能还患有精神疾病。据这位修道士供述，布鲁诺在狱中大肆宣扬异端邪说，还发表了许多亵渎神明的话。整个案件中起到关键作用的是一个叫弗朗切斯科·格拉齐亚诺的乌迪内人的证词，他是一名会讲拉丁语的抄写员，是个有文化的人。他能与布鲁诺通过这种大部分人都不懂的语言进行交谈。根据格拉齐亚诺的证词，布鲁诺质疑了基督教教义中最重要的教条。他还补充说，布鲁诺沉溺于神秘学和驱魔，否认了弥撒的价值。

几个月过去了，审讯一场又一场地进行着：十场，十五场，十八场，最后竟然总共进行了二十场，其中一些还施加了酷刑。布鲁诺拼命为自己辩护，反驳对他的指控：摩西当然是"魔术师"，但在"魔法"中有一种强烈的认知潜力，这是不可忽视的；世界的多样性是确定的，但这个假说与神的无所不能并不是对立的，相反它赞扬了神的万能；当前形式的世界是被天主创造出来的，但这并不妨碍我们认为物质如上帝一般是永恒的存在的，也就是说它是不朽的和不可改变的。然后：如果物质果真如此，难道不是意味着其他星球上有可能居住着类似人类的有智慧的生物吗？如果亚当和夏娃当初没有犯下原罪，他们自己应该也是不朽的吧？

他的理论超越了哥白尼认为太阳不动，是宇宙中心的假说。公元前 4 世纪，阿利斯塔克·萨摩斯就第一次提出了该理论，也被告发为蔑视宗教的人。他其实应该等到1543年再提出该理论，因为那一年哥白尼在《天体运行论》一书中重新提出了日心说，这标志着现代天文学的诞生。而正是布鲁诺，于1584年在其杰作《星期三的灰烬晚餐》中强调了哥白尼的贡献，同时他不仅捍卫了哥白尼的理论，还勾勒出了一个新的宇宙：不只限于提出太阳是一个恒星系的中心，还猜测宇宙是拥有无穷多个星球的无限空间，在那里无数个世界在无止境地不断进化。在他的《论无限宇宙和世界》中曾写道："有无数像太阳一样的恒星，无数像地球一样的行星围绕着它们旋转。"他提出的这一假说比天文发现早了数个世纪，实质上他认为宇宙是永恒的，否定了上帝是造物主的想法，可能更接近后来的佛教思想。布鲁诺摆脱了基督教官方教义的束缚，自然也将为此付出高昂的代价。

在他殉难后又过了几年，即1609年，帕多瓦大学一位名不见经传的数学教授伽利略得知荷兰发明了天文望远镜。于是他自己也动手制造了一个，并将其对准天空，惊奇地发现月亮上有山脉和峡谷，金星有类似月亮的相位，木星周围有四颗绕其旋转的卫星，土星呈现异常现象（著名的土星环），太阳在自转，星座和银河系由无数的星星组成。这些发现激发了人们的兴趣，却让教会感到十分不安。1616年2月25日，宗教裁判所"为了维护秩序和防止混乱"，宣布了审判决定，"认为太阳是宇宙中心的假说是荒谬的，是哲学中的伪命题，因为其与圣经背道而驰，故被划为异端思想"。宗教裁判所监禁了伽利略并对其进行审判，于1633年6月22日责令他（7票赞成，3票反对）公开宣布放弃自己的假说。这位科学家最终屈服了，他穿着忏悔者的长袍，跪下祈求原谅，用自己的荣誉换取了生命。此后他一直被软禁直至去世。

然而布鲁诺并不妥协。几个月过去了，审判者们意识到自己已经陷入了死胡同。被告并没有按预期设想的那样有所悔悟。但独自抗衡强权法庭的布鲁诺孤立无援，理论上只有两种方式可以自保：要么公开宣布放弃他的想法，要么证明自己是被误解了，但其实这也是放弃自己主张的另一种方式，不过至少形式上会过得去。可是他却严厉地反驳了教廷粗暴的指控，坚持捍卫自己的哲学，试图证明他所主张的也是一种正统学说，与官方的基督教义是相符的。面对教廷，他支吾、躲避、反驳，并没有意识到法官们早已经准备好让他一劳永逸地永远闭嘴了。

1599年年初，红衣主教罗伯托·贝拉尔米诺紧紧地抓住了这次的审判大权。他是托斯卡纳人（于1542年出生于蒙特布查诺），18岁时就进入了耶稣会，很快便因过人的机敏和缜密的雄辩能力在其中崭露头角。贝拉尔米诺更像是一位政治思想家，而不是一位研究圣经的专家。在被任命为圣器室的神学家和宗教裁判所的顾问后没几个月，他就独揽了审判大权。他对这个案件的看法是综合性的，准确地说，是政治性的。对告密和污蔑不感兴趣的他只是直观地感觉到，被告人的"无限宇宙和世界多重性"的观点将会开启一个思想自由的新时代；如果基于对圣经的规范解释形成的体系遭受到质疑的话，那么许多事情就有倒塌的风险。

罗马教廷正处于四面楚歌的境地。另一位离经叛道的神父马丁·路德于1517年将他的"九十五条论纲"钉在了维登堡教堂的大门上，自此之后改革派的威胁声在整个欧洲都挥之不去。罗马正在失去对整个欧洲教区的控制权：斯堪的纳维亚国家本就是最后几个加入天主教的国家，而如今却率先走上了新教改革的道路；英格兰也已经与教廷分道扬镳，亨利八世破釜沉舟的行动彻底打破了这一纽带；在德语国家，抗议逐渐升级为公开宣战；荷兰和瑞士的异教在暗中发展，甚至法国和波兰都受到了新教思想的影响。教会通过反改革运动，试图重新获得对信徒的控制，特别是在意大利。现在贝拉尔米诺想要遏制异端邪说，树立教会的威望，恢复教会在包括今天称之为"知识分子"阶层中的荣光，布鲁诺案件就是实现这些目的的天赐良机。

首先，红衣主教精简了该案件的卷宗，提交给被告八个明确的命题。被告逐一查看了这些命题，声称愿意公开放弃自己的假说，但条件是他的观点仅从那一刻起才能被教会认为是错误的。这其实是一种权宜之计：他想让法庭承认他的解释并不是与圣经不符，而只是与教皇的口谕不符，换言之，是与当下的政治对立。很显然贝拉尔米诺拒绝了，法院重申，放弃自己的立场必须是毫无保留，没有任何附加条件的。布鲁诺勉强搪塞，试图争取保命而又不违背其哲学的核心内容。让人感动的是这个被监禁多年的人，没有保护者或者有权势的朋友，他被所有人抛弃，却仍然坚持与质疑他逻辑力量的人抵抗到底。

1599年9月9日，最后一次审判开始了，教皇克莱门特八世亲自出席。法庭准备再次对被告用刑，但被教皇阻拦。在争议结束时，贝拉尔米诺向哲学家发出了最后通牒：要么无条件地放弃自己的理论，要么死亡。12月21日，哲学家告诉法庭他最终的回答：他"不应该也不愿意再次谈判，因为没有什么可以再谈判的，不知道该就什么问题进行再次谈判"。1600年2月8日，在红衣主教马德鲁佐的公寓里，在审讯法庭全体法官、公证人和一些观众面前，他被宣判了死刑。判决书开头是这样写的：

> 被告布鲁诺，那不勒斯王国已故的乔瓦尼·布鲁诺·诺拉的儿子，圣多明我会的神父，五十二岁，八年前在威尼斯被控告……

布鲁诺跪着听他宣读，处之泰然。判决指控布鲁诺怀疑圣母的童贞，曾经生活在异端邪教风俗的国家并按照异教徒习俗生活，著文反对教皇，认为存在无数永恒的世界，相信灵魂转世，认为魔术是合法的事情，以世俗观点来解读《圣经》，宣称圣灵只是一场梦，甚至连恶魔都会得到救赎……

在判词宣读结束后，布鲁诺说出了一段令人震惊的话，成了每一个为自由而牺牲的烈士标志性的语言："也许你们这些宣读判决的人，比我这个接受判决的人更感到害怕。"法官们并不为之所动，也不认为他们正在人类历史上书写耻辱的一页，他们是政治家，只关心教会当前的切身利益，并不会抬眼看看别处。就连布鲁诺"包含了很多异端思想和错误"的著作也在圣彼得教堂前的空地上燃起的第二把火中被烧成了灰烬。

那时，罪犯已经被移交到世俗统治者，罗马长官费迪南多·塔维纳手里。在执行死刑的前一周，时常有神父来到他的牢房中试图劝说和安慰他。如果在最后时刻他放弃自己的思想，即便无法挽救他的性命，也至少可以换一种死刑方式，避免死前的痛苦：也就是被绞死而不是被活活烧死。当时因为是圣年伊始，很多朝圣者前来罗马（圣年年尾，人数将达百万之众），教廷认为这个时候公开执行火刑，处死一个邪教徒能够很好地警示那些受宗教改革威胁的国

鲜花广场中心竖立着著名哲学家乔尔丹诺·布鲁诺的雕像，1600年，布鲁诺因宣传日心说而被罗马教会烧死在广场中央

家。此外法国国王亨利四世，最近才重新被圣母教会接纳，但令教皇失望的是，他最近颁布的南特敕令（1598年）让新教徒享有了信仰自由的权利。也许这也解释了为什么布鲁诺的火刑会被定在鲜花广场，就在法国大使的窗下（当时法国使馆在朱伯纳里街的奥尔西尼宫）。事后，法国大使曾多次抱怨这次死刑的恐怖、恶心和呛人的烧焦味。

2月17日凌晨，七名教徒闯入布鲁诺的牢房，最后一次劝他悔改。但布鲁诺严厉地拒绝了，并继续坚持己见，可能还诅咒了那些迫害他的人，以致他们觉得有必要封住他的口，即强行给他戴上一种"嚼子"让他闭嘴。天还没亮，刽子手就带他上路了。圣约翰升天教堂的成员们押送着他，他们戴着遮住脸的长帽，穿着黑色的长袍，手上举着火把。为了安慰布鲁诺，他们向他展示圣徒殉教的画作。口中开始忧伤地祈祷。人们在路边驻足观看，在他们经过时不断地画着十字。押送队伍从托尔迪诺娜监狱出发，经过德伊邦基大街和朝圣者大街来到最终行刑的地方。在那里他被剥光了衣服绑在一根下面堆满了干柴的柱子上。很快大火腾空而起，熊熊燃烧。由于嘴巴戴了"嚼子"，他痛苦的尖叫声变成了一种奇怪的低声嘶吼，很快又被浓烟呛到，最终淹没在火焰的噼啪声中。

1600年的火刑标志着天主教会驱除新生现代思想萌芽的垂死挣扎达到了顶峰。然而，这种尝试后来又以一种不那么血腥的方式继续延续，直到教皇庇护九世拒绝接受"现代文明"。颁布《禁书目录》(1864年），认为"信仰自由和舆论自由"是完全错误的。当鲜花广场的布鲁诺纪念碑于1889年落成时，教皇利奥十三世向信徒们发出了一封警示信，其中再一次污蔑了那位伟大的哲学家布鲁诺。在那之后，梵蒂冈也不断坚持要求拆除这座纪念碑。这样的要求一直持续到贝尼托·墨索里尼担任政府首脑的时代，而他抵制住了这些企图。教皇庇护十一则对此做出了回应，宣称红衣主教贝拉尔米诺是伟大的审判者，既是圣人（1930年），也是普世教会的圣师（1931年），应当被尊为传教士的守护神。他还引用了贝拉尔米诺的墓志铭："我的剑已经征服了那骄傲的灵魂。"

行刑完两天后，在一种类似简报的《罗马公告》上，出现了这篇专栏报道：

> 星期四上午，在鲜花广场烧死了那个来自诺拉的有罪的异教徒……他顽固不化，狂热地提出了违背我们信仰的不同的荒诞教条，尤其还直接针对圣母和圣徒；他至死不悔；甚至说他作为烈士死而无怨，并且说他的灵魂会随着烟雾进入天堂。事实是，他现在可以验证自己的话究竟正不正确了。

几年前，在布鲁诺殉难四百周年之际，那不勒斯举行了一场纪念研讨会。教皇约翰·保罗二世曾委托国务秘书红衣主教安杰洛·索达诺在该研讨会上致辞。致辞中写道："这一现代基督教历史上的悲惨事件要求我们应当以开放的精神和完全的历史事实来反思过去，重新解读。"红衣主教指出，这位哲学家的思想成熟于16世纪，当时基督教，因路德、加尔文和亨利八世让他们的国家拒绝承认罗马的统治地位而陷入分裂。他补充说，哲学家"在知识方面的选择"依然与"基督教教义互不相容"。毫无疑问，他最后得出的结论是：威尼斯和罗马的宗教裁判所审判他为"异端分子"所采用的"手段程序"以及"由世俗权力一手造成的悲惨结局不能不使如今的教会感到遗憾"。还好，至少还有抱歉与遗憾。

在这种持续暴力的背景下，我们应该想象一下卡拉瓦乔的生活。1605年，克莱门特八世去世，利奥十一世继任教皇，可他如同20世纪的教皇卢恰尼一样，仅在教皇的宝座上待了几个星期。教皇宝座在如此短的时间内再次空缺，又一次激起了各派的斗争，亲法派和亲西班牙派公开对立，罗马动荡不安。在1605年召开的选举教皇的秘密会议中，红衣主教们担心会像之前一样出现教会分裂，于是通过政治中立的方案解决了分歧。最终卡米洛·博尔盖塞成为教皇，也就是保罗五世。他一上任就运用职权任命他的侄子希皮奥内·博尔盖塞成了红衣主教。那时他还只是一个修养平平爱好收藏的27岁的青年。卡拉瓦乔深得其宠：由于教皇委托他的侄子找人画肖像，所以希皮奥内将卡拉瓦乔引荐给了教皇。

我们知道那一年，卡拉瓦乔住在圣塞西莉亚和比亚吉奥（如今的神圣爱情巷）小巷里的一所房子里，距离博尔盖塞宫不远。他独自生活，只有一位注册在该教区的名叫弗朗西斯科的仆人。画家的家简陋寒酸，只有几件家具；作为一个单身汉，他独自工作，吃饭时就把画布的背面当饭桌。而当他不工作时，就"和他的那帮同伴，几乎都是大胆的剑客和画家"一起在罗马转悠。并非所有的艺术家都会通过晚上找人打架来打发时间。圭多·雷尼，达尔宾诺骑士，安尼巴尔·卡拉奇的举止就与卡拉瓦乔完全不同，他们了解这个世界，尊重并遵守规则，并能从中受益。而卡拉瓦乔似乎认为除了绘画，闲逛和吵架斗殴之外，无他事可做。在1606年5月下旬的某一天，他遇到了拉努齐·托马索尼，一个专横跋扈的家伙。他们两人之间还存在一些政治原因所导致的仇恨。卡拉瓦乔是亲法派，而托马索尼则来自一个暴力的亲西班牙派的家族。两人拔刀相向，卡拉瓦乔占据上风，也许他只想刺伤对方，但是愤怒之下竟然把他杀死了。

背负着谋杀罪名，他只得逃离，于是他开始了持续四年的逃亡生活。起初他在科隆纳家族的保护下躲在卡斯特利，接着又逃往那不勒斯，西西里岛，马耳他。他仍然坚持绘画，但由于他现在的生活很不顺心，情欲的暗示和隐喻便从他的画作中消失了，致命的忧伤，焦虑的黑色成了绘画的主色调。在马耳他，他加入了骑士团，但这也无法安抚他的心灵。相反，他甚至像在那不勒斯发生的一场严重冲突一样，重蹈覆辙再次成了一起要案的主犯。感谢马耳他学者基思·希伯拉斯在马耳他国家档案馆发现的相关记录，才让我们得以了解事件的整个细节。在一起群殴事件中，卡拉瓦乔再次成为主角，他冲破大门，闯入民宅。被监禁在一个隔离的牢房不久后，他又成功越狱了。鉴于他刚被任命为马耳他骑士不久，这样的行为就越发显得严重。于是，他又逃离马耳他前往西西里岛避难，并在心里留下了深深的怨恨。为什么会有这种怨恨呢？有人认为艺术家与贵族家庭的少年侍从发生了亲密关系，他犯下了重罪，即便在马耳他，也是要被判死刑的。

与此同时，在罗马，托马索尼被谋杀一案，也是舆论纷纷。在画家缺席庭审的情况下，他被判得很重，甚至可能面临死刑。多亏希皮奥内·博尔盖塞的斡旋，过了将近四年，这件事才平息下来。直到1610年他才看到可能返回罗马的希望，不过他还需要请求教皇的宽恕。7月，卡拉瓦乔带着献给红衣主教博尔盖塞的绘画在那不勒斯登上一艘小帆船。小船离岸开始向海上航行，但从那一刻起，一切都变得神秘莫测。我们不妨用一个常用的术语来描述他生命的最后几天以及他的死亡，可以说那就是一部"侦探小说"。我们所知的那一点信息都来源于他传记作者似是而非的描述。朱利奥·曼奇尼写道："他怀揣着回到罗马的希望踏上了归途，当他到达埃尔科莱港时，却开始了严重的高烧，无人照顾更无法治疗，那时他大概也就35岁到40岁，就这样他在痛苦中挣扎着离开了人世，很快就被就近埋葬了。"

十分讨厌他的画家乔瓦尼·巴廖内记述道："他带着几件行李乘坐小帆船准备返回罗马。红衣主教在教皇面前说了很多好话，甚至已经商量好要向他订制画作。但当他到达一片海滩时，又被关进了监狱，在那里他被关押了两天，然后就被释放了。"可他为什么会入狱呢？是因为多年前在罗马犯下的谋杀案吗？还是马耳他当局以逮捕令追捕他？巴廖内讲到"海滩"时没有确指，因此它可能不是埃尔科莱港而是帕洛港，一个守卫部队位于奇维塔韦基亚南面的小海湾。通过巴廖内的记述，我们又进一步了解了这个混乱故事的更多细节，他写道，卡拉瓦乔出狱后，惊愕地发现三桅小帆船带着他的全部家当已经漂向远方，包括他的绘画作品，"随着那艘帆船逐渐远去，他疯了，绝望地在沙滩上看着大海，试图寻找那艘带走他所有财产的帆船"。

艺术鉴赏家乔瓦尼·彼得罗·贝洛尼也提道：这个人在烈日炎炎的7月，走在疟疾肆虐的马莱马地区，四处寻找着一艘帆船，一个人徒步走向了几十公里外的埃尔科莱港。他虽然描述了画家精神错乱的行为，却没加以细致地说明。有关卡拉瓦乔的晚年故事可谓众说纷纭，它们都是由事实衍生而来，依据留存的零星资料，借传说之力广为传播。我们甚至不知道他的真实死因是发烧还是暴力事件，因为他的生活总是充斥着暴力。一位传记作家彼得·罗伯猜想画家是死于谋杀，凶手想要报复他在马耳他的所作所为。但这毕竟只是假设，没有证据，无法下定论。我们唯一知道的是，卡拉瓦乔的故事将继续被那些聪明人以不同的方式陈述，他们会把那些文章混杂在一起，重新编排一些矛盾的元素，再讲给世人。

谈及卡拉瓦乔的故事，总是难免有一些羞辱性的、苦涩的话语，譬如巴廖内在卡拉瓦乔传记中就是这样结尾的：卡拉瓦乔出狱后就病倒了，他"由于恶性高烧，无人照顾，几天后就糟糕地与世长辞了，正如他糟糕的一生一样"。

The
biography
of
Roma

罗马 传

平民的纪念碑

第五章

朱塞佩·乔阿奇诺·贝利就是罗马。这不仅是因为他们相类似,也因为他们相背离。罗马这座城市注定会成为这个国家充满争议的一个标记,就像过去已经发生过的那样。然而,却没人记录下我们今天想要阅读的那段罗马往事。只有贝利这样做了,他将平民和他们的语言当作他无数诗篇的主角。

空无一物的眼神比疯子还疯：
　　我沉迷在这肌肤之亲，耳鬓厮磨。
　　来来回回，予取予求，氤氤缊缊；
　　来吧，推进，插入，交媾，抱紧，拍打，
　　谐鱼水之欢，效于飞之愿
　　你我男女两体，阴阳二仪
　　缠绵悱恻，欲罢不能。

　　要问谁在修辞学上的造诣能够与拉伯雷相匹敌，能用这种毫无成见的现实主义手法来描述两个恋人之间的欢爱？大多数人都会回答：朱塞佩·乔阿奇诺·贝利，19世纪最伟大的意大利诗人之一，他用他的2279首罗马方言十四行诗（32208行），雕刻出一座"罗马人民的纪念碑"，描绘出1870年成为意大利王国的首都后罗马城的风貌。这些方言诗的内容涉及城中居民和他们的风俗，也囊括了政府机构、政策法律等方方面面，粗鄙之语成了家常便饭，让人很难想象，是何种彻底变革的需求，推动贝利这样一个"台伯河学者"在一段时期内放弃了文人优雅的官方语言，转而追求平民语言中那种粗俗旺盛的生命力。

　　诗人几乎为一种所见之物带来的幻觉所驱使，但他的作品之所以具有如此高的自由度，是因为他确信（至少在某种程度上）这些下流的，甚至有时亵渎神明的诗文是不会公之于众的，按照乔尔乔·维果洛在他著名的《关于贝利的评论》中所述，这种隐秘性使贝利具有了一种"他那个时代的人隐藏在狂欢节面具之下"的近乎鲁莽的率真。

　　罗马城里还保留着一些与"贝利相关"的地方：维多利奥·埃马努莱大

道（当时还没有这条路）两侧的整个城市就是他的剧院。但是，我认为首先值得一提的是献给他的纪念碑，石碑位于加里波第大桥的桥头，特拉斯提弗列区的入口处（拉丁文 Trans Tiberim，意为台伯河外），尽管周围还有许多居民区，特拉斯提弗列区仍因其良好的环境而广受欢迎。纪念碑于 1913 年通过公开募捐建成，并被放置在这片尚未完全成型的空地上，这个地点不太正式但却似乎最合适不过了，因为虽然贝利一生在罗马的很多地方生活过，但却从未居住在特拉斯提弗列。

贝利的纪念碑由米凯莱·特里皮西亚诺（Michele Tripisciano）用大理石雕刻而成，并因其某些为人称颂的特点而具有很高的价值。第一个特点体现在构图上：垂直的人体形象与基座的水平状态相对，特里皮西亚诺在基座之上复制了附近法布里奇奥桥（Ponte Quattro Capi，Pons Fabricius）上的人像石柱。第二个特点很有趣，雕塑家在纪念碑背面创作了几个不太明显的小场景，一些平民围坐在被称为"帕斯魁诺（di Pasquino）"雕像的广场周围，正兴致勃勃地阅读写着讽刺诗的卷轴。

离纪念碑几百米之遥，就是贝利的一处居所，它位于蒙特德拉·法里纳路上，毗邻银色剧院。除了汽车比以往更多以外，这些巷道如今仍保持着最初的风貌：难见日光，终日潮湿，路面坑洼不平，时有猫鼠潜藏穿梭其中，路上满是垃圾，显得脏兮兮的。数百年来，人们一直试图通过罚款或者鞭刑来限制乱扔垃圾，街角至今还砌着这样的大理石告示，可惜终究还是徒劳无功。

贝利仔细观察当时的罗马并构建出属于他自己的罗马，他感到痛苦的同时却又被人民诚挚朴实的力量所吸引，在由本能以及基础需求（食物，性欲，红酒）催生出的热血满盈的生命力中，人民似乎还能够从苦难和人类堕落的汤汁里汲取力量。一个典例就是司汤达在他的《罗马漫步》中所描绘的这个场景：

"我们刚刚遇到了两个年轻的罗马人，他们在妻子和家人的陪伴下，在德斯塔奇奥山一天的消遣之后乘车回家。每个人，不论男女，都唱着歌儿，手舞足蹈，仿佛完全疯了一般。虽然生理上他们并未醉酒，但在精神上却是一种最高程度的心醉神迷。"

这些"精神醉汉"创造出了一种梦幻般的语言结构；贝利有一种能够在短篇的生动性中把握这种语言结构的天赋，从而突出日常生活中的场景和人物。下文就生动描摹了一个因恶习患上肺结核的烟鬼：

> 你个该死的，到底吸了什么毒：
> 一张脸上全是蒙特马里奥的味道，
> 老天爷呀，你看看你，瘦得胸前只剩皮包骨，
> 就像被钉上十字架的耶稣。
>
> 你已瘦得不剩什么斤两，还不如一只小幼雏，
> 瘦得身上的肉都不够做碗汤；
> 一天到晚，烟不离嘴，
> 从清早起床抽到深夜入眠！
>
> 席地而睡，混沌污浊，
> 从胡子到皮肤，全身恶臭难闻，
> 你是想病死在肺结核上吗？
> 疯子，别再含着你的烟斗了，
> 把它扔掉，
> 扔给那些只知道吃牛肚的粗人吧。

为了更好地理解这位非凡的诗人，我们可能需要从他漫长一生的最初几年开始讲起，他的生活神秘而朴素，却也常被灵魂的不安以及人们未曾怀疑的、看上去像是日常琐事的事务所搅动。

朱塞佩·乔阿奇诺·贝利，1791年12月7日出生于罗马德雷德多里斯提路和蒙德罗内路交会的街角处，如今那里还有一块大理石纪念碑。他父母的脾性截然不同。父亲因颇具讽刺性的命运被称为高德恩奇奥，是个忧郁且沉

默寡言的会计，平时都很严肃，甚至有点阴沉。贝利曾说："他从未朝我微笑过，鲜少让我感到高兴，而且经常羞辱我……我永远记得七岁那年，他给我的惩罚，让我感到恐惧和厌恶。"孩童时的贝利就因为拿了一分钱，在小黑屋里被关了整整三天。一个有趣的巧合在于，乔阿奇诺的许多指控以及他提到的经历，都让人想起弗兰兹·卡夫卡在那封写给他父亲的著名信件中提到的事，当然，这并不意味着严厉的父母是天才孩子的先决条件。

贝利的母亲路易嘉·马奇奥反而是一位迷人的女士，她活泼开朗，喜爱且热衷购买奢侈品。她出身于一个银行家家族，但并不坚贞，这可以从她守寡后另嫁他人这件事上推断出来。此外，马奇奥家族的女性都生性活泼。她的一个堂（表）姐妹，也叫路易嘉，曾被人发现和乔装成女性的拿破仑三世在卧室里厮混。正如达泽里奥在他回忆录中所写的：洛可可式的殷勤，更适合维也纳或巴黎，而不是罗马——这种要么过分虔诚，要么过于厚颜无耻的城市。

那是在短暂的罗马共和国时期（1798—1800年）。贝利家族也卷入了政治动荡，家族的一位表亲，加图索·瓦伦蒂尼，那不勒斯的一个将军，在蒙德奇托里奥广场被法国人枪决了。于是，贝利一家匆忙逃往那不勒斯；之后，随着新教皇——庇护七世的就任，贝利的父亲在奇维塔韦基亚谋得一份高薪的工作，一家人终于体会到了一丝幸福。但这幸福转瞬即逝：1803年爆发霍乱，高德恩奇奥死于他的过分慷慨，他"过多地帮助了穷人"。

美丽的路易嘉与她的三个孩子：朱塞佩·乔阿奇诺，1792年出生的卡罗和1801年出生的弗拉米尼娅，一同返回罗马，居住在科尔索大道391号二楼的一间陋室里（该建筑后来由于议会大道的施工而被拆除）。1806年，高德恩奇奥去世三年后，路易嘉又嫁给了一个比她年轻得多的证券经纪人，贝利在自己的写作中故意略过了这段婚姻。路易嘉的这段婚姻可能并不幸福，然而不管活得好不好，这段生活都没有持续多久，1807年，路易嘉去世了，于是贝利和他的弟弟妹妹住进了位于露琪亚路35号圣洛伦佐广场的叔叔家。

直到很久之后，在教廷官员的照顾下，贝利才得以在位于路德维希别墅旁的嘉布遣会修道院内获得了一个完全属于自己的房间，路德维希别墅如今是威尼托路的起点。我在"时空之间"一章中曾提到过，路德维希别墅是罗马最恐怖的地方之一，它的地下宛若一个迷宫，由曲折的隧道和装饰着骷髅及其他人骨的壁龛构成。朱塞佩·贝利在14岁时创作了他的第一首十四行诗《在一个君王的坟墓中》，但成年后他认为这首诗是一篇不成熟的"稚作"。他研究并撰写随笔杂文和论著，同时还写诗，那时他的诗歌追仿最伟大的诗人帕里尼、蒙蒂和福斯科洛的风格。年轻时的他俨然一副小福斯科洛的模样：黑色大眼睛里透露着坚定的神色，仿佛随时准备起来反抗；一头浓密卷曲的头发，翘起的小胡子。他也确实是个叛逆者，叛逆的方式非常个人化：即通过描绘罗马城的平民，将他们"轻浮下流"的语言转化为诗歌。

天下没有免费的午餐，贝利兄弟在叔叔那里当然不能白住：他们干起了"记账员"的活，就这样，通过管理账目，他们一个月可以挣3个银币。这活儿很苦，但也带来了些好处：朱塞佩学会了法语，但最重要的是，他尝到了自由的甜头，过上了放荡的生活（他将其夸张地定义为"堕落"）。在他生活中充斥着的是"球场""混乱的夜晚"以及"与最不寻常的女人鬼混"。这是他个人的"放纵"。年轻的贝利很英俊（他的朋友称他"非常有吸引力"），头发浓密，这跟日后反复折磨他的"阴郁的忧郁症"一点也沾不上边。所有这一切，再加上他的婚姻和富裕，充分造就了他。

1815年9月，贝利娶了玛丽亚·康提，而仅仅九个月前，玛丽亚还是疯疯癫癫的皮奇伯爵的遗孀。玛丽亚是一个"才思敏捷，直率而又能言善辩"的女人。那会儿他24岁，她已有38岁，还有一笔丰厚的遗产可供支配。这场婚姻持续了22年。贝利夫妇住在波利广场91号，就在特莱维喷泉不远处（该建筑后来为给特里多内街腾出空间被部分拆除，其中就包括贝利创作十四行诗的那间屋子）。也许他们并非深爱彼此，但无疑互相尊重。朱塞佩·乔阿奇诺在登记处工作，每月赚15个银币，有时间进行写作和旅行；他去到威尼斯、那不勒斯、费拉拉、马切拉塔、米兰、佛罗伦萨以及一些能够帮助他了解意大利并能更好地"观察"罗马的远方城市。婚姻的好处来得非常及时。正如他的第一位传记作家多梅尼科·格诺利所写的那样，这位诗人终于摆脱了"同贫穷进行的长期且顽固的斗争"。假如他没有妻子的钱来保证那点自由，很可能他就无法创作出十四行诗；假如他没有观察并初步了解意大利，没有感受到时局的动荡，没有探索过各种新力量和新势力，以及来自欧洲其他国家的影响，他就很难意识到罗马的境况是多么特殊，甚至说有多么的独一无二。19世纪末的罗马城，仍处于教皇的统治之下，仿佛还停留在中世纪。

在乔阿奇诺·贝利的生命中还有另一个比他妻子更重要的女人，那就是侯爵之女维琴察·罗贝尔蒂，她比他小9岁，两人相识于1821年罗贝尔蒂与母亲一起去罗马拜访之时。贝利那时候30岁，已经结婚5年了；他亲切地称呼她为琴琪亚，并与她建立了长期的友谊。他经常去离雷卡纳蒂不远的莫尔瓦勒（位于马尔凯大区）看她，并近乎纠缠不休地给她写信：从1822年到1854年，他在30年间写了超过150封信，信的内容丰富，情感亲密而深沉。贝利的这种爱一半有肉欲，一半也是彼特拉克式的，他送给维琴察的那本包含了51首十四行诗的《情歌集》就是最好的证明。

琴蒂亚或者说琴琪亚，俨然是一位生活在马尔凯大区的包法利夫人，她很乐意接受这感官之火和美好诗句，但同时也不拒绝与当地一位可靠的医生佩洛奇缔结一个平静的婚姻。无论如何，正是1831年夏天在莫尔瓦勒长达两个月的停留，促使贝利创作了许多他最为大胆情色的十四行诗，如果不是对诗文有着极高的掌控力，或者能够用罗马方言巧妙地模仿波尔塔的米兰方言诗，这些诗歌就变得淫秽猥亵了。下面的这首诗，就是模仿波尔塔风格的一个范例：

> 听我说，德拉，我没想到
> 你已经被别人用坏了；
> 若是知道你已经被用得这么惨了，
> 我根本不会考虑再与你交欢。
>
> 在与我交媾的诸多女人中，
> 我从未有过这样的糟糕感觉，
> 若我知道所面对的是这样一个洞口，
> 像你这样的，不如让我上吊自杀算了。

当贝利的妻子玛丽亚在1837年去世时，人们才发现，她那笔著名的遗产实际上只是徒有虚名，因此后面的许多年里贝利不得不四处奔波以谋生。他搬出了波利广场，搬到了蒙特德拉法里纳街18号，一幢位于巴尔别里街街角的房子里。这是一段痛苦的时期，贝利饱受忧郁症的折磨；他给琴琪亚的信也由此变得越来越灰暗，越来越刻薄恼人。在1830年至1836年这七年间，他创作了1867首优秀的十四行诗。而在1839年至1842年间，他只写出了四首诗。接下来的一段时期，情况略有好转；而他的最后一首诗创作于1849年2月21日。

为了生活，他为政府做过很多工作，最后一项工作是在1852年至1853年间担任审查员，负责从"政治道德"方面评判文学作品。他向来以严格著称，即便作者在文中讨论了某个位高权重的人物，他也毫不容情，不遗漏任何事物：从《麦克白》到《弄臣》再到罗西尼的《摩西》，所有剧本都难逃他的利刃。1846年，教皇格列高利十六世（或者可以称他为"贝利的教皇"，因为对于贝利来说这才是真正的教皇）去世，这对贝利来说是一大打击。他曾生动地写道："我喜欢教皇格列高利，因为他赋予我一种邪恶力量的味道。"在这位教皇去世后的一整年里，贝利的十四行诗写作完全中断了，这当然不是巧合。同时，他还匆忙地将他的著作托付给了文琴佐·蒂扎尼，蒂扎尼是圣彼得镣铐教堂的神父，后来做了特尔尼的主教。和贝利一样他们都是"台伯河学者"。尽管蒂扎尼先生是一名神职人员，但却比贝利更左（用我们今天的话来说）：他是一个开明的人，一个爱国者。尽管贝利反复要求其销毁手稿，他还是将它们保存了下来。

贝利生命的最后一站在切萨利尼街77号，在那里，他同心爱的儿子奇洛以及妻子克里斯蒂娜·斐乐蒂住在一起。然而那几年里，他一直深受忧郁症魔鬼般的困扰（"我独自一人在家，仿佛时间被延长了"）；同时，由于他要违背自己的意愿从事审查工作，因此晚年也痛苦万分。贝利在生命后期的信件也表明他的身体和精神都已陷入衰竭；隐约中那个瘦弱的影子，精神空虚，甚至连对活着都感到愤怒。他的一位远亲在信中称他为"天生的诗人"，而他在回信中却说，自己是位"死去的诗人"。他写了一封信给他心爱的琴琪亚，信中他清楚地写道:"我信中的沉默并非来自你们的死亡,而是来自我自己的。"之后他还写道:"比较死去的贝利与活着的贝利的性格,你们就会知道现在是一个活人还是一个死人在给你们写信了。"

贝利的生命很快便到了尽头:他在"晚上八点到九点间"中风了,就在距离圣诞节没几天的1863年12月21日,贝利走完了他72年的人生。

贝利讲述了他所见证过的罗马城,在他生活的时代里,这座城市先后被六位教皇统治过。这是一个动荡不安的时代,充斥着政治运动、政权动荡、军事割据和复辟,这一切都发生在罗马这样一座肮脏且人口稀少的城市,那儿居住着最没有教养和最愤世嫉俗的人,而在别处,人们已普遍认为,教皇国早就不合时宜了。贝利也明白这一点,他在1832年写的一首十四行诗《金点》中写道:"所谓的雅各宾派来到这里 / 伟大的格里高利教皇:/ 您在天主教国家都干些什么呢 / 这里的生活毫无生趣,早就死了。"

把这种模糊的认识转化为政治行动并非易事。1862年,在意大利统一一年后,三百名主教宣称,教皇的世俗权力是神的旨意直接要求的。这是一个相当有分量的主张,还带有一定的政治意义。假设教皇真的具有世俗权力,那么这个城市的主流特征是什么呢?我们很幸运。在贝利生活的年代,乃至紧随其后的那些年里,许多国外著名人物都到访过罗马,还留下了他们可信的证词。通过他们的话语,我们可以重现当时的罗马:既有无忧无虑的节日气氛,又有夜幕降临的忧伤气息。大仲马著名的小说《蒙特克里斯托伯爵》1844年问世。书中对刚刚过去的罗马狂欢节进行了生动的描述:

"在阳台和窗户那儿,聚集了三十万观众,罗马人,意大利人,外国人,人们从世界各地赶来,出身贵族的,有钱的,才华出类拔萃的,各色达官显贵都聚在一起;迷人的女士们也受到表演的感染,从窗前突出的阳台上弯下腰来,在车厢上撒下大把如雨的彩色纸片以回应那些花束;五彩纸片和鲜花漫天飘洒;欢乐洋溢的人群穿着奇装异服走在街上,络绎不绝,疯疯癫癫:巨大的卷心菜在路上漫步,牛头人身的怪物哞哞低吼,一条狗好像在用前腿行进;人群中间有一个巨大的面具,在画家卡洛创作的圣安东尼的诱惑中，有一些十分迷人的旁观者形象，他们想跟着队伍走，但却被仿佛梦中见过的恶魔分开了。就这样我们了解了何为罗马狂欢节，尽管这样的认识可能很模糊。"

下面这段是由果戈理（在已经提到的《罗马》一文中）所描述的另外一次狂欢节，也差不多就是他长期待在罗马、痴情于罗马的那段时间写的：

"人群熙熙攘攘。他刚从两个从高处往地上撒面粉的人中挤出一条道，就有个彩色的小丑用一种手摇铃的乐器拍了拍他的肩膀，还和他的小丑妻子一起从身边飞驰而过；杏仁糖果和一束束花在他的眼前飞舞，两边开始有人在他耳边窃窃私语：一边是伯爵，另一边是医生，就关于肠胃的问题长篇大论了一番。由于人群愈见庞大，他的力量已不足以在人群中挤出一条道了；人群仿佛形成了一列车厢，无法移动。一个勇敢的人吸引了所有人的注意力，他踩着同房子一般高的高跷，无时无刻都冒着失去平衡、在石路摔伤的风险……"

这就是时常发生的罗马的节庆盛况，然而统治者却以维持公共秩序为名使之蒙上了一层阴影，甚至对此进行镇压。贝利就提供了很好的证明，他写了一首名为《狂欢节34》的十四行诗，并以问句开头："今年有面具吗？"而后的几行诗则对提出的这个问题进行了回应："信徒们，至于面具，酒馆老板阁下 / 我恐怕今年是用不了 / 因为教皇不想众人都遮起脸来。"对动乱的恐惧阻碍了狂欢节的进行。三年后，情况变得更加糟糕，正如十四行诗《狂欢节37》中所描述的那样，统治者以城里肆虐的霍乱疫情为由废除了这个节庆："以霍乱为借口 / 而不是什么其他看似更合理的理由 / 当局禁止了这次的狂欢节。"除此之外，在接下来的十四行诗中，诗人还提到在圣天使城堡的堡垒上甚至都备好了大炮："怎么解释从布拉提区 / 居然能看到圣天使堡上的大炮 / 整整十六门 / 满载负荷做好战斗准备吗？"

有关贝利所处年代的罗马城以及罗马的生活，还有许多作家也给我们留

罗马圣三一教堂，又称圣三山教堂，位于著名的西班牙广场137级台阶之上，教堂为哥特式建筑，由法国人所建

下了生动而准确的描述。我选了一些在我看来较为重要的，引用到书中以飨读者。首先是夏多布里昂的选段。1803年6月27日晚，在圣彼得节的两天前，他作为使馆秘书到达罗马，并在回忆录中写道：

"6月28日我走了一整天：先看了斗兽场，万神殿，图拉真柱和圣天使城堡。晚上，阿尔托带我去一间屋子参加舞会，那间房屋在圣彼得广场附近。敞开的窗户前华尔兹如旋涡般盘旋着，身处其中的人们可以看到米开朗基罗穹顶的火焰花环；阿德里亚诺防波堤上绽放的烟花照亮了圣奥诺弗里奥教堂，照在塔索的坟墓上：烟花打破了寂静，统治了罗马的乡村夜晚。"

作者通过节庆的灯光、热闹和喧嚣反衬出乡村的寂静和鬼魅般的静止，使两者形成了鲜明的对比。热闹以后他又回归安宁，毕竟这是罗马给他留下的主要印象：

"有人建议我在月光下漫步：自圣三一教堂的高处望去，远处的建筑像是画家的草图，也像是从海上战船所见的隐隐约约的海岸线。夜晚的明星，使我们相信这是一个有限的世界，它将透明苍白的荒漠散布在罗马的荒漠之上；它照亮了无人的街道、围栏、广场和无人问津的花园，照亮了再也听不到修士声音的修道院,还照亮了寂静无声且人迹罕至的回廊,比如斗兽场的拱廊。"

第二位作家是司汤达,他约在二十年后到访罗马,但他对这座空城也有同样的感觉,感觉罗马好像早就被它的居民抛弃了一样:

"在南边,卡比托利欧山和塔尔皮亚悬崖是罗马的尽头。在西边有台伯河,而那儿只有糟糕的道路;在东边有平西奥山和奎里那莱山。在东部或者南部四分之三部分的罗马,维米纳莱山,埃斯奎利诺山,切利奥,阿文提诺山都是孤独而寂静的。热病肆虐,夺走生命。旅行者寻求的大多数遗迹都在这万籁俱寂之中。"

司汤达的描绘是对贝利的补充。他们两者描述的都是罗马的同一方面。也即其他著名来访者通常会提及的罗马的现实部分,虽然在某些情况下这些描述看起来有些肤浅:他们的制服都磨破了,挂毯用针织在一起;经常有个饥饿的小贵族为了能够吃上饭而让人邀请他去吃饭。

然而,罗马还有另外一面,即充斥着底层罗马人和整个城市的部分。彼时的罗马切断了历史的传承,几乎没有财政来源,公民相较文明之欧洲显得无比无知,而与此同时,罗马又是美丽且半原始的,充满了奇迹和恐惧,于是,它成了巨大而遥远的过去的继承者,同时也成了受害者。

传说中的古罗马广场,几个世纪以来一直是世界的贸易和政治中心,现在却在喂养水牛,牛群饮水的水槽还都是古代帝王家的大理石制成的。在最雄伟壮丽的古迹之上,渐渐建起的是数十栋陋舍:有的是房屋,有的是没什么货品的商店,或者根本就是个临时的交易场所。塔尔皮亚悬崖成了一个晾晒场,就这样,一个大都市被无声地摧毁,变成了一个村镇。犹太人被封闭在他们的贫民区里,卫生环境差,生活拥挤不堪,却没有人想过怎么改善。"穴居人"住在帕里奥利山的山坡上,住在凝灰岩的空洞穴中,那儿什么都没有,与太古时期非常接近。此时的罗马被定义为"死亡之地",只生活着一些与世隔绝的天才和一班蝼蚁一样的众生:《圣母颂》的文辞证明了这一点:"每个人都待在家里,无数的钟声回响着,空气中升腾着不健康的水汽。"

所谓"罗马人"有关过去的伟大记忆都不见了踪影,壮观的废墟景观并没有带来更多的惊喜。这不是因为罗马人"都习惯了美",只是因为他们现在都无法看到它。安诺塔·马塞尔·普鲁斯曾说:"真正野蛮的人,不是那些从来都不知道何为伟大的人,而是那些过去知道,但如今却不能够再认识到它的人。"这说的是泛泛的意大利,但也很可能就是指罗马。皮埃蒙特人到来后,当时的人口普查登记了大约23万居民。他们大部分都住在较低洼的区域,即文艺复兴时期和17世纪的城市,主要被包围在以纳沃纳广场为基础的台伯河的拐弯处。那些黑暗的小巷里,时常弥漫着猫的气味,在裂痕剥落的墙上,总是脏兮兮地写着各种文字和涂鸦(贝利形象生动地描述道:"当我看到一个空白的墙,我就用它来擦拭自己"),从这些景象中可以发现诗人经历了什么样的罗马:狭窄的街道,由蜡烛的微光所照亮的拱门,被供品围住的圣像,由没有空气和光线的小巷组成的密网,经常泛滥的水灾以及遍地都是的各种四足动物(狗、驴、绵羊)的粪便。无论在哪儿,罗马都有种持续不断的湿润气味和火山灰的暖色。这些做工粗糙的建筑物由简陋的材料搭起来,没有装饰,只留少量的窗户,台阶磨损严重,门廊狭小,朝向神秘的阴暗处。这些低矮且卫生条件很差的房屋也方便了疫病的流行:疟疾、伤寒,不时还有霍乱的侵袭,也是恶劣的卫生条件及粗制的饮食(也许是美味的,但是肯定是不平衡且缺乏营养的)所带来的后果(然而,流行病爆发最严重的时候是1884年皮埃蒙特人到来之后,当时霍乱从那不勒斯的病原中心扩散,并以致命的速度传播,使得人们不得不在阿文蒂诺山和圣撒比纳圣殿建立传染病隔离医院,并在人口最密集的地区进行除害工作。可以说20世纪初的罗马重复着中世纪的场景)。

另一方面,必须承认,历史的延迟和人类的苦难也有些当时可享受到的优势。例如阳光的质量:制造业稀缺,工匠匮乏,加之人口基本保持稳定或略有下降导致建筑活动减少,这使得罗马有着清澈而纯净的空气,这在欧洲几乎是独有的。来自各地的艺术家绘制的诸多风景画以及摄影出现后第一批摄影师拍摄的感光片质量都证明了这一点。

长时间的总体稳定和停滞也能够在其他方面展现出优势。德国学者费迪南德·格雷戈罗维乌斯（Ferdinand Gregorovius）设法从城市的主体中提取出了他起草撰写《中世纪罗马史》的第一手材料。格雷戈罗维乌斯是一位卓越的见证者，他见证了首都的动荡、激动与分裂。一方面，他的自由主义思想促使他在新时代中享有有利地位，另一方面他也清楚地意识到罗马城在不断的历史轮回中，在教皇管理的惰性下，正损害它所钟爱的历史和过去。

"在世界上最软弱的地方，"他在1860年写道，"人们就像生活在梦中一样……罗马沉默而窒息，仿佛在世界上迷失了，自我退缩，陷入自我迷恋；潮湿的西洛可风不断地吹着。最激动人心的时刻就这样无声无息地结束了。"

几乎所有的时代见证都印证了这个城市给客人带来的矛盾心情。这是一个谜一般的整体，它的软弱令人担忧，但平民的活力却粗糙而有魅力。维多利奥·伊布里阿尼在他的《徒步旅行》中指出："对于一个真正有文化的人，特别是对于一个意大利人来说，生活在这里是一种长久的陶醉。"当然，要这般陶醉，需要能够专注于某些特定的方面，忘记其余大部分的痛苦。

我们现在所说的"闲暇时光"，在这样的现实中是有明确区分的：一是指部分教廷和贵族，另一部分则属于平民百姓。前者的成员基本上都住在宫殿中，他们乘坐马车通过罗马的街道，用浸有香精的手帕按住鼻子，穿梭在各个居所间。而对于平民来说，街道和广场便是家和剧院。狭窄的住所缺少空气和阳光，迫使他们出门享受温和气候下的户外生活。妇女们绣花，缝纫，哺乳，聊八卦；男人们饮酒，猜拳，说脏话，有时候还舞刀动枪。他们的娱乐时刻就是节庆活动，在此期间有游行，有狂欢节的玩笑，有跑马比赛（飞驰的马沿着直线跑道奔跑），还有彩灯、烟花和木桶。教皇也有游行的队伍——戴风帽的人伴着豪华的大型"葬礼"，唱着赞美诗打开一条通路，游行的主角要么是"坐在轿子里的不被祝福的教皇"，要么是走过人生最后一程的过世教宗，正如贝利在1831年11月26日所写的这首著名的十四行诗《教皇利奥十二世的死亡》写到的那样：

　　昨夜教皇已逝，

过往就在眼前。
在有帕斯魁诺雕像的广场，
他的头在枕上震颤，
仿佛沉睡的天使一般。

小号哑了音，
鼓声被遗忘：
驴子拉着带华盖的床，
上面还有教皇的三重冠。
神父、修士和礼仪用炮，
前有骑兵打着火把，
后有狗屁的贵族守卫跟梢。

奎里纳勒宫接下遗体后，
所有教堂的钟声响彻罗马，
这是该国多么壮美的仪式呀！

司汤达的观察是这一民族一些额外的注解。正如我所说，这位法国人所描述的罗马在某种程度上与贝利所述的相辅相成。他多次到访并见证了一个自由的欧洲贵族城市被"启蒙"哲学所照亮。相反，贝利觉得他周围是一个偏执的、淫秽的平民城市，是原始欲望的战利品。然而，尽管他们有关这点的看法相去甚远，但这两位艺术家都展示了同样的暴力，只是他们每个人都在以自己的方式进行表达。法国人追求的是在动乱的意大利历史中找寻鲜活的残酷行动，而这段历史充满纵情、嫉妒和肆无忌惮的凶恶，其中突然出现的刀光剑影常常伴随着最为精致的背叛艺术。来看看他在《罗马漫步》中的这一片段：

保罗告诉我们，他的一个朋友向他展示了一把钥匙，萨威利王子要用这把钥匙毒害想要摆脱他的人。而钥匙把手的小尖端用强力毒药擦拭过。王子把钥匙给了其中一位绅士并对他说:"替我去我衣柜里拿些纸。"衣柜的锁是有问题的,这个倒霉鬼必须紧握钥匙再去努力开锁。因此在不知不觉间,他被有毒的尖端划破了一个小伤口。二十四小时内就死了。

相反,贝利的描述没有任何"文艺复兴"的文雅精致。他描述的暴力就像引起暴力的本源一样残酷,亦像无知的文盲所吃的菜肴一样简单。罗马人的菜肴(现在仍然是)是由原始的风味和食材制成的。基本的食物有火烤的羊肉,充满猪油的意大利面,牛犊的牛尾(一道屠宰场的菜肴),带有稻草屑的通心粉以及配有小奶牛肠的重口味意面。在奶酪中,有一种高脂肪且带有辣味的羊奶酪(pecorino),从它的意大利语名称中就可以看出它是由绵羊奶制成的。罗马的这些菜肴与发明它的人一样简朴、粗糙、乡野、贫穷。

从集体意义上来说,在这里,文化生活几乎不存在。学院汇集的学者一般都是书呆子,孤立于社会和世界。大部分外国艺术家多是孑然一身。当然,他们有时候也会受邀参加一些沙龙,但他们通常会聚集在与城市仅有必要联系的区域(甚至是某个酒馆)。剧院和音乐厅里只有平庸的表演,偶有例外也都是为少数人预留的。出版以及传媒活动不仅少还受到监管和审查。文化气氛令人窒息,以致最聪明最有才能的年轻人都到都灵或佛罗伦萨寻求庇护,继而导致罗马人才流失,加重了衰退的恶性循环。

罗马的平民狡猾、傲慢、怠惰、好色,习惯了大环境下的冷漠。而贝利却为罗马平民竖立了属于他们的纪念碑。1862年,这座纪念碑目睹了一个平民因刺伤了一名宪兵被处死。1867年秋天,它又见证了加里波第起义的失败。每个人都知道时局会很快发生改变,却鲜有人真正关心变革。之后法国与普鲁士之间的战争爆发了,1870年9月2日拿破仑三世在色当战败。几天后的9月20日,胜利的时刻终于到来:皮亚门内几米处的入口终于被大炮打开了。伴随着这个著名"豁口"的产生,罗马最终成了意大利王国的一部分。

当贝利于1791年出生时,庇护六世(吉奥瓦尼·安吉洛·布拉斯齐)坐上了彼得的宝座,教皇本身并不坏,但就那几年所发生的动乱而言显然他是不称职的:首先是法国大革命,然后是拿破仑所带来的晴天霹雳,拿破仑在教皇统治这件事上有个错误的认识,他认为:"这台老机器将会自己坏掉。"1798年,法国五人执政内阁占领了罗马并罢免了教皇。"你们就让我在罗马死去吧",80岁的教皇恳求道。"您可以死在您想要的地方",他们带着凶恶的嘲弄回答道。就这样庇护六世成了瓦朗斯堡的一名囚犯,最后于1799年8月在监狱中逝世。

他的继任者庇护七世(格雷格里奥·基亚拉蒙蒂),也不得不与放逐他的拿破仑抗争,1808年罗马承认了法国的占领。对于罗马人来说,除了屈辱之外,这并不是什么大不了的事。法国部队的存在给一个贫穷且阴暗的城市带来了冲击和震撼,因他们的到来,方尖碑和大教堂在沦为村庄一般的城市格局中建造了起来,而当时,城中的街道早已成了藏污纳垢之地,"异教"古迹也都沦为了废墟。

1813年,拿破仑在莱比锡战败后,教皇才得以重返罗马:在五年的缺席后,他于1814年5月24日进入罗马,还得到了人民凯旋般的欢迎。一些红衣主教在复辟的狂热中,急于消除侵占者的痕迹,甚至要求取消法国人引入的街道照明。好在有位天才的枢机主教埃考·康塞尔威,有他作为教皇的国务秘书和最高政治家,才避免了让这一切沦为笑柄。参加维也纳会议时,在众多"恢复封建秩序的决议"中,他还成功地使"教皇重掌教皇国"获得了通过。假如他出生在一个不那么衰败的城市,应该会像梅特涅一样出众;假如他生活在一个更强大的国家,并且对它的历史更为了解的话,他会像塔列朗一样成为一个神话。然而他只有出生在罗马的命,只能从已有的环境中获取最大益处,并在他意识到的一些必须行动的方面开拓未来。在法国人提出的革新中,除了路灯,他还接纳了贸易规则,废除了酷刑,接受了司法和行政权力之间的分立。在庇护七世去世的前几天,即1823年8月20日,一场熊熊烈火摧毁了城墙外的圣保罗大教堂。这一新闻没有让老教皇知道,以免他在最后时刻还深感悲痛。当他去世时,忠实的康塞尔威让丹麦雕塑家巴特尔·托瓦尔森为他在圣彼得建了一个葬礼纪念碑,以最后一次向他致敬。

庇护七世统治了将近四分之一个世纪,他的继任者,教皇利奥十二世(阿尼巴勒·赛尔马泰伊·德拉真伽)只在任六年,却留下了"凶恶的复辟者"

这样一个极度令人恐惧的教皇形象。在1825年的圣年期间,他下令在人民广场上绞死了两个爱国者,即烧炭党人塔尔基尼和蒙塔纳里。于是当1829年他去世时,出现了这样一个讣告:"现在德拉真伽为了他与我们的和平安息了。"贝利通过想象一个没有发生过的事件(他的尸体从未离开圣彼得大教堂),在两年后用他最深情的十四行诗写下了《教皇利奥十二世的死亡》《葬礼》,在此我引用过一小段:"昨夜教皇已逝/在有帕斯魁诺雕像的广场。"

而下一任教皇(弗朗西斯科·萨维里奥·卡斯蒂里奥尼)仅在位20个月(在1829年到1830年之间)。为了区别于很有争议的前任教皇,他赶紧自称为庇护八世。在1829年4月1日的一首十四行诗中,也就是教皇选举的第二天,贝利嘲弄了他不稳定的健康状况:"他全身到处是疱疹,牙也掉光了/一只眼瞎了,走路还拖着腿。"

最后登基的是来自贝卢诺的格列高利十六世(巴特鲁姆·卡佩拉里),他在位于1831年到1846年,既是贝利人间喜剧中的主角,也是贝利生活与诗歌中的中心人物。这位诗人为"教皇格列高利"贡献了整整二十五首十四行诗,其中一些非常成功。这个教皇也是一个反动派,但也许正因如此,他喜欢朱塞佩·乔阿奇诺,因为后者帮他省去了很多麻烦。1832年,在他登基几个月后,就颁布了通谕《对你们感到惊异》,从中我们可以确定他坚决反对国家与教会分离,反对意识形态的自由,也反对思想和出版自由,他宣称:"每个人都要拥有自由意志根本就是胡思乱想,这种到处横行而无意义的言论自由会导致不幸的错误。"这就是当时的气氛。

贝利以自己的方式庆祝了格列高利十六世的当选。秘密会议刚一结束,他就在1831年2月2日的十四行诗中快乐地写道:"听,听,圣天使堡的加农炮声/听,蒙特其多利奥的钟声如何响起/喧嚣纷争已经结束/新教皇已经给予了他的祝福。"然而奇怪的是他并没有记叙1846年6月1日教皇的死亡。虽然当时诗人没有写,但有关格列高利的记录出现在了他秋天的一首十四行诗中。在那首诗中他将生命中出现的最后一位教皇——即在此期间登上圣彼得大教堂宝座的庇护九世(乔瓦尼·马斯塔伊·费雷提)说得非常糟糕:这位教皇先被认为是一名"自由主义者",而后又被看作是"叛徒",他的一生也注定要面对1849年共和国的成立以及1870年皮亚门上被打出突破口的各类问题。

贝利在1847年1月的一首十四行诗中叙述了因"自由主义者"而成名的第一阶段的庇护九世，语气十分讽刺：

> 不，庇护教皇，
> 这不是缓解动荡的方式和方法。
> 尊敬的圣父啊，您连礼貌都没有，
> 更没有教皇应有的礼仪门面。
> 您不像格里高利教皇那么了解艺术，
> 能作为教皇应对批评和质疑：
> 他们饿了想吃面包？您赦免他们的罪行；
> 他们想要工作？您把他们送入监狱。
> 您禁止了这些粗野习俗，
> 人们要求正义，对您这是侮辱：
> 您给予的公正，最多就是绞刑架。

当红衣主教马斯塔伊·费雷提被加冕为教皇庇护九世时，刚满50岁，没有人知道他将是教会历史上在位最久的教皇，也不会知道他将是受折磨最多的教皇之一。那个年轻的男人，自知有漂亮的外表，在开始教会生涯之前还是一个贵族，而成为教皇他就必须失去世俗权力，也就是说，他要一边忍耐一边管理极为复杂的外交、政治和宗教事务。

这是1846年，这一年发生了一个重大事件。前任教皇格列高利十六世于6月1日去世了。秘密会议很短，仅持续了48小时，因此在6月16日罗马人和世界被告知了新教皇的选任。据说当节日的钟声响起时，街上"不断有人停下来，询问着，不安地跑着。面对类似的情势，罗马似乎从未出现过巨大骚动；罗马人民很久以来都没有如此热情地参与过其他的教宗选举了"。编年史学家指出这些激动和骚动来源于某些因素，这些因素注定会影响后续发生的事件，即格列高利十六世留下了严重的财政困难和广泛的道德败坏问题。人们普遍希望，各方面的事情都能迅速改善；因此庇护九世至少在头三年里受到了人民的巨大拥护。另一方面，自由主义和爱国精神，甚至包括被推向雅各宾派的极端主义思潮，都已经在意大利传播开来，没有人可以掩盖迟早必须得到解决的"罗马问题"。

这种复杂的情况使所有人都将一切希望寄托于庇护九世：希望他能恢复重建，适应新事物，希望他行事果决，善谋能断，能有极大的开放包容性和极度的强硬态度。甚至还有人希望新教皇能够调和世俗权力和民族团结的关系，成为意大利联邦国的领袖。而实际上，新教皇

庇护九世。教会历史上在位最久并是最后一任兼任世俗君主的教皇，也是受折磨最多的教皇之一

所能做的最好的事情就是用智慧去处理事务而已。他小心翼翼地向新事物敞开怀抱，并相信他可以在乔贝蒂和罗斯米尼调解的新归尔甫派中找到解决方案。总之，在1848年4月29日的演讲中，他匆忙地划清界限，表示他不会越界。

在他任职教皇的前几年里，日子并不好过：1848年11月，政府首脑佩莱格里诺·罗西在坎切拉里阿宫的楼梯上被刺死。庇护九世跑到加埃塔避难。1849年2月，罗马共和国宣告成立。那儿有交火有死亡；少数勇敢的人还集中在贾尼科洛山上，以抵抗欧洲大陆最优秀的正规军。我将在"意大利众兄弟"一章中对此进行完整的介绍。

1850年4月12日，教皇从圣乔瓦尼回到罗马城，重新拥有了他的统治权。一大群人给他让路，但是掌声很少，似乎更多是好奇，而非赞同。19世纪中叶的钟声刚刚敲响，一些直接的问题要么被压制，要么被推迟，而庇护九世所能做的就是努力去冻结这些事，努力去控制它们，等待可能的解决办法自行产生。事后看来，最后一位教皇在任的前三四年，仿佛是一篇激动人心的序言，序言之后，则是教皇和他的子民漫长等待的20年。

我在一开始就提到了诗人生活中的一些重大事件。然而，没有哪一件足以回答事实上谁是神秘的朱塞佩·乔阿奇诺这一问题。当然，我们不能只简单

地说他是个诗人,他也是一个男人,一名职员,一位剧院检查员,一个十分年老的女人的丈夫,一位一直拖着步子在城市里打转,70岁还在简陋的住所中身患抑郁症的老人。更重要的是,贝利就是罗马。这不仅是因为他们相类似,也因为他们相背离。其实他充满活力的诗歌中满是慵懒和城市里的愤世嫉俗,只要稍稍浏览几行诗句就能闪电般地精确识别他的风格。可能正是他的这种矛盾心理,才在两个多世纪之后的今天让我们将贝利这一现象定义为"神秘"吧。

18世纪末到19世纪初的欧洲正处动荡之中。这是革命在法国取得胜利的时代,是启蒙主义的时代,而由拿破仑所代表的能量巨浪便源自这场革命,几十年来拿破仑也扰乱了欧洲大陆。罗马受到了正在发生的事情的影响,但却成了"一个软弱侍从",只能或多或少地从客户制服的上衣徽章中了解到外面正在发生的情况。拿破仑皇帝试图迫使两位教皇去做他所希望的事情,虽然只获得了部分成功,但通过这种方式他仍然在刺刀的尖端给罗马带来一些革命精神的微光。几个世纪以来,罗马一直沉浸在静止的时代,停留在"艰苦的梦和暗夜"之中,这个之前的永恒之城不情愿地受到了现代性的影响。画家笔下那些占领它或保护它主权的士兵都是外国人。那儿有保护教皇的瑞士人,还有法国人。而意大利人在1870年才来到罗马。本土的士兵在这里可以忽略不计了:"后面跟着的是狗屁的贵族守卫",这位诗人不假思索地写道。

贝利是一个在郊县的乡野文化中出生和成长的人。他所做的研究,所写的杂文,所就读的学院以及在北方的一些旅程,都使他接触到了当时最生动的表达方式。此外,在米兰,他认识了波尔塔,并在1827年买了他的一本诗集。然而,罗马是一个在军事上懦弱的城市国家,从文化文明的角度看更是几乎要从欧洲地图上消失了,而贝利就出生和生活在这个城市,呼吸着这里的空气。他说这些年来的重大变化是他无法忍受的痛苦之源。还有另一个乔阿奇诺(当然指的就是罗西尼),他在1848年从博洛尼亚逃跑时感受到了革命的恐惧。(鬼使神差的是:这两位伟大且活跃的忧郁症患者,出生只相差一年。)贝利没有离开罗马,但在1849年短暂的三头政治罗马共和国出现的时候,他也躲在家中,当时在街头雅各宾派派人放火烧了圣卡罗教堂的陈设物。而当他从公寓的玻璃后偷偷看到这一幕时，就跑到厨房要去烧了十四行诗的草稿和修改稿。幸运的是，最终版都被保存在了其他地方。

这种直白淫秽的十四行诗没有任何隐晦和妥协，语言来自底层，平白而"没有任何艺术性"，这样的作品同诗人及其生活又有怎样的关系呢？当时没有一个知识分子想过专门对罗马及其民众提出质疑。政治和哲学著作只描述并分析过整个意大利国民的美德和弱点。贾科莫·莱奥帕尔迪在他的《有关意大利风俗现状的讲话》中就描绘了一幅非常尖锐，带有鞭挞意味并具现实意义的肖像画。而对罗马这样一个一直以来都是国家最具矛盾的标志性城市，却没人记录下我们今天乐于了解的那段往事。

只有贝利这样做了，他将平民和他们的语言当作他无数诗篇的主角。他有意识地这么做："在我看来，我的想法与新事物紧密相连。这幅图景如此丰富多彩，无论它是什么，之前都没有找到能与之相比拟的作品。"他不断作诗的目的可以概括在他庄严简洁且最为知名的一行句子里，我将该句一半的内容用作了本章的标题："我决定留下今日罗马的平民纪念碑。"他痛苦地描绘了令其着迷的平民群体。他哭泣，大笑，与之交往，与他们融为一体，走进他们的情感世界，感受他们那坦率而堕落，淫秽而亵渎的语言，是这种语言使他获得了唯一的自由。"人们就是这样的，"他写道，"这就是我所模仿的。"

长期以来，学者们一直在怀疑这位诗人是否说出了真相，即他的十四行诗中如此丰富多彩的人物是否真的代表了罗马的平民，而非朱塞佩自己塑造的诸多灵魂，仅仅用于宣扬他藏在面具后欲表达的观点。这是一个吸引人却无意义的问题，因为这个问题没有确定的答案，哪怕诗人自己也提出过这个问题。贝利可能具有两面性。他既是一个谨慎的保守派，对自己的想法感到恐惧，同时又着迷于野蛮的力量，包括苦难、粗鲁、道德堕落以及他在周遭所看到的贪污腐败和污秽淫荡。

贝利本人向自己提出过这个问题；在《十四行诗》的介绍中，他写道，他错误地认为"我阴险地把自己隐藏在平民的面具背后，想将我的准则和原则赋予他"。可又补充道，"我说出了真相"。事实上，事情并非那么简单。十四行诗的丰富性，以及大段源源不断的灵感都难以给出秩序而理性的解释。有些注明的日期显示他一天内写了十首十四行诗。而当他的妻子去世时，他的灵感减少了。1849 年后，他的灵感甚至枯竭并消失了。

他的作品似乎具有某种自主的生命，背后包含了作者的真实生活。这足以表明他诗中经历的特殊性。作者的疯狂使他沦为"一个空虚的幻影，与影子和鬼魂没有差别"。

这就是为什么这个问题仍然没有答案的原因。在十四行诗中肯定有贝利，至少有一个像贝利的替身，就像海德先生回忆的那样。

到这里我也应该想一想诗人的作品是什么，他涉及的宽泛主题有哪些，除了少数例外，他总是以主角简单生动的视角，配以绝对熟练的方式以十四行十一音节的诗句创作十四行诗。在这里我只能举出有限的一些例子，这样做不仅是限于篇幅的原因，还因为我希望能借这几句诗吸引人们去直接阅读他的作品。比如下面这篇就是他如何设法将一段"谈话"中的虚伪客套凝练成一首四行小诗的：

"您请进，您自便，您继续，

您好吗？谢谢，很好，您呢？十分感激。

谨遵您的吩咐，

请坐，已经坐下了，当然当然……"

事实上，在之后的三行诗中出现了"伦理道德"：

时下的流言蜚语：宫廷礼仪；

狡猾的矫揉表情：宫廷剧院；

恨对方到死的人上演着钟爱与情深。

"宫殿"一词又回到了这里的最后几句诗中。在过去几十年的意大利，该术语已成为修辞学上的惯用代称，用以表示"权力"以及"权力"所散发的光辉。我认为是帕索里尼在 20 世纪 70 年代普及了它的使用。但它最早还是来源

于贝利,更确切地说是出自十四行诗《旧世界的君王》(1832 年 1 月 21 日),它与一则恐怖的童话有关:

> 一次一个国王从宫殿里出来,
> 在广场上向人民发布了法令:
> "我就是我,你们狗屁不是
> 胆小的领主附庸们,请给我闭嘴。"

你们再听听这段发生在检查妓院的宪兵和遇见他的神父间的对话:

> 当准将要进入妓院时,
> 一位严肃的神父出现在他面前。
> 他说:"您是谁?您想干什么?"
> 他说:"我们是公共力量,我要把她们带去城堡里的监狱。"

其后的七行诗展现了两人之间的一段辛辣对话,直到神父用一种变戏法的手段打断了它并解决了这个问题,神父说他除了教皇和基督不认任何权威:

> 说完,他把手伸进口袋搜寻,
> 将右手举到教士的圆帽上,
> 把黑色的帽子换成了红色。

换句话说,他不是一个简单的神父,而是一位红衣主教。我们知道这一片段取材于贝内文托的红衣主教多梅尼科·德西蒙尼的生活,他是由庇护八世提拔成高级神职的。而有关神职人员与妓女和其他女孩肉体关系的话题已经被诗人在大量的诗篇中多次提及,从诸多的流言蜚语和口口相传的生动叙述中,这些故事叫人不得不信。

我们再来换个话题。一首名为《圣周的苦难》的十四行诗写于 1836 年 3 月 31 日。这是格雷戈里奥·阿列格里（1582—1652 年）以九声方式所写的著名的《上帝怜我》作为罗马复调的最高典范。它本是禁止复制的，因为涉及我们如今所说的"版权问题"。莫扎特在西斯廷教堂听了它之后，曾回到酒店，凭着记忆将它誊写下来。歌德在他的《意大利之旅》中也谈到了这首著名的歌曲，还称其具有令人难以置信的美丽。这段诗的其中一句写道："鉴于您伟大的怜悯，请饶恕我吧，上帝。"正是在这节诗中，诗人声称世界上没有任何地方的人能熟练地唱出这些词，尤其是"伟大"一词：

> 今天，伟大这个词唱了一小时；
> 就这样唱着，葡萄酒是他的血！
> 伟大这个词容易叫人爱上。
> 先有一个人唱，再有二，
> 再有三，再有四；于是整个合唱团都唱起来了：
> 可怜的你啊。

这首十四行诗是与众不同的一篇：因为它通过这些文字，成功地模仿了复调的和弦韵味。在结束本章前，我们还想再简单地让读者看上几首：第一首是一幅罗马乡村的"油画"，名为《沙漠》（1836 年 3 月 26 日）。19 世纪时，罗马郊外的乡村是一片荒地，也是一片无边无际的废弃庄园，只有一些溪涧和一些不起眼的凝灰岩高地将其间隔开来；洞穴成了动物和一些强盗或牧羊人的避难所；四处散落着稀疏的稻草、芦苇、芦苇棚以及风干的泥巴和可怜的茅舍，那儿住的穷人都是文盲，经常遭受疟疾、糙皮病或沙眼的折磨；到处都是使人焦虑的气息，平坦的乡村几乎没有畜群踩出的小路。只有一匹消瘦的马拉着一辆推车，沿着其中一条小路缓慢前行。这就是贝利的所见所闻：

> 行了十英里未见一棵树！
> 遇到的都只是些废墟！

寂静像大片的油田蔓延四处，
高声喊叫也空无一物！

所见之处一片扁平，
仿佛用刨具刨过一般，
丝毫不见房屋的踪影！

一辆马车，
是唯一见到的事物，在整个旅途，
拉车的马，倒在地上，等待死亡的归宿。

罗马传

米开朗基罗的《摩西像》完美地将父权和魔法的一些特征融为了一体：浓厚的长髯，伸直的手指，立法者的威严，以及人兽合一的犄角。然而，这犄角可能是由于《出埃及记》翻译中出现的严重错误所致，它把希伯来语从英雄的脸上散发出的光芒一词"karan"，错看成了犄角"keren"……"不管是上帝还是米开朗基罗给予摩西的这个犄角，都把摩西原本想要分隔和远离的东西重新带给了他：上帝和动物，法律和本能，责任和享乐，犹太人的一神教和埃及人的多神教。"

——希尔曼

第六章 《摩西》的历险

《摩西》

在基督教早期的教堂中，圣彼得镣铐教堂有着一段历史与传说混杂的传奇故事。这里所谓的"镣铐"，据传是两根合二为一的锁链，是当年用于囚禁使徒彼得的，其中一条将他囚在了耶路撒冷，另一条则是用于将他转押到罗马。瓦伦提尼安三世的妻子欧多西亚皇后，为了遵循父母的誓愿把圣地耶路撒冷的那副锁链进献给了教皇莱奥内·马尼奥，当教皇把这副锁链与圣彼得被囚禁在罗马时所用的那副放在一起时，两条锁链竟奇迹般地融为了一体。如今，这条古老的锁链已然存放在了教堂中央祭坛的瓮中，接受众人的瞻仰。

不过，每当人们走进教堂，首先映入眼帘的还是那二十根宏伟精美的圆柱，左右两排各十根的柱子将整个教堂一分为三。这是在罗马能够看到的最壮观的圆柱群，我相信即使放眼整个世界它也堪称奇观。这些古老的多立克式圆柱高达六米，由海麦托斯山的大理石制成，这种大理石与卡拉拉山大理石肉眼看来十分相似。起初这些大理石是用来修建希腊神庙的，随后人们又用它修建了不远处埃斯奎林山上罗马市政公署建设。圆柱爱奥尼亚式的基座可追溯到 18 世纪。瓦伦提尼安三世将其赠予妻子，用于在原神殿遗址上重建教堂。当我准备撰写本章因而前往大教堂考察时，一位神父提醒我要关注圆柱的下半部。圆柱的下半部分从下往上到一定高度都有损坏的痕迹，证明似乎在许多年前有人或动物曾被绑在那里。

走进教堂，首先映入眼帘的还是那二十根宏伟精美的圆柱，左右两排各十根的柱子将整个教堂一分为三。这是在罗马能够看到的最壮观的圆柱群，我相信即使放眼整个世界它也堪称奇观

这座教堂命途多舛，无数遗留下来的文物就是其命运最好的见证。人们可以看到教堂中殿的右侧有两根巨大的横梁固定在墙顶，它们原本是屋顶桁架的一部分，因15世纪时红衣主教库萨的尼古拉（Nikolaus Chrypffs）主持修复工作而挪到了墙顶。库萨的尼古拉出生于特里尔附近的库萨，是一位以其意大利名字，尼古拉·库萨诺而闻名的科学家和神学家。在这两根精心雕刻的横梁上，至今仍清晰可见"1465年"的字样。红衣主教的陵墓位于教堂左殿，陵寝上雕刻着安德烈·布雷诺的浮雕作品，做工十分精细。

这座引人注目的教堂，还有一个更加令人着迷的地下室。1956年，为了修复破损严重的地面，考古学家安东尼奥·科利尼受邀对大教堂进行了系统性的发掘，成果颇丰：教堂下方的住宅遗迹可追溯到罗马共和国时代，直至3世纪；住宅里有马赛克地面的残片，有古罗马地道遗址以及一个34米长的半圆形大厅。此外人们还发现了一个带有花园、门廊庭院和喷泉池的别墅遗迹，它或许就是尼禄大帝的行宫之一。20世纪90年代时，罗马智慧大学工程学院承担了另一部分的发掘工作，同样成果丰硕。事实上，教堂和整个住宅区都位于古城的中心，距尼禄金宫和斗兽场仅几步之遥；山丘朝向苏布拉区的西麓十分陡峭，古时那里是生活在最底层的平民居住区。

圣彼得镣铐教堂的地下室，气氛浓郁、引人遐思。地面上的马赛克图案采用了高超的明暗对比法，镶嵌细密，精致而有韵律地排列在一起。墙壁顶部留下的破损弧面可以帮助我们想象出当年拱门和拱廊的样貌；而用于采光的狼嘴雕饰则留存至今。在地下室中，人们只能低头穿行，而头顶即现在的教堂地面曾经是一片玫瑰花园，那里阳光倾泻，流水潺潺，树叶沙沙作响。这美好的场景才是众多作家和导演想象中的被历史的烟尘吞没前的罗马。地下室的其中一个房间里还可以看见些许小礼拜堂的痕迹，我们猜想它以前可能是一间灵堂。

这里的一切都凝固在科利尼的发掘工作被中断的那一刻，自1959年后再未发生改变；新落下的尘土覆盖在历史的积灰上，空气中弥漫着一种颓败的气息。墙上雕刻的铭文向人们昭示了这里曾有一具1798年的亡魂，铭文中的姓名早已模糊难辨，只有日期和"死亡"一词依稀可认：死者去世得如此隐秘，只有留在墙上的模糊字迹聊以纪念。相比之下，同样是在这座古老且令人肃然起敬的教堂中，另一位逝者则不再只屈尊于黑暗，而是正大光明地享受荣光，受人追念。米开朗基罗为他留下了一件传世之作，它也成为米开朗基罗天才与"悲剧"人生的最佳见证。显然，我指的是摩西雕像，这尊庞大的石像在米开朗基罗精湛的雕刻手法下显得生动逼真且富有人性的光辉。

雕像的寓意极其丰富，因此如果有人在不了解其来龙去脉的情况下还想解读它则注定会徒劳无功。于所有人而言，摩西雕像凸显的都是大师精湛的雕刻技艺。

但对米开朗基罗而言它却代表着大师一生中学识与痛苦的巅峰。这个痛苦的过程如此之长，以至于米开朗基罗认为这雕像和整座陵墓一起都是"我一生的悲剧"。因此，重温这段往事是理解并欣赏这一人类历史杰作不可或缺的前提。

1505年3月，教皇尤利乌斯二世（朱利安诺·德拉·罗韦雷）宣召时年30岁的米开朗基罗来到罗马。尤利乌斯二世是一位热衷战争的教皇，同时也是一位精明的政治家、征服者和统治者。在他身上完全看不到任何基督徒应有的慈爱与友善；与此相反，刚一上任时，他就明确宣称要增强教皇国的国力，并很快挑起战争，想要从巴廖尼家族和本蒂沃利奥家族手中夺取佩鲁贾和博洛尼亚。从他的行为举止来看，这位教皇根本不像一位宗教领袖，反而更像文艺复兴时期的君王。那么尤利乌斯二世为什么会把米开朗基罗叫到罗马呢？其实，他是想

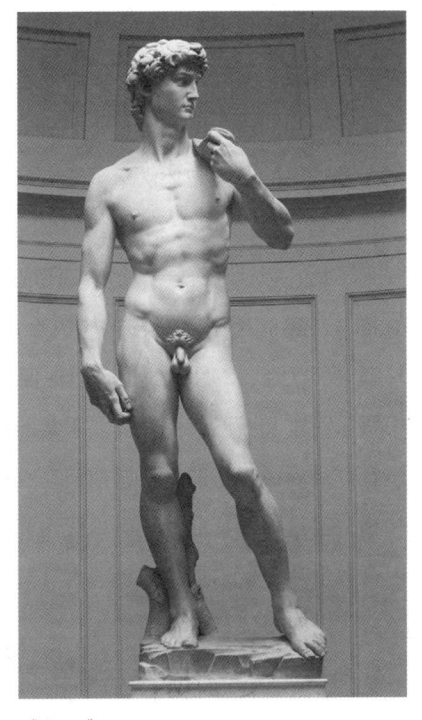

《大卫》

让这位佛罗伦萨的雕塑家、《圣殇》和《大卫》等杰作的创作者，为他修建一座有史以来最宏伟的陵墓。此时的教皇已经62岁了，虽然已不再年轻，却也不失为一个精力充沛、体格健壮的男人，怎么就突然想起为自己修建陵墓了呢？对此存在各种各样的说法，在我看来最可信的就是对于这样一个渴求伟大和辉煌成就的教皇来说，他想要借修建陵墓得以名垂千古。

米开朗基罗超凡脱俗的才华、旺盛的精力、广博的见识与渴望永垂不朽的雄心壮志与尤利乌斯二世一拍即合；这两个人是天生的知音，教皇选择米开朗基罗为自己设计并修建陵墓是选对了人。"如果由我设计，"收到教皇委派给他的任务后米开朗基罗立即回信道，"我必将它设计成这世界上最美的陵墓。"米开朗基罗所说的"美"直接体现在他的设计中：这座陵墓非同寻常，不同于那种倚墙而建的普通制式陵墓，它是一座带有装饰、高而耸立的四边形纪念建筑，可以使人们从各个角度欣赏到它的壮丽。它的设计在某些方面有点类似古代陵墓，长11米，宽7米，共分三层：第一层是尘世，有囚犯和奴隶；第二层是摩西、圣保罗和其他先知；第三层就是教皇的纪念碑。陵寝的每一侧都有大理石雕像，共计四十尊；此外还有青铜神龛和高浮雕装饰。这座华丽的陵墓内还有一片凹进去的空间，一个放了真棺椁的椭圆形房间。也就是说，在这座纪念圣彼得的圣殿中还供奉了一个教皇德拉·罗韦雷的庙宇。

尤利乌斯二世对这个设计十分满意，于是下令让米开朗基罗尽快去阿普安采矿场，以确保采到最适合建造这个陵墓的大理石。在预先支取了1000达克特（从前流通于欧洲各国的钱币）后，米开朗基罗便前往卡拉拉，此后自1505年5月至12月的8个月里他便一直都待在那里。这位大师先是在山峦之中跟采石工和石匠们商讨需要采集的石块，随后又与骡子主人沟通运石下山的事宜，最后还得与船长协调如何在石料运下山后用船把它运到罗马。大理石在帕格兰德港口卸货后，还需用滚木或滑板将其拖到圣彼得广场；大理石宏伟壮丽且数量众多，占据了广场很大一部分空间，因此，前往广场驻足观赏这一景象成了当时最流行的消遣之一。

米开朗基罗就住在离广场不远的地方，并且很快就开始投入工作，教皇对此十分满意，经常通过秘密通道来视察工程进展，并驻足与米开朗基罗谈论陵墓建造和其他一些本应与自己的兄弟商谈的事宜。这一过程被传记作者阿斯坎尼奥·康迪维记录在其所写的《米开朗基罗·博纳罗蒂传》中。这位作者十分谦逊，他所撰写的这本传记几乎是在米开朗基罗本人的口述下完成的。

虽然我们不清楚其中细节，但摩西像很可能是米开朗基罗最先着手创作的雕像之一，可能这也是因为先知摩西矜傲的姿态与爆发的能量与教皇尤利乌斯二世颇为相似。德拉·罗韦雷不喜欢拖延和耽搁：一旦做出决定之后，就想尽快完成；他曾请当时最伟大的建筑师布拉曼特来设计一座新建筑，以取代君士坦丁时期修建的那座赫赫有名却又历尽沧桑的大教堂。在他的构想中，新教堂将成为有史以来最为宏伟的基督教堂，并成为基督教世界的核心。教堂内部也将放置他那同样宏大的陵墓；因为只有这样，才能保证他在死后也不会完全消亡。

起初，教皇对修造陵墓兴致盎然，但当圣彼得大教堂开始修建后，他的狂热开始慢慢冷却，可能是因为他的注意力分散到了其他更重要的事情上，也有可能是其他艺术家恶语相向所致。米开朗基罗自认为自己了解教皇为什么会有这样的转变，多年后他在一封信中给出了这样的解释："教皇尤利乌斯和我之间产生的所有分歧都是因为布拉曼特和拉斐尔的嫉妒之心，这也是教皇放弃在死前修造陵墓的原因，他们就是为了毁掉我。"性格温顺的康迪维则更为明确地在书中指出："布拉曼特作为建筑师颇受教皇偏爱，他竟然引述百姓的无稽之谈给教皇，说生时修造陵墓有不好的寓意，这才让教皇改变了自己的想法。"

我们应该相信这番说辞吗？事实上拉斐尔应该是在几年后才抵达罗马的。当时艺术家彼此间的关系并不和谐，明争暗斗，相互嫉妒，争风吃醋。尤其是在宫廷里，因为一切决定都只取决于教皇的心情甚至可以说是他的任性。另外一种减缓修造陵墓进度的可能是尤利乌斯二世被另一个看起来更宏伟的项目所吸引。但米开朗基罗执意将其归因于布拉曼特对自己的恶意，而非教皇"政治"意志的改变。这种含混不清的情况最终酿成了一起神秘而又富戏剧性的事件。1506年4月17日，复活节后的星期五，米开朗基罗突然离开罗马，确切地说应该是逃离了罗马。由于教皇中断了陵墓的修建款，而米开朗基罗却面临着源源不断地运送至罗马的大理石账款,束手无策。为此他多次求见教皇,始终未果,直到那天阴差阳错,当他正在前厅等待教皇接见时,一位骑兵教官走近威胁他,要求他立刻离开教廷。面对如此冒犯米开朗基罗忍无可忍,就愤然留下一张字条:"尊敬的教皇陛下,今天早上我被赶出了您的教廷,所以从今往后如果您想找我,只能去罗马以外的地方了。"

教皇在收到这张字条前就得知了这个意外事件,遂派遣五名使者骑马追赶米开朗基罗,使者们在当天午夜时分才在波吉邦西追上他。但波吉邦西属于佛罗伦萨境内,不属于罗马教皇管辖范围。他们发生了激烈的争吵,使者们逼迫米开朗基罗服从命令,而米开朗基罗则威胁要把他们都杀了。最终,米开朗基罗还是拒不从命,还让使者们传话给教皇:既然教皇对修造陵墓已没多大兴趣,那么自己也就没有任何责任和义务了。米开朗基罗离开罗马整整两年后,恃才傲物的他和同样自视甚高的教皇才在博洛尼亚相遇。此时的米开朗基罗早已没了怒气,还给教皇献了一尊巨大的青铜雕像(后来不幸被毁)。但直到1508年春末他才返回罗马。米开朗基罗希望能继续修建教皇的陵墓,然而接到的新任务却令他大失所望。

不过,这项令他很失望的任务将会是一件无与伦比的创世杰作:在总共三百多平方米的面积上绘制数百个人物。这是从1508年春到1512年10月底四年辛勤工作的成果,尽管画家拿到了3000斯库多的报酬(古银币单位),可是他所遭受的身心上的双重压力是难以想象的。这一任务,就是西斯廷礼拜堂的穹顶壁画,在布拉曼特的坚持下,教皇尤利乌斯不惜一切代价要把这项任务委派给米开朗基罗。为什么这位著名的建筑师此时也想把这个任务交给米开朗基罗呢?有个很可信的说法认为,布拉曼特知道这项任务对之前一直从事雕刻的米开朗基罗来说十分具有挑战性,任何差错都可能有损米开朗基罗的声誉,他以为自己可以借此机会来挑拨米开朗基罗与教皇的关系。

然而事情的发展却出人意料:当然,对于米开朗基罗这样一位雕塑家而言,从事绘画整整四年的确是一种折磨,但从另一个角度来看,正是这艰辛的四年让他创作了一幅绘画史上登峰造极的作品。一开始,教皇只想让他在弧面窗上画上十二个使徒,而穹顶按照当时通行的做法,以星空作背景即可。但米开朗基罗对此却有不同看法，他想在穹顶上绘制神与人的历史，塑造耶稣诞生前的所有人物，包括他的先人和预言耶稣即将临世的男女预言家。四年中，米开朗基罗在脚手架上长时间仰头工作，每天都要抬起双臂数小时，两眼近距离地盯着穹顶：康迪维写道："这项工作令米开朗基罗必须长时间抬头仰视穹顶，一天干完之后几乎无法低头视物，当他走下脚手架读信或看一些小东西时，必须用双手举过头顶才能勉强看清。"

1513年2月，西斯廷礼拜堂完工四个月后，尤利乌斯二世去世。米开朗基罗又陷入了新的困境，面临新的严峻形势。米开朗基罗与上述这位专横教皇之间的关系一直都很紧张，两个人都容易情绪激动：尤利乌斯二世甚至用手杖打过米开朗基罗。那一天，当教皇再次问起"西斯廷教堂壁画何时才能完工"时，米开朗基罗不耐烦地答道："我能画完的时候。"尽管这段关系表面看起来不甚和谐，但这两个脾气古怪的男人也算相互理解。然而，当教皇的继任者上台后，事情就发生了变化，利奥十世（乔瓦尼·德·美第奇）是一个最糟糕的教皇，他既不认同马丁路德在欧洲宣扬的需要对教会有更高道德要求的言论，也不理解信徒们对这一改革有多么支持。这位奥古斯丁修道院的修士曾就教会的残忍提出了一个关键问题：为什么明明最富有的教皇要靠贫穷的信徒们来资助建设圣彼得大教堂，自己却分文不出呢？不仅如此，罗马元老院甚至哄骗信徒们购买赎罪券，以获得上帝的宽恕。

利奥十世继位时只有37岁，须知他13岁时就已身居红衣主教之位，父亲是大名鼎鼎的洛伦佐亲王。他与上流社会交往甚密，耽于声色，懒散，不理政事，并肆无忌惮地利用职权偏袒家族。他不喜欢米开朗基罗这样的人，不过，却有一项任务偏偏又需要交给米开朗基罗去做：修建佛罗伦萨圣洛伦佐教堂的立面。米开朗基罗试图回绝，说他刚与尤利乌斯二世的遗嘱继承人签了一份新合同，现在正忙着继续修建尤利乌斯二世的陵墓，但他最终还是被迫中断了陵墓的修建。毕竟利奥十世是现任教皇，而且这一差事也给米开朗基罗提供了拓展新领域的好机会：继雕塑家和绘画家之后，现在有可能要成为一名建筑师了。然而想法虽好，最终却没能实现。果不其然，到头来他确实什么也没做成。

除此之外，米开朗基罗又接受了其他一些委托，其中有些并不是很成功；此外，他还与尤利乌斯二世的遗嘱执行人签订了另一些合同，这些又让他饱受煎熬。在这期间，又有其他几位教皇继任。利奥十世于1521年去世后，荷兰人阿德里安·弗洛里斯（阿德里安六世）继位。他是一个清教徒式的严于律己的人，正因如此，他不喜阿谀奉承，惯于教皇式的冷漠。但教廷早已过惯了轻松惬意的日子，教廷对于奢华的生活早已习以为常。阿德里安六世继位才一年多，就于1523年9月去世了。在其短短几个月的任期里，他也让米开朗基罗干过活，不过是特别糟糕的那种。由于他没有能够分辨教廷堕落与西斯廷教堂壁画上"裸体像"的警世寓意，就把"裸体"之耻与罗马的诸多腐败混为一谈，打算拆除西斯廷教堂，正如瓦萨里在《艺苑名人传》一书中所写的那样："他已经开始考虑如何毁掉米开朗基罗设计的礼拜堂了，还说那里像一个'人人赤身裸体的澡堂'；他瞧不起所有优秀的绘画作品和雕像，称其为淫荡之物，是耻辱的象征。"（无论是否因此缘由，在他之后，直到1978年约翰保罗二世上台，梵蒂冈都再未有过其他外国教皇。）

阿德里安六世去世后，另一位美第奇家族的成员——朱利奥即位，他是尤利乌斯的私生子，在位期间的封号是克莱蒙特七世，在其执政期间，罗马曾于1527年被查理五世的德国雇佣兵所劫掠，在其统治快要结束时，亨利八世又推动了英国教会的分裂。他在成为教皇前，就曾要求米开朗基罗在美第奇家族的圣洛伦佐教堂内设计一个"新的圣器收藏室"，但实际上那是一个家族的陵墓。从他的叔叔洛伦佐亲王开始，美第奇家族重要人物的墓地都设在此处。米开朗基罗不得不又一次中断尤利乌斯二世陵墓这项已拖延了将近二十年的任务，开始着手设计这个"新的圣器收藏室"，不过后来，这成了他又一件传世的经典作品。1534年，在这位教皇弥留之际，又交给了才华横溢的米开朗基罗一项新任务：为西斯廷礼拜堂祭坛所靠的那面墙壁绘制壁画《最后的审判》，从而使礼拜堂的装饰得到了最后的完善。

在此期间，米开朗基罗也深受多年的政治动荡和连绵战乱的影响，长年逃亡，东躲西藏。在短暂的共和国诞生之际，米开朗基罗又匆匆返回佛罗伦萨。1531年7月，公爵亚历山大·德·美第奇耀武扬威地回到佛罗伦萨，康

《最后的审判》

迪维称"众所周知,亚历山大·德·美第奇是个凶悍且报复心重的年轻人",他十分仇视米开朗基罗,甚至想要置他于死地。当时亚历山大·德·美第奇还很年轻,二十出头就已经是公爵了,这要感谢他的"叔叔"——教皇克莱门特七世(实际上是他的父亲)授予他公爵头衔,让他成为佛罗伦萨的君王。随着他的到来,米开朗基罗再也无法在佛罗伦萨安心待下去,同时,家人的去世也使他痛苦不堪,于是他想返回罗马。1534年9月23日米开朗基罗抵达了永恒之城罗马;两天后,56岁的克莱门特七世去世。

故事说到这儿,米开朗基罗认为尤利乌斯二世的陵墓是他生命中"悲剧"的原因就显而易见了(或许称之为"噩梦"也不为过)。克莱门特七世逝世后,新教皇继任,成了这位托斯卡纳艺术家的新资助者。虽然保罗三世(亚历山德罗·法尔内塞)在登上教皇宝座时已年纪不轻但却精力充沛,就是他召开并操纵了特兰托圣公会议,这是天主教会漫长历史上一个十分重要的转折点。保罗重提前任教皇想要绘制《最后的审判》的意愿,不惜一切代价想让米开朗基罗操刀,并计划在这幅巨大的壁画中展现其作为教皇对世界新教徒的政治宣言。但米开朗基罗当时之所以回到罗马,是想摆脱长久以来的烦恼,想要尽快完成早已得到报酬却拖延了多年的教皇尤利乌斯二世的陵墓建造工程。他想这样做还有另外一个原因,那就是尤利乌斯二世的主要继承人,他的孙子,暴力血腥的乌尔比诺公爵正大声疾呼,强烈要求他在30年的拖延和耽搁后,完成这项承诺。

那几天发生了一件非同寻常的事。保罗三世在十多位红衣主教的陪同下,亲自前往图拉真广场附近的马塞尔德科维,拜访了米开朗基罗的家。刚下车到达米开朗基罗的家中,教皇就提出想看一下米开朗基罗为《最后的审判》壁画所作的草图,并询问有关壁画的研究准备工作。看

《最后的审判》局部,人皮是以米开朗基罗自己的形貌;此乃史上创作者最伟大的签名方式

完草图后他十分欣赏米开朗基罗,也更加坚定了完成这幅壁画的决心。但他并没有意识到米开朗基罗此时的内心十分挣扎和纠结:他满脑子都是尤利乌斯二世的陵墓,尤其是他那不好惹的孙子。那个时候,已经完成的摩西雕像引人注目地矗立在他的画室中间。曼托瓦的红衣主教埃尔科莱指着这座雕像说:"仅仅这座雕像就足以用来纪念教皇尤利乌斯了。"当保罗三世得知米开朗基罗不太愿意绘制壁画的主要原因是担心弗朗西斯科·玛丽亚·德拉·罗维尔的反应后,便特意说道:"我会保证乌尔比诺公爵只需要你做三座雕像,剩下的那三座就交给其他人去做。"教皇说完此番话后,果真兑现了这一诺言,他说服并安抚了原本十分愤怒的公爵,并每年给米开朗基罗1200金斯库迪,其中一半都来自皮亚琴察附近波河航运的税收。1535年的夏天,米开朗基罗回到西斯廷礼拜堂开始绘制《最后的审判》。

本章是来探究摩西像及其坎坷的命运的,但既然提起了《最后的审判》,就不得不谈及1541年11月1日壁画揭幕后的盛况。人们当时虽然对此怀有一

定的热情，但起初占据上风的却是反对者的声音。有人说耶稣没有胡须，被画得太年轻了，无法体现出他的威严。阿雷蒂诺出于报复随后也发表意见，说米开朗基罗笔下的天使和圣徒"要么毫无世人的质朴，要么缺少天上的华丽"。但是最让人印象深刻的还是壁画中的裸体；一位还俗的修道士贝纳迪诺·奥奇诺甚至公开斥责这太过庸俗、下流，指责教皇竟能容忍"每日祷告的神圣的西斯廷教堂里有如此淫秽肮脏的画作"。所有的这一切都不过是闭塞狭隘、目光短浅，这是对沸沸扬扬的新教改革浪潮的惧怕以及审美的无能。这些反对声的结果造成了特兰托圣公大会在最后一次召开的会议中，让宗教理事会对宗教题材的艺术创作制定了非常严格的规则。然而下一任教皇保罗四世，可怕的吉安·彼得罗·卡拉法，也斥责《最后的审判》是"人人赤身裸体的澡堂"，差一点就叫人用石灰毁了整幅壁画。最后，或许是在米开朗基罗的默许下，他们达成了妥协。决定要给所有裸体人物画上腰布或衣饰（庆幸的是已在几年前清除掉了）。1564 年（米开朗基罗去世的那一年）这项任务被委派给达尼埃莱·达·沃尔泰拉，之后又交给了吉罗拉莫·达·法诺。

画完《最后的审判》后，米开朗基罗终于可以继续修建尤利乌斯二世的陵墓了。尽管比起原来的设计，双方已达成一致，简化了陵墓的形式和规模，而且还将陵墓安置在了圣彼得镣铐教堂这样一个小教堂内。但米开朗基罗的悲剧或者说噩梦还是重演了，他的如意算盘又落空了。教皇希望米开朗基罗用绘画为另一个以其名字命名的小教堂作装饰：即保利纳小教堂。米开朗基罗要在教堂内亲自创作两幅装饰画：《圣彼得殉难》和《圣保罗皈依基督》。

但此时，随着岁月的流逝、疾病的折磨和亲人的去世，米开朗基罗的身体和心理状况更糟糕了，以致尤利乌斯二世的陵墓迟迟未能完工。直到 1545 年，也就是这场悲剧开工整整 40 年后，米开朗基罗才终于苦尽甘来，让陵寝落下帷幕。建造陵墓的合同经过了五次修改和更新；当陵墓刚开始修建时，米开朗基罗才 30 岁，正值壮年，如今他已经 70 多岁了，还因"苦闷"，整日郁郁寡欢。然而尤里乌斯的继承者却指责米开朗基罗只想把挣来的钱用来投资房产，放高利贷赚钱。本来要修的是一座史上最宏伟壮丽的陵墓，然而经过一连串合约的修改，最终完成的规模和雕像数量都减少了；本应矗立在圣彼得大教堂（所有教堂之母）中心的雕像，最终却被安置在一个小教堂的角落里。在第一份合同中规定，雕像必须有40座，而后变成了28座，再后是22座；在1532年的合同中，雕像数量又减少到了6座，而且陵墓只有一面，也就是说，它只能靠墙而建。因此，正如瓦萨里所记述的那样："最终，各方达成协议后，陵墓将按照这样的形式修建：不再修建一座米开朗基罗喜欢的四边形陵墓，而是依墙而建，只有一个面面朝太阳，且只能放置他亲手雕刻的6座雕像进行装饰。"

在与乌尔比诺公爵达成最后的妥协之后，需要米开朗基罗亲自雕刻的雕像又减至3座，分别是摩西像、利亚像和拉凯莱像，至于其余的3座雕像（圣母像，男女先知像）则由其他人来完成。1545年2月，米开朗基罗将摩西像和其他两座雕像转运到了圣彼得镣铐大教堂，而安放在摩西像左侧的拉凯莱像象征了宗教生活，右侧的利亚像象征了世俗生活。由于受到了四任教皇的干涉，这项工程经过整整四十年才得以完成。第一位教皇就是尤利乌斯二世本人，因为他对这项工程热情的逐渐消减导致停止了资金供应，此外，他还让米开朗基罗承担了装饰西斯廷礼拜堂穹顶这项艰难的工作；随后是利奥十世，为了让米开朗基罗修建圣洛伦佐教堂耽误了很多年；再然后是克莱门特七世，他把修建美第奇家族的陵墓和新圣器收藏室的重担交给米开朗基罗；最终保罗三世令米开朗基罗完善西斯廷礼拜堂，绘制《最后的审判》。而这些作品都是米开朗基罗一生的集大成之作，给他带来了永垂青史的荣誉。但是如果教皇尤利乌斯二世的陵墓按原设计进行修建的话，一定也会成为当今世界的奇迹之一。

简而言之，这就是事情的来龙去脉。不过直到现在，除了描述米开朗基罗的性格特点的只言片语外，我还没有好好地介绍米开朗基罗的生平。毫无疑问，他是一位卓越的艺术家。但他到底是怎样一个人呢？他出生于卡普雷塞（今天的卡米雷斯米开朗基罗）的一个小资产阶级家庭，排行老二。1475年3月6日，他的母亲弗朗切斯卡在18岁的时候生下了这个才华横溢的儿子，但六年后这位年轻的母亲就去世了。他的父亲洛多维科是一个普通人，一直都没意识到他这个儿子才华过人，相反甚至试图扼杀儿子的天赋，于他而言绘画和雕塑就是涂颜料和凿石头，干这些手工活不是一个男人该做的事，男人的双手是应该拿笔写记录和管账的，因为洛多维科曾为多个城堡起草文件，理财管账。直到他发现米开朗基罗靠雕塑大赚一笔后才改变了想法；从此开始向米开朗基罗要钱，而且每当得逞时还总是要抱怨米开朗基罗给得太少，远远达不到自己的要求。洛多维科后来又续娶了乌巴尔迪尼的卢克蕾西亚为妻。

米开朗基罗有四个兄弟：一个商人，一个修道士，一个冒险家，还有一个军人。但唯独他是个天才。身体孱弱，气质忧郁是他的特质。这种气质可能也是由他的童年遭遇所致：父亲懦弱怪异，生母早逝，继母又得不到孩子的认可。13岁时米开朗基罗就成了基尔兰达·多梅尼哥画室的学徒；他为画家们打下手，调颜料、安支架、铺画纸，时不时自己也画幅草图，显露一下他极为惊艳的才华。然而画师们看见了非常的不高兴，都想把草图占为己有。洛伦佐亲王（是一位诗人和文学艺术事业的资助者）在米开朗基罗15岁时发现了他过人的才华和天赋，并邀请他进入宫廷。亲王派人告诉米开朗基罗的父亲洛多维科，他想要收养米开朗基罗，作为补偿，会给他一份海关官员的工作。

那些年米开朗基罗过得如何呢？从物质生活方面来看，他应该过得很好，好到做梦也不敢想。他有着完全属于自己的独立住所，穿着高档的衣服，经常出入一些欧洲最豪华的餐厅，还时常与周围各种博学且见闻广博的名流谈天论地，获取最新的时代信息，了解当今世界最时尚的思潮，发表自己对事情的独特看法，这其中就孕育了很多赋予旧大陆新面貌的思想。马尔西利奥·费奇诺、安杰洛·波利齐亚诺、米兰多拉等人都经常出席这种聚会；在工作中，还有桑德罗·波提切利、桑加洛、波拉奥洛、韦罗基奥与他相互竞争；常常漫步在佛罗伦萨街头的都是那个时代的伟大人物：莱昂纳多·达·芬奇、安德烈亚·德拉·罗比亚、尼可罗·马基亚维利。除此之外，无数的教堂和纪念碑上还可以欣赏到乔托、马萨乔、比特·安吉利科和多纳泰罗等人最杰出的作品。米开朗基罗从未上过学也没有正规的老师，但身处如此艺术的氛围中，他只需要呼吸几口这样的空气便能够成就自己，甚至还能走在别人前面。

这些年的经历塑造了米开朗基罗逐渐成形的精神世界，而一场意外则改变了他的容颜。在洛伦佐的花园里，有一位与米开朗基罗一起工作的雕塑家——彼埃特罗·托利贾尼，他比米开朗基罗大三岁，尤显身体强壮，鲁莽暴力。据瓦萨里说："他身形健壮，十分胆大，看起来更像是一个士兵而不是一个雕塑家"，此外，他性格暴躁易怒。托利贾尼和米开朗基罗两人之间的关系一开始就十分糟糕，或许是因为托利贾尼嫉妒米开朗基罗的艺术天赋，抑或由于米开朗基罗虽然身体羸弱但却十分喜欢取笑他人。总之有一天，愤怒的托利贾尼朝米开朗基罗的脸挥了一拳，打断了米开朗基罗的鼻骨，终生难以矫正。用托利贾尼自己的话来说就是："米开朗基罗喜欢取笑其他画家的画法；那天他在大伙儿面前一再拿我开涮，实在把我惹火了，我勃然大怒，握紧拳头一拳砸向了那家伙的鼻子。我都听到了他鼻骨被打碎的声音。这样那个家伙就会一直带着我给他留下的印记，直到他去世。"

米开朗基罗

艺术巨匠米开朗基罗的实际身型并不魁梧，相貌原本也不英俊；那一拳打到他脸上后又让他毁了容，用我们现在的话来说就是让一个极度敏感的人"自卑心理"更重了。至于托利贾尼，他的下场也十分悲惨。由于他的行为引起了洛伦佐亲王的盛怒，只好逃离佛罗伦萨，流亡欧洲，最终他在西班牙被抓进宗教裁判所的牢房，活活饿死在监狱里。

米开朗基罗的性取向和风流行为，肯定就源自早年受到的创伤，包括脸上挨的这一拳。也不知那位平庸的作家、激情的共和党人——多纳托·加诺提收录在《对话》中的话是否可信："我是有史以来最爱他人的人。"尽管他对爱满怀热情，但他的感情生活还是困难重重：与女性的关系就不用说了，一定是金钱关系；而从那些他写给斐波·迪·波焦和托马索·德·卡瓦利埃的信件来看，他与男性之间的关系更为复杂。不过这也可能是传记理解方面的问题。

托马索生得十分俊美，而且米开朗基罗无论是对男性还是对女性身体之美总有独到的欣赏和见解。米开朗基罗在认识托马索的时候后者还不到20岁，但米开朗基罗此时（1532年）已经快满60岁了：两人在这个年龄跨度下的相遇孕育着极大的风险。毫无疑问，米开朗基罗爱过年轻的托马索，他外表帅气，又有内涵，而且很有艺术天赋。但如果说有疑问的话，那就是他们之间的爱到底是为了什么。是为了肉欲吗？从阿雷蒂诺到安德烈·纪德，很多人都认为这一点无可争辩。是为了精神满足吗？包括乔万尼·帕皮尼在内的一些人对此也深信不疑。乔万尼为米开朗基罗所著的传记中就表达了这种观点。米开朗基罗专门为托马索做过一件从未给其他人做过的事：为他画了一幅肖像画。这是一支炭笔画下的画，但却仿佛出自天使之手。"画中人有着美丽的眼睛，嘴巴和鼻子不仅端正还透着英气，他穿着复古，手里拿着一幅肖像或者一个勋章，胡子刮得很干净，总而言之，所有其他才华横溢的画作在它面前都会黯然失色。"可惜这样一幅奇迹之作不幸遗失了。不过我们还找到了一些信件，更为准确地说是四封信，从这四封信中就可以看出米开朗基罗对托马索热烈的爱，或者说是不顾一切要宣泄的爱。当然，这不只是性欲层面的袒露，而是赤裸裸的爱的公开宣言。只有当人真的爱意满盈时，才能写出如此率真的表达。"阁下，"当时最伟大的艺术家米开朗基罗写给年轻人托马索，"您是我们所处时代的光芒，独一无二，您不可能对其他任何人的作品感到满意，因为这些艺术作品无法与您相称。我希望并承诺为您贡献我的作品，但即使你能喜欢其中的一些，那也仅仅是我的侥幸。当我确信在某些方面您会喜欢时，我会竭尽所能在为数不多的时间里倾注在这些方面。可惜的是岁月不饶人，这使我十分痛苦。如果时光可以倒流，我便可以为您长久地效劳。而如今因为我年纪太大，只拥有短暂的未来可以为您效劳了。"

这位年迈的艺术家写下的内容让人感到十分惊讶。他在艺术方面创作了很多佳作，他自己也深知这一点，但他却把一个年轻人称为"这个时代的光芒"。托马索出众的相貌让他沉迷，并卑微地写道："似乎您并不是刚来到人世，正如您在来信中所写，您已经成千上万次地降临世间；如果我不是在您的来信中得知您欣赏我的作品，那么即便我出生了也会像没活过一样，这一定是人世间最大的痛苦。"

这种对内心的虔诚表达，每个人都会有自己的判断和理解。米开朗基罗把对英俊的托马索的爱的宣言写成诗歌，如痴如醉地表达自己的爱慕："哦，你让我成了我自己，否则我将死去。"无论它的本质如何，这都是贯穿米开朗基罗一生的爱情。1564年2月，当米开朗基罗去世时，只有极少几个生前好友去他的寒舍里送别，其中就有不再年轻的托马索，然而此时的托马索已经娶妻生子，成了两个孩子的父亲。他的长子——埃米利奥，在佛罗伦萨的一个文学艺术社团"卡梅拉塔"中有着十分重要的影响，创立了一种新的艺术形式：音乐剧。

米开朗基罗喜欢各种形式的美，其中就包括男女两性的形体之美。他花费了大量的时间和精力研究人体，青年时期还曾到佛罗伦萨一家医院的太平间练习解剖尸体。此后由于他认为了解肌肉结构对雕塑和绘画来说必不可少，因而又持续学习了很长一段时间。他的学习包括解剖尸体，阅读解剖学书籍，研究其他艺术家的作品，其中就包括阿尔布雷特·丢勒关于人体比例的雕刻。但他并不喜欢这样的内容。传记作者康迪维就写道："他觉得自己在这个环节很弱。"年龄稍长一些后，米开朗基罗在罗马遇到了当时最著名的解剖学家之一雷诺多·科伦坡并拜他为师。这位解剖学家十分欣赏米开朗基罗对解剖一丝不苟的态度，于是有一天交给了他一具摩尔人的尸体，"米开朗基罗指着这具尸体向我介绍了许多难得的奥秘"，传记作者写道，"或许这些奥秘不会被人理解，但我却注意到了"。康迪维还指出，米开朗基罗对分析和解剖是如此狂热和沉迷，以至于"当他走进一家鱼店时，都会去仔细观察鱼是什么形状、鱼鳍和鱼眼的颜色，以及其他所有的部位……正是这种热情引领他臻于完美，获得全世界的敬仰。"

这种细致入微又耗时长久的研究结果就是我们目之所及的视觉盛宴，其中包括：亚当那伸向造物主的手臂，"囚徒"雕塑，男女先知的形象，画作《最后的审判》中被打入地狱的恶徒扭曲的肢体，充满活力的上帝信徒，雕塑作品《大卫》所包含的和谐的力量感，以及他诸多以"圣殇"为题材的雕刻中死去基督瘫软的四肢、无力支撑的双腿和软绵绵的躯干、被身边人勉强搀扶起来的手臂。在那之前，从来没有对人体和圣灵进行过如此逼真的描绘。无论题材或内容是什么，从激情到忧伤，从禁欲苦行到七情六欲，甚至包括死亡给人带来的沮丧,所有这些都被他勾画得惟妙惟肖。

正是这种对身体的忠实描绘造就了他的举世无双、独一无二。康迪维在结束为米开朗基罗所著的传记时,竭力以言辞为其庇护,想使其免因同性恋遭受指责:"他崇尚人体之美,而且十分了解,正是这种情结使其与那些懵懂不知美为何物的人迥然有别。那些人视这样的崇尚为色情和不贞,因此米开朗基罗就为人们诽谤他提供了口实。"这是作者试图维护他清白所做出的解释。如今除了历史意义以外,已然不再重要了。

对人体和谐之美的追求是在自然界唯一使米开朗基罗真正感兴趣的地方。艺术史学家指出,他的作品里几乎从来没有自然风光作"背景",没有山川、树木、河流这些一眼就能分辨出的意大利绘画作品的元素。米开朗基罗还是一位"都市"艺术家:他一直住在城市里(佛罗伦萨、罗马,还曾在威尼斯和博洛尼亚短期逗留),只在晚年时才流露出对自然界的欣赏,而在其生命的大多数时间里自然都是为他所忽视的。1556年,他已经是一位80岁的老人了,在经历了多次的逃难后,不得不再次也是最后一次逃离罗马。因为当时,罗马受到那不勒斯总督费尔南多·阿尔瓦雷斯·德·托莱多和阿尔巴公爵的军事威胁。入侵者从南方而来,米开朗基罗向北逃去,停留在斯波莱托,在那里待了大约一个月。他借此机会周游了周边地区,爬上了蒙特卢科荒凉幽静的山丘,这是翁布里亚方济各会堂修士隐居的地方。十二月,他在给瓦萨里的信中写道,他非常高兴自己得以"拜访斯波莱托山区深处的那些隐修院,甚至返回罗马时一半的自己还遗留在那山林之中。因为如果没有森林,就无处寻得安宁"。

回到罗马的米开朗基罗已经不再完整,因为他把自己的一部分遗留在那些平静的树林里了,只有在那里才能有不被打扰的安宁:这位大师的生活里自此只剩下乡野的朴素和无尽的沉寂,老人拄着手杖蹒跚前行时发出的喘气声是他身边入耳可闻的唯一声响。这个敏感孤独的老人,深受抑郁的折磨,虽深爱自由却又不得不依附"权贵"才能抒发自我的情感。在1556年那个秋天,在蒙特卢科的森林中他终于找到了自己追求的安宁。这样的安谧,无论是在教皇的宫殿还是公爵的府邸都是无法体会到的。

让我们言归正传,重回摩西像。关于摩西像雕刻技艺之完美,我们不必再过多赘述：所有人都有目共睹。但是我们可以尝试深入研究另一方面的问题：这个耗费了米开朗基罗大量时间和精力的雕像对他而言究竟有什么意义呢？这是一个备受争议的问题，也涉及了艺术本身和创作者心路历程的各个方面。我们不妨从最质朴的生平资料开始着手。在 1550 年的圣年之际，现年 75 岁的米开朗基罗依照教规需要步行朝拜所有的大教堂，但教皇给予了他作为艺术大师的特权，即可以骑马朝拜，而其他朝圣者需全程步行。即便除此之外再无其他证据，但仅这一点也足以证明米开朗基罗有着虔诚的宗教信仰，然而问题在于：是哪一种宗教信仰呢？要知道那些年里，教会与元老院中黑幕、腐败盛行。

米开朗基罗十分崇拜耶稣，从他的多部"圣殇"作品、写过的信件和向其他人吐露的心声中都可窥见。少年时期，他就曾在佛罗伦萨听过多明我会修士吉洛拉谟·萨沃纳罗拉雷鸣一般地布道，他将矛头直指美第奇家族及教皇，渴望建立一个民主的神权统治，反对教会的腐败。1498 年当这位修道士被当作异教徒活活烧死时，米开朗基罗才刚过 20 岁。尽管日渐老去，他却坦言自己仍能听见内心的那个铿锵有力的警示之音。米开朗基罗信仰的是自律、虔诚、禁欲主义的天主教，这与梵蒂冈的统治背道而驰，但丁和萨沃纳罗拉才是他的领路人。后来他曾在一首十四行诗中写道："这里圣餐杯被铸成盔与剑；基督的鲜血被按斤两出售。"当尤利乌斯二世要求他用黄金来装饰西斯廷礼拜堂的穹顶时，米开朗基罗直截了当地回答道："画在这里的人物本身就是贫穷的。"

仅仅这几句冲撞教皇的话语就足以让人们了解他的宗教理念。有人暗示米开朗基罗对路德新教颇有好感，这显然是夸大其词。不过可以肯定的是，他的社交圈里虽说没人向新教妥协，但试图促进腐败透顶的教会进行精神改革的却大有人在。同属这一圈子的就有维多利亚·科隆纳，她是佩斯卡拉侯爵费迪南多·弗朗切斯科·阿瓦洛斯的遗孀，曾在奎里纳勒的圣西尔维斯特女修道院中工作至退休。在她周围聚集了一个名为"雅士"的知识分子团体：有大祭司、作家、诗人、艺术家，米开朗基罗也在此列。他创作了很多作品送给她，包括《耶稣被钉上十字架》《圣殇》《撒玛利亚女人》，只可惜全都不幸遗失了。

他们之间的关系十分亲密，因而招致了许多非议，许多人甚至认为他们之间存有爱情，但这个假设看似合理却无关痛痒，因为真正重要的是一种将他们联系在一起的强大精神。1547年2月25日，年仅56岁的维多利亚逝世。康迪维写道，米开朗基罗俯下身去亲吻她的脸颊，向她的遗体告别。

值得一提的是，当时"大祭司"中有一位红衣主教雷吉纳尔德·博勒，他曾是维多利亚的精神顾问。博勒是英国国籍，但接受的却是意大利教育，他还是亨利八世的亲戚，于是他成了当时英国宫廷与罗马教廷对峙时期的重要人物。暴躁的亨利八世起初十分偏袒这个亲戚，但当博勒宣布自己反对英国宫廷分裂时，亨利八世便判处博勒的母亲死刑并策划谋害博勒从而加以报复，这些我在第一章也有提及。

这位红衣主教雷吉纳尔德·博勒声望极高，在1549年保罗三世逝世时，他参选了选举教皇的大会并且很有可能当选。但由于他主张改革的坚定立场最终导致他错失了坐上教皇宝座的机会。几年后，季安·皮埃德罗·卡拉法成了教皇，封号保罗四世。卡拉法教皇开始对"雅士"团体进行激烈的反攻，于1559年出版了《禁书目录》，甚至连《圣经》的部分内容和早期基督教作家的著作都受到了审查。他还亲自恢复宗教裁判所（保罗三世于1542年7月创立），给予它足够大的权力来对付路德新教及其与之立场接近的人。简言之，他病态的宗教狂热到了无以复加的地步。被卡拉法教皇逮捕并关押在圣天使古堡的所谓异端邪说者中，还包括红衣主教乔万尼·摩洛尼，他是天主教会的重量级人物之一，自然也是维多利亚、博勒和米开朗基罗的朋友。米开朗基罗还为他创作了一些画，但也都不幸遗失了。1549年，博勒在天主教红衣主教选举教皇的秘密会议中的失败实际就意味着试图从内部整顿教会的希望破灭了。

即使有教义因素的掩饰，但教皇如此严厉地打压新教，显然带有政治目的。在他看来，必须依据对立双方的逻辑，通过严格的程序规定来谴责教会内部的改革派，以此来反对新教。而在路德新教的观念中，宗教朝拜活动是无用的；教会的这些礼仪早已变成了表面的仪式，甚至蜕变成了迷信，而教会正是通过这些仪式来对信徒们进行控制。在"雅士"这个圈子中，曼图亚·本尼迪克特写的一本小书《基督恩泽》广为流传。他在这本书中声称只要虔诚就足以在上帝面前免去一切罪恶。《基督恩泽》表明信徒的行为必须源于虔诚的信仰，而不是为了履行职责或寻求奖赏。这位虔诚的作者让信徒们通过感念被钉上十字架的基督来获取"灵感"，通过完全信仰基督而使灵魂达到尽善尽美的境界。

基督徒在上帝面前为自己的信仰与行为关系做出"解释"一直是基本的神学问题之一，有关这些问题的争论打破了教会的统一。在晚年诗作中，米开朗基罗表示他认同路德派在信仰与行为关系方面的理论，并将其归因于基督的宝血，或者说对基督的信仰才是人类自我救赎的最大功劳："既然你不吝啬自己的血液／那你的宽厚仁慈就会是一种馈赠／可如果上苍没有用另一把钥匙向我们打开天堂之门呢？"甚至还有："亲爱的上帝，唯有你可以看到一切／用你的血液去净化被人类的罪孽和激情所污染的灵魂……"

米开朗基罗所写的出格文字以及与某些人的交往都是有一定风险的：传阅《基督恩泽》的圈子早已经被梵蒂冈当局所掌控，并且他们认为这个圈子的危险程度仅次于路德新教的异端邪说。按他们的逻辑，强调对基督之血的崇拜和信仰，实际上会降低教会及其等级制度的作用，与路德新教的目的异曲同工。像米开朗基罗这样一个谨慎对待政治问题，也不随便表明立场的人都以此种方式表明心迹，那说明他内心所感到的冲动是有多么强烈。当然，为了史实完整必须补充说明一点，米开朗基罗受其声誉庇护，使他较之大多数艺术家拥有更多特权，从而得以免受迫害。而且新教皇对付他至多也就是免去了保罗三世赐给他受用终生的波河船运税收。

我试图阐述的是这场斗争发展到了什么程度，据一些评论家说，这与摩西像及其安放的位置有很大的关系。在1542年3月与德拉罗维尔家族的最后一份合同中，规定了尤利乌斯二世的陵墓将设有七个雕像用以装饰。最高处是圣母与圣子，教皇的卧像居中，两侧则是女巫和先知，最底层是摩西像，他的两侧有两个囚犯（即两个奴隶）。经历了很多年以后，双方对此项工程的安排总算达成一致，终于快要完成并与预期的效果相符。但到了7月，进程又因米开朗基罗转变心意而再次停滞，他要求将囚犯雕像替换为他已做好的其他两个雕像：利亚像和拉凯莱像。

目前装饰墓穴的七座雕像中，有四座全部或大部分由米开朗基罗雕刻而成：显然包括摩西像，利亚像和拉凯莱像，以及最近研究确定的教皇卧像；可惜这尊雕像位于陵墓顶部，普通游客并不能近距离进行观赏。而其他雕像则由米开朗基罗进行设计，多梅尼科·凡切利和拉斐尔·达·蒙特洛普进行雕刻。这也是专家多方调查论证达成的共识。

但为什么米开朗基罗要求用这两座生命雕像取代囚犯雕像呢？他给出的无法令人信服的官方理由是：这两座女像与其他作品更加协调。但在专家提出的各种假设中，有一个似是而非的猜测，即认为这一切其实是因维多利亚·科隆纳和红衣主教等人的那个圈子的宗教信念而起。研究米开朗基罗的学者，也是最近修复摩西像的负责人安东尼奥·福尔切尼诺这样写道，他是在践行一种革新，想要"放弃沿用已久的非基督教影响的雕刻程式……为了维护《基督恩泽》一书中的宗教理念，他做出了超然性和颠覆性的选择，放弃已固守三十年的理念"。

关于摩西像，尤其是他的姿势，还有一个非常有趣的文献资料。米开朗基罗的一位不知名的朋友，曾用以下字句告知瓦萨里：

> 他将摩西雕像竖立在房中，此时雕像即将大功告成，马上就要放到教皇尤利乌斯二世陵寝那里去了。我凝视摩西良久，对他说："如果这座雕像的头部再转过来一些，或许会更好。"他当时没有回应；但两天后我再次去他家拜访时，他却对我说："你不知道，那天摩西听我们聊天，为了听得更清楚就把头转过来了。"我赶紧去看，发现摩西的头还真的转了过来……这太不可思议了；我自己都觉得，这几乎是不可能的事。

这么精彩的一段见证是在1564年3月，即在米开朗基罗去世后不久记录下来的，他的朋友在说出这番事情的时候并未说明对话发生的确切日期。依据这些描述，像克里斯托夫·L.弗洛梅尔和福塞利诺这样的专家便推断摩西像头部的位置曾发生过变化。值得一提的还有米开朗基罗对自己所雕刻的两尊奴隶像的替换（被缚的奴隶和垂死的奴隶，现存于卢浮宫）根据《艺苑名人录》所记载，这一行为也可以追溯到陵墓最终安排前的一段很短的时间内，此外，这些奴隶雕像还被认为是米开朗基罗在他生命的最后阶段生出的"异端"宗教意识的证明。

众所周知，围绕摩西雕像本身存在着诸多诠释和解读。1914年，精神分析之父西格蒙德·弗洛伊德为摩西像撰写了一篇非常著名的文章（一开始是匿名发表的），开篇不久就写道：

> 另一件神秘而奇妙的艺术品是米开朗基罗的摩西像，它矗立在罗马的圣彼得镣铐教堂中……再没有其他雕塑能让我感受到如此强烈的震撼。多少次我从加富尔大街登上通往广场的陡峭石阶，感觉大街零落，广场孤寂，而广场上的教堂更是被人所遗忘。我一直试图理解他轻皱的眼眉和轻蔑的神情，可不到一会儿我就在昏暗的灯火中悄悄遁形，仿佛我也是他目光所及之下乌合之众的一员，内心摇摆不定，没有信仰，不够忠贞，不愿等待也不愿相信，只为虚无的幻象和偏见欢欣鼓舞。那我为什么还会觉得它神秘莫测呢？

在这里，弗洛伊德自称自己是亵渎神明的，并开始对此进行详尽而精彩的分析，我则只能在此简明扼要写出其大意。摩西坐着，头偏向左边，右腿牢牢地扎在地上，左腿的姿势颇有动感，足尖点地。他的左臂放在怀里，右臂紧紧夹着刚从西奈山上帝那得到的写有律法的木板，右手伸出的食指，捋着又软又长的胡须。《圣经》上说，摩西是人民的领袖，性格暴躁。当他下山后发现那些厌倦了等待的犹太人开始敬拜金牛犊，还围着它跳舞时，便大发雷霆，把刻写着法律的木板摔到了地上。但《圣经》中的摩西不是米开朗基罗雕刻的摩西。弗洛伊德详细分析了雕像包括胡须在内的身体各个部位的姿势，得出的结论是，雕像摩西刻画的不是一个易怒而不理智的人。相反，艺术家展现的是一个在急躁和坚定的内心间挣扎的人。虽然他的愤怒体现在了眼神中，但他表现出的冷静肃穆则说明他的自制力还是更胜一筹。弗洛伊德总结道，我们在他身上发现的"不是暴行的开始，而是冲动过后的余韵。怒不可遏时，他忘记了那块律法木板，只想跳起来复仇；但他最终还是克制了这样的冲动，继续坐了下来，控制着自己的怒气，形成了蔑视与痛苦交织的神态。他不会再将刻有律法的木板砸向石头了，也正是为了保护好它，摩西才强忍怒火，平复了内心的激动"。

近年来还有许多学者表达了自己对摩西像的诠释，其中荣格学派心理学家詹姆斯·希尔曼认为根据圣经的一些段落故事，米开朗基罗是想把摩西描绘成或者希望人们把它理解成炼金术士和巫师。因此他在自己的文章中也引用了不少例子来佐证这一点："因为他，埃及人蒙难，红海分裂，水能从岩石中流出，天空能降下食物，青铜蛇得以痊愈，而这些都还只是《圣经》和圣经注释在传播中最为人熟知的故事。"

根据希尔曼的说法，米开朗基罗的摩西像完美地将父权和魔法的一些特征融为了一体：浓厚的长髯，伸直的手指，立法者的威严，以及人兽合一的犄角。然而，这犄角可能是由于《出埃及记》翻译中出现的严重错误所致，它把希伯来语从英雄的脸上散发出的光芒一词"karan"，错看成了犄角"keren"。然而希尔曼总结说，这一点无关紧要，因为"不管是上帝还是米开朗基罗给予摩西的这个犄角，都把摩西原本想要分隔和远离的东西重新带给了他：上帝和动物，法律和本能，责任和享乐，犹太人的一神教和埃及人的多神教"。

米开朗基罗几乎是孤独离世的，虽然他并不贫穷，却在撒手人寰时像个不名一文的穷人。这也许与他的吝啬或习惯性的节俭有关。在他马塞尔德科维住处的一个角落里，有一幅他自己画的"遗像"，上面还提了一段悼词。当时他已经快90岁了，心知自己大限将至。而有关死亡，在《对话》这本书中，多纳托吉·安诺蒂就还原了大师说的一番话："我们需要去思考死亡。这种思考就是为了让我们能认识自己……对死亡的思考有一种神奇的效果，因其本质，死亡既可以摧毁一切，也可以让那些思考它的人们永世长存，此外，它还可以保护他们不受人类所有的冲动热情所侵扰。"随着年龄的增长，这位艺术家在对话、信件、诗句中经常谈到这个话题："一旦出生，死亡便是我们的归宿。时光飞逝是太阳照耀下，所有造物难逃的劫数。"

在1564年2月初，米开朗基罗开始感到身心不适，虽然他仍试图继续照常生活，但身体还是逐渐陷入衰竭，并无恢复的可能。但即便如此，直至死亡来临的前几天，他还在不断打造自己的绝世之作。有一天，大雨倾盆，寒意侵袭，一位前来拜访的学生在雨中的街道上认出了他，试图把他拖回家。那个徒弟心疼地责备他太过大意，不注意自己的身体，但他却答道："你想让我怎样，我感觉很难受，在哪儿待着都不舒服。"于是一些学生和仆人们就强迫他上床睡觉休息。丹尼尔·达·伏尔特拉在给瓦萨里的一封信中这样写道：

> 当他一看到我就说："哦，丹尼尔，我已经不中用了，你可不要抛下我不管。"他还让我写信给他的侄子梅塞尔·莱纳多，要他来看望他。他要求我在他侄子来之前一直待在家里等着。我按照他的意愿做了，但心里却感到很难受。他的这场病痛持续了五天，有两天靠在火炉旁，还有三天躺在床上，到了星期五晚上，他便停止了呼吸，如人所知的那样平静地离开了。

那是2月18日。守在床边的是丹尼尔·达·伏尔特拉，迪奥米德-利奥尼，仆人安东尼奥和他的挚爱托马索·德·卡瓦利埃。

让我们引述吉奥瓦尼·帕匹尼为其所著传记中的几行文字来告别这个伟大的灵魂吧：

> 横陈在这张可怜小床上的伟人雕塑家，如今只剩下一具薄而僵硬的遗体，如果不是盖毯外那花白的胡须、悲伤的嘴巴、布满皱纹的前额以及两只骨瘦如柴的双手，我们可能会以为那是个夭折的孩童。这双大手粗糙肿胀，骨节嶙峋，但这却是一位艺坛巨匠创造神话的巨大、有力的超神之手。

The biography of Roma

罗马传

对于罗马来说，电影早已不仅是向世界推销自己那么简单。正如那时人们所说的，罗马已经成了"台伯河上的好莱坞"。不仅这座城市在改变，连城市居民的行为方式也在各种演员的到来、在他们随心所欲的爱情、在一个个精彩绝伦的夜晚、在因为醉酒而引发的各种争吵下发生了改变。人们渴望重新开始，想要忘记战争带来的贫穷、落后和失业。

罗马梦工厂

第七章

沿塔斯科拉纳大街向外走 9 公里，会看见一座依然保持着过去风貌的建筑物入口，典型的法西斯 20 年统治时期圆形建筑线条风格。我要介绍的便是这个神话般的地方——电影城。它的名字是"电影"和"城市"两个名词的有趣结合，意大利语其实不太注重词汇的创新性。"电影城"是意大利语中少有的创新词汇。以前人们需要乘坐郊区的电车到达这里；电车的最后一段旅程行驶在开阔的田野乡间，以星星点点的古罗马水道作背景；在山丘的蓝色轮廓之下，总有羊群在那儿垂头悠闲地吃着草。著名导演费德里科·费里尼在他 1987 年拍摄的电影《采访》中讲述了这次短途旅行以及电车到达乡野中的终点站的情况：

"第一次听到电影城这个名字时，便觉得这像是自己想住下来的地方。我第一次去那里时是乘电车，蓝色电车从车站出发，在乡间穿行几公里后即到达。当时看到那些长长的墙壁和泛红色的简陋楼房，不瞒您说，我真有点儿失望：那些建筑物让我想起了医院或者养老院的舞台布景。后来，在拍摄一个群众场面的过程中，我见到了导演亚历山德罗·布拉塞蒂，他怡然自得地坐在距离地面 50 米的高处，戴着头盔和丝巾，手里拿着双筒望远镜，指挥着下面嘈杂混乱的人群，阳光十分强烈，把云彩映照成了金色。"

那个时代，电影中许多宏大的场景并不是在电脑上制作的，而是仅仅借助胶水、钉子、纸板和大胆的镜头来进行拍摄。电影城有一辆专门的蓝色电车，每天会在门前卸下一群又一群工作人员，他们大部分都是普通工人和临时演员；影城的门口由加埃塔诺·帕帕拉多看守着，他是一位以严格而著称的守门人,像一只拥有六只眼睛的地狱犬一样,绝不会让试图溜进去的人得逞,哪怕他们只是想多领一份"盒饭"。那是一个连守门人和保安都手握权力的时代,不过后来随着时间流逝,这种权力也在逐渐削弱。据说,在拍摄影片期间,知名演员托托总是早早就来到电影城。一天早上,他来得特别早,发现制片厂的大门还没开,就只好在外边踱步徘徊,守门人看见这场景急忙赶去开门,还大声喊道:"我来了,托托!"他这么称呼托托的大名让托托听着很不舒服,于是他心怀不满地说道:"请您称呼我为'王子'。"原来,托托只是他的艺名,他的原名是安东尼奥·德·柯蒂斯,也是拜占庭王室的后裔,一生当中,他一直都天真地梦想自己能享有作为拜占庭王室后裔的"王子殿下"的头衔。他用过的名字数不胜数,比如加格里亚蒂、格里夫、沃卡斯、科姆那诺。面对当时的情形,守门人反应很是机智:"拜占庭王子有许多,但托托只有一个。"这个答案令托托非常高兴,从那之后,这个聪明的守门人便被允准称呼其为"托托"了。

借此机会,我想提一下关于这位伟大演员数百件奇闻逸事中的其中一件。某一次,一位服务员将一杯咖啡送到了托托的化妆间,托托给了他一千里拉,除了咖啡钱,剩余的零钱便当作了小费。这件事传扬出去之后,当托托再点咖啡时,每次都有三四个服务员争先恐后地要给他送。然而他们中年龄比较大的一个,从来都抢不到这个机会。托托知道这件事后,便让他比其他服务员先走200米,这样的话,他也最终得到了两次赚一千里拉的机会。

罗马制片厂建于法西斯时期。1935年9月,位于圣·乔瓦尼区维耶伊奥路的旧电影厂被大火烧毁。在那几年里,电影不仅具有重要的政治意义,也在生产力和创造力方面显得愈发重要。维耶伊奥路的大火促使了新电影城的建立,它选在塔斯科拉纳一片占地50万平方米的地方。需要指出的是,电影城的修建是一个建筑效率的奇迹:1936年1月26日才奠基,仅仅15个月后,即1937年4月28日,虽然摄影棚尚未完工,但建筑的主体工程已竣工。墨索里尼自豪地宣布:"电影业将成为我们最锋利的武器。"这位政府首脑认为广播和电影是两种对群众具有最大渗透力的宣传工具。事实上后续发生的许多事也都证明了这一点:1941年,意大利全国总共售出了4.24亿张电影票;这数字意味着每一个意大利人（包括老人和孩子）平均1年至少去电影院10次。在当代，我们认为"控制电视业具有十分重要的作用"的想法也不过就是当时那种直觉意识的延续而已。

1937年一共制作了19部电影。最著名的是马里奥·博纳德执导的《残忍的萨拉迪诺》，安吉洛·玛斯科主演，反映了当时突出的社会现象：即疯狂收集布依托尼和佩鲁吉娜商品包装袋内的卡通人物彩色图片，大家对之趋之若鹜。影片启用了一位新人女演员：阿莉达·瓦利；而一位只有几句台词的小角色交给了一个后来非常有前途的年轻人，阿尔博多·索乐迪，不过人们在电影中却认不出他，因为他全程都披着一块狮子皮。1940年一共发行了48部电影；1942年战火纷飞，仍然发行了59部电影。同年10月，英国人对阿拉曼发动进攻，尽管意大利人英勇抵抗，阿拉曼最终还是沦陷了。这次失败是整个非洲阵线全线崩溃的前奏。那些年里，最杰出的一批导演都云集在电影城拍摄（电影），其中就包括亚历山德罗·布拉塞蒂、马里奥·卡梅里尼、雷纳托·卡斯特拉尼、罗伯托·罗塞里尼、马里奥·索勒达迪、路奇诺·维斯孔蒂和路易吉·赞巴。在这一章中，我并不想讲述电影城的历史渊源；仅仅想以此章来纪念它的传奇，并试着解释拥有这样一家欧洲最大的电影工厂对罗马而言意味着怎样的机遇。

可以说，罗马与电影之间相互吸引又相互影响：电影改变了罗马，罗马也成就了电影。事实上，这座城市加强了意大利电影成为一个时代现实镜像的能力，这一点是显而易见的（战时拍摄战争电影，法西斯时期拍摄法西斯题材影片）。此外，它还有更深层次的意义：例如，它能够很敏锐地将一些具有全民特征的社会现象、情绪和诉求捕捉并搬到银幕上来，使之成为一个动人的故事。亚历山德罗·布拉塞蒂风格的电影（《萨尔瓦多·罗萨的冒险旅程》《铁王冠》《弄臣的晚餐》），即便是与20世纪初广为传播的几部电影相比也不遑多让，那时风靡的电影一般都穿插着文学、戏剧和建筑元素的新哥特式幻想。另一方面，60年代所谓意大利式的喜剧电影则反映了当时普遍存在的安逸生活，尽管显露出一些传统风俗和道德风化最初退化的征兆，那也是由于富裕生活对人们来说来得太过突然且前所未有。对我们来说，近年来意大利电影偏好描绘个人内心及其周围环境变化的小故事，一方面表明意大利放弃了与耗资巨大的美国电影制造业进行竞争；另一方面也是对感情、对人性的一种再挖掘。

1943年9月8日之后，纳粹掳夺了电影城的所有技术设备，而剩下的东西则被那些身无分文饥肠辘辘的乌合之众偷走了，他们连浴室里的水龙头都没有放过。电影城的那一大片区域成了军队的营地和"疏散者"的收容所。彼时的意大利遍体鳞伤，缺乏各种物资，并且过了很长时间才恢复元气；然而国民生活的很多方面都进入了一段生命力爆发的阶段，电影业也是如此，就好像这些痛苦加速了天才的诞生，激发了人们倾诉的欲望。如果今天人们说到新现实主义时代，指的就是街上招募的演员在街边拍摄的街头故事。之所以会这样是因为电影城中的摄影棚当时都已是一片废墟，无法启用，而为了要拍摄出以前那种电影，意大利需要在战后的艰难困苦中复兴电影事业。

这一时期有很多讲述电影城本身、描写拍电影过程的优秀电影作品。于是，它从一个制作电影的地方变成了电影主体。我还记得在路奇诺·维斯孔蒂的电影《心肝宝贝》中，女主角安娜·马格纳尼饰演了一位名叫玛达莱纳·切科尼的女护士。故事主线讲的就是一位著名导演亚历山德罗·布拉塞蒂（在电影中本色出演）如何为了自己的一部电影寻找合适的女主角的过程。在片中，为了让女儿玛丽亚能够参加试镜，玛达莱纳在个人和经济上做出了一切可能的牺牲。她成功之后，便在女儿试镜时悄悄观看女儿拍摄的样片：在屏幕上，女儿玛丽亚被吓哭了，但工作人员却只是在一旁看着她窃笑。最后导演选择了这个孩子，但是，玛达莱纳为了内心的尊严断然拒绝了以莫大心血换来的合约。如果不是因为马格纳尼激情澎湃的表演或者影片直观地预见到演艺界对人们的强烈吸引力，那么这部电影充其量也就是19世纪社会现实的真实写照罢了（但实际上那是1951年）。三年后，这部影片在意大利开播。许多女孩和母亲受到这部影片的影响，纷纷涌向演艺圈，只要能获得哪怕一丝机会登上银幕，都不惜牺牲自己的尊严。

那时候临时演员中真是什么人都有，比如我，本书的作者，就亲眼见证了当时这一行业的各种状况。对于当时还是学生的我而言，做临时演员可以让我赚取一些零花钱，不仅不会令人心生不快，从某些角度来看，还会使人异常兴奋，比如我可以用赚的钱来度个假，可以利用工作之余来复习功课准备考试，可以在这里认识很多可爱的女孩，还可以（远远地）看到美国导演拍摄影片时的风采。我扮演过古罗马军团的士兵、努比亚的奴隶（全身涂黑）、大战时的步兵，以及队列中的小提琴手。为了演好这个角色，当时一个真正的小提琴家还手把手教会了我们正确的拿琴执弓姿势。虽然，对我来说做临时演员仅仅是一种娱乐，但对其他人来说它可能就是一种为了维持生计、供养自己妻儿的手段。费里尼生动地描述了当时临时演员的生存状况，其他导演也不免常常触及这个话题，只因为临时演员这一群体确实三教九流，各色人等。例如艾多蕾·斯科拉，还有迪诺·里斯就在《我的牛鬼蛇神》一书中说道：

"有一年夏天，我在纳沃纳广场拍电影，在临时演员中，有位小个子叫卡尔迪纳雷提，他是一个小偷，擅长扒窗偷盗，能跃进底层住宅开着的窗户中（当时罗马气温高达40摄氏度），用麻醉喷雾迷倒屋里睡觉的人，然后将屋内的财物洗劫一空。有一天，有人偷走了我的摄影机和所有的镜头，而卡尔迪纳雷提刚好是当地的小头目，很有威望，于是我便向他求助。两个小时之后，摄影机和所有镜头完璧归赵，于是我便给了他一大笔酬金。两三年之后我再遇到他时，他已经金盆洗手了，还花钱娶了一位瑞士老婆。他向我坦白当时就是他偷了我的摄影机。为什么呢？因为他想让我对他产生感激之情。"

我所讲的这些人物和场景与罗马有什么关系呢？如果当时电影城建在都灵或者米兰，那么即使导演还是这些导演，意大利的电影业也将会完全不同。只有罗马才能如此包容：这里混杂着善良、狡猾、玩世不恭和看破红尘，这里既有即兴发挥蒙混过关的能力，也有处理困难情况（无风险的情形下）时的怠惰，有手工的灵巧和效率，也有所有那些制作电影所需要的一切技艺。虽然电影是游戏和虚构的，但他们能达到以假乱真的效果：比如影片中看似坚固永久的大理石，走近看实际上是用灰泥和胶合板制成的；镀金的东西不用金；马口铁不用钢；如戏文所说，这一切都不过是一场骗局，似真似假，如梦如幻。

美国人想在罗马电影城制作一些关于古罗马的电影作品来充实我们的想象。1948年4月18日，第二次世界大战刚刚结束不久，意大利举行了第一次大选，同时，好莱坞大腕明星们也纷纷入住威尼托大街的星级酒店，帕里奥里的豪华公寓或古安庇亚区奢华的别墅。50年代的罗马，群星荟萃，满目芳华：丽塔·海华丝、奥逊·威尔斯、伊丽莎白·泰勒、理查德·伯顿、彼得·乌斯蒂诺夫、艾娃·加德纳、罗伯特·泰勒、黛博拉·蔻儿、凯瑟琳·赫本、斯特瓦尔特·格兰杰、洛克·哈德森、珍妮弗·琼斯、奥黛丽·赫本、雷克斯·哈里森、亨利·方达、安东尼·奎恩、艾伦·拉德、伯特·兰卡斯特、查尔顿·赫斯顿和法兰克·辛纳屈等都接连在永恒之城亮相。1943年7月19日的那次轰炸中，克拉克·盖博还作为机枪手乘坐B-17飞行堡垒轰炸机第一次出现在了罗马上空。

此外，有关古罗马电影作品的出现也伴随着电影本身的诞生。早在无声电影时代就拍摄了大量这一题材的作品。一般这类作品的故事都很短，往往喜欢以过去最受欢迎的人物为题材：梅萨利娜、尼禄、尤利乌斯·恺撒、卡提丽娜和马克·安东尼奥等。梅萨利娜这个人物极富戏剧性。恩里科·夸佐尼（1876—1949），这个几乎被人遗忘的罗马导演，也拍过一部有关她的影片。正是他1912年在罗马拍摄的《暴君焚城录》和1917年拍摄的《法比奥拉》，深刻地影响了大卫·W.格里菲斯。但是罗马流派真正的兴起却是卡尔米内·加洛内拍摄的《非洲人西庇阿》一片的发行。影片讲述了普布利乌斯·科尔内利乌斯·西庇阿，受罗马参议院委托，为迦太基战斗的惨败复仇，在汉尼拔的家乡——非洲，对汉尼拔发起挑战，并在经历了一系列戏剧性的冒险后，在扎马大获全胜，一洗迦太基失败之耻的故事。整部电影（于1937年威尼斯电影节上荣获墨索里尼杯）的故事情节都隐射了当时的埃塞俄比亚战争。西庇阿同军队说话的方式与墨索里尼在威尼斯宫的阳台上发表演讲时的慷慨激昂一模一样，古罗马征服非洲和法西斯主义侵略非洲之间也有许多共同点。然而，这部电影并没有受到观众的一致认可。

1948年战争结束后，亚历山德罗·布拉塞蒂的电影《法比奥拉》取得了很高的票房。这部电影是依据一位红衣主教所写的小说改编的，由梵蒂冈赞助拍摄而成。法比奥拉是一位参议员的女儿,也是一位基督教徒,她遇到一位年轻的角斗士罗伊尔,两人迅速坠入爱河,并和所有故事一样,在经历种种磨难后迎来了幸福结局。自那以后,所谓的历史神话片,或者令人心情愉悦的"大凉鞋"电影就开始不断涌现并像满溢的河水一般四处泛滥:有些电影大获成功,有些则一败涂地;有些电影是原创作品,有些则仅仅是简单的模仿;有些电影制作精良,也有些只是粗制滥造;总之,这样的影片大量问世,延续数年,充斥各地。这是一种真正意义上的入侵,就像美国人按自己的想法将重塑的罗马搬上银幕一样,多年之后意大利人也将自己想象中的"遥远的美国西部"搬上了银幕。

那时,意大利有一项法律(适用于那个物资贫乏的时代)禁止美国制片商将拍摄电影赚取的利润带出国。因此,他们不得不选择在当地继续投资新电影。这不仅为意大利创造了许多就业岗位,还大力推动了古罗马题材影片的发展。1951年重拍了《暴君焚城录》,它的剧本是根据亨利克·显克维支(1905年获得诺贝尔奖)发表的著名小说《你往何处去》改编的。这部电影复制了《法比奥拉》中的部分人物,只进行了微小的改动。女主人公是蛮族的利齐亚,一位基督徒;男主人公则是一位罗马人,名叫马可·维尼丘,是一个尚未皈依基督教的异教徒。利齐亚被捕入狱,有惨死竞技场的危险;然而一个强健好心的奴隶乌尔素斯,凭借自己强大的力量挽救了危局。影片性感而富有激情,结局皆大欢喜,于是这种流派的作品开始正式登上银幕,此后同类型的作品纷至沓来:比如查尔顿·赫斯顿驾着四轮马车疾驰的《宾虚传》、伊丽莎白·泰勒扮演的《埃及艳后》(当时斥巨资制作的电影,场面宏大,仅服装就有26000套)、戈登·斯科特饰演的将手伸向大火而致残的姆齐奥·舍沃拉。《常胜角斗士》中,理查德·哈里森因饰演了一个英俊无敌的角斗士而名满天下,《迦太基奴隶》中,杰克·帕兰斯因出众的仪表和强健的体魄,塑造的人物也大获成功。渐渐地,这种类型的电影中融合了一些滑稽模仿作品(比如《托托和克娄巴特拉》),以奥林卡·贝克拉主演的《庞贝激情夜》和如斯·罗曼主演的《沙漠罪人》这样的电影为发展方向——在海报和标题上就明确说明了故事内容。《埃及人》(演员包括埃德蒙·珀道姆、彼得·乌斯蒂诺夫、简·西蒙斯和维克多·迈彻）在影片宣传时就打出了这样的标语："埃及宫廷的淫乱、爱情、残酷和肆无忌惮的欢愉与享受都穿插在整部影片中。"

许多意大利电影费尽心思地想模仿美国大片，但却又达不到他们的技术，也不具备同样雄厚的资金能力，所以只好打肿脸充胖子，比如租赁别人使用过的舞台布景和服装，在美国人拍摄影片的间隙加紧拍摄，其他人刚一用完就开始争分夺秒架起长枪大炮，赶在天气变糟糕之前抓紧使用那些由假大理石、纸浆和金属管道混合搭建的电影布景。

那么罗马对此有什么反应呢？真正的罗马、罗马人居住的罗马，是如何回应这股潮流的呢？从经济角度上来说，美国制作的电影不仅给这个地方带来了财富，还给上万工人、技术人员和临时演员带来了工作机会。这些电影都是大制作，平均每部都需要好几百个临时演员。比如威廉·怀勒执导的电影《宾虚传》耗资1500万美元（当时可是1958年），在拍摄期间雇用了400多个摄制组成员，还在南斯拉夫斥巨资买了120匹马来演绎电影中双驾战车比赛的场景。仅那一个场景，剧组就花了100万美元。这部电影的第二组导演还是一位意大利的年轻导演塞尔吉奥·莱昂。怀勒因这部电影获得了奥斯卡奖，而这部电影也一共赢得了11座奥斯卡小金人。除了经济方面以外，历史神话电影也帮助罗马重塑了自己在世界上的形象，使之重新成了世界上主要的旅游景点。

在1953年的《罗马假日》中，导演威廉·怀勒将格利高里·派克和奥黛丽·赫本置于一段既轻松愉快又情意绵绵的爱情故事中，还将两者的平衡把握得恰到好处。故事发生的背景都是罗马最知名的旅游景点。两个相爱的人，驾驶着维斯帕小摩托车，一起游玩、探寻城市里最著名的地方，美女处处好奇，而帅哥则温文尔雅，陪在她身旁为她甜蜜地讲解。电影播出后来罗马旅游的美

《罗马假日》剧照，男女主角在圣三一教堂前西班牙广场的台阶上

《角斗士》剧照

国游客数量便连续多年激增，后来随着《甜蜜的生活》的上映，罗马旅游再攀新高。

可是《罗马假日》这部影片展现的罗马形象基本上是失真的，正如许多爱情童话一样，电影完全是为了迎合观众的口味。不过，怀勒在影片中真实地还原了罗马古迹：用真的坚硬的石块筑成的古建筑。而在其他历史神话电影中，是用纸板制作古迹、马口铁制成闪亮的锡盔甲，甚至同样的历史事件也会被大幅改编以适应剧本的需要，故事中通常都会融入爱情的忠贞和背叛的阴影，与英雄的最后一次决斗中反派总是注定会失败。弗拉米尼奥·迪·毕阿吉在关于罗马电影城的一本书中提及了类似的事情，比如在德尔默·戴夫斯1954年执导的电影《角斗士》中，就有一个有意的怪诞篡改，极具讽刺和嘲弄：在斗兽场众多的装饰性雕像中，导演执意要加入一尊《大卫》雕像，完全是米开朗基罗在14个世纪后那个雕塑杰作的翻版！

向世界重新推荐罗马，当然首推最受欢迎的标志性建筑——罗马斗兽场。成千上万的美国人，当然不仅仅是他们，都一致认为，斗兽场那几个世纪以来被岁月、大火毁坏的旧拱廊，构成了一座古典主义的纪念碑和一座城市的标志，正如艾菲尔铁塔之于巴黎，布鲁克林大桥之于纽约一样。在这些电影中，历史总是相当灵活，随时准备屈服于演员或情节的需要，他们甚至把罗马斗兽场说成是在尼禄皇帝期间建造的；而众所周知，在这个臭名昭著的皇帝统治期间，罗马斗兽场还只是他金色府邸的一湾湖泊。是韦斯巴芗皇帝最先开始建造的这座著名建筑，那是公元70年，尼禄皇帝已经去世两年了。

对于罗马来说，电影早已不仅是向世界推销自己那么简单。正如那时人们所说的，罗马已经成了"台伯河上的好莱坞"。不仅这座城市在改变，连城市居民的行为方式也在各种演员的到来、在他们随心所欲的爱情、在一个个精彩绝伦的夜晚、在因为醉酒而引发的各种争吵下发生了改变。人们渴望重新开始，想要忘记战争带来的贫穷、落后和失业。他们开始时常评论着台伯河对岸餐厅里醉醺醺的人和豪华的晚餐，谈论着威尼托大街豪华酒店或者古安庇亚别墅里放肆的挥霍以及不时传出的风流韵事，聊着那些少数人参加的"特殊"派对以及那些似乎仅为了拍照和杂志采访而诞生的闪电般短暂的爱情。诸如此类的消息常常见诸报端。而在这之前，由于战争，但又不仅仅是因为战争，还由于一些土气和俗气，使得罗马这里的流言蜚语和八卦题材都限制在了一些鲜有变化的主题上；而在法西斯统治时期，这些流言又被当时的贫困和政治上的无能为力堵住了去路。突然之间，整个罗马似乎都变成了一个电影拍摄场地，连同它的广场、街道和只需短途旅行就能到达的海滩一起；像奥斯提亚和弗莱杰涅这样的地方也似乎和加利福尼亚州的马里布海滩有了一些相同之处。

这种氛围非常愉快，表面上又如此轻松，这个前所未有的幸福舒适的社会似乎奇迹般地与过去的热情相结合，人际关系的简单和生活的甜蜜变得非常具有感染力。正如一部以18世纪末为背景的电影结尾一样，罗马变成了一个情侣们期望在此举办婚礼的圣地。安东尼·奎因和奥黛丽·赫本甚至还选择了意大利人作为伴侣。泰隆·鲍华那时是男性魅力的象征，他携妻子琳达·克里斯蒂安在古罗马市场的桑塔·弗朗切斯卡大教堂里举行了婚礼，这是战后第一个可被称为"童话"的婚礼。

因此，在不知不觉中，一种罗马人之前很少有或者说根本没有过的全新的、轻松的生活方式开始广泛传播开来。有时，这种方式本身确实就有电影里的那种情调：在人民广场两家著名的酒吧桌旁享受春日里的暖阳；弗莱杰涅的一家乡村风格的餐厅里，厨师在客人面前用海滩上捕获的"樱蛤"给意大利面调味；汽车，在当时是一种舒适而迷人的工具，方便了人们的生活，而非现在这个令人恐惧的交通堵塞和环境污染的罪魁祸首。在这样的浪潮中，随着第一次经济大繁荣，意大利整体社会福利都在增加，而在罗马，电影业则是其最重要的引擎之一。

然而，随着经济的发展以及人们更为舒适的生活，腐败因子也在逐渐渗入社会，甚至可以说，罪亦诽罪。1953年4月11日星期六凌晨，也就是《罗马假日》风靡意大利的同一年，在复活节前夕，一位工人在托尔瓦伊亚尼卡海滩散步时发现了一名年轻女子的尸体，后经鉴定死者是21岁的漂亮女孩威尔玛·蒙太西，去世前她两天都没有回和父母同住的格里亚门托路76号的公寓。尸体上没有任何被虐待的迹象。验尸官说，威尔玛是溺水身亡。那么是因为谁，又因为什么事情会使她溺水身亡呢？人们开始调查这个问题，最终法医出具的临床鉴定书将这个女孩的死亡归因于"因足浴引起的晕厥"。

威尔玛是一个性格十分内向的出生于中产阶级家庭的女孩，彼时她已与一个警察订了婚，不日即将完婚；凭借这些，人们很难假定这是自杀，虽然最后还是这样推定了。当时，她一个人自愿去了奥斯蒂亚。至少有两名目击者声称他们在罗马开往海滨的火车上见到过她。关于这次孤独的旅行人们倒是给出了一个还说得过去的解释：威尔玛因一双新鞋引起了脚部湿疹，于是她决定去海滨做盐水足浴。这也解释了她的尸体为何没有穿鞋子，长袜和吊袜带。至于为什么会得湿疹呢？这可能是由于女孩刚刚结束了例假。这种表面逻辑看上去很连贯的事件使案件很快就了结归档，但整个案子还有许多可疑之处。比如：没有人能够解释为什么尸体最终会落在距离奥斯蒂亚的海滨几公里外的托尔瓦伊亚尼卡海滩。

如果不是10月份一个专门传播和制造小道消息的小周报《时事周刊》，刊登了各大报纸编辑部内部争论的疑点，引发了人们的热烈讨论，那么这个案件很可能便会就此结束。当时人们私下里反复议论，认为威尔玛·蒙太西并不是死于足浴，而是在乌戈·蒙塔格纳侯爵别墅里狂欢期间因服用过量毒品而突发疾病。那是一个令人激动的夜晚，很多人来这个别墅狂欢，其中还包括音乐家皮尔洛·皮奇奥尼，他是前任外长、现任副总理阿蒂里奥的儿子。一场未完全弄清原因的死亡案件,从神秘的司法事件就此转变为一个重大的政治丑闻:事实上,众所周知,阿蒂里奥·皮奇奥尼当时已被提名为天主教民主党总书记的候选人。

发现尸体的海滩后面就是原来的卡波科塔皇家庄园。此地由于该案件而变得极为有名。在某次议会上,一个脾气暴躁的意大利共产党众议员吉安卡洛·帕杰塔对着天主教民主党的议席喊道:"卡波科塔派!"社会党总书记彼得洛·尼尼也宣称:"卡波科塔将会是资产阶级的彻底失败。"

还有一位名叫安娜·玛丽亚·莫内塔·卡利奥的年轻女子站出来支持那个周刊提出的假设,她被称为"黑天鹅",曾是蒙塔格纳侯爵的旧情人;她证实了在卡波科塔别墅经常举行聚会并且吸食过毒品,从而验证了那份报纸的猜想。她向阿明托雷·范法尼(当时的农业部长,正在角逐最高党职)提供了相关证据,重申那些指控。原来的传言由于这些新证据的加入而变得清晰具体:蒙塔格纳侯爵和音乐家皮奇奥尼,因为这个女孩的突然发病而吓坏了,为了逃避责任,于是将其抛在了附近的海滩上,那时她也许还活着。这件丑闻逐渐扩大;而罗马警察局局长萨维里奥·波利托也被指控因政治原因试图掩盖一切。这位姑娘的死亡案变成了政治争斗的借口,在其背后还爆发了一场民主党内部的争权斗争。1955年6月,该事件中涉案的主要人物都被送上了法庭。两年后,即1957年5月27日,威尼斯法庭经过完备的(审判)程序,宣告皮奇奥尼、蒙塔格纳、波利托和其他九名次要被告均免予诉讼。

尽管这个案件从未被完全查清过,但有一点可以肯定:这是意大利共和国第一次将国家机构用于政治斗争。从"蒙太西案"来看,意大利人至少学到了两条社会生活的规则。第一,案件真相很少是它表面显示出来的那样,不会被人一眼看穿;第二,意大利脆弱的民主体制中的政治斗争不会因任何障碍而停滞,无论是宪法还是司法,它们都完全屈服于权力的要求。在接下来的时代里,我们可能会在托尔瓦伊亚尼卡海滩上看到更多的"穷人"威尔玛。就连试图利用这个丑闻来诋毁天主教民主党的意大利共产党,至少在一开始也并没有完全意识到,这件黑暗事件的政治性从另一方面已经被天主教民主党的某一派用于内部政治斗争。无论如何,次年,即1954年,范法尼还是成了新一任天民党总书记。

当时罗马不止一次地上演了这些注定要留在人们记忆中的罪行。人们对这些罪行的好奇心也超出了通常情况下对"侦探片"的兴趣。战争造成的所有大规模死亡事件中丧生的民众甚至连姓名都没有留下，可这些在报纸专栏中占有大片报道面积的谋杀案，却似乎启发着人们去更深入地发现惨死背后的故事。例如，玛丽亚·马蒂拉诺被她的丈夫乔瓦尼·法纳罗利雇凶谋杀一案也如威尔玛·蒙太西案一样震动了普罗大众：这也是一桩我们从未完全明白杀人动机的案子。也许是为了马蒂拉诺的保险金，也许是因为死者知道丈夫向政客行贿而勒索他。法纳罗利案震惊了全国上下，引起了大众的关注，每次开庭，整个法庭都会被围观群众所占据，其中甚至还包括知名人士维托里奥·德·西卡和安娜·玛格娜妮。人们开始模糊地意识到这些罪行可能是一种社会症状，多年后，人们才意识到那是"黑色"意大利的最初迹象，丰裕的生活条件中往往混杂着野心、政治利益、政治敏感和来路不明的财富。从某种角度来看，那些谋杀案甚至也变成了"电影"，重拾那些元素，依据这些案情改编的故事全面地反映了一个在动荡中迅速转型的国家。

被称为"意大利式"的喜剧是一个十分伟大持久的流派，它描绘了意大利在激进变化的岁月中越来越普遍的情感。是法国人首次发现了这种表达国家民族缺陷方式的有效性和生动性，即不再用新现实主义的痛苦场景，而是通过喜剧和滑稽荒诞的表演来反映现实。马里奥·莫尼利厄作为这种电影类型的一位大师在接受采访时就表示：

> "这些喜剧比文学、绘画和戏剧对意大利人的影响更深，它们还改变了意大利人的本性。它们嘲笑意大利人的所有禁忌和恶习，特别是南方人的那些缺点：出轨、守童贞、通奸、吹牛，以及笃信天主教。于是这些喜剧遭到了政府的强烈批评。但这却让意大利人更加清醒，让他们得以自嘲，从而摆脱过度的多愁善感，有助于他们在思想上得到进一步的飞跃和成长。"

说实话，正如莫尼利厄所说的那样，意大利人的"摆脱"意识越来越浓，甚至一发不可收拾，以致导演自己也承认："意大利人从待进化，到愤世嫉俗，然后就到招摇撞骗了。如今这件事没有一个准则，除了赚大钱之外，人们没有任何的信仰。"

这样的评价太极端吗？还有另一个有代表性的地方可以观察到这种现象：威尼托大道。这条大街是在卢多维西别墅的废墟上建立起来的，连接着巴贝里尼广场和宾齐阿纳门，是意大利王国吞并罗马十年后进行的第一次尝试性建设的产物。在20世纪50年代的十年间，它成了人们最喜欢的聚会场所。一家1911年开张的名叫罗萨地的咖啡店位于街道高处，如今已经消失了。当时一群作家和记者经常在这里聚集。其他几家咖啡馆也是他们聚会的老地方，如斯特雷加-泽帕、东尼和后来的巴黎咖啡馆。罗塞蒂书店是这座城市中最精致的书店之一（也已不复存在，后来另一家美丽的书店"威尼托书店"开在了巴贝里尼广场南部）。恩尼奥·弗拉亚诺，彼时以其小说《杀戮时刻》而闻名，同简·格斯帕雷·纳波利塔诺、埃勒克莱、帕蒂、桑德罗·德·费、文森佐·塔拉里科、马里奥·潘努齐奥以及卡洛·劳伦齐一样，都是那些晚间聚会的主角。他们在那儿一聚会就一发不可收，常常一起评论时事政治、新上映的电影、最新出版的书籍以及斯特雷加文学奖（弗拉亚诺在1947年曾获得过此奖）提名等话题。斯特雷加文学奖是最重要的文学奖项之一（尽管后来出现的各种奖项有些泛滥，但直至今天斯特雷加文学奖仍然具有相当的声望）。

文人相轻，相互间恶意攻击的事则时有发生。这种恶意攻击往往都浓缩在令人眼花缭乱的双关语中。因愤怒和嫉妒而闻名的导演拉图达被称为"伦巴第小复仇者"；阿尔贝托·莫拉维亚，由于腿脚不便而被称为"苦命瘸子"；文森佐·卡达雷利，即使在夏天的时候也穿着外套，于是就被称为"意大利最伟大的夕阳诗人"；另外，一位上了年纪的评论家（不可泄露其名）因为总是被一群年轻女学生所包围，他又不断在她们身上摸来摸去，便被称为"半截儿入土的人"；一个热心的志大才疏的人被称为"野心小人"；一份以政治权力为导向的首都日报则被称为"看文章和读照片"的地方，等等。

这些绰号和俏皮话大多是弗拉亚诺的作品，他是一位思维敏捷的天才、一位出色的编剧、一个词语的杂耍者，反应十分快。例如，在宣布一位知名但才华很平庸的导演即将上映一部新片时，他会假装惊喜地说："他又拍了一部电影吗？我迫不及待地想无缘看它"；或者，从戏剧厅走出来时，说一句："这真是个糟糕的表演，我都没敢睡着。"他在《夜间日记》中还曾讽刺地写道："他抱怨罗马生活的腐败，愤慨地提到一些事情。是的，好吧，几个世纪以来一直如此，但现在我们也不能太夸张了；破败和腐朽。真想一走了之，但是能去哪里呢？他变得有些悲伤；'啊'，他总结说，'我可以独自一人带着一公斤可卡因退隐山林，远离这些污秽'。"他还对罗马重新做了一番定义，说"罗马是唯一没有欧洲式社区的中东城市"，而最初这个定义是指意大利南方的某一个城市。

欧亨尼奥·斯卡尔法里在他的书《那天晚上我们踏上威尼托大道》中曾回忆起那条街和那些晚上的聚会，谈到罗塞蒂咖啡馆在战后立即取代了另一个著名的聚会场所——阿拉格诺咖啡馆的三号小厅，阿拉格诺咖啡馆也曾是名人聚会的场所，人们常常在那儿发表反法西斯的言论，墨索里尼虽然并不是很在意，但也遭人一直关注这个地方，书中写道：

> 晚上聚会的"虔诚信徒"圈子很小：除了马里奥·潘努齐奥和弗兰科·利博纳蒂之外，另外两个每场必到的人是桑德罗·德·费和埃勒克莱·帕蒂。莫拉维亚也经常来。艾尔莎·莫兰特倒是很少来。有一些年轻人会过来聚会：乔凡尼·鲁索、保罗·帕波里尼、雷纳托·乔达诺、钦奇诺·孔帕尼亚。但是后来聚会的地方改在了罗塞蒂咖啡馆，参加聚会的规模也随之变大了。每天晚上十点、十一点左右布兰卡蒂、阿提里奥·里奇奥、弗拉亚诺、皮耶罗·阿科尔蒂、简·格斯帕雷·纳波利塔诺、戈雷西奥、吉诺·维森蒂尼和文森佐·塔拉里科也陆续到了……午夜时分，萨拉加特在卢皮斯两兄弟不太丑的那个和伊塔罗·德·费奥的护送下，来到这里，但随后却坐在了一旁……午夜过后，尤其是在凉爽的夏日夜晚，最后一波人流从人民广场那里涌来：马卡里、亚美利哥·巴托丽、阿尔弗雷多·梅齐奥。有时会有罗伯托·罗西里尼，有时

还会有卡洛·劳伦齐、保罗·斯陶帕、安娜·普雷默、伊利诺拉·罗西·德拉戈等前来助兴……潘努齐奥曾经说过：离开罗马后还能再次回来是件多么美好的事情。弗拉亚诺说：我们是一群对任何事情都胸有成竹的人。

斯卡尔法里在书中又说，其实未必如此。这些人中的大部分人拥有共同的政治观点，他们首先在每周报刊《世界周刊》中找到诉说平台，然后是《快报周刊》，最后大部分是在《共和国报》发表。他们或多或少是因为自由和进步的理念而凝聚在一起，他们关注国家民生，对国家的非宗教性持保守立场。这种立场和状态无法由一个党派或者单独一个人物来代表。如果一定要提一些代表的话，可能就是贝奈戴托·克罗齐、加埃塔诺·萨尔维米尼、卡洛·罗塞利、皮耶罗哥贝提和乔万尼·阿门多拉。也包括之前的约翰·M.凯恩斯——他对他们的影响很深。即使在今天，多年之后，那个已然消失的政治文学社团，对罗马仍具意义。这些把威尼托大道当作"俱乐部"的一群艺术家、作家和记者都是意大利的"自由党派"：他们受过良好教育，喜欢讽刺，有点愤青，对宗教不盲从，从而避免陷入天主教和马克思主义这两个"形而上学"对立观点的争议中。对当时大众追捧的一些新事物比如电视，他们也表示出明显的蔑视。

为什么一群艺术家、作家和记者觉得有必要聚集在一家咖啡馆？这种典型的拉丁习惯，法国人和西班牙人都有，社会学家也在研究，它来源于一系列因素：反社区主义和社区偏好主义者的喋喋不休和讽刺笑话；事无巨细都喜欢争论、辩驳；长期形成的习惯；最后则是言行中自然流露的精英意识。这些因素的总和，使威尼托大道的知识分子们或胡吹海夸，或自嘲贬抑，格言警句闪烁着机智之光，俏皮话风凉话时见于耳。忘乎所以中，有时会让自己成为笑柄，有时却会无意中伤了别人就此结下梁子，正因如此，使得天主教徒和马克思主义者这两个原本的对头，都掉转枪口齐声谴责这群罗马文人过于自我。从左派开始，他们以社会正义、反抗运动和新现实主义的理想为名批评罗马文人，他们将新现实主义看作反映当前现实的优先准则。而另一方面，天主教徒批评这些罗马文人受启蒙主义的世俗主义影响，只从"政治"评价体系方面看待教会，对大众的普遍信仰却感到彻底失望。半个世纪之后，罗马的那些东西几乎完全没有遗留下来；伴随着咖啡馆，理想，乌托邦和谣言，文学社团几乎消失殆尽。也许还有一个因素幸存了下来，那就是敌人的敌意，或仅仅是局外人在普通人与"激进派"团体所命名的阶层之间对比的敌意。

在威尼托大道，街道的上下段之间，还有一些首都最豪华的酒店（有时还有不同的名字）。被驱逐的埃及国王法鲁克曾在其中一个酒店中借宿，他久久地坐在咖啡馆的桌子边，任凭时间从身侧流逝（所有的女孩都是身材姣好，秀发乌黑），他随时准备向所有人不厌其烦地重复一句话："过不了几年，将就只有五位国王：四位是扑克牌中的王，一位是英格兰女王。"在这些场所中经常出现的还有演员，或者更确切地说是美国明星，他们兴奋地带着自己的豪华轿车、司机、女演员、新闻官员、摄影师前仆后继地来到这里。

事实上，第一批经常到马路上的，我们称之为"推出它"的人，当时都是法西斯主义者：加莱阿佐·齐亚诺经常去大使馆公寓喝开胃酒；一些法西斯党的党魁身侧总是伴着各种女演员；在赛马结束后，一些花花公子（人们称他们为"加加"）会从附近的锡耶纳广场走出去；那时候的名人有：菲斯科·吉亚蒂、阿米迪奥·纳扎里、阿利达·瓦利、克拉拉·卡拉马伊……

那些运动，那些谈话，那些从美国来的演员都被一个非常谨慎和敏锐的观察者观察着，费德里科·费里尼。导演是第一批掌握社会动态的人，他们将一些全新的、有时模棱两可的健康迹象集中于一系列可能却也偶尔发生的情形之中。费里尼在1958年的夏天开始详细规划《甜蜜的生活》的拍摄，当时他就知道威尼托大道应该是世俗百态的舞台。

脚本准备好后（除了他自己，在脚本上署名的还有恩尼奥·弗拉诺、图里奥·佩尼利和布鲁内洛·罗迪），导演成功地在奇尼奇塔的五号工作室——最大的工作室、独属于他的工作室中重建了那条路的中段（1993年11月2日，也是在这个工作室，7万罗马人在他的棺材前游行，为他做最后的告别）。舞台布景师皮耶罗·盖拉迪以惊人的准确性重塑了场景，其中只有一处重大变动：他设计的街道是平的，而并非原街道那样是上坡路。有人称费里尼的愿望只是一种昂贵的任性；相反，他却解释说："我在摄影棚拍片是表达一种主观的现实，这种现实是要排除那些偶然的、无用的现实元素的；它是一种选定了的现实。控制光线也很重要：摄影棚对我来说是必不可少的表达场所。"对于那些抱怨说这样做会导致采购成本增加的说法，他回答道，这相当于是节约，总之，为了减少任何额外费用，他愿意放弃一些自己的权利和报酬。

影片的叙事结构配上一种零零碎碎的说话方式，这种方式可以让自己从一种场景跳到另一种场景。电影讲述了一名记者马塞洛·鲁比尼从罗马涅大区（就像费里尼一样）搬到了罗马；他的工作以及他犹豫不决的性格，促使他进入到了罗马不同的环境和阶层中，以为他的杂志不断搜罗新奇。经过一些不确定因素之后，导演选择了马塞洛·马斯特罗尼来出演这个角色，但他的外表太"纯洁"了。"这个角色，"他在接受采访时说，"一定是更加险恶，脸上更阴险诡诈的。"为了减少马塞洛明朗的美，费里尼要求他做出改变："我强迫他减掉10公斤，想尽一切办法使他显得更加险恶：假睫毛、苍白淡黄的面颊、黑眼圈、黑色礼服、黑色领带以及一些悲伤的元素。"

这位导演在罗马的前几年或多或少也有过做记者的经历。这种经历促进了他作为电影剧本作家的工作，从而帮助他以良好的真实性和极快的速度塑造和把握角色。影片中，马塞洛和艾玛住在一起，艾玛全身心地爱着马塞洛，占有欲也很强，然而，马塞洛却风流韵事不断，其中就有一个很无趣却很有钱的富婆玛达琳娜，她很想和马塞洛一起在一个妓女的床上尝试做爱的快感。有一天，马塞洛去罗马附近的草地上去看圣母显圣的情景；病人和残疾人都挤在一起等待着奇迹的发生。实际上，这只是由一些骗子组织起来捞钱的骗局。然后他便去了夜总会和约定的别墅中，参加省内没落贵族的招待会。在影片的最后，又一个黎明中，人们会看到一群夜猫子从狂欢中走出，而那个年老的女主角则前去教堂听弥撒，后面跟着几个低头忏悔的她的儿女。

正如图里奥·凯兹克所回忆的那样，第一个镜头是1959年3月16日11点35分在奇尼奇塔的第14号剧院拍摄的，舞台布景师皮耶罗·盖拉迪搭建了圣保罗教堂内部的大圆顶。安妮塔·艾克伯格穿着黑色礼服带着牧师的帽子。她曾在马尔默小姐选美中夺冠，这位前马尔默小姐是一个高大丰腴、肤如凝脂的美丽女人，费里尼罗马化地称她为"阿妮托纳"，将其巨型三围（101—56—93）视为意大利经济大繁荣的象征。她对酒精有强烈爱好，甚至在电影开拍之前就已经成了罗马不眠之夜的发起人。

现实中，艾克伯格与英国男演员安东尼·斯蒂尔在意大利喜结良缘。然而，这婚姻近似一场闹剧，时不时地爆出夫妻俩酒后对骂的轰动新闻。之后便以离婚收场，艾克伯格不停地更换新爱人：先是和吉安尼·阿涅利在一起，后又与德国贵族瑞克·范·纳特再婚，而实际上瑞克·范·纳特只不过是一个到处钻营、寻找名人的美国人。

在影片中，有两次具有更深意义的会面，很多人都对这两场会面记忆犹新。第一个是马塞洛与希尔维亚邂逅（安妮塔·艾克伯格），一位前来访问罗马、陪伴马塞洛前往特莱维喷泉并在那儿演绎出浴的美国著名女演员。另一个是马塞洛和儒雅讲究的施泰纳的相遇（由阿兰·库尼扮演，但本来应该是亨利·方达出演），后者是一个文化人，他家客厅里经常会集着诸多艺术家和知识分子。施泰纳似乎始终代表着一个有激情却愤世嫉俗的正面世界，没有宗教观和民生观，而那时，新富阶层的粗鄙正混合着邪恶的资产阶级的平庸。施泰纳的独白是这部电影的亮点之一："有时，在夜晚，黑暗和沉默压迫着我。静谧让我害怕，也许这也是平生我最害怕的事情；我觉得这是一个覆盖在地狱外部的表象……"尽管有这些模糊不清的预兆，施泰纳在杀死他的两个孩子后又自杀的消息却仍让人感到恐惧和突然。

费里尼不是一个"政治"导演，他通常拍摄一些自传类的电影，自个人生活中折射出社会面貌。他的一些电影已经成了当代意大利的真实缩影。代表作品有《管弦乐队的彩排》《舞国》《甜蜜的生活》等。这些电影是新福利社会引发道德沦丧的第一个强烈迹象。"时隔多年以后再回顾当时，"莫兰多·莫兰迪尼在他的《电影史》中写道，"《甜蜜的生活》可谓战后意大利电影的分水岭。从某种意义上说，它标志着一个时代的结束和新时代的开始……它再次重申了新现实主义的问题以及如何克服的办法；而那些年来意大利电影评论界对这个问题一直都认识不清——有些时候甚至是一种困惑和折磨。"为什么"新现实主义"会成为一种问题呢？

马克森提乌斯竞技场（古罗马斗兽场）

"新现实主义"这个术语，几与罗伯托·罗塞里尼1945年的杰作《罗马，不设防的城市》一起声名远扬。说它开创了一个特定的艺术流派或许有些夸大，莫如说"新现实主义"是一种观察现实的方式，一种触摸现实、直面社会矛盾的方式；它代表了人们的一种信念，相信能够克服当下的焦虑和狭隘，相信有值得为之奋斗的东西，值得人们"全力以赴地投入"（这些年来的另一个关键词）。在所谓的矛盾表象背后，往往是道德推动而非审美视野，使这些电影时常带有道德色彩。作为一个伟大的艺术家，费里尼反复考量，又或者是仅凭直觉，深感这种方法对现实，尤其是对时下发生深刻变化的意大利和意大利人而言表现力不足，于是《甜蜜的生活》便应运而生。

在电影开场的场景中，一架直升机吊着一座巨大的基督雕像飞过罗马。在它经过罗马斗兽场的废墟时，有一群女孩在露台的泳池边晒太阳（"你看，这是耶稣！"她们中的一人惊呼道），然后飞机飞到圣彼得广场。从这个令人眩晕的开场中，费里尼已经预见到了这部罗马史诗的色彩和温度：古典主义，骄纵奢华和宗教的虚伪性。但凡记得那些年新闻专栏和报道的人，就不难发现这些电影故事对应的现实原型。女演员希尔维亚的性伴侣和酒友（由曾经饰演过泰山的莱·巴克饰演）谴责探取别人隐私的"狗仔队"，想保护这个几乎没有隐私的明星，还与狗仔们做斗争。年轻的女人纳迪娅在一个名叫弗莱杰涅的别墅里举办脱衣舞会，与朋友一起庆祝她顺利离婚。实际上，这一场景直接呼应了土耳其舞者阿奇·娜娜的一个真实的著名事件：她喝醉后，在特拉斯泰韦

185

雷的鲁甘蒂诺夜总会里即兴跳起了脱衣舞。影片在派对中还嵌入了另一个引人联想又十分讽刺的情节：一名天真的女孩醉酒后被众人嘲弄，这一场景其实是应用了"蒙太西案"的事实来源。我们再看看电影的结局。《甜蜜的生活》围绕七个日夜讲故事：第七天黎明，马塞洛完全抛却了成为作家的梦想，难过地走出狂欢场，走上一片沙滩，灰蒙蒙的天空之中没有一丝光亮。突然，一个凝胶状的物体吸引了他的目光：这是一个海怪，没有固定的形状，隐隐泛着腐臭味，被海浪冲到了海岸线的沙滩上。他抬起头眺望，发现在小运河旁边，还有一位金发碧眼的女孩宝丽娜（巴莱里亚·钱戈蒂尼饰演），她正是自己几天前偶遇的那个姑娘：两个相反的标志——腐坏和纯净，这比喻太直接，却很好地佐证了电影的叙述内容。马塞洛的疲惫脸庞与女孩的无辜清纯形成了鲜明对比，而女孩与腐朽的怪物也形成对照。宝丽娜试图对他说些什么，终归是做无用功——马塞洛根本听不到她的话，只做了一个莫名的手势以示告辞，就和那伙人一起悻悻离开了。影片最后是宝丽娜的微笑。

这部电影于1960年2月上映。电影的拍摄持续了5个月，最后费里尼把56个小时的镜头裁剪到167分钟。电影刚一上映便引起一片哗然。保守的天主教界认为它是色情文学，是亵渎神明的作品；不仅作者本人受到了逐出教会的威胁，教会甚至扬言，凡看过这部电影的人都要被清出教会；在米兰的首映式上，天主教徒们还对着导演一顿拳打脚踢，往他的身上吐口水。极右分子要逮捕导演，甚至还组织了耸人听闻的反对示威，可这一切反而促成了电影的一夜爆红。最后电影票房超出了所有人的预期，而全世界对此电影的评论也很一致：《甜蜜的生活》赢得了戛纳的金棕榈奖并被奥斯卡奖提名，虽然奥斯卡并没有颁奖给费里尼，但颁给了布景师和服装设计师皮耶罗·盖拉迪。这部电影不仅仅在艺术领域非常成功，在服装和时尚领域也产生了巨大影响。在随后的十年里，电影一直都被认为是一种潮流的象征：一些角色穿过的高领毛衣成为"甜蜜生活"品牌的毛衣，从那时起，抢拍明星生活的摄影师也开始被称为"狗仔队"，威尼托大道和特莱维喷泉被印在明信片上，游客们成群结队，争相购买……

然而，最重要的还是影片上映后，罗马成了新意大利诞生的标志。导演与城市的关系开始变得如此紧密，以至让人忘记了费里尼根本就不出生在这里，而是来自里米尼。1939年1月才乘火车来到首都（就像后来的电影《浪荡儿》中的主角一样），当时他19岁，背着满满一袋子故事书和漫画书，这些作品发表在《马克奥·雷里奥》上，这是一个两周一更的幽默报刊，里面创作的动漫人物都非常受欢迎。来到罗马后，阿尔多·法布里兹，一个牛高马大的（或说膘肥体壮的）罗马人，他是一个擅演悲喜剧的优秀演员，带着费里尼认识了罗马。他亲

《罗马假日》中奥黛丽·赫本吃雪糕的西班牙大台阶，因为西班牙使馆坐落在此而得名

自带着这位后来的大导演探索迷人的罗马城，从老城区到罗马新城，后来它们都成了这个来自罗马涅大区的导演电影中不可或缺的场景：从当下的《甜蜜的生活》到很久之前的《爱情神话》，都是如此。如今，罗马有一个地方仍在静静地纪念着费里尼：马古塔大道110号大门口有块古玩商赠予的简朴牌子，上面刻着他和妻子朱丽叶塔的名字。

费里尼既不是第一个也不是唯一一个让壮丽的特莱维喷泉出现在电影中的人。早在1896年特莱维喷泉便已进入卢米埃尔兄弟的镜头中。但最令人赞叹的，仍是《罗马假日》中它的亮相。艳惊四座的奥黛丽·赫本在罗马游玩时感叹这里满是奇迹，其中就包括这伟大的少女喷泉。喷泉由尼古拉·萨尔维设计，朱塞佩·庞尼尼完成。然而，显而易见，费里尼的电影里有着大家共同的回忆：从水中站起来的安妮塔·艾克伯格以其雕像般的巴洛克风格让人不禁想起了维纳斯的肉体形象。1974年，在另一部电影，埃托雷·斯科拉指导的《我们曾如此相爱》中，重现了喷泉中著名的洗浴场景，电影中的每个角色都是原班人马，本色出演，目的就是向费里尼致敬。电影中，尼诺·曼弗莱迪扮演医院的一名担架员，有一次他乘救护车刚好遇见昔日旧情人斯蒂芬尼娅·桑德雷

罗马许愿池，别名幸福喷泉，原名：特莱维喷泉

莉，当时她正试图偶遇费里尼以有机会能够出演《甜蜜的生活》。《我们曾如此相爱》是斯科拉最成功的作品之一（编剧是阿杰和斯卡尔佩利这两位大师），电影（包括"新现实主义"流派的电影）重新审视战后初期人们的希望和冲动以及这些希望最终的幻灭。斯科拉的电影在人物塑造和情境描绘中再现了当时世风习俗不断衰变的时代高潮，而费里尼在《甜蜜的生活》中则刚好展现了这一时期的初始阶段。

　　电影城也是电影中经常出现的地方。例如，1960年狄诺·里西根据埃尔科莱·佩蒂的同名小说改编的电影《罗马爱情》中，就拍摄了电影城。故事的主角参访电影制片厂，他的游览过程便展示了电影不同的制作过程。人们还可以看到维托里奥·德·西卡扮演导演的样子，他演的其实就是他自己，一个拼命给女演员讲戏、给她启发的导演。里西在1961年拍摄的另一部电影《苦难生活》中，对电影城的展现更加合理，也更为成功：主角西尔维奥·马格诺济，是一个前游击队员（由阿尔贝托·索迪饰演），战争结束后他想努力重新融入平民生活，却又不甘于生活的平淡，便诞生了文学创作的念头，于是就去电影城给伟大的导演布拉塞蒂看他写的剧本，戏中布拉塞蒂也在扮演自己。来者不断的坚持和纠缠使导演感到十分恼火，就在拍摄镜头准备就绪，快要重新开拍时，导演就借机通过抬高移动摄影车来躲避他。这部电影就像电影《小美人》一样，展现了电影行业的两张面孔：魅力、吸引力和不错的酬劳，以及与之相对的困难、可怜、不安和屈辱。尝试接近布拉塞蒂的想法失败之后,不幸的马格诺济便通过和一位跑龙套的老朋友制造偶遇,顺便吃掉了他的盒饭。

罗马,电影城和电影之间的关系可谓相互交织,共鸣不断。这种和谐感一开始便非同寻常,这可能是因为

《罗马假日》剧照,男主角在许愿池边想借小姑娘的相机拍公主

罗马没有什么其他产业吧(建筑业除外),或者是由于这座城市具有的戏剧化特征,又或者是因为罗马人的个性气质:懒惰、狡猾、擅长灵光一现的发明,因此罗马和电影城就这样不期而遇,擦出了火花。罗马没有哪个街区不能成为电影的拍摄场地,从城中到周郊,从市场到古迹,从监狱到教堂,从市中心的火车站到偏远的郊区。1988年实验导演彼得·格林纳威拍摄的电影《建筑师之腹》,就聚焦了这座首都最典型的景点:奥古斯都和圣彼得的陵寝,古罗马市场和纳沃纳广场,特别是威尼斯广场和维托里奥无名英雄纪念碑。这可能是唯一一部将如此美丽恢宏又十分难拍的庞大建筑作为故事中心的影片了。

斯科拉纳大道的摄影棚也历经不同的时期,例如,那个发明"西部加意面"(即意大利式美国西部片)的塞尔吉奥·莱昂,在电影城拍摄了他两部佳作:《西部往事》《美国往事》,其中《美国往事》更是他的封镜之作。莱昂13岁时随父亲罗伯托·罗伯蒂第一次到电影城,他的父亲也是一名导演,后被法西斯迫害。在法西斯统治的二十年间,罗伯蒂只找到了一个承诺资助他电影的人,可最后却发现这个人是政治警察的密探。

假的西部片(实际上通常比美国电影更真实)曾风行一时,也许正因为流行,盛极必衰,很快便销声匿迹了。1966年,在电影城拍摄的48部电影中,有17部是西部片。这些电影外景一般在西班牙南部或者我们更熟悉些的阿布鲁佐国家公园拍摄;演员和导演都要起英美人的名字,如鲍伯·罗伯森(塞尔

189

吉奥·莱昂），丹·萨维奥（埃尼奥·莫里康内），蒙哥马利·伍德（朱利安诺·基玛），约翰·威尔斯（吉安·玛丽亚·沃伦特）等。

后来，随着电影行业的衰落，电影城中的摄影棚越来越多地用于拍摄广告，特别是用来主办电视演出，其中就包括《真人秀》这档节目。要保持它重要的制片中心地位，就要保证它的经济收益，这便足以解释所有的变化了。目睹作为罗马镜像的电影城的衰落，令人深感遗憾。可以说，电影城帮助人们重新认识罗马的城市特征，甚至重塑了罗马的个性。

费里尼试图在1970年和1971年拍摄的《罗马》中向人们讲述这座城市。虽然这部电影肯定不是他最好的作品，但这部作品的着力点在于留下了首都街头的诸多真实写照。起初它几乎只是一部纪录片，后来却成了一个故事片。在影片中，艺术家重温罗马的魅力和烦恼，重温它的过去也展望它危机重重的未来，最后影片以奎里纳广场上一群摩托车手飞驰的车轮作为结尾，留给大家一个开放的思考空间。费里尼着重回顾了他与这座城市的难解情缘。在这里，一切都混杂在一起，美丽的花园和丑陋的公寓楼；无人居住的广阔天地和人满为患的狭窄房间；还有那双子庙台阶上席地而睡的吉普赛人以及毗邻王公贵族豪门大院的破败商铺。在这部电影中，导演还讲述了他初到罗马时的场景，罗马的泰尔米尼火车站、妓院、法西斯党魁、杂耍艺人，以及窗户间说话声与收音机里传出的歌曲声熙攘交杂的庭院。埃托雷·斯科拉的电影《特殊的一天》中，也描绘了与之类似的记忆。

罗塞里尼的《罗马，不设防的城市》和费里尼的《甜蜜的生活》相隔了15年。它们采用两种不同的拍摄技巧和叙述视角：前者凸显罗马被占领期间的悲剧气氛，后者则呈现罗马可以吞噬一切包括记忆的奢靡浮华。两部电影不同的地方除了城市氛围还有拍摄场景。前者是街道上拍摄的实景，后者则有很多剧院精心搭建的背景，它们是在说明现实与梦幻的对比吗？抑或它们是在用两种不同方式讲述同一个地方——罗马的变化：沧海桑田，人生无常，而罗马的光芒，不会永远被遮掩——它是一座永恒之城。

The
biography
of
Roma

罗马传

恐惧之塔 第八章

我之所以谈及古塔其实是想提出一个问题：为什么在1000年前后的几百年间这样一种标志性的建筑形式会逐渐被广泛采用？答案就在本章的标题中：恐惧。在某些情况下这些塔楼是用作军事设施的，但更多时候还是作为住房供人居住，这是由罗马城的安危状况决定的。任何人，任何想要行使某种权威的人，任何想要获得名望的人，或者任何担心遭到袭击的人，只要条件允许，都会建造一座固若金汤的住宅，其中，塔楼就成了巡视和防御最不可或缺的部分。

前往四殉道堂需要取道奎切蒂路向上走。左转过四圣路，就能看见一座巨大的堡垒：古老的城墙平地而起，矗立在游人面前，使人立刻就觉察出它的与众不同。的确，这就是罗马城中一个鲜为人知的角落：四殉道堂。传说曾有四位古罗马军团的士兵（他们的名字相当好听，分别是赛维罗、塞维利亚罗、卡尔波夫罗和维多利诺）因拒绝朝拜一个伪神像而在此殉教，另一版本的传说则是四名来自达尔马提亚的艺术家，他们因不愿为伪神雕刻塑像而被戴克里先皇帝处死。不论他们到底是谁，这些人都最终长眠在了这座教堂的地下墓穴之中。不过，抛开这些传说，最为重要的还是这些古建筑，它们如同一艘承载着历史信息的宇宙飞船，自远古飞来，成为那些遥远年代的重要见证。

教堂是在4世纪一座残存的古罗马建筑遗迹的基础上按照当时的艺术风格建造起来的，这座古罗马建筑残留下的后殿穹顶足以证明它最初规模之宏伟。分隔各殿的立柱半嵌在墙壁中，说明先前的教堂规模更为宏大。1084年由于遭到罗伯托·伊尔古斯卡尔多麾下诺曼人的严重破坏，教堂进行了重建，规模有所缩小，但后殿部分未做改动。祭坛下方是一个半环形的墓穴，墓穴中央保存着四位殉教圣徒的遗物，它们如今依旧接受着朝圣者们的崇拜。（按下门铃后）穿过教堂的左殿就走入了一处装饰精美的回廊，回廊的中心是一座12世纪专为净手仪式而建造的喷泉，四周还有双排立柱和水生叶造型的柱顶。在近期的发掘工作中人们发现了一个地下通道的入口，这条通道将这座防御型的大教堂与圣乔万尼的地下墓穴连接了起来，必要的时候，这条地下通道就会成为教皇们的避难所，使他们能够在这里得到安全的庇护。回廊中所有这些宏伟的、光滑的或是带有沟槽的柱子显然都大量取自古罗马时期的其他庙宇和建筑。

教堂的前面是两个庭院，其中最靠内侧的庭院在教堂规模减小之前曾是旧教堂的一部分。那儿有一座建于9世纪的宏伟塔楼，塔楼既可以用作观察哨，也有作为城堡主塔的防御作用。

前文中我已简述此处的许多地方，但对于这里的壁画、装饰品和家具，依然还有许多值得讲述的内容。这里的每一处都浸染了神圣的气息，即便墙壁斑驳，石块裸露，却依旧是历史的无声证言。众多建筑中还有两座不同的女修道院：前者的修女们被称为羔羊的姐妹，而另一些则称为奥古斯丁修女。我有幸在爱尔兰多明尼加诺教士保罗·劳勒神父的陪同下，参观了这里，他也是研究圣克莱门特教堂的考古学家。

在第一个庭院门廊的左侧，一扇厚重的铁栅栏将"转盘"边的窗户封锁了起来，之前，被遗弃的新生儿会被放置在这条可转动的圆盘上。门铃声响起后，在半明半暗的灯光下，一个身影朦胧的女人将前门的钥匙交给来者，换回了一欧元作为报酬；这扇门后便是圣斯勒瓦斯托礼拜堂，它相当重要，礼拜堂中有一组由13世纪的拜占庭艺术家绘制的壁画，壁画描绘了君士坦丁皇帝将掌握罗马、意大利全国甚至整个西方的至高权力授予教皇的场景。这些壁画是教皇英诺森四世在与皇帝腓特烈二世的斗争中命人绘制的，目的就是今天我们所谓的宣传，我将在后面的文章中介绍个中缘由。

门后的另一幅壁画描绘了《最后的审判》这一场景：基督坐于圣座之上，圣母和施洗约翰站在他的两边，高处有两个天使在飞翔：其中一个正吹起审判的号角，另一个卷起了星空，这表明包括时间在内的所有一切都已结束了。这是一种值得回味的肖像学表现形式，它的灵感来自圣经中的启示录（这种表现形式的另一个著名例子是乔托在斯可络维尼教堂中画的穹顶壁画）。礼拜堂右侧墙壁的顶部有一些贝壳形状的孔洞：它们的作用就像是"传声筒"，让修女们能在不使自己露面的情况下行使圣职。

离开教堂，沿着四圣路向下走，就来到了拉特兰的圣乔万尼路。在与奎切蒂路相交的路口，有一个非常古老的破旧神龛，考古学家罗多佛·朗切尼记录了它数个世纪的历史。这座历史悠久的神龛与女教皇乔万尼的传说联系在一起，有关这些内容我也将在本章后面进行叙述。向前再走几米，就来到了圣克莱门特大教堂。从历史的角度看，这座教堂是罗马众多的教堂之中最引人注目的。短短几个世纪间它就历经了三次改造，每一次都是在原先的基础上层层叠加，这就已经足够令人惊讶了。教堂最核心的一层可以追溯到64年尼禄大火之前的罗马时代。2世纪时，人们又在同一个地方建起了一座私人住宅（domus），住宅的庭院中有一座米特拉神的地下神庙，如今，这个地下神庙仍然留存在那里。神庙按传统结构修建，两把信徒的长椅相对而置，祭坛上是一头献祭公牛的形象，低矮的拱顶隐约可见。米特拉教的圣殿仪式是一项与宇宙和季节相关的宗教活动，只在洞穴中举行。这是一处人工洞穴，洞穴的顶上是用灰泥制作的"星星"和十一个洞孔，小洞孔代表了主要的星座，四个最大的洞孔则代表四季。

4世纪时，在私人住宅和神庙的基础上人们建起了大教堂，然而1084年诺尔曼人又在劫掠中破坏了它。损毁近半的建筑物被填埋用作新教堂的地基。因此，我们只有先了解建筑中的这类做法，才能透过层层叠加"识得庐山真面目"。让游客普遍感到震惊的是教堂底层的地下泉水：它是一条小河的小分支，从拉特兰小丘的一侧向下流淌至斗兽场。在此处的地下挖掘中，劳勒发现了罗马时期一些水渠的痕迹，尼禄金宫的花园中有个小湖，湖里的水很可能就来自这里。

在教堂的一面矮墙上绘有一系列非常重要的壁画，其历史可以追溯到约1080年。这组壁画讲述了这样一个神奇的传说——某一天，西西尼奥发现他深爱的妻子西奥多拉去了基督徒秘密集会的地方。他顿时怒火中烧，而过度爆发使其变得又盲又聋。过了一段时间后，基督徒克莱门特前去为他医治，使他得以康复。但事件并没有因此平息，怒气未消的西西尼奥还是命令他的仆人绑架并流放这位圣徒。好在他的仆人们并没有丧失理智，他们没有绑架圣徒，而是将一根柱子捆起来拖走了。在描绘这个场景时，壁画的作者们添加了一些"对话"，即一些解释性的说明，这些文字是拉丁语发展为意大利语的过程中第一批书面资料，我们称之为"俗语"。

壁画描述的场景如下：西西尼奥发出命令，仆人们言听计从。西西尼奥高喊着：你们拉呀，从后面推这块木头，卡尔沃切勒、格西马力、阿尔贝特尔，你们这群婊子养的！画面中心的一句箴言诠释了整幅场景的道德内涵：因为你们残忍心狠，就只配拉着重石前行。

上述这些神圣建筑的历史可以追溯到中世纪，大约在1000年，这段时期是罗马历史上事件最密集、最悲惨亦是最具决定性的时期。正是在这一时期，古罗马的最后一点荣光也消失殆尽了。罗马成为一座新兴的圣城，成了朝圣者的目的地，但它却也因几个贵族家庭间的血腥争斗而饱受纷扰，这些家族斗争使它深陷暴力与动荡。让我们走进这座城市，观察并思考，试着去理解生活在这里意味着什么，又有着怎样的风险。

"我认为，我们应满怀热忱地去欣赏整个城市的风光，城中塔楼矗立，多如麦穗，宫殿建筑数不胜数……欣赏过城市的盛景后，我从心底由衷地感激万能的上帝，是他使大地如此宽广，使人类的作品如此璀璨非凡。"写下这些动人文字的作者的名字是——大师格里高利。根据学者的研究，他是个英国的饱学之士，于12世纪至13世纪间访问罗马，惊叹于罗马的壮美，他在书中写道："罗马往昔物华天宝，今日犹然。"

罗马的奇景之一，即首屈一指的"罗马全貌"，令人一到罗马便印象深刻。朝圣者走过弗朗切吉纳路，在苏特利做最后一次停留修整，就抵达了马里奥山的山顶。当时，朝圣者们将这座山称作高乌迪山 (Mons Gaudii)，意思是快乐之山。之所以这么说，是因为山顶上看到的城市全景会让他们感受到一阵狂喜，同时这幅景象也昭示着一段艰危旅程的终结。

1000年之前，罗马的"旅游指南"仅限于对重要古迹的罗列以及对如何前往这些古迹的路线描述。例如，约9世纪时有一本著名的旅游小册子，被称为《爱因斯尔德林线路图》，这个名字来源于保存该书的瑞士修道院；还有一些大规模的描述性文字被收录在《罗马的奇迹》一书中（成书于12世纪以后）；类似的书还有《黄金之城罗马绘》和《主教仪典》，从这两本书中我们能够了解最初几位教皇的生活以及有关罗马城的宝贵信息。

大师格里高利撰写的书有一个主要特征，即以人文主义者的眼光观察古罗马留存的东西，排除了它的象征和宗教价值。他几乎忽略了所有基督圣地的存在，如果他提及一个十字大教堂，那就只是为了给出一个地理参考点；当他提到教会是一个信仰团体时，只会抱怨它破坏了古典主义的奇迹，因为教会一直支持或者说容忍对古典建筑进行掠夺的行为："奥古斯丁宫殿里所有的大理石都被拆走了，它们为罗马教堂的建设提供了珍贵而丰富的原材料。宫殿被劫掠到何种程度无须多言。"大师格里高利从最为声名显赫的格里高利·马里奥教皇开始，指责教皇们是寺庙和神灵的主要驱逐者，他们想要抹去异教徒及异教，却摧毁了一种文明。

受斥责的对象还有罗马人民，他们贪婪地掠夺每一块金像，洗劫了所有有价值的古迹。尽管罗马经历了一次次的毁灭、遗弃而变得伤痕累累，但在格里高利的描述中，罗马仍是一个充满奇迹的罗马。就像人们常说的："哪怕你几乎完全沦为一片废墟，也没有什么能比得上你，罗马。"或者是这样一句话："废墟本身就能证明罗马的伟大。"

格里高利的书既包含了相当丰富的信息，也含有一些可疑的错误。其中一处便与一座青铜少年塑像有关。塑像中的男孩正坐着，想要拔取脚上的刺（这座塑像如今收藏在卡比托利欧博物馆）。书中对此有这样一段描述："还有一座青铜雕像，雕刻得非常荒谬，他们说雕塑的人物是皮里阿帕斯。他低着头，好像正准备拔去脚上踩到的荆刺，脸上一副受伤痛苦的表情。"

对游客而言，还有一尊雕像也是一个"神奇的诱惑"。那是一尊同"卡皮托林"雕像十分相似甚至完全一样的维纳斯像。格里高利大师是这样描述它的："这个雕塑是帕罗用大理石雕刻而成的，精妙绝伦，栩栩如生。她是一位女性，赤身裸体，脸庞红润。参观者可见雕像脸上的血管，仿佛有血液在流动。因为这座雕塑的精妙，也因为她不可言说的魅力，使我三次返回那里驻足观赏。"（这座雕像如今也被保存在卡比托利欧博物馆中。）

让我们远离格里高利大师如此英国范儿的发现与感叹，将视线重新投向罗马。我一开始就提到这座城市有诸多塔楼，看起来就像一行行麦穗。11世纪后，罗马城高塔林立的景象与如今无甚差别。这景象与古塔遍地的圣吉米尼亚诺无异。这些古塔经过改造、修复或者以其他方式破坏后，依旧挺立着，尽管它们已经隐没在了城市建筑之中。

最有气势的两座是孔蒂塔和不远处的民兵塔。孔蒂塔在帝国广场路和加富尔路相交的十字路口，作为防御围墙的一部分建于1200年。残留的遗迹从底座开始就可窥见其以往的规模。马尼亚那波利广场上的民兵塔坚实稳固，13

世纪时被教皇伯尼法齐奥八世买下,用来防御宿敌克隆那的袭击。1350年左右,地震导致地面发生轻微倾斜,如今这些都还能看得清清楚楚。在众多被现代化建筑包围的塔楼中,有一座建在广场上的桑奎纳塔,它的名字源于与奥西尼家族敌对的家族姓氏。广场上曾有一个堡垒,堡垒上的塔与之后的建筑融合在了一起。然而,最美丽的塔之一是弗兰吉帕格塔,也叫猿猴塔,这座塔现在也湮没在了一堆现代化的建筑中。有关此塔,还有一个古老的传说:一个小姑娘被猿猴拖至此处,人们便燃灯许愿,希望能拯救这个姑娘。因此,塔顶上有个圣母像,像前还有一盏灯闪闪发光。在马加纳广场(罗马最小和最迷人的广场之一),矗立着马尔加尼塔,它的大门是中世纪防御型住宅的最佳典范,大门以帝国时代末期大理石建筑的碎片为原料,是重复使用建筑材料的经典案例之一。类似的例子还有圣皮埃特罗因维科利广场,在那里,马尔加尼的另一座塔已经被改造成了圣弗朗西斯科迪教堂的钟楼。

其实我还能给大家接着枚举城中其他的古塔,但我之所以谈及古塔其实是想提出一个问题:为什么在1000年前后的几百年间这样一种标志性的建筑形式会逐渐被广泛采用?答案就在本章的标题中:恐惧。在某些情况下这些塔楼是用作军事设施的,但更多时候还是作为住房供人居住,这是由罗马城的安危状况决定的。任何人,任何想要行使某种权威的人,任何想要获得名望的人,或者任何担心遭到袭击的人,只要条件允许,都会建造一座固若金汤的住宅,其中,塔楼就成了巡视和防御最不可或缺的部分。即便是斗兽场,也是作为一道防护墙建立起来的,目的就是保护它内里的一座城堡。更不用说阿庇亚古道上塞西莉亚·梅特拉的坟墓了。11世纪时托斯卡罗伯爵们在那附近建了一座防御堡垒,废墟般的陵墓就被当作塔楼使用。

但为什么人们会感到害怕呢?中世纪时期的罗马究竟发生了什么可怕的事情?

所谓的中世纪持续了十个世纪,自476年西罗马帝国灭亡到1492年发现美洲新大陆。即使已经有了准确的历史结论,很长一段时间以来仍然有许多人将中世纪想象成一段暴行肆虐的黑暗时期:连年的阴霾、罪恶,到处是充满血腥的爱恨;这是一个极为野蛮、混沌、愚昧、暴力的时代,古典主义的光辉在这一时期十分暗淡。对于雅各布内、但丁、彼得拉克、薄伽丘属于这个时期的说法很少有人持异议，以托马斯·阿奎那为主导的强大的经院哲学体系也存在于中世纪。认为中世纪是一段处于古典主义和文艺复兴这两个耀眼的光芒之间的黑暗时期的看法似乎不容反驳。特别是在浪漫主义时期，由于通俗文学、叙事诗、绘画和传说的推动，这种观念又一次得到了巩固。

瑞士历史学家雅各布·布尔克哈特在他 1860 年创作的《意大利文艺复兴时期的文明》一书中，通过重新评估文艺复兴，将其视为一种个人价值终于开始被欣赏的"完全文明"。同样的想法——即认为中世纪是一个阴郁腐朽又衰败的时代——也出现在德国历史学家费迪南德·格雷戈罗维乌斯的《中世纪罗马史》一书中。此书写于 1859 年至 1872 年间，自由主义的思想影响了作者的观念，使得作者把许多本不称职的教皇又进行了夸张和放大。格雷戈罗维乌斯认为，教皇只是一个纯粹的政治权力象征，是世界上各个拉丁语地区间天然的纽带，没有任何宗教性。卡尔杜齐扩展了这个概念，并积极主张反天主教思想。直至荷兰散文家约翰·赫伊津哈在他 1919 年出版的作品《中世纪的秋天》中，才开始对这种判断有了更具深度的思考和表达。

人们常说，如果世界上有这样一个地方，能用事实印证这种悲观的正确性，那这个地方就是罗马。几个世纪以来，这座前世界首都一直都在持续性地走向衰落，那些雄伟壮观的遗迹或化为碎片，或遭到劫掠，或沦为废墟。二三百年间，圣彼得大教堂的宝座上上演了数起教派间的斗争，许多大家族生活的唯一目标就是争得至高无上的地位。那些"麦穗般高耸"的塔楼就是为了保护暂时的获胜者，或者也是作为刚刚夺取的权力的展示和象征；它们是恐惧的结果，也是巩固自己既得利益的愿望：塔上每个射击孔的背后都藏着一把武器，随时准备着打击任何稍稍靠近又怀有敌意的人们。

在被我们称为中世纪的 1000 年中，可以追溯到 3 世纪的奥雷利安城墙又进一步得到了加固，变得更加适合防御，虽然在 1084 年诺曼人入侵时它还是没能保护住罗马。九世纪时，为了保护梵蒂冈和圣彼得大教堂，人们又专门修筑了莱恩纳尔城墙。

城市在那一时期可谓"百孔千疮""遍体鳞伤"。由于年久失修，又因饱经沧桑，帝国的公共工程几乎全线垮塌。彼时，台伯河又连年洪水泛滥，在淹没了河流弯道上的大片地区后，留下了腐化的淤泥，使得卫生条件进一步恶化。只有少数几条道路还能维持表面上的气派，最重要的庆典、宗教仪式、游行活动就在这些路上进行。经济状况恶化，企业也不再在此处经营，最常见的活动就只能是对古典时期遗产的利用与开发。一队队的工人年复一年地从古建筑上截取大理石，他们砸碎雕像，融化青铜器以获取新的建筑材料。那一时期人们眼见着那些遗址废墟中令人赞叹的古代雕像残片瞬间化为了廉价的石灰。这个城市的所有人都在偷盗：罗马人是为了生存，外国游客则是为了带走记忆。可这记忆就是数不胜数的，一马车一马车的古代纪念品。就连查理曼大帝在800年的圣诞前夜从利奥三世的手中接过了皇冠后，也组成了一个从罗马启程满载雕像、青铜器、圆柱和艺术品的车队，因为他希望他在亚琛的新宫殿也能看起来尽可能地像一个新罗马。一千年后，拿破仑又重新上演了这一幕，并将掠夺的范围扩大到整个意大利。

在这个遭到毁灭的城市里，生活仍在继续。可以说，这座城市在诸多不幸间依旧人欢马叫，熙熙攘攘，因为它本能的生命力往往比任何的不幸都更为强大。苏不拉区，作为一个古老的平民区，从埃斯基林脚下一直延伸至斗兽场，从来都是破破烂烂，拥挤不堪。马塞洛剧院周围，坎皮泰利广场周边，以及暗铺路附近也都如此。蒂贝里纳岛或者说圣巴托洛莫岛也保留着丰富的生活印迹。五座桥连接了河的两岸：北面是诺门塔诺桥（实际上横跨阿涅内河），往外则是坚不可摧的米尔维奥桥、圣天使桥和连接岛的两座桥。再往下走，则是埃米留斯桥（pons Aemilius）（其历史可追溯到公元前2世纪），它也被人们称为"断桥"。如今，在一座人人只为自己考虑的城市里，没有人会提出建造一些新桥；毕竟，在经济衰退的状况下，这并不是一个必须要解决的问题。

我们常常会问，这样一群人是如何生存下去的？那些贫困的男男女女，生活在恶劣的卫生条件下，饱受疾病的折磨，而这些病或是根本不知其名，或者根本无法治愈。他们把迷信当作宗教信仰，还怀有偶像崇拜的倾向，对他们而言，现实的"幻象"究竟是什么呢？我之所以说它是现实的"幻象"是因为这一系列的生存状况引得谣言四起，其间还混杂着巫术、愚昧、轻信与荒诞。

皮埃罗·坎普雷斯（1926—1997年）是最受欢迎的民间神话学者之一，根据一些文献和其他史料，他在《荒野的面包》一书中，重构了这类人群的生存状况，描述了他们在餐桌上夸张的举止，认为他们甚至会食用一些可能致幻的食物：

> 虚幻的美食，梦一般的食物，禁止使用的食品（人肉，粪便），人肉的药膏和胶带，亵渎神灵的油和圣人的碎片，"木乃伊"和头骨粉碎片，人血软糖，掺了大量健忘的草籽和粉末的面包，草药，幻觉蛋糕，令人兴奋的根和催情剂，香草植物和治疗忧郁的解毒剂，这些都混合在一起创造了一系列幻觉，一种永久的幻想，改变了他们对方式、关系、比例的认知，使得"三根手指似乎成了六根，小孩子变成了武装的男人，巨人般高大的男人……每样东西都比平时大太多，整个世界都颠倒了"。

这个谵妄的世界催生了许多无法解释的神奇事件，而这种情况并不只出现在最落后的农民阶层里。坎普雷斯写道："城市和乡村的居民都沉浸在一种等待之中，处在一种悬浮和神秘的氛围之中，在这里，奇迹、不寻常成为可能和日常；圣人和女巫反映了事物的正反两面，他们有着同样脱离现实的神经质倾向，在想象中旅行并徜徉在幻想之中。"在这样一个社会中，真实与不真实，可能与不可能，神圣与亵渎，抽象与具体，猥亵和圣洁之间的界限变得非常模糊。另一方面，城市中到处都是教堂，如果仔细一数，有超过三百座的教堂是通过异教徒的神庙改建而成的，有些则是在废弃教堂的残垣断壁上建起来的。

许多已经城市化的土地再次转为农业用地，即使在1870年，当狙击兵进攻罗马时，还会发现罗马仍有大片的果园或葡萄园以及大片被随意荒弃的土地（之后罗马的建筑业投机甚嚣尘上，从而迅速占领了一片片的空地）。

罗马的大多数人都过着悲惨的生活；由于朝圣人员往来频繁，货币兑换商就成了当时最常见的职业，而且他们通常会把换汇与贷款业务相结合；教会禁止基督徒从事信贷工作，因此几乎都是由犹太人来满足市场上的这种借贷需求。他们中最有能力或最幸运的人甚至能够为教皇提供资金。排在信贷业之后的是一些精巧的手工业，今天的某些街道名就是对这类经营活动的见证：锁匠路，书商路，花冠路，木梳路，长凳路（新长凳路和老长凳路）；还有塔贝纳利路，那是小酒馆主的名字，小酒馆在外国人经常光顾的城市中必不可少，它们会供应一些葡萄酒和一些乡间美食。即便在20世纪初，酒馆与烹饪结合在一起的形式也相当普遍。

罗马的民居也很简陋。房子的墙体通常裸露在外，卫生状况堪忧，厕所更是奢望。旧的水渠（曾经是罗马的骄傲）和古城的排水系统不是多处破损就是到处淤塞，这些问题造成的后果自然也不难想象。平民的多数建筑只有两层，古罗马建筑残余的坚固外墙被用作民居主墙的情况十分常见。当然，也有一些住宅为炫耀奢华与财富，在家中放入了一些帝国时期风格的装饰和陈设，其实它们都是直接从古建筑上扒下来的，比如：柱子，大门，窗户，烛台，马赛克装饰，镶嵌的大理石。除此之外还有珠宝首饰，宝石，珍贵织物，地毯，陶器，餐具等。能够享受此等奢华特权的都是主教、大祭司、大法官，以及争夺教皇权力的各个显赫家族的代表人物。

土地的价值经常随着时间的变化而起伏。直到1000年以前，人们都特别渴望拥有拉特兰周围的土地，因为那里最接近教皇。当教皇从城市的另一边搬到圣彼得大教堂后，梵蒂冈的土地成了人们的最爱。尽管人们对土地的偏好一直在变化，但奎里纳宫山坡地带的圣徒广场和山丘间图拉真圆柱间的道路一直都被视为高雅住宅区。因此，米开朗基罗选择在这片地区生活也就不是偶然之举了，他的家就坐落在一条名为"麦克尔德科维"的道路上，虽然房子看起来普普通通，但直至今日，都是一处居家的好地段。

为什么教皇将教堂所在地从拉特兰转移到了梵蒂冈呢？这一举措背后原因复杂：围绕着"两个教堂中哪个最先建立"的问题，延续了几个世纪的权力之争。直至教皇庇护五世在1569年发布训令，才结束了这一争议，并将第一的名头给予了罗马主教的所在地拉特兰教堂（又称拉特朗圣若望大教堂——译者注）。抛开争议，教廷之所以转移到圣彼得大教堂有一个很简单的原因——9世纪末莱昂内尔城墙建造起来之后，梵蒂冈地区变得易守难攻。对于一个屡遭内乱和外侵的城市而言，安全问题才是首要问题。梵蒂冈的建筑群，加上博尔戈区域以及哈德良坚实的防御工事（圣天使城堡），使得它在必要时能保证圣彼得大教堂成为保护宗教权力的堡垒。简而言之，教堂所在地的选择与建造塔楼都是出于同一种原因：恐惧。格里高利十一世在流亡到阿维尼翁之后，提出了一个同意重返罗马（1377年）的条件，那就是要求哈德良墓必须成为宗教的附属品，与梵蒂冈连为一体。

在拉特兰的圣若望大教堂只保留了较少的原始特征，难以确定不同建筑具体的建造年代。君士坦丁皇帝在4世纪时首次命令建造圣若望大教堂；拉特兰宫庄严地矗立在教堂的右侧，其历史可追溯到16世纪末。西斯科特五世将教皇居所中已摇摇欲坠的古建筑拆除，并委任给建筑师多梅尼科·冯塔纳（距离此地不远处便是以他的名字命名的街道）一个新项目——建造一座新教堂。然而，几个世纪以来，这两个大教堂，圣乔万尼大教堂和圣彼得大教堂，都曾作为举行新教皇就职仪式的场所：前者用于正式选举，后者则进行加冕仪式。这样的话，教皇的就职仪式就需要在城市中穿梭两次，来往于两座大教堂之间。在一本关于罗马的书籍《从天空俯瞰罗马》中，恺撒·多诺夫里奥重构了教皇游行的路线，对于那些想要亲自欣赏这座古城布局的人来说，这不仅仅是一次穿城之旅，更是一种很有意义的体验。那么，就让我们顺着这些古道，一同找寻和探索悠久的古罗马。

主教们在决定新任教皇的人选后就会与他见面，当面通知他当选。但是，新任教皇需要装出一副何德何能可以接受这一任命的样子，甚至还要把自己藏到选举者中以示谦卑。在完成这番"婉拒"的仪式后，新当选的教皇就会庄严地走入拉特兰宫，坐上一把被称为"斯代克拉里亚"（该词有"粪便"的意思）的神秘座椅上：主教们会在他的周围吟唱一首圣诗，来提醒这位新教皇，是上帝将他从世俗的肮脏中解救出来，并赋予了他尊严。在教皇居所的二楼也摆放着一把崭新的大理石宝座，但在座椅的正中却有一个洞。因此，新教皇只能半躺半卧地坐上一半的椅子。这种坐姿几乎是惊世骇俗的，因为当时只有产妇才采用这种姿势，目的是使骨盆向前以方便产出新生儿。那一时期的教皇代表教会母亲，甚至就是"教会之母"在人世的替身，为使这一概念体现得更为具

《君士坦丁大帝骑马像》(贝尔尼尼) 　　《自画像》(贝尔尼尼)

象,他们使用了这种产床式的座椅。随着时间的推移,由于好奇和传闻,这种姿势的含义开始演变出一些完全不同的解释,这一点我将在稍后的内容中详述。

接着,新教皇来到大教堂入口的上方,面对着方尖碑(罗马最古老最高的碑)向长廊里的人们赐福。人们兴奋地发出欢呼,聚集到"君士坦丁大帝骑马像"下,迫不及待地跟着队伍游行,当然游行也是为了获得某些实际利益。这里说的"君士坦丁大帝骑马像"实际上是今天人们熟知的马可·奥勒留大帝的雕像(如今坐落在卡比托利欧广场)。而贝尔尼尼雕刻的那座真正的君士坦丁大帝骑马像(现存放在梵蒂冈)是在5个世纪后完成的。然而,为什么马可·奥勒留的雕像那时候会出现在圣若望大教堂,而不是在今天我们见到它的卡比托利欧广场呢?

如今的圣若望医院仍是17世纪时的样子,当时这里曾是贵族豪宅,四周环绕着花园,未来的皇帝马可·奥勒留就从这里初见人生的第一缕曙光。

马可·奥勒留骑马像

203

几个世纪以来，雕像一直立于绿植之中，四周还有高墙保护，后来才被移到拉特兰区。由于这座雕像被误认作是宽恕了基督教徒的君士坦丁大帝——这位帝王曾在这座住宅中生活过一段时间，所以附近有一座君士坦丁塑像也便不足为奇——因此才免遭基督教徒的破坏。

君士坦丁的一生颇为传奇，在著名的米尔维奥桥战役中（312年10月），他以令人钦佩的顽强精神战胜了马克森提乌斯，凯旋门就是为此而建的（至今仍矗立在斗兽场旁），只是建造凯旋门的建筑材料都是通过掠夺其他纪念碑的雕塑和楣饰得来的。作为一位身材高大、内心却又十分矛盾的政治家，历史学家桑多·马佐里尼认为君士坦丁为"欧洲历史上最具革命性的政治人物"。当然，他也以非凡的智慧处理了以基督教为代表的新事物，将异教的"太阳崇拜"和米特拉教的元素融合在一起。325年，他召开了尼西亚圣公会议，严厉打击了阿里奥的异端邪说，直到337年他临终时才决心受洗皈依基督教。他一直不太喜欢罗马；330年，一俟时机成熟，他就迁都东方，在博斯普鲁斯海峡和马尔马拉海之间，建立了新都城——君士坦丁堡。

君士坦丁是埃莱娜的儿子，埃莱娜是一个颇具胆魄的女人，从最初的低微地位最终成功上位成了科斯坦查的妃子。科斯坦查因脸色苍白又发青，被人们称作"绿脸君主"。埃莱娜36岁时惨遭抛弃，这对尚处青少年时期的儿子产生了很大的影响。年近七旬时，她皈依基督教，并前往圣地朝圣。据说她还从那里带回了基督十字架的一些残存碎片，因此在罗马建立了耶路撒冷圣十字教堂，以专门存放这些圣物。

言归正传，我们接着讲教皇的游行。在接受了人们的欢呼庆祝之后，新教皇离开大教堂，前往罗马人称之为"大道"的拉特兰的圣若望路，最后沿着这条路走向斗兽场。然而为了最终到达斗兽场还必须绕道，因为路的最后一段被角斗士营地的废墟所阻隔。所以，游行队伍先拐到了现在的奎切蒂路，随后又来到了四圣路。正如我们在开篇中讲到的那样，四殉道堂中珍藏着一幅创作于13世纪的壁画，它是为了宣传神权对民权至高无上的地位而创作的。

这幅壁画背后是这样一段历史：在君士坦丁去世大约4个世纪后，欧洲各国宫廷开始使用《君士坦丁宪法》（也可译为《帝国宪法》）。该法案确立了第一位信仰基督教的皇帝给予教皇西尔维斯特及其继承人对拉特兰、罗马以及整个西方的所有权。君士坦丁皇帝之所以赠送如此厚礼，是因为他的麻风病被奇迹般地治愈了。原来，早先有些心怀恶意的神父给他开出的治愈麻风病的处方是让他浸泡在盛满无辜童子血液的浴缸里。这些异教徒蛊惑了他，正当他已经准备好实施这种亵渎神灵的行为时，那些泪流满面的母亲们却使他心生怜悯。第二天晚上，两位"天神"出现在他的梦里，告诉他当时正隐居在索拉塔山的虔诚的主教西尔维斯特知道真正有效的治疗方法。在经过一系列"司法的"确认后，他意识到梦中两位面目朦胧的"天神"正是使徒彼得和保罗。随后，西尔维斯特让君士坦丁在拉特兰洗礼堂的圣水中浸泡了三次。净化仪式结束时，疾病的症状赫然消失了。内心感恩和喜悦的情绪促使皇帝开始进行祷告。

倡导国家和君主利益高于一切的马基雅维利，近代政治思想的主要奠基人之一

在这份也被称作"君士坦丁的赠礼证明"文件中，前言部分承认了圣彼得的至高无上（"你是彼得，我要把我的教会建造在这磐石上"《马太福音》16.18），这就意味着彼得继承人的地位得到了承认："由于我们掌握的是世俗帝国的权力，我们决定通过法令宣布罗马教会的神圣不可侵犯，承认彼得至尊至圣的帝国凌驾于我们世俗帝国和皇权之上，他享有权力、尊严与帝国的荣光。"确立了罗马教皇对于一切世俗皇权的至高无上地位后，君士坦丁将拉特兰宫、罗马、意大利的城市及行省、西方的土地全部永久赠予了教皇及其继承者。在过去，一些研究教会法典的学者认为，教皇作为整个世间的君主，自然也是地球的主人，因此有权力把领土分配给这个或那个国家。

这份文件，事实上是梵蒂冈档案处精心伪造的，目的是在教皇与世俗君主的斗争中，为教皇优于世俗君主提供法律依据。造假的结果在之后的各个历史时期都产生了持续性影响，决定了罗马和意大利的政治局势（这就是著名的"意大利问题"），使得即便没有确认教皇的世俗权力的真实性，世俗帝国也为之所制。甚至在意大利共和国宪法（1948年）里，也残留着它的痕迹。

罗马教廷以政治权力的形式出现，阿里奥斯托、马基雅维利、奎恰迪尼从中看到了意大利的万恶之源。但丁和彼得拉克强调了教廷的罗马特征，而且前者在他的《地狱》的第19章中严厉抨击了这个虚假的捐赠：

> 啊，君士坦丁，使之成为罪恶之源的
> 并不是你的皈依，而是你的馈赠，
> 从你手中接过的赠品，造就了第一个富有的教皇！

到了近代，1860年，天主教最著名的自由派代表作家亚历山大·曼佐尼，在皮埃蒙特人占领教皇国时，表现得异常兴奋。他的女儿维多利亚留下了这段佐证："在9月份罗马涅远征的消息传来后，父亲再也抑制不住激动，他时而哭着，时而笑着，时而鼓掌高呼：'加里波第万岁！'……父亲始终相信，失去世俗权力对于教皇而言是一件好事，摆脱了对于领土的关注，将使其更好地发挥精神领袖的作用。"曼佐尼，以及天主教哲学家安东尼奥·罗斯米尼，显然有其坚持的道理。21世纪初期，甚至是像拉辛格枢机红衣主教，即当今本笃十六世教皇这样一个"信仰教义"的捍卫者也承认，失去对一些领土的所有权对教廷来说大有好处。天主教的旺盛生命力证明了这一点。在远离罗马教廷、世俗权力亦鞭长莫及的地方，教廷通过向最弱势的人给予慰藉的方式建立起了精神权威。

四圣路的壁画再现了从君士坦丁患病到最后赠礼的故事。与众多教堂玻璃窗上所展示的画面一样，这些壁画上的"人物"向人们，包括那些不识字的文盲，解释整件事情的原委以及教廷获得"帝国"权力的合法性和历史渊源。可惜这些壁画展示的是西方历史上最轰动的弥天大谎，如同臭名昭著的反犹太伪作"锡安长老议定书"。

四圣路还留有另一个意外和惊奇：在它与奎切蒂路交会的路口处发生了一件极具象征意义的重大事件。据传，9世纪初，罗马来了一个年轻英俊的青年，他拥有过人的智慧，刚担任神职不久，地位就不断上升，直到最后被选为教皇，封号约翰八世。在两年多的时间里，年轻的教皇一直掌握着至高权力，直到一件意外的事情发生，闹得天下哗然。一天，他骑着骡子沿四圣路前往圣彼得大教堂，因人群格外拥挤，这位教皇从鞍上摔下来跌倒在地，然后，居然奇迹般地当着众人的面……生下了一个男婴。女教宗乔万娜的传说就此诞生了：但是没人知道这是真实发生的事件还是某种暗喻，例如，隐喻一些与生育有关的仪式，或是告诉人们女人在原始教廷的影响力。但无论如何，这些谣言的影响很重要。从那刻开始，前述产床的含义就完全不同了。教皇候选人当选后，须坐在那把有洞的座椅上，然后会有一位神职人员从下面将手伸进椅子洞口，去摸候选人的下身以确定其性别。确认男子身份后，神职人员会向在场焦急等待的众人宣布："检查通过！"奎切蒂路一段时间来也被称为女教宗巷。

在新教皇登基仪式上，欢呼的游行队伍绕过罗马斗兽场，从路边小山丘的一侧上山，然后穿过迷宫一般的斗兽场路，朝着伯爵塔的方向下山，如今这些道路早已踪影全无。那座塔楼得名于塞尼伯爵家族，这个家族曾拥有极大的权力，1198年家族成员罗塔里奥塞尼伯爵登上了教皇宝座，封号英诺森三世。沿着如今的伯爵塔街道，游行队伍继续前进从贫民区擦身而过（巴契纳路），穿过邻近同名塔楼的格里洛拱门，艰难攀爬上奎里纳尔陡崖，到达顶峰的米李齐耶塔。迄今为止，这座塔仍然是最为宏伟的建筑。游行队伍来到这里后，常常会稍作停留，被欢呼雀跃的人群所包围，接着再从这里下山来到现今的皮罗塔路，到达作为中途停歇处的圣徒教堂。队伍穿过一小段拉塔路（即如今的科尔索路），再经过几条小巷，就到了科罗娜里路（这条道路从古罗马至今从未变过）。出了这条路，最终会到达圣天使桥，来到巨大的城堡要塞下，在那一大片十分拥挤的民居的尽头，圣彼得大教堂就已然清晰可见了。

这条漫长的游行路线，从东南到西北，纵贯全城。

为了让尽可能多的民众来参加庆典，在回程时会选择不同的路线。在游行队伍返程之前，人们要在圣彼得教堂的空地上抛掷钱币，可以想象，那场景多么令人期待和热烈。可是另一方面，人群的骚动并不仅仅是由这一仪式所引起的。加斯帕尔·庞塔尼在《罗马日记》中写道，当教皇西斯托四世（弗朗切斯科·德拉·罗维雷）去世的消息传遍罗马城的时候，"罗马立刻开始蠢蠢欲动",换句话说,即将天下大乱。成群的激进者聚集在教皇侄子的宫殿下,开始大肆破坏那座建筑,"连一个完整的大门和窗户都没有留下"。另外还有激进者跑到教皇另一个亲戚的农场,"偷走了上百头母牛,以及所有的山羊和很多头猪、驴、鹅,还有大量的帕尔马奶酪"。教皇保罗四世(季安·皮埃德罗·卡拉法)于1559年去世后,罗马人"冲向监狱,毁坏大门,放出了所有在押的罪犯"。1590年,当教皇西斯托五世(费切切·佩雷蒂)去世的消息刚一传开时,在纳沃纳广场摆摊的犹太人就因害怕遭抢,急忙收拾东西,逃之夭夭。不知过了多久,这种"恶习"才销声匿迹。

我们再说回到教皇的继位游行上来。游行队伍返程时会经过圣天使桥,圣灵银行路和新银行路。在钟楼广场稍作停留,教皇还要接受罗马犹太团体的献礼。犹太首领、犹太法学博士要向他献上《圣经》,用希伯来语建议他恪守经文,并谨遵摩西的律法,把它当作主的教诲来敬拜。教皇同意尊奉《圣经》,但又会明确指责犹太人对《圣经》的解读有误,因为救世主已经化为基督耶稣降临人间。有时候罗马人民会表现出对犹太人的敌意,冲他们无礼地叫喊,甚至还肆无忌惮地拳脚相加。大部分情况下,这样的行为自然是由于教会所培养的对犹太人的仇视憎恨导致的,教会将犹太人看作是"钉死基督的人民"。圣乔万尼·克里索斯通是最早提出此等告诫的人之一:"基督徒应该仇视犹太人,因为主也仇视他们。"圣奥古斯丁教导我们说,犹太人不应该被灭绝,而应苟延残喘地活着来见证他们自己的罪恶;甚至伟大的哲学家托马斯·阿奎纳也强调说"由于他们的罪行,犹太人将永远为奴"。教皇约翰二十三世的伟大之处,在于消除了几个世纪来加诸整个犹太民族身上的"不忠"恶名。

在钟楼广场上,游行队伍会进行第二次抛撒钱币的仪式。第三次抛撒则被规定在(后来的)布拉斯基宫附近进行。游行队伍进入暗铺街后,能从那里看到古老的巴尔博剧院的一角。这座剧院的故事十分特别,值得一叙。

卢西奥·科尼利奥·巴尔博,先后数次在与恺撒、屋大维的并肩作战中表现突出,屡建奇功。作为一个懂得在政治斗争中长袖善舞之人,他也积累了巨大的财富。公元前14年,他决定用非洲战役中获得的战利品在城市最受人敬重的地方,也就是在卡皮托里山和台伯河之间的平原上建一座自己的剧院。这座剧院装饰奢华，仅次于庞贝剧院和马塞洛剧院，位列第三。舞台背后是大片廊柱区域。中世纪早期，靠着它的围墙新建了许多建筑。7世纪左右，东侧开放的半圆形回廊，被当作了生活垃圾（酒罐、鸡蛋壳、破碎物或废弃物）和小型工厂废弃物的堆放地，这些工厂生产的就是我们今天所说的奢侈品。于是，这个地方成了考古学家的福地，他们在那发掘出了大量的铸件残件、遗弃的模具、残次的珠宝、饰针和细颈瓶。

巴尔博剧院的地下室也许比其他地方更能震撼参观者，那里的遗迹说明罗马是如何在自己的古迹上不断成长，慢慢地将帝王之城变为教皇之城的。一个16世纪地下室的地板直接覆盖在古罗马时期的地面上；古时的拱廊则被当作中世纪宫殿的地基。另外，这个地下室还告诉今人，尽管古罗马频遭蛮族入侵，但它却一直延续生机，直到7世纪末。在那些年里，罗马汇集了地中海各地的物产，巴勒斯坦和拜占庭的食品，原料和油，和帝国时期没什么两样。而罗马真正的衰落，是在那之后的几十年。

让我们再次回到教皇的游行队伍中：第四次抛撒硬币安排在经过圣马可教堂的时候，那里地处卡皮托里奥山坡，纵横密布着细如蛛网迷宫般的小巷。在随后的法西斯时期，这里的房屋被大量拆除，从而彻底改变了这一地区的面貌。穿过现在的威尼斯广场，激动的人群在塞普蒂米乌斯·塞维鲁凯旋门下走过，周围都是古罗马市场迷人的景象。新教皇和他狂热的追随者沿着古老的神圣大道前行，迪多凯旋门、汗泉（迪多所建造的喷泉，在法西斯当政时期被拆除）和君士坦丁凯旋门，一一从他们身边掠过。穿过拉比卡纳街，便抵达它与现在的圣克莱门特广场的交会处。广场的名字则来源于我在本章开头提及的一座同名教堂——圣克莱门特教堂。

就是在这座教堂前，游行人群将稍作停留以给教皇更换坐骑。这样做的原因可以从历史学家雅各布·伯克哈特1484年在《意大利文艺复兴时期的文明》一书中有关英诺森八世登基的记录中找到："在到达圣克里门蒂教堂后，教皇从马上下来，将马匹和华盖交给侍从，自己则爬上轿子，再从这里出发最后到达拉特兰宫大门前。做这样一次坐骑的变更，是因为在拉特兰宫，人人都想争抢教皇的马匹和华盖，认为那就该是自己的，这往往会引发激烈的群体斗殴事件，从而威胁到教皇的人身安全。"

这群贪得无厌的罗马民众会一直跟着游行队伍，还会为了争抢教皇物品而拼命。驱使他们这样做的原因，是常年的贫穷和狂热的膜拜。他们被一种与异教徒几乎没有区别的宗教精神所推动，但他们仅仅是代表了罗马精神生活中最无关紧要的喧嚣和社会的边缘。围绕在宗教核心周围还有另外一类问题和另一种激情。权贵们被野心与热情所驱动，从而挑起斗争，不断厮杀以争夺地位、积累财富，而一旦他们获得至高无上的权力，凶残的行为就会立即套上合法的外衣。几个世纪以来，罗马的一些家族相互争权夺利，时而与教皇结盟，时而又与皇帝联手，完全是出于自身利益，他们一会儿联合起来一起对抗教廷，一会儿又在内部迅速分裂，不断陷入无休止的争斗中。他们为了追逐自身的目标对世间悲惨和哀鸣视而不见，充耳不闻，为一己之私所驱使，巧取豪夺，极尽杀戮之能事，残酷无情，所谓悲悯的宗教情怀早已忘得一干二净。

我们在那个时代的记载中可以看到一些权贵家族：克雷森齐、托斯卡罗伯爵、弗兰基帕尼等。在佩特罗赛里街道与奥利多里广场路相交的路口处，至今还留存着一座克雷森齐故居遗址。这是一座罕见的1000年左右的民居。作为守卫台伯河的要塞，它在修建时大量使用了古罗马时期损毁建筑中的建筑材料。中世纪时在马塞洛剧院的废墟上皮尔莱奥尼家族建造了带有防御工事的房屋，随后转给萨维利家族，在经过多次改建后，变成了如今广为人知的奥尔西尼宫。即使是建立在剧院坚固结构上的堡垒，其目的也是监控从岛屿高处穿梭而过的河流。同一时期还建了另一座古堡，它屹立在被称作"四领袖桥"的法布里西奥桥的尽头。由于它靠近犹太人居住区，在中世纪时又被称为"犹太桥"。那座古堡到如今只剩下了一座塔，名叫凯塔尼塔，雄踞在台伯河的战略要地上。

10世纪末，傲慢跋扈的克雷森齐家族，置道德廉耻于不顾，成功地将他们的一名家族成员硬推上了圣彼得的宝座：封号约翰十三世。这位教皇在克雷森齐家族财富的积累中发挥了重要作用。无疑，成为教皇是从不幸的竞争者那里获得财富与不动产的重要途径。约翰十三世去世后，皇帝奥托一世有意推举了一个忠于他本人的教皇，本笃六世。这位教皇是罗马人，但他的父亲伊尔德布兰有部分德国血统。另一方面,克雷森齐家族的一个成员对此时已经积累的财富仍不满足,于是就将本笃六世关进了圣天使古堡中,重新任命红衣主教弗朗克尼为教皇,这个伪教皇也被称作伯尼法齐奥七世,作为教皇,他心狠手辣,十分凶残,同时代的人都称之为"魔鬼"。伯尼法齐奥七世上台后的第一个行动就是下令勒死了还被囚禁在圣天使古堡的前任教皇本笃六世。而当皇帝奥托一世之子奥托二世的军队逼近罗马时,他就带着教会的大量财富逃到了君士坦丁堡。在此情况下,克雷森齐家族又将一个神父的儿子强行推上了教皇的宝座,封号约翰十五世。约翰十五世去世后(996年),奥托三世,这个继承了奥托二世皇位的儿子,又把自己的亲戚布鲁诺·卡林西亚内捧上了教皇宝座,使之成为第一个德国教皇,封号格里高利五世。但是,克雷森齐家族的人不满这次的教皇人选,待奥托皇帝的军队远去后,便煽动人民起义,废黜了格里高利,强行立皮亚琴察的主教乔瓦尼·菲拉加托作为教皇,加封约翰十六世。为了使他顺利当选,克雷森齐·诺文塔诺还向善于用兵又十分残酷的拜占庭皇帝巴西尔二世求援(只要想一想巴西尔二世在金巴戈隆战胜保加利亚人后,出于报复竟把14000名囚犯都戳瞎的事迹,就知道他有多残暴了)。奥托三世无法接受这突如其来的变局,十分不悦,决定率兵回扑罗马。政变的主导者闻风而逃,可教皇却在内图诺附近的阿斯图拉塔被追上,遭到袭击还被弄瞎双眼、砍断手脚、拖回罗马游街示众,最终惨遭杀害。克雷森齐·诺文塔诺好像也被自己的妻子出卖,最后于圣天使古堡被斩首。

不必引用太多史料,仅举以上几例,就足以勾勒出那几个世纪的残酷和教会骇人听闻的堕落,教会被贪婪的名门望族所撕裂,成了他们腐败、残暴和买卖圣职的工具。

在这里,我还想提及另一件古怪且又令人毛骨悚然的历史事件,好让大家全面地了解教会究竟腐败堕落到了怎样的境地:这就是教皇福尔摩索(891—896年)惨案。9世纪末,各种促使日趋衰弱的神圣罗马帝国重新统一的尝试均以失败告终。奎多·迪·斯波来多公爵,因为不满意领土的划分,便说服罗马贵族出身的教皇斯特法诺五世给他加冕。在格雷戈罗维乌斯看来,这座王冠就是纸糊的,没有任何公信力。但短短几个月后,波尔都斯的福尔摩索主教于891年成为教皇,又对奎多重新进行了加冕,还宣布其皇权可由其子嗣兰贝托继承。然而与此同时,教皇又捎信给德国国王阿努尔夫·迪卡里扎兹,声称奎多施加给他的压力已经让他无法喘息。于是,阿努尔夫连忙驰援教皇,沿途还受到了所有城市的拥护。奎多死后,他的儿子要求继位,还发动了所有罗马平民来支持他。面对罗马不断高涨的反德抗议,教皇就只能躲进圣天使堡避风头。此时的罗马陷入了一片混乱,派系间的流血冲突和骚乱斗争连绵不断。短短几星期后,福尔摩索就被人毒死了。接替他的是伯尼法齐奥六世,他是历史上在位时间最短的教皇:只有短短15天。兰贝托和他的母亲,可怕的公爵夫人阿格尔特鲁德想方设法推举了他们的心腹,罗马人阿纳尼主教来担任教皇,封号斯特法尼六世,他们还给已经过世的教皇福尔摩索强加了一个叛国罪的罪名。

格雷戈罗维乌斯记录说:

> 教皇的遗体,被从已经掩埋了几个月之久的坟墓里拖出来,还被穿戴上教皇的法衣,摆放在宗教会议的宝座上。教皇斯特法尼的律师站起来,转向那个可怕的木乃伊,历数着他的罪状,一名主祭瑟瑟发抖地站在尸体的一旁,假装他的辩护人。然后,活着的教皇便愤怒地质问死去教皇的尸体:'你已经是波图斯的主教了,怎么还能因为你愚蠢的野心,篡夺教皇的宝座呢?'教皇福尔摩索的律师则勉强为他辩护了几句,但他早已被吓得词不达意了;最后,这具尸体被判有罪并被依法处以刑罚。宗教会议签署了罢免教皇的决议,并让他受到了永久的诅咒,宣布所有他任命的教职都应重新任命。
>
> 法服被从他的遗体上扒下来,拉丁人用来给予教会祝福的右手三个手指头也被切断,人们野蛮地吼叫着将尸体拖出大厅,穿过罗马的街道,最终在人群的呼喊声中将这具尸体丢进了台伯河。

这是897年的2月,一年后,教皇狄奥多西二世登基。可怜的福尔摩索的残骸又被正大光明地安葬在了圣彼得大教堂。

历史需要一位能改变此荒谬局面的教皇，他要有强硬的政治手段，既要有远见卓识也要精力充沛，以便充分控制住教廷。终于，这样一位教皇在1073年出现了：他就是封号为格里高利七世的希尔德布兰德·迪·索瓦纳。就此，费迪南德·格雷戈罗维乌斯写道：

> 格里高利七世努力为教会争取自由并建立等级权力的能量令人震惊。

尽管这位教皇的任期（1073—1085年）正处于教权斗争和"教皇分裂"交织的阶段，但事实上，他还是为历史写下了浓墨重彩的一笔。根据他颁布的《教皇训令》，教皇是普世君主，有权审判任何人，但不为任何人所审判，教皇甚至还可以废黜君主。格里高利七世加重了对买卖圣职和神父结婚等问题的惩罚。1075年，当亨利四世（前任皇帝之子，格里高利的死敌）任命了一些主教和修道院院长后，格里高利七世就指责他不仅侵犯了神权，还触犯了教会法典。这样一来，教权与皇权间激烈的斗争开始了。皇帝宣布教皇无权，教皇又在日耳曼亲王的支持下，宣布开除亨利四世的教籍。亨利四世只能被迫纡尊降贵，到教皇做客的女伯爵玛蒂尔的家卡诺莎城堡向教皇负荆请罪（著名的历史事件）。然而，亨利四世在得到教皇宽恕后并没有真心臣服，相反他的复仇欲望因遭受屈辱而更加强烈。一旦政治局势允许，他就再次宣布自己拥有想任命谁就任命谁的权力。在格里高利七世再次宣布开除他的教籍后，亨利四世便自行任命了一位伪教皇（克雷芒三世）还率兵占领了罗马。

帝国军队的入侵迫使教皇格里高利七世躲进了圣天使古堡。罗马人要求他承认亨利四世的皇权，却因教皇的坚决与不妥协，未能成功。教皇说他能做到的最大让步就是用绳子把皇冠从城堡的斜坡上降下来给这位皇帝。亨利四世当然拒绝了这个提议，于是在1084年复活节那天，就让他自封的"伪教皇"为他进行了加冕仪式。此时，罗马城除圣天使古堡和皮尔莱奥尼家族的住所蒂贝里纳岛以外已经全部在他的掌握之中了。格里高利七世害怕遭灭顶之灾，便派人向正在意大利南方作战的诺曼底公爵罗伯托·奎斯卡尔求援。

奎斯卡尔的军队被拦在了罗马人建以自卫的阿西尼亚大门前（现在的圣

约翰门），无法前行。罗马人早就守在这里，逼其谈判才允其入城。无所不在的弗兰吉帕尼家族从中斡旋，最终找到了调解之法，使城门洞开：公爵的3万军队一拥而入，军中多有贪婪的卡拉布里亚人和凶残的西西里萨拉森人，于是他们烧杀抢掠，无恶不作。教皇得以解救之后，便被安然转至拉特兰宫，而此时的罗马城则仿佛猎物一般，被这群狼崽生吞活剥了。然而最后，在放弃罗马之前，在那个让人想起依旧触目惊心的1084年5月21日，亨利四世再添暴行，他将卡皮托里奥山上的所有古塔和莱奥纳尔城墙全部夷为平地，还摧毁了从帕兰蒂诺山俯瞰马克西姆斯竞技场一侧的皇宫。格雷戈罗维乌斯写道：

> 不幸的罗马被无情抛弃，置于任人宰割的劫掠之中，罗马沦为了恐怖的演绎场，触之惊心，连汪达尔人都望而生畏……虽然全城民众都在奋勇战斗，但均以失败而告终，罗马人殊死反抗的价值就这样在血泊与火光中湮灭了。

一些曾见证教皇游行盛况的拉特兰宫和斗兽场间的居民区被大火吞噬，火势甚至殃及了斗兽场本身以及象征胜利的几座凯旋门，就连马克西姆斯大竞技场遗迹也未能幸免。根据编年史的记载，即便不细数发生在百姓身上的抢劫和暴力事件，这场灾难也吞噬了城市的绝大部分财富。街头巷尾遍地是瓦砾碎石还有破损的雕像以及倒塌的拱门。整日都有流离失所的居民排成一队队地被带走，成群地沦为诺曼底人的奴仆。数个世纪以来，罗马从未经历过此等浩劫。自从托蒂拉人毁坏城墙后，这是它第一次真正意义上遭受了出自敌手的惊天劫难。几十年过后，罗马城的千疮百孔依旧清晰可见，视之令人动容，让人不忍垂泪，主教伊尔德贝托·迪·图尔就在他的诗集中写下了这样的内容：

> 她在祖辈的荫功福泽和关怀凝视中成长，
> 得宗教匡助民生百业，滋养好客之心肠；
> 城中主人得命运垂青，财富无边，好运连连；
> 艺术家才情旷世，汇天下瑰宝，奇珍斗艳：

> 然，呜呼哀哉！山河虽在，城池已亡，
> 满目疮痍，追忆过往，
> 吾自唉自叹：昔日之罗马，未央已殇。

每当提到罗马遭受的侵略，人们都会想到1527年5月。当时的查理五世带着臭名昭著的雇佣兵入侵了罗马，用尽各种暴力与劫掠手段制造了诸多惨剧。仅就它给民众造成的巨大伤亡，这段恐怖的历史就不容洗刷。然而，从古城和伟大的帝国首都是否得以幸存的角度来看，1084年5月的情况显然更为糟糕。1527年，伴随着梵蒂冈的辉煌和文艺复兴艺术家的横空出世，罗马开始了一段蓬勃发展的新时期。但在如临深渊的1084年，罗马就只剩下往日辉煌的余晖了：这里除了新建的基督教堂和几处散落在大片废墟茅屋中的高门大户之外，毫无亮点可寻。之后，在诺曼底人占领期间，罗马又遭受了前所未有的大破坏。因此，当路德的新教改革开始席卷欧洲，奎斯卡尔入侵罗马城5个世纪之后，那些惨绝人寰的暴行于新教徒们而言仍旧历历在目，于是他们在评判那段历史时称："格里高利一世从伦巴第人手中拯救了罗马，但格里高利七世却任由诺曼底人将它肆意践踏。"

行使权力时不容温情，行权者只会冷酷地关心所得的结果。格里高利七世是一位具有杰出政治手腕的教皇，但他却将自身和教廷的安危放在了罗马城的安危之上。当时的罗马人没有宽恕他，劫掠过后，他便被迫与奎斯卡尔一起离开了罗马。一年后，60岁的格里高利七世在萨勒诺去世，死前他还念了一段圣诗想为自己的罪责开脱："我喜爱公平，憎恶罪孽，所以才在流亡中离开人世。"而他所主张的教廷改革却并未因他的离世而消亡，产生的影响延续至今。最后，让我们引用格雷戈罗维乌斯所写的《中世纪罗马史》中的一小段话来为这位教皇的统治和那场悲剧所带来的全部影响作结：

> 罗马劫掠是格里高利人生中最大的污点，比奎斯卡尔更甚：复仇者使教皇惊恐万分，只能眼睁睁看着罗马被熊熊烈火吞没（罗马因他的过错而被烧毁）。格里高利，难道不就像在浸透了鲜血的战场上还安然骑马

慢行的拿破仑一样可怕？与格里高利形成鲜明对照的是利奥一世，他将圣城从匈奴王阿提拉的手中智取过来，后又抵抗了盖塞里克的劫掠，使罗马免遭更为悲惨的命运。而格里高利同时代的人中，没有任何人能够证明他有哪怕一点试图拯救罗马的意愿或者有为它的陷落流下过一滴悲悯的泪水。

The biography of Roma

罗马传

死于1944年3月24日

第九章

就连墨索里尼本人此前对这次屠杀也一无所知。在他妻子雷切尔的回忆录中写道,当他得知大屠杀事件时,惊呼道:"除了抗议之外,我连阻拦他们的可能都没有了。"之后又说:"德国人以为他们可以像对待波兰人那样对待意大利人,但事实上他们这样做只能树立新的敌人。"他也是个可怜人,早已被赶下神坛,沦为了附庸。

罗塞拉大街、塔索大街、阿尔德亚蒂那矿坑：这三个名字与罗马在20世纪中叶经历的那段最惨痛的记忆紧密相连。自1943年9月8日到1944年6月4日，这268天里罗马一直都被纳粹德国占领着，整座城市陷入了一片混乱，正如其他战乱时期司空见惯的场景，当时整个罗马充斥着英雄们顽强的抗争与卑鄙宵小的苟且偷生，这里有无奈的屈从也有满腔的愤怒，四处可见反抗、暴动，以及与之相反的通敌、叛乱。

这段时期发生的最惨烈的故事始于罗塞拉大街。这条短短的人行道连接着德拉福大街和四喷泉大街。这个奇怪的街名就源自在这里拥有地产的罗塞拉家族。就是在这里，1944年3月23日星期四的下午，爆发了游击队与占领罗马的德国党卫军之间最激烈的一次武装冲突。只是可能如今已经没有多少人能够记得这件事了。

这条路是博尔扎诺党卫军三营十一连每天从托尔迪昆托射击训练场返回时的必经之路。连队中的很多人都来自时处德国统治之下的南蒂罗尔地区，德语把这个地区称作Arpenvorland，指的就是阿尔卑斯山以南的地区。每天下午两点，156个身穿军装的士兵就会沿着罗塞拉大街走来，铁制的靴子后跟整齐地踢踏着这条古老的石头路，配备机枪的装甲车护送他们哼唱欢快的曲调《跳呀，我的女孩》。

党卫军士兵帽子上印有骷髅头标志，他们是德国法西斯占领下欧洲最令人生畏的武装力量。博尔扎诺军团第三营原本计划将于3月24日正式服役，但他们每日规律的固定行程使共产党员组成的游击队（GAP）有了可乘之机。游击队的最终行动方案是将重达18公斤的三硝基甲苯（即TNT炸药）装在道路清洁管理处清洁工的推车上，待到连队通过此地前的四十五秒点燃导火索，随后其他游击队员会用机关枪和手榴弹进攻打击敌人。这次行动的关键人物，是一位名叫罗萨里奥·本尼蒂格纳的医学系学生，他负责用烟斗点燃导火索，而他此行的同伴（也是他后来的妻子）卡拉·卡彭尼则在这条路的坡顶等着他，只要他一露面就随时准备用雨衣遮掩他穿着的罗马清洁工的制服。

每天下午两点整，党卫军小队都会走到德拉福大街，随后发出"向左转"的口令，踏入罗塞拉大街的上坡路段。除了3月23日那一天之外，每日都是如此。因为23日的那个星期四是一个特别的日子——即1919年法西斯党在米兰的圣塞波尔克罗广场宣布成立之后的25周年纪念日。除此之外，有关游击队可能在那天采取行动的传言也在党卫军中流传。于是3月23日这天，第三营队在射击场停留的时间比往常更久。对于埋伏在那里的游击队员来说，计划之外的等待十分难挨。他们来回踱着步，假装看广告牌或读报纸，因为此时此刻所有人都已全副武装，一旦逗留时间过长极有可能引起怀疑而被搜查，后果将不堪设想。半个小时过去了，四十五分钟过去了；然后到了下午三点，又到了三点一刻，党卫军还是杳无踪迹。有游击队员想要放弃，想推迟行动时间，但即使想要推迟行动也并不容易。装有18公斤烈性炸药的推车特别重，想要把它藏起来几乎是不可能的，也不可能把推车单独留在这里。负责发出战斗信号的弗兰克·卡拉曼德里埋伏在薄伽丘大街的十字路口：他与装满炸药的清洁工推车之间隔着精确计量的90步的距离。文学评论家卡洛·萨利纳里正等在那条路的尽头：他所在的位置是第一个能从西班牙广场出口处看见党卫军身影的地方。长达一个半小时的等待使得行动风险越来越大。大家面面相觑，神情显得越发焦虑。此时看来，将全盘计划推迟似乎真的是最为合理的解决方案。

正当游击队决定放弃本次行动之际，远处传来了一阵有节奏的整齐脚步声。罗塞拉大街是一条十分狭窄的路，两侧的建筑物很高，太阳很难照射到街上，所以街上的光线较暗。那时候刚过下午三点半，当营队的第一排士兵正要迈入那段上坡路时，阴影的范围渐渐扩大。事先商定好的行动暗号随即发出。本尼蒂格纳用烟斗引燃导火索之后，便尽可能沉着冷静地向坡顶撤离。3点45分，炸弹被引爆，爆炸声大到整个罗马城都能听见。其他游击队员开始用机枪向着敌人猛烈扫射，并投掷了四枚手榴弹，然而其中一枚并未爆炸。一些平民武装部队和公安人员也加入了战斗。在此次袭击中党卫军营队有26人死亡，60人受伤，有些伤势严重，可谓损失惨重。一位名叫彼得罗·朱切莱蒂的年轻罗马人也不幸在此次爆炸袭击中丧生。

德军方面的反应很迅速。负责管辖广场的库尔特克·马尔策将军，几分钟后一如既往醉醺醺地抵达了现场，还没有从醉意中完全清醒。他与党卫军的尤根·多利曼上校，在众目睽睽之下就如何采取报复行动发生了激烈的争吵。马尔策将军想干脆把这条街的房子全都炸掉，却遭到了多利曼上校的反对。相互让步之后，他们决定对住户进行搜查，其实就是用枪托把门砸开，把所有居民和附近的人通通叫出来，让他们沿着巴贝里尼宫殿的大门排队站好，双手抱头，并把男人和妇女儿童隔开。德军的咒骂声与女人的哭喊声交织在一起，现场一片混乱。这是一次十分野蛮的清查行动，但在那些年月的欧洲时常发生，然而这一次因为德军遭到了沉重的打击，死伤惨重，侵略者的强烈报复渴望就使事态显得尤为严重。

在那几个月里，盖世太保（"国家秘密警察"）的指挥部就设立在塔索大街145号，一座普普通通的小楼内。塔索大街离圣若望大教堂不远，如同罗塞拉大街一样，也是一条短短的上坡路。这幢属于路丝伯利亲王的房产被德国大使馆文化处租用作为办公室。9月8日停战之后，这间办公室被改装成了一间监狱，窗户被砌死，只留下窄窄的一道缝，房间还装上了铁门，只有少许阳光和空气能够进入，一片昏暗；其他的一些房间则被当作审讯室和行刑室。隔壁的房子里（塔索大街155号）是军官和士兵的宿舍，还设有仓库和几间办公室，其中就包括赫伯特中校的办公室，即当时的纳粹部队安全处。时年37岁的卡普勒自小生活在斯图加特，把意大利当作他的第二故乡，他热爱意大利的艺术，喜欢收集埃特鲁里亚陶罐。然而正如下文所述，就是这样的一个人组织了对罗马犹太人的大规模驱逐和逮捕行动。第二个地点是塔索大街。这条街上的七号牢房臭名昭著：那间牢房其中一面墙紧挨着小楼的南侧，纳粹官兵时常在那里与他们的情妇幽会，有时候还会组织聚会，集体狂欢作乐。再也没有比痛苦的嘶喊声与消遣嬉笑声交织更为恐怖的声音了。然而，最可怕的还是三号牢房，这间牢房窄如石棺，被用作隔离室。那里囚禁过许多人，空军的一位将领萨巴托·马尔泰利·卡斯塔尔迪曾被关押在这里整整六十六天。监禁期间他还设法向妻子传过便条，便条里写道：

那天晚上，我记得他们在我的脚上鞭了二十四下，他们还抽打我的臀部，甚至用上了拳头。我紧咬牙关不肯呻吟取悦他们，但在第二十四下鞭子落下的时候我发出了一声嘲笑，这一声让他们三个混蛋一时不知所措，像白痴一样。那一声骄傲的声响就像诗乐一样动听！整条街随之震动起来，甚至他们手中的鞭子也滑落到了地上。真的十分可笑！不过，这短暂的停滞给我又招来了一顿拳脚。在这里最难挨的还是空气过于稀薄。我必须吃得很少才能保持头脑清醒，在这座牢狱中我必须时刻保持清醒，绝不能失去理智。

马尔泰利·卡斯塔尔迪将军最终在阿尔德亚蒂那矿坑被杀害。其他幸运儿都在各种不同的情况下出人意料地生存了下来。阿里戈·帕拉迪尼少尉在他的《塔索大街》一书中讲述了他在遭受骇人听闻的严刑拷打后，在监狱中如何熬过来的经历：

门打开时，我已做好了一切准备：我的双腿无力站稳，只能倚靠着墙壁站立。这里密不透风、暗无天日、空间逼仄、日夜难眠，我被关在这惨无人道的隔离牢房里整整一个月……我环顾四周……灯光映射下，周围的人都面如死灰，面孔肿胀得可怕。我的腿和腰背传来的剧痛几乎能把人逼疯，让我不得不蜷缩在地。我无法活动下颌，一只眼睛也肿到无法视物……那是4号的凌晨五点[1944年6月4号，也就是盟军抵达的那天]，我试图躺下，但近在咫尺的炮鸣声让我无法将头靠在地板上。牢房的地基似乎都在颤抖。然而，疲惫和痛苦已经摧垮了我，我还是昏睡了过去，也可能是陷入了神志不清的昏迷。突然，我惊醒过来：外面传来尖叫声，不知是谁把门打开，把我拖下了楼梯……一瞬间，我仿佛身处蔚蓝的海边，呼吸着清晨新鲜的空气：我隐约看到一伙面色苍白的德国人在慌忙撤退，然后就失去了意识。

从文学的角度来看,最生动有力的证据之一是作家古列尔莫·佩特罗尼的作品——《世界是一座监狱》。他生动再现了自己活着走出牢狱时宛如重生的心情,读来令人百味杂陈:

> 我在监狱门外停下脚步,当我终于重见天日、绝处逢生,能够重新再见到那些曾以为再也见不到了的人时,我只能不断地深呼吸,缓缓打开我的胸膛。我开始对身陷牢狱时浪费的那些时日感到十分惋惜,每每回想起牢狱生涯中的饥饿难耐、暗无天日和每分每秒的心惊胆战都痛苦万分,但现在,我终于能把这一切都抛诸脑后了。

如今,这幢位于塔索大街的建筑除了其中两层被用作如今的罗马解放历史博物馆以外都已经成了民用住宅。然而在那段遥远的岁月里,"塔索大街"这个名字一直令人闻风丧胆。因为所有人都知道监狱中的囚犯们都遭受着审讯者令人发指的折磨,手段极其残忍。

我的父亲曾是游击队的一员,在朱塞佩·蒙特泽莫罗上校的军团中服役。我当时在一所天主教学院(圣玛丽亚学院)避难,紧邻塔索大街的监狱后墙。时隔多年,我至今仍清楚记得那些划破静谧夜空的呻吟呐喊,喊声之大我们在宿舍里都能听见。有一天发生了一件我当时根本无法理解的事情。当时我们在监狱高墙后的庭院里玩耍,突然,我瞥见了一个飞速闪过的隐秘影子,像是一个想要避人耳目的人影。这可能是某种动物,也可能是一个人,又或者仅仅是一个影子而已。它溜进了身穿黑色长袍的神父们和学监之中,转眼消失在了走廊里。出于好奇,我问班上的学监刚刚发生了什么事,他急忙含糊其词地说道:"没什么,没什么。"在几个月后发生的解放运动中,我听说有一个囚犯翻过围墙,混匿在神父中从监狱的侧门逃了出来。

这件事可能与当时天主教会模棱两可却又自相矛盾的态度有关。这样的事例很多,上述事件就是其中之一。许多处境危险的反抗者、反法西斯的高层,甚至意大利共产党未来的领导人物都曾在修道院和其他宗教机构中受到热情的接待,躲避风头。而当时梵蒂冈的高层人士也一定都清楚这些情况。当时没有任何党派之分，无论是基督民主党、共产党，还是社会党、自由党，他们都在享有反法西斯治外法权保护的地方得到了饮食、住房和证件方面的慷慨帮助。

1944年5月底，即盟军抵达的十天前，68岁的欧金尼奥·帕切利（庇护十二世）秘密接见了意大利党卫军的最高指挥官卡尔·沃夫。人们猜测当时在这次会晤中可能达成了某种协议，盖世太保释放扣留的犯人，而作为交换，教会则在战争结束后为纳粹党魁以及战犯们提供一条通往南美洲的海上逃生通道以及相应需要准备的护照和金钱。虽然并未找到有关的物证，但上述情况在历史上实实在在地发生了。

在整个占领期间，庇护十二世最头疼的问题就是如何在不受冲击的情况下将纳粹手中的权力顺利移交给共产党，避免任何有可能危害共产党人的事件发生，因为共产党是反纳粹法西斯武装联盟的中坚力量。1943年的圣诞节前夕，即解放的六个月前，帕切利明确告诫罗马人"保持冷静，不要采取任何可能引发严重后果的过激行动"。两个月前纳粹扫荡犹太人居住区迫害犹太人时，帕切利也采取了同样的态度。

第三个能勾起人们对占领时期那段岁月回忆的地方就是位于阿根廷大街上的阿尔德亚蒂那矿坑纪念地，这里也是最多惨无人道的事件发生的地方。矿坑位于多米提拉地下墓穴和圣卡里斯托地下墓穴之间，原本是一个波佐拉纳岩的矿场。波佐拉纳岩是一种火山凝灰岩，罗马人把它当作水泥黏合材料，因在波佐利附近被发现，故命名为波佐拉纳岩。20世纪30年代，法西斯在罗马大兴土木，建设新的军营，从阿尔德亚蒂那矿坑开采了大量的波佐拉纳岩。结果留下了一条深入山壁几十米长的迷宫形隧道。如今这里虽已面目全非，但从历史的角度来看，1949年建成的纪念馆是当代罗马最成功的标志之一。米尔科·巴萨尔德拉设计的青铜门，弗朗切斯科·科奇亚创造的大理石组雕——三位受刑者；巨大墓碑间只留出一线缝隙让阳光透过，使参观者感到十分压抑。墓碑下是一座地下墓穴（这是朱塞佩·佩鲁吉尼、尼罗·普拉尔以及马里奥·佛罗伦萨的杰作），这个地下墓穴里一共有355座坟墓。在环境的衬托下，显得十分庄严，强烈地震撼着每一个人的人心。

在罗塞拉大街袭击事件发生之后，纳粹决定杀一儆百，采取手段惩戒罗马人。各类丧心病狂的提议都被摆上台面考量：用炸药炸毁整片区域；将18岁到45岁之间的男性人口全部驱逐；为每一个在袭击中丧生的德国人杀掉30个意大利人陪葬。最后，在罗马、维罗纳德军司令部，党卫军将领希姆莱和希特勒在贝希特斯加登的"鹰巢"展开了激烈争议后，决定为每一个罹难的德国人屠杀10个意大利人陪葬。阿尔德亚蒂那矿坑被选为刑场。卡普勒上校接到命令负责准备待处决的候选人名单。

他需要在3月23日至3月24日两天内完成这项任务，这令他彻夜难眠。被列入名单里的人包括已经审判并被判罪的人，正等待判决且很可能被判刑的人，以及以任何方式被逮捕或拘留的犹太人。第一份名单里列入了94个人。但由于遇袭身亡的德国人一共有32个，所以这份名单里的人数还远远不够。进一步努力后，名单中又加入了一批卡普勒本来没有任何法律依据加以指控的无罪者，这才把人数提升到了270个。这时卡普勒已经筋疲力尽，他召集意大利下属，要求他们补足剩下的50个人员的名单。

3月24日一大早，彼得·科赫和彼得·卡鲁索就出现在了卡普勒上校塔索大街的办公室里。彼得·科赫是一个出名的以虐打囚犯为乐的审讯者，负责管理他的"乐团"——罗马尼亚大街上的亚卡力诺私人监狱；彼得·卡鲁索则是一名罗马警官，他是一个老牌的法西斯主义者，一个聪明但懦弱的人。

卡鲁索战战兢兢地听完了对他们布置的任务，虽然说很害怕，但也不敢拒绝，但他心里盘算着，至少要少承担点责任。

那一天，萨罗内政部长圭多·布法里尼·圭迪恰好为了出席法西斯成立25周年的庆典而在罗马，住在威尼托大街的埃克塞尔西奥宾馆。从塔索大街出来后，卡鲁索就赶到了威尼托大街的埃克塞尔西奥宾馆，与圭多·布法里尼·圭迪进行商议。然而当时才早上八点钟，部长还没有起床。在卡鲁索的再三坚持恳求下，随从们才同意将部长叫醒。于是睡眼惺忪的部长穿着睡衣出来接待了他。卡鲁索向部长说明了一切，最后说道："阁下，请求您帮帮我。"圭多·布法里尼·圭迪能够做的事很多：比如说，与墨索里尼谈及此事，让墨索里尼对希特勒进行直接干预，或者与相交甚好的沃尔夫谈论此事，至少要求延缓一段时间。但他这次只回答道:"我能做些什么呢?你必须向他交人。否则谁知道会出现什么情况?是的,没错,把人交给他吧。"正因如此,在战后对圭多·布法里尼·圭迪的审判中,卡鲁索做证说他应该被判处死刑。因为于他而言这些话就是命令。

罗马著名的里贾纳科利监狱有一整幢楼,3号楼,是专门关押政治犯的:死亡名单中排在后面的人选几乎都是从这挑选出来的。与此同时,卡普勒还一直在催促彼得·科赫和彼得·卡鲁索这里两个意大利人。希特勒要求他们在3月24日之内执行指令,此时限期将至。正午时分,卡普勒前往马采尔将军的办公室进行汇报并向他保证这份名单马上就能完成;目前面临的问题是由谁来执行枪决。大家都把这个任务当皮球一样踢来踢去,经过漫长的商讨后,大家把目光锁定在了党卫军第三营的指挥官赫尔穆斯·多布里克少校身上。马采尔将军告诉赫尔穆斯·多布里克,他此时是众矢之的,由于是他属下的部队遭受袭击,所以复仇的使命理应由他来完成。可是,多布里克找了一大堆理由来拒绝执行此命令,除了宗教方面的理由外,还用迷信当借口来推辞这项可怕的任务。由于赫尔穆斯·多布里克的"不配合",两天后卡普勒将他作为执行枪决的最终人选报告了上去。但在此项任务被再次拒绝后,马采尔将军命令卡普勒:"那就你来吧。"

卡普勒上校召集他的人并下达指示,这320个人必须在最短时间内被枪决,必须尽快秘密行动,以避免引起暴动。他麾下共有12名军官,60名士官以及一名士兵:加上他自己在内总共74个人。对于随后发生的一切,战后卡普勒被审判时是这样描述的:"我开始意识到时间所剩无几,于是把整个军队分成了几个小队,轮流执行枪决。我命令每个人都只能开一枪,子弹必须直击囚犯大脑,不能射击失误,要让囚犯立刻毙命。"埃里希·普里克上尉的任务则是一个一个地核对姓名,要确保名单上的所有人都被枪决了。

与此同时,博尔扎诺营另一名重伤住院的士兵不治身亡。如此一来,320名人质就不够了。恰好那天早上,库尔特·舒茨上尉设法又找到了10个犹太人移交到里贾纳科利监狱。于是他们的名字马上被加进枪决名单,凑齐了人数。

在那个灰暗的星期五下午两点,第一批人质被运送到矿坑,运送工具特意选择了屠夫平常用来把牲畜运送到屠宰场的货车。他们双手反捆在背后,两两绑在一起,就这样被推进了隧道。党卫军士兵靠在墙上,用火把照明。首批人质里有一个神父,叫唐·彼得·帕帕加洛,他设法挣脱了束缚,然后高举起双臂向他的囚犯同伴们致以祝福。而行刑者们也不敢打断他这可怜虔诚的举止(罗塞里尼在影片《罗马,不设防的城市》中塑造的那位神父就是以他为原型的)。五名囚犯随后被拖到隧道的尽头,被迫朝着墙壁跪下来,行刑者就站在他们身后准备执行枪决。

那个地方一片漆黑,仅靠着火把才有一点光亮,一股潮湿刺鼻的霉味弥漫。库尔特一声开火令下,五名囚犯应声倒地。一个山顶的牧羊人在放羊时目睹了囚车的抵达,随后就藏进了灌木丛中,他在审判中说他在下午3点30分时听见了第一声枪响。

大屠杀在一片枪声、求饶声和痛苦的哀号声中持续了一整个下午,空气中弥漫着火药与血腥气,夹杂着粪便的恶臭味。就连行刑者们也只能倚赖醉酒后的胆气才能继续这项残酷的任务。枪决执行的精确程度和速度都没有达到卡普勒上校的要求。随着尸体渐渐堆满隧道,后续的人质不得不爬过死人堆再接受枪决。醉酒后士兵的枪法已不如之前准了。解放后,当地道重新被打开时,人们才发现,有些囚犯并没有被一枪毙命,只是被打伤了,死前还挣扎着往前挪动了几米远;有些囚犯的指甲盖里满是泥土或者完全断裂了,似乎是为了挖出一个光明的洞口。有多达39个人因遭受多次射击而丧命;还有一些囚犯的头骨被钝器砸破,可能是在反抗时遭步枪底座击打所致。

执行枪决时,有些囚犯因为先前遭受的酷刑精疲力竭,只能被拖着来到行刑的地方。朱塞佩·蒙特泽上校从卡车上跟跟跄跄地走下来,虽然他的脸已经被殴打得面目全非了,但神情依然透露着坚毅。一位名叫皮洛·阿尔伯泰利(作家,哲学老师)的行动党党员被科赫的手下用令人发指的方式折磨过,当他到达行刑地时已经奄奄一息了。(尽管受尽这种非人的折磨,皮洛·阿尔伯泰利都不肯透露任何一条关于他战友的消息,为了撬开他的嘴,卡鲁索警官曾在他眼皮子底下折磨他的妻子。)毛里齐奥·吉利奥少尉因为通过一个秘密电台向盟军发送了消息因此被捕，在狱中受尽折磨，在被强行拖出牢房时也已经无法直立行走。

在怒吼声中，行刑者终于完成了杀死330名囚犯的任务。但最终被处决的人数竟然是335人，比预期还多了5个。被杀死的人中包括警察、街头小贩、工人、服务员、医生、官员、宪兵、文员、铁路工人、音乐家、学生、印刷工人、教授和农民。其中有90名是犹太人；年龄最大的是一位74岁的商人，名叫摩西·迪·孔希利奥，摩西与他的5个家庭成员一起惨遭杀害；年龄最小的是一个14岁的少年；还有很多年龄在18岁到28岁之间的青年。人们在其中一名受害者的口袋里发现了一张写给父母的便条，这张字条竟奇迹般地没有腐烂："如果我们无法逃脱再也不能见到彼此的命运，请记住你们有一个愿意为国家献出生命的儿子，我会一直注视着这些刽子手的。"

1946年6月，罗马法庭对前上尉普列布克进行开庭审讯期间，法院庭长要求党卫军的前少校卡尔·哈斯陈述为什么要比命令多杀5个人的原因。他回答说，普里克在检查名单时，突然意识到还有一些人的名字没有被写上。一次、两次、五次之后他意识到一定是有人在选人时犯了错。最后，当名单上所有人都被枪决后，还剩下5个不幸的人捆绑着缩在一个角落里，我们不知该如何是好。卡普勒问了一句："他们5个已经目睹了一切，我该怎么处置他们呢？"有人回答道："把他们也干掉。"但卡尔·哈斯没有向审讯官透露是谁回答了这一句话。

实际上，死亡人数也不是335人，而是336人。最后一位受害者是一位名叫费德勒萨的74岁女性，她出生于加埃塔，当时住在比利亚吉奥·布雷达营地。每天她都会去矿坑附近的草地上采菊苣。那天一个德国哨兵叫她站住，但她有些耳背没有听见，那个士兵就开枪打了她，造成了致命的重伤，最终死在了医院里。这一事件在恺撒·德·西蒙查阅利托里奥医院急诊科（如今的圣卡米洛医院）记录时被发现了。接下来的几天中，所有受害者的亲属都得知了这一惨讯，并收到了一份十分冷酷的信函，"某某先生死于1944年3月24日"。当然，可怜的费德勒萨的家属从未收到过这样的通知。

出于历史原因，这句冷酷无情的"把他们也干掉"引起了我们的注意。

在那个星期五的晚上 8 点，经过四个半小时不间断的大屠杀之后，行刑者都已精疲力竭，浑身沾满了血迹，但冷酷无情的卡普勒上校仍然还在担心行动不够隐秘："他们已经目睹了一切。"在官方声明出来之前，一丝风声都不能泄露。屠杀过后，德国工程师用炸药炸毁了矿坑的入口（爆炸痕迹至今仍清晰可见），此后几天，尸体腐烂的恶臭味四处弥散，为了掩盖这股味道，他们又在阿尔德亚蒂那矿坑的入口处倾倒了两卡车垃圾。

从 3 月 23 日下午 3 点 45 分（发生袭击时）到 24 日晚上 8 点（大屠杀结束时），这个血腥的行动一直都被严格保密。这些年来，所有关于为什么制造突袭爆炸的参与者没有站出来拯救人质的争论都忽略了一个重要因素：即使他们想要这样做也无能为力，因为他们根本就不知道这件事。收音机和街上的告示都没有关于此事的报道；只有斯特凡尼通讯社（由路易吉·巴尔齐尼领导）于周五晚上 11 点左右向报社和新闻发布室发布了一份声明，但这份声明在周六也就是 25 日才在报纸上刊登出来。由于戒严，早上打印出来的报纸在中午左右才能送到报摊。该声明称：

> 1944 年 3 月 23 日下午，犯罪分子在罗塞拉大街对德国警察部队实行炸弹袭击。这次袭击中，32 名德国警察身亡，还有几人受伤。这次袭击是由巴多格利亚共产党人策划，目前仍在调查此次行动是否因英美煽动所致。德国军方决定镇压这伙歹徒。任何人都不得破坏新确立的意大利—德国合作关系，因此，德国指挥部已下令每一位丧生的德国人都要 10 名巴多格利亚共产党人陪葬。该命令已被执行。

声明署名"斯特凡尼通讯社"，实际上是德国指挥部所发。直到下午意大利广播局才发出了有关该声明的报道。同样在下午才发出报道的梵蒂冈机关报《罗马观察家报》，使用了"斯特凡尼通讯社发表关于罗塞拉大街事件的声明"的标题，将该声明刊登在报纸首页。原文结束后，有这样一段评论：

> 面对这样的事件，每一个正直的灵魂都会以人性和宗教之名默哀。

一方面是32个遇难者，另一方面是因为罪魁祸首漏网而陪葬牺牲的320个人。

表面持中立态度的梵蒂冈机关报，实际上对于"潜逃罪犯"持敌视态度。这样一段评论无疑是肯定了大屠杀的真正起因是参与该行动的游击队员在事发后没有向德国当局自首。关于此事的争议持续了很长一段时间。有关此事，《命令已被执行》一书的作者亚历山大·波泰利说道，"这场争论仅仅说明了在漫长的过程中极右立场中逐渐掺杂了中立思想"。波泰利继续道，此事件很有可能标示着纳粹长期以来报复行动的一次真正意义上的成功。可是《信使报》社长布鲁诺·斯帕姆帕纳托则将这次大屠杀定义为"德国正义的典范"，足见其不仅仅是卑躬屈膝，而且奴性思想显露无遗。

就连墨索里尼本人此前对这次屠杀也一无所知。在他妻子雷切尔的回忆录中写道，当他得知大屠杀事件时，惊呼道："除了抗议之外，我连阻拦他们的可能都没有了。"之后又说："德国人以为他们可以像对待波兰人那样对待意大利人，但事实上他们这样做只能树立新的敌人。"他也是个可怜人，早已被赶下神坛，沦为了附庸。

对于这场袭击和屠杀事件的定性问题，一直存有争议，几乎一开始就被人利用了。随着时间的推移，争议逐渐分为两派。一派坚称党卫军第三营的人都是老兵和无害的"本土兵"。而事实上，这些党卫军是一群25岁至41岁的武装士兵，他们从事发第二天就开始对罗马抵抗运动采取镇压。另一派则认为，党卫军在罗马街头甚至张贴了告示，要求参与此次袭击事件的游击队员自首以替代名单中的人，正是因为他们的软弱，才会有335名无辜者被屠杀。没有人能确定如果游击队真的得知此事，是否会自首以保护无辜者。然而，可以肯定的是，参与行动的游击队员一定也从3月25日的报纸上得知了大屠杀的消息。在1999年2月，最高法院的裁决才使有关这次事件性质的争论尘埃落定。从司法角度来看，判决认为，由于抵抗军承认共和国体制，因此游击队的行动在法律层面被定义为"战争行为"。自由的意大利共和国于1943年10月13日向德国宣战；在安齐奥登陆行动后，盟军曾通过无线电敦促游击队"尽一切力量与他们战斗到底……我们必须摧毁敌人……无论他们出现在什么地方都要进行攻击"。

教皇庇护十二世对即将发生的德军的报复行动是否知情呢？有两件事是可以确定的。就在袭击发生的当天傍晚，党卫军上校多尔曼去拜访了梵蒂冈神父潘克拉齐奥·菲佛，这位神父来自巴伐利亚，负责教廷和占领军之间的联络工作，多尔曼告诉神父，纳粹将采取凶残的报复，请求他将信息传递给教皇。历史学家罗伯特·卡茨研究发现，OSS（美国战略情报局，中央情报局的前身）的文件表明，战争快结束的那段时期多尔曼成了同盟国的线人。第二个情况是，24日上午10时15分，也就是大屠杀开始前5个小时，也是大屠杀结束前10个小时左右，罗马地方公署的费雷罗工程师曾告知梵蒂冈国务秘书处，在罗塞拉大街遇害的每一个德国人都会造成10名意大利人被处决。事实上，工程师并没有说（也许是他忽略了）处决将在24小时内执行。但是，多尔曼和工程师提供的信息都没有对罗马教廷产生任何影响。

随着时间的流逝，大屠杀事件及其执行地点都成了一个被反复讨论的话题，逐渐染上了一丝传奇的色彩。人们开始自发地在德军炸毁的矿坑处进行朝圣活动。纳粹分子在那里倾倒的垃圾也慢慢被鲜花、文字和圣物所覆盖。然而，只有在解放之后事实的真相才被揭露出来。在美国人到来还未满一个月的七月上旬，一个由罗马一大法医学教授阿提里奥·阿卡雷利教授担任领队的小组就开始了艰难的发掘工作。他们不得不挖开并移走大量的碎石沙土，并在恶劣的条件下慢慢进入隧道。阿卡雷利教授写道：

> 进入阴冷的隧道后，一股寒意侵袭而来，隧道里弥漫着令人作呕的恶臭，令每个小组成员阵阵反胃。在这充满惨痛记忆的地方，没有一个人能在进来后不心生恐惧，每个人心中都充满了对遇害者的同情和对屠杀者的痛恨……小组的所有成员都被这场景吓坏了。

经过长达六个月在几乎难以忍受的恶劣环境下的辛勤工作后，该小组确定了335名受害者中322个人的身份。他们大多通过遗体上找到的个人物品来进行确认。让遇难者亲友辨认是几乎不可能的，也不符合规定。跟遇害者有着亲属关系的人见到如此惨状，怎么可能受得了？阿卡雷利教授是一名犹太人，他的两个侄子都是在这次劫难中遇难的。

那些遗体早就难以辨认了，土壤和火山灰与遗体的脂肪混在一起，给遗体表面蒙上了一层遮盖物。这里发现一只脚，那里有一双鞋子，那边还有一个完整或破碎的头骨，然后又是断臂躯干和衣物。在随处散落的残骸四周，肉蝇纷飞，无数的蛆虫以腐肉为食，数不清的巨型老鼠在未经掩埋也无人看守的遇害者遗体和破碎头骨间钻来钻去。

1947年，被英国人俘虏的赫伯特·卡普勒被移交给意大利当局，并于1948年5月交由罗马军事法庭审判。他主要从两个方面进行抗辩：第一是他必须服从上级命令；第二是他指控罗塞拉大街的袭击行动是非法行为，因此采取报复是合理的。军事法庭则从法律层面指出，无论如何，遇害者中有10人不在德国的司法管辖权内，况且还有命令之外的5人也被错误杀害，依据此认定了报复性屠杀行为的非法性。卡普勒最终被判无期徒刑，被关在加埃塔军事监狱；后来由于身体原因，他住进了罗马的塞里奥医院，1977年8月15日，他的妻子将他藏在行李箱中帮助他顺利逃脱。一年后，他在斯图加特病逝。

埃里希·普列别克因曾酷刑折磨塔索大街监狱的囚犯而臭名昭著。美国战略情报局（OSS，中央情报局前身）的特务阿里戈·帕拉迪尼写道："我清楚记得普列别克上尉的审问方法。他用审问囚犯的铁拳头（套在手指上的凶器）击打我的胸部和睾丸，对付其他人也用同样的办法。"普列别克上尉还有更狠的绝招。他告诉帕拉迪尼，由于他的沉默，他们只能射杀了他的父亲。"实际上这不是真的，因为我的父亲几个月前就死在集中营里了，但我当时并不知道。"这一折磨给帕拉迪尼带来了很大的刺激，甚至解放之后，帕拉迪尼仍然常年在深夜里哀号着惊醒。

战争结束后，普列别克借助"老鼠之路"（一个由梵蒂冈高级主教管理的秘密组织）逃到了南美洲。在1994年被捕时这位前上尉承认了上述情况，他告诉布宜诺斯艾利斯报纸《阿根廷号角报》："我要感谢天主教会的帮助。"梵蒂冈确实为普列别克提供了红十字会护照。因为"老鼠之路"的存在，成千上万的纳粹分子逃往南美洲潜伏了下来。这位前上尉于1998年在罗马被判处终身监禁。但由于年龄原因，他得以被"软禁"在罗马一位朋友的舒适住所中进行服刑，并在那度过了他大部分的刑期。

懦弱的警官卡鲁索和虐待狂彼得·科赫，在战争结束时被意大利人审判并处以枪决。而里贾纳科利监狱的主管多纳托卡雷塔，这个曾试图帮助囚犯的无辜男人，却因激动的群众一时失控，致使其在众人的围攻中丧生。

除了唐·帕帕加洛之外，另一名神父也激发了罗塞里尼在其电影杰作中的创作灵感：唐·朱塞佩·莫罗西尼，他也被监禁在塔索大街，并于1944年4月初，即大屠杀发生数天后，在福特布拉维塔被枪决。电影《罗马，不设防的城市》中由阿尔多法布里齐扮演的角色正是结合了这两位英雄神父的形象。

罗马的抵抗运动是否能与北方的抵抗运动相提并论呢？毫无疑问答案是肯定的，因为在这里发生了数十起袭击事件：就连市中心都有德国士兵、法西斯主义者和法西斯高层人员遭到袭击，甚至被杀。第一次武装抵抗运动爆发于1943年9月8日，即停战那天的数小时后及随后的几天。他们在圣保罗门下与势不可当的德国军队进行血战；随处可见由年轻军官指挥的意大利零散武装力量的抵抗运动。他们为了履行职责而战斗、牺牲，忠诚于他们捍卫祖国的誓言。尽管并没有人要求他们这么做，也没有人因此对他们表示感谢。而今天在圣保罗门附近的一块墓碑和散落在城市周围的其他小墓碑都在纪念着那些军人、平民和反抗者的牺牲。

在被占领的九个月期间，德国的军队、仓库、卡车、车库、电话总机，甚至德国军事法庭设在威尼托大街的总部和铁路列车都遭到过袭击。那时我还是个孩子，也曾目睹其中的一次袭击。当时一辆满载战争物资的列车正经过奥斯提香车站，在距离札马广场不远的地方被炸毁：在爆炸声中它燃烧了很久，运送的弹药接连爆炸，发出震耳的巨响。如果我没记错的话，没有人去灭火，火势一直持续了好几天。

无论是罗塞拉大街袭击事件之前还是之后，德国人都没有进行过如此凶残疯狂的报复，即使我们并不确定是否因此导致了其他罪行。当然偷抢、奸杀妇女、杀人等也没有一日间断。阿尔德亚蒂那大屠杀之后最严重的行动是对夸达罗居民区的扫荡。在罗马的南部和东南部有许多抵抗组织，有政治性组织（从全国解放委员会到"红旗"独立党），也有无党派组织，但他们都对纳粹势力怀着强烈的仇恨，如"罗锅"组织。在某一次枪战中，有三名德国人被杀。因此4月17日，卡普勒下达命令并包围了整个社区，挨家挨户搜查。凡是有劳动能力的大约2000名壮年男子被捕。其中，700名15岁到55岁的人被送往德国进行义务劳动。后来回来的人数不到一半。

此外还有大规模的处决：有72人在福特布拉维塔遇难，有10人在皮耶特拉塔遇难。最后一起屠杀事件是包括工会领袖布鲁诺·布奥齐在内的14名男子于6月4日在卡西亚的拉斯托塔被杀害。那时德国人开始四处逃窜，而美国人已经抵达罗马。随后，又有10名妇女在打劫面包店后在铁桥附近被德国人枪杀：被占领地区的人们逃脱不了饥饿的命运，这也是愤怒和反抗的根本原因，这种反抗没有多少纯粹的政治因素和爱国主义。正因如此，许多十分贫穷的街区，尤其是郊区都开始进行公开的对抗。

我回想起在那个可怕时期的一段经历。那时我和我的父亲还有他的同伴一起逃亡之时，常常陪母亲在古城墙脚下的草地上挖野菜，就像那个在矿坑附近的阿蒂纳草坪上遇害的可怜女人一样。自那之后，我掌握了一项技能，在离植物几步之遥时就能分辨出它们是否能吃。我父亲之前的同事，一位市郊的农民给我们从乡下带来了最受欢迎的礼物：一瓶橄榄油，用橄榄油和柠檬汁调味过的熟菊苣，是那时最精致的一顿晚餐。

即使很多人只要能找到一些面粉都能在家中自己做，但面包仍是一个大问题。所以发生过多次袭击面包店的行动。后来在这类情况下，此种袭击变成了反法西斯示威游行，这也是一些搞政治的妇女干涉下的结果。但从1944年3月25日那个星期六起，为了惩戒全体居民，每日供应的面包量减少了：从每人150克降至100克。"棍子面包"是用鹰嘴豆、姜黄叶、黑麦、麸皮制成的，有人怀疑这种面包中混有木屑，因为人们经常在嘴里发现木屑残渣。还有一种广为流传的面包名叫"健身饼"。这是一种由精细的面粉制成的面包，看起来就像一块巧克力，但一口咬下去的味道却令人作呕，据说这种面粉的原料是高粱，原本是用来制作扫帚的。

当我们开始听到隆隆炮响，炮声在夜晚格外清晰，就知道盟军快要到了。向南望去，阿尔巴尼山丘在忽明忽暗的炮火眩光中清晰可见。6月3日那天晚上，一切战火都平息了下来，纳粹分子开始准备撤退，许多办公室都在烧毁档案，一些纳粹头目却故作镇定，跑到歌剧院去听纳粹支持者著名男高音歌唱家贝尼亚米诺·吉利主演的歌剧《假面舞会》。24小时后，街道上人潮涌动、欢呼雀跃。下午，全城电力被切断，整个城市一片黑暗，但即使如此每个人脸上的喜悦也没有消减一分一毫。一个小插曲或许可以让你们想象出当时如梦如幻般的解放氛围。一名美国士兵从吉普车抽屉里拿了一块巧克力送给我，这是我吃过的第一块真正的巧克力。我吃着巧克力走在回家的路上，一位年长的绅士拦住我并不好意思地问道："你能分给我一点吗？"我毫不犹豫地把巧克力递给他，男人从口袋里拿出一把小刀，切下一小块巧克力，他并未用言语向我致谢，但全部的谢意都凝聚在他那闪光的眼神中，至今令我难以忘怀。

1月份，盟军登陆安齐奥之后花了6个月的时间突破了古斯塔夫防线，他们在最后阶段军事行动才加大了进攻力度。3月份，他们攻克了卡西诺的防御工事，彻底捣毁了那座在军事战略上毫无用处的著名修道院。面对德国的激烈抵抗，第五军总司令马克·克拉克将军开始表现得越来越不耐烦。他想在诺曼底登陆行动从而开辟欧洲大陆新战线的消息占满美国报纸所有版面之前进入罗马。克拉克将军最终在1944年6月4日进入罗马，而诺曼底登陆则发生在6月6日的黎明。那一天所有的报纸版面上都只有他一人，这位跃跃欲试的将军终于得到了他想要赢得的关注。

除了或多或少利害相关的误解、政治动机和交战双方的各自理念之外，很难用其他理由来解释引发纳粹对意大利进行整个欧洲最为激烈报复的真正原因，这里的报复不仅仅指发生在阿尔德亚蒂那矿坑的大屠杀。游击队和纳粹军队之间的武装冲突随处可见，在这些小规模事件中，人们很难区分到底是德国正规军还是党卫军在参与战斗，就像历史学家格哈德·施莱伯在《德国的报复》中写的："就连德国军队的领导人也会毫不犹豫地下达罪孽深重的命令。"那么，那种仇恨是从何而来呢，究竟是什么样的原因让6万多名意大利人为之付出生命？有可靠的统计（尽管不尽准确）显示，6800名士兵因执行违反国际法的命令而被处决；战死或被处死的游击队员有4.5万人；9180名平民在报复行动中或打击游击队期间遇害。如果说阿尔德亚蒂那矿坑的大屠杀是罗马这个城市最严重的事件，那么除此之外，党卫军还在瓦尔特·雷德的领导下对托斯卡纳大区的圣安娜斯塔泽马疯狂地屠杀了576名手无寸铁的百姓，在艾米利亚地区的马尔扎博托杀害了1870人。如果说在马尔扎博托的屠杀是为了报复游击队的袭击，在圣安娜斯塔泽马的屠杀行为却没有任何借口：根据斯佩齐亚军事检察官马可·德保利斯的讲述，这完全是一次单纯的"精心策划的犯罪行为"。

　　为什么会如此凶残呢？也许意大利人是因为希特勒对墨索里尼失去了一开始的尊重而付出了代价。希特勒对墨索里尼的失望源自意大利在希腊行动中的失误，迫使德国人必须冒险援助意大利人，随后在非洲和俄罗斯此类失败事件仍在继续发生着。希特勒没能清楚意识到他自身的错误和愚蠢狂妄，反而把盟友意大利当作战争失利的替罪羊，正如施莱伯所说，这是对法西斯盟友的"种族降级"。希特勒的政治遗嘱中清晰地写道："我认为，至少有一点在这场战争结果上已经显示得非常明显，就是拉丁民族不可阻挡的衰败……这一切都与他们可笑的傲慢和无能有关。无论是我们的盟友意大利，还是我们的敌人法国，他们的这种弱点都对我们不利。"这种不利让我们不得不考虑让意大利"远离战场"。对战争失利的迁怒、对意大利军事能力的蔑视，是造成这些非人道主义暴行的主要原因。当然，9月8日的"背叛"也起到了推波助澜的作用，时任驻意大利的德国部队司令阿尔贝特·凯塞林元帅指示，"对背叛者绝不轻饶"。即使是最无辜的队伍也无法在这种极大的怨愤下幸免，不论是否有罪，也不分性别、年龄，没有人可以豁免：妇女，儿童，一切。

　　然而，由这种蔑视造成的悲剧中，有一个问题在多年后看来十分明显。德国人对意大利心生不满和敌意还出于他们认为意大利对待犹太人的方式太过温和，他们对犹太人的刑罚处处有所保留。纳粹德国文化部长约瑟夫·戈培尔是反犹太主义运动的主要发起者之一，1942年12月13日他在日记中写道："意大利人对待犹太人太过温和。他们在突尼斯和被占领的法国设法保护犹太人，不同意他们被强制进行劳动，也不许强迫他们佩戴大卫之星。"

在战争结束八年之后，陆军元帅凯塞林仍然对当时没有对意大利平民进行频繁的轰炸感到遗憾。他曾亲自批准甚至指导了当时主要的镇压行动，包括针对手无寸铁的普通百姓的残忍行动。他作为驻意大利总司令的第一个命令就公然宣布："我将保护每个对待游击队格外冷酷的指挥官。"战争结束后，他甚至说，意大利人应该给他立一座纪念碑。佛罗伦萨大学校长皮耶罗·卡拉曼德雷教授回击了他。这位教授是杂志《桥》的创始人，这份杂志刊发了一份给这个无耻之徒撰写的赠言，现在被刻在库内奥市政厅的一块大理石板上。我无法估量这些文风悲怆愤慨的动人辞藻在今天会产生什么样的影响。可我小时候就曾读过，自那以后这些话语就一直深深印在我的脑海里。现在我凭着记忆默写下来以示纪念：

  凯塞林先生
  你要我们意大利人为你竖立纪念碑
  这样的纪念碑可以为你而立
  但是用什么石头搭建
  那得取决于我们
  不是用被战火熏黑的墓石
  那里手无寸铁的平民在你的屠刀下尸横遍野
  不是用陵园的黄土
  因为我们年轻的同伴在那里长眠
  不是用山上铁蹄践踏过的积雪
  它曾连续两个冬天对你的暴行冷眼相见
  也不是用山谷里的春天
  它曾目睹你逃窜时的汗颜
  只有用意志坚定的受折磨的人紧闭的双唇
  他们的沉默比顽石更坚韧
  只有用自由的人们坚不可摧的契约
  他们聚集在一起洗雪国耻和恐惧甘心情愿

这仅仅是为了尊严而不是为了仇恨
如果有一天您想重返此地
你会重新见到逝者与幸存者
他们都共同坚守着自己的信念
人们紧绕在纪念碑周围团结一心
抵抗
从现在直到永远

The
biography
of
Roma

罗马传

"卢克蕾齐亚·波吉亚是近代史上最不幸的女人。是因为她罪孽深重?还是因为她承受了世人错误地加诸她的憎恶?"这个问题至今悬而未决,相信未来也很难找到答案。

罗马佳人 第十章

卢克蕾齐亚·波吉亚

罗马的很多地方，都会使人想起"波吉亚"这个令人憎恶的家族。尽管有时候，他们只是无辜地背上了恶名。即使已隔着五个世纪的岁月，人们对这个家族的罪恶行径依旧记忆犹新，其中自然充斥了很多骇人听闻的传说和谣言，但不得不说它们往往也是有一定事实依据的。

沿着加富尔大街，从安妮波尔蒂街拾级而上，到大约200米处时会发现路的左侧耸立着一座肃穆的宫殿，宫殿的半边被爬山虎的枝叶所覆盖，正面装点着一个小阳台。这座建筑被称为"波吉亚宫"。建筑最古老的部分已经被并入了原宝拉圣方济修道院，而这座修道院又毗邻着与它同名的教堂。宫殿的阳台上开着一扇16世纪的拱形窗户，看上去非常浪漫——人们不由得联想到，朱丽叶是否会从这扇窗户里探出头来，或者本章的女主人公卢克蕾齐亚也可能从这扇窗户中露出美丽的倩影。宫殿的街道边有一个很陡的台阶，台阶尽头是一个即便在盛夏也漆黑一片的通道，那是个适合伏击和谋杀的好地方。在通道走至一半的右手边，有一扇可以打开的尖拱铁门。据传，罗德里戈·波吉亚的次子，甘迪亚公爵胡安就是从这扇门里出来后人间蒸发的，很有可能是被他的兄弟，未来的瓦伦蒂诺公爵，切萨雷·波吉亚杀害了。波吉亚宫朝加富尔大街的那一面一直保留了古城堡的原貌，后来才改装成了晚期浪漫风格的。然而，并没有确凿证据表明波吉亚家族曾经居住在这座城堡里。民间还流传着另一种说法，即该建筑之所以能与波吉亚家族扯上关系是因为它属于教皇亚历山大六世（罗德里戈·波吉亚）的情人瓦诺莎·卡塔内。但这是一个非常复杂的故事，还是稍后再做详述吧。

另一则更为古老的传说可能使这个地方更加臭名昭著。据说，这座建筑对面的小巷是声名狼藉的邪恶之街，是一场令人毛骨悚然的凶杀案现场。罗马的第六任国王塞尔维乌斯·图里乌斯有两个女儿，两个女儿都叫图丽雅。大图丽雅，是阿伦特的妻子，但她却迷恋上了卢齐奥（也就是她妹妹小图丽雅的丈夫）并且成了他的情人。后来卢齐奥登上王座成了国王，是罗马王政时代的第七位也是最后一位君主，史称神圣塔奎尼乌斯。尽管那时《麦克白》这本书还没有被写出来，但大图丽雅就像麦克白夫人一样，策划了一起谋杀她丈夫阿伦特、妹妹和父王的阴谋。不仅如此，巴托洛梅奥·平内利的一幅著名雕板画还描绘了政权落入新国王手中后，这个来自地狱的恶魔看见自己的父王倒在地上，还立刻跳上马车，碾过父亲遗体的场景。这是在公元前6世纪发生的事情，如果有一条巷子是所谓罪恶之巷的话，那么一定是这样一个令人发指的弑杀亲长的地方。

另一个与波吉亚家族有关联且意义更为重大的地方在梵蒂冈。这个地方位于宗座宫的一楼（拉斐尔厅的下面），是教皇亚历山大六世曾经的住处，住处里有许多被称为"秘厅"的大厅。朱利亚诺二世（即朱利亚诺·德拉·罗韦雷）在搬到楼上之前也曾住在那里，但他十分厌弃平图里基奥（和他的助手皮尔·马太·阿梅利亚、安东尼奥·维泰博和提比略·达西西）所画的壁画。朱利亚诺的前任教皇就视画作里的亚历山大六世为"邪恶的叛徒和不幸的记忆"。因此，朱利亚诺二世最终忍无可忍，搬到楼上。这些声名狼藉的厅堂让我们不禁想起了那个混乱时代，以及这间房间的主人公——亚历山大六世、他的情妇——瓦诺莎·卡塔内和朱莉娅·法尔内塞，他的孩子们——切萨雷、卢克蕾齐亚、胡安和霍夫雷，以及他一大堆的臣子、雇佣军和刺客。

屋里的大厅依次是女先知厅、先知厅、信仰厅、人文厅、圣徒厅和信仰奥义厅，前几间大厅位于波吉亚古塔内，其他几间则紧随其后，然而所有这些大厅都充满了阴暗的故事和荒淫的风流韵事。

在女先知厅里，卢克蕾齐亚的丈夫阿方索·阿拉贡和她的一位情夫——年轻的佩罗托接连被暗杀。同样是在这个地方，人们还制备过用以铲除异己的致命毒药。平图里基奥也把这些犯下极端罪行的主人公们生动地描绘到了他的画

241

作里。

"信仰奥义厅"的壁画上，教皇亚历山大六世以虔诚的态度跪在地上，他的情妇瓦诺莎·卡塔内则以圣母领报的形象出现在其中；而这位年迈教皇的另一位年轻情人朱莉娅·法尔内塞则是圣徒大厅的门上方挂着的"圣母与圣子"图画中圣母的原型。当然这只是推测，虽然并不确凿，但是却似乎很符合情理：因为朱莉娅是教皇最宠爱的女人，而这些画又全部是教皇定制的，所以我们有理由相信，画家会根据委托人（教皇）的要求，将她的形象绘制其中。

这里还有一幅画，将年轻的卢克蕾齐亚描绘成了同博士们争执不休的卡特里娜·亚历山大。圣克莱门特教堂的祈祷室里，有一幅索利诺·达帕尼卡莱的作品，也描绘了这一场景。不远处，我们可以看到穿着土耳其风格服装的切萨雷和他的妹妹卢克蕾齐亚站在一起。虽然平图里基奥屈服于教皇的意志，但他还仍然坚持着他自己的风格；人们可以看到他在古代题材上浓墨重彩的描绘：怪诞的图案，象形文字，占星术和古埃及神话，这些主题从女先知厅开始就出现在不同的大厅里。

圣徒大厅中甚至还展现了各种来源的非基督教主题的画作。其中还包括作为整个套房中的主要装饰元素的公牛形象，它是亚历山大六世的纹章。（如今，一些房间里收藏了教皇保禄六世于1973年安置的现代宗教艺术品。）

然而，波吉亚家族被人们记住，不仅仅是因为民间各种传闻和想象，更是源于他们的所作所为。传说中两个迥异却互补的形象又使得这个记忆得到了强化：一个是强权统治者亚历山大六世，另一个是融合了女人魅力和少女天真的亚历山大六世的女儿卢克蕾齐亚，她为环境所迫出卖了贞操。事实上，我们的故事也正是要从她开始。

费迪南德·格雷戈罗维斯（Ferdinand Gregorovius）在他文章的开头提出了一个问题："卢克蕾齐亚·波吉亚是近代史上最不幸的女人。是因为她罪孽深重？还是因为她承受了世人错误地加诸她的憎恶？"这个问题至今悬而未决，相信未来也很难找到答案。在这位罗马伟大的历史学家写下这些话的一个多世纪后，有关卢克蕾齐亚的文献依旧没有增加。上述问题之所以没有明确答案，是因为那些文件资料让我们隐约感觉到他们的记录不够完整；或者即便文件资料的叙述是完整的，在某种程度上我们也忽略了这些文件字眼里所携的嫉妒、政治敌意和利益冲突可能带给我们的偏见。基于这些文献，维克多·雨果将卢克蕾齐亚塑造成一个精神上的魔鬼，她的这一形象也随着专门讲述卢克蕾齐亚的戏剧在欧洲传播开来。然而另有一些传记作家，如吉纳维夫·沙特内，却几近把她描绘成了一个女英雄，一个受世人憎恶的波吉亚家族中的受害者。而作家大仲马则在他的《波吉亚家族》一书中给予了她一个既晦暗又生动的形象：

  卢克蕾齐亚与她的兄长相比毫不逊色。气质放荡，生性残暴，工于心计，她热爱欢愉，谄媚，荣誉，宝石，黄金，沙沙作响的面料和金碧辉煌的宫殿。她有着金色的头发，宛若美丽的西班牙女人，她是披着纯洁外衣的名妓，有着拉斐尔笔下圣母的面庞和毒如蛇蝎的心肠。

  但我们还是想尽可能地尊重事实。卢克蕾齐亚于1480年4月18日出生于萨比科，母亲是红衣主教罗德里戈·波吉亚，也就是未来教皇亚历山大六世的情妇瓦诺莎·卡塔内。他的父亲选择了卢克蕾齐亚这个美丽的名字，是为了纪念古罗马最贞洁的贵妇人。历史上的卢克蕾齐亚为伊特鲁里亚裔国王塔奎尼乌斯的儿子塞斯托所侵犯。在告知家人自己受辱后，这个不幸的女人立刻当着家人的面自杀了，这一极端行为加之后续产生的一系列效应最终导致了君主制的灭亡。因此，对于像亚历山大六世这样一个野心勃勃的男人来说，给自己的女儿起这样一个名字，足见他的野心。

  罗德里戈于1432年1月1日出生于西班牙靠近瓦伦西亚的哈蒂瓦，当卢克蕾齐亚出生时，他已经48岁了。当时他已经

《一个青年男子的画像》，据艺术史家的考证，人物原型为卢克蕾齐亚·波吉亚（乔瓦尼·鲁特里）

有了不同女人生下的好几个子女；光瓦诺莎的孩子就已经有了两个：长子切萨雷生于1475年，他是未来声名显赫的瓦伦蒂诺公爵，马基亚维利在《君主论》中就以他为原型；次子胡安生于1476年。然后卢克蕾齐亚出生了，接着在1481年乔弗雷·波吉亚出生。罗德里戈17岁的时候，被他的叔叔红衣主教阿方索·波吉亚召到罗马，在梵蒂冈的教廷里长大，一路平步青云，以至在罗德里戈24岁的时候，就被叔叔教皇卡利克斯图斯三世任命为红衣主教。罗德里戈在谈判中勇敢，狡猾，善于耍弄手腕，为了增长自己的权势无视道德，惺惺作态。他在成为教皇之前，就已经是教皇选举的操纵者和几任教皇的重要支持者。

罗德里戈·波吉亚完全符合我们对16世纪男人的刻板印象，在这一点上他比长子切萨雷显得更为突出。罗德里戈体魄强健，虽然不太英俊，但气质和才智令人着迷，他是如此性感，以至于摩德纳的主教称他为"最具有肉欲的男子"。得益于他的成长环境，他先是很早做了红衣主教，继而成了教皇（1492年，也就是发现美洲的那一年）。即便不做教皇，在意大利这个枭雄割据、奇迹和暴虐并存的地方，他也能以同样的能力和运气成为一个伟大的领袖，或者成为众多的国王和领主之一。在当时的环境下，罗马是意大利的中心，即便不算政治中心，也是一种重要象征。梵蒂冈是教皇统治的众多教廷中的一个，不同于其他俗世国家，它不是王朝制君主的所在地，但它是意大利半岛上的重要势力，北与威尼斯共和国毗邻，南与那不勒斯王国接壤。

不过，当时的罗马已成为一个走向衰败的城市，它摒弃了自身久远的历史，在物质生活方面越来越奢靡，但精神生活却变得越来越贫瘠，同时，罗马教廷的风纪也全面崩溃。宗教蜕变成了威胁其他领主国王和监管民众单纯的盛典形式。历史学家史蒂芬·因费素拉曾写道：神父和红衣主教都拥有一个或多个妻妾，这真是"给上帝增添了极大的荣耀"，而宗教仪式的司仪约翰内斯·布尔查德也指出，几乎所有女性修道院现在"都变成了妓院"，修女和妓女已经没有任何区别。因此这样的大环境也会对卢克蕾齐亚的生活产生重大影响。

费迪南德·格雷戈罗维乌斯在他的《中世纪罗马史》中有所描述："卢克

蕾齐亚出生的时代是十分可怕的。教皇国所有祭司都丧失了圣洁，宗教已经被物质欲望所掩埋，道德已经到了毫无节制，丧失约束或限制的程度。最野蛮的争斗在这个城市里肆虐，特别是在庞特，帕里奥内和雷戈拉地区。在那里，每天都有敌对的派系结队持械走在街头，争斗的冲动充斥着他们的内心。"

然而在这充满血腥的混乱中，还是出现了文艺复兴的萌芽。圭恰迪尼在他的《意大利历史》中写道："古罗马帝国因古代传统风俗的改变，而经历了千余年的衰落，但美德和财富却也有所增加。当时从未感受到意大利有如此的繁荣昌盛。1490年这个节点发生的事情，连接了过去与未来。"

卢克蕾齐亚17岁时，就代表教廷为当时年仅23岁的米开朗基罗雕刻完成的《圣母怜子像》揭幕。根据格雷戈罗维乌斯的说法，这件非凡的雕塑"在那片道德的黑暗处，以一种伟大而严肃的精神点燃纯粹的牺牲之焰，照亮了教会中被亵渎的圣所"。在梵蒂冈劣迹与罪行肆虐的同时，卢克蕾齐亚的父亲，教皇亚历山大六世将当时最杰出的天才召集到教廷里。布拉曼特在拉特兰的圣约翰教堂绘制了波吉亚家族的族徽。哥白尼在罗马一大天文系任教。莱昂纳多·达·芬奇是当时最伟大的天才，他臣服于暴君切萨雷·波吉亚的威慑，成为建造城堡的工程师。平图里基奥和佩鲁吉诺为教皇的寓所绘制了壁画，前者还描绘了教皇朝拜圣母的画作，而圣母就是根据教皇年轻的情人朱莉娅·法尔内塞的轮廓绘制的。这就是那个时代的氛围，崇高与腐化并存。

那么卢克蕾齐亚的母亲乔瓦娜，或称瓦诺莎的情况是怎样的呢？博尔盖塞美术馆有一幅由吉罗拉姆·达·卡披绘制的她的肖像画。红衣主教的这位情人是一个娇媚热辣的女人，她应该同她女儿一样有着金色的头发，嘴唇丰满，鼻梁高挺。传言这个女人在成为红衣主教的宠妾之前是一位宫中女官。据格雷戈罗维乌斯的描述，"她热辣性感，没有这样的性感就不会撩拨起罗德里戈·波吉亚的春心，不会使他欲罢不能。同样，虽然她的精神世界中文化底蕴匮乏，但却拥有一种独特的能量"。这些内外特质保证了她在将近十五年的时间里，将罗德里戈这种不安分、有权势的人一直牢牢拴在自己身边。为了掩饰这段关系，并使他们的孩子具有合法身份（正式的身份是侄子侄女），罗德里戈·波吉亚让瓦诺莎多次嫁给一些殷勤讨好的男人。事实上他们不过是用来掩人耳目的。每当罗德里戈一到场,他们就会知趣地避开。但不管怎样,瓦诺莎还和其中一位,乔治·德·克罗齐,生下了一个孩子。或者至少孩子是算到他名下的。

然而,对于卢克蕾齐亚的教育,罗德里戈却选择了另一个女人,一个模糊不清的人物,但她对女孩的成长产生了重大影响,并成了卢克蕾齐亚事实上的母亲,她就是阿德里亚娜·达米拉,教皇卡利克斯特三世的侄子、罗德里戈的堂兄唐·佩德罗的女儿。因为罗德里戈非常重视紧密的血缘关系,所以他要让自己认可的家人来培养爱女。阿德里亚娜与巴萨内洛的领主卢多维科·奥尔索结婚,并且在这段婚姻关系中诞下了一个儿子,名叫奥尔索(或奥尔西诺)。阿德里亚娜·达米拉和罗德里戈关系之亲密,甚至超过了瓦诺莎。罗德里戈常常对她吐露心声,而她则在罗德里戈圣天使桥附近的乔达诺山的漂亮房子里毫不吝惜地给他建议。教皇爱女的童年,就在这座房子和位于阿庇亚路尽头的被教皇誉为"最有宗教气氛和最虔诚的地点"的圣西斯托修道院度过。

卢克蕾齐亚是美丽的,这一点可以通过各方资料予以证实,那些驻罗马教廷的大使们就曾描述过她:"鼻子挺拔而美丽,头发呈金黄色;眼中是浅色的瞳仁,嘴唇丰满,牙齿洁白;雪白的项颈饰着得体的首饰。到处都可以听到她持续不断的欢笑声。"我们还知道"她有着中等的身材,体型纤弱",时常饱受剧烈头痛与反复发作的髋部病痛之苦,一些医学历史学家认为这都是某种结核病造成的。从一些侧影画和勋章中,我们发现她还有着和父亲一样的微微向后缩的下巴。然而,瑕不掩瑜,她确实非常漂亮。像其他少女一样,卢克蕾齐亚也意识到了自己的美丽,并接受了一些初级教育,她会演奏一些乐器,还非常喜欢舞蹈,并能够很好地利用这些展现出自己的优雅和美貌;她的父亲——就像古代的犹太统治者希律王观赏莎乐美一样——每当她跳舞时,都会入迷地看着她。

1487年12月,年仅7岁的她第一次正式以罗德里戈女儿的身份展现在世人面前。当月的17日,罗马举行了盛大的庆祝活动,庆祝洛伦佐·美第奇的女儿马达莱娜·美第奇和教皇英诺森八世(乔瓦尼·巴蒂斯塔·西博)的儿子弗兰切斯科多·奇博的婚礼。新娘14岁,新郎40岁;时任梵蒂冈副教皇的罗德里戈担任当天的司仪，对于在他的豪华宫殿里接待婚礼队伍并向大家展示可爱的女儿让他甚是乐意。

这个弗兰切斯科多·奇博是个堕落的浪荡公子，不仅流连花丛还身负赌债，最后通过肆无忌惮地开空头支票来偿还这些债务。与他相反，马达莱娜·美第奇是一个精致的女孩，她曾是波利齐亚诺的学生。于是在马达莱娜和卢克蕾齐亚之间产生了一种我们可以想象的近乎少女间的友情，尽管在婚礼两年后，这位年轻的佛罗伦萨女孩就成了一位母亲。

然而，还有一个人真正地陪伴了卢克蕾齐亚的成长。1488年阿德里亚娜·达米拉让她一只眼失明的儿子奥尔索同一位14岁的姑娘订了婚，这位姑娘名叫朱莉娅·法尔内塞，朱莉娅·法尔内塞当时比卢克蕾齐亚大6岁。14岁的朱莉娅虽然刚刚进入豆蔻年华，但已经出落得十分美丽动人，浑身散发着性感的味道，罗马人称她为"大美人朱莉娅"。后来当她成为罗德里戈·波吉亚的情妇后，人们带着些嘲弄的意味，又称她为"基督的新娘"。奇怪的是，后世没有留下任何一幅为她专门画的肖像画，可能这也是出于她自己的意愿：故而我们只能想象她的美丽。不过许多人相信他们会在文艺复兴时期众多带着独角兽的贵妇人画像中找到她；一些人认为拉斐尔的《耶稣显容》中跪着的美丽女性形象就是她；还有人说，圣彼得教堂内保罗三世教皇陵墓纪念碑上，那位寓意正义的女子卧像就是以她为原型雕刻的；又或者，正如我前文所述，她其实出现在了平图里基奥的《圣母和圣子》图中。虽然这些说法都只是假设。但我们可以确认的是朱莉娅有着宛如黑夜一般的黑色秀发和一双乌黑的眼睛。依据另一些记载，她因"优雅"和"欢乐"而引人注目，同时具备丰腴的身材和讨人喜欢的气质。据说这位教廷贵妇，喜欢在床上铺上黑色的丝绸床单，以衬托她珍珠般雪白的肤色，从而再次燃起教皇已然微弱的性致。她绯红的脸颊直勾勾地释放着她的热情和欲火。

当罗德里戈第一次看到她时，便立刻燃起了激情。那时她15岁，他58岁，但他是罗马最有权势的红衣主教，没人能够，甚至没人想过去反抗他。事实上，朱莉娅就没有反抗。几个月后，罗马的每个人都知道了这件事。罗德里戈登基时，布尔查德公开写道，这个女孩已经成为"教皇的妃子"。同时，朱莉娅、阿德里亚娜和卢克蕾齐亚搬进了邻近圣彼得大教堂圣玛丽亚的新住所（在竖立贝尼尼的广场立柱时该建筑被拆除）。新住所安排得与梵蒂冈如此之近是为了方便已经成为教皇的罗德里戈可以自由地去找他年轻的情人幽会。就这样，三个女人组成了一个奇怪又阴暗的"小家庭"。朱莉娅的岳母阿德里亚娜和教皇的女儿卢克蕾齐亚，一起住在那里协助掩饰罗德里戈与朱莉娅之间的关系。这三个女人和谐地生活在一起，周围有许多舒适享乐之物。后来成为红衣主教的佛罗伦萨的洛伦佐·普奇给我们留下了有关这个家庭温馨和谐场景的记叙。洛伦佐在给他的兄弟吉安诺佐的信中写道："朱莉娅夫人微微有些发胖，显得愈发漂亮了。她当着我的面松开了她的头发，让仆人帮她梳理打扮，长发垂向脚边，我从来没有见过与之类似的样子。她拥有人们难以想象的最美丽的头发。头上戴着一顶大宽檐帽，曼妙的发网像有着金色轮廓的烟一样：看起来很像四射的阳光。要是能让你在现场亲眼看看你一直想看到的这个场景，我愿意为此花大价钱。卢克蕾齐亚小姐和朱莉娅都穿着一件那不勒斯风格的衬裙，可是过一会儿便离开脱去了它。之后她又折回来，换上了一件带衬里的通体都是绛紫色的绸裙。"

在此之前，法尔内塞还是来自拉齐奥北部的一个普通贵族家庭。"法尔内塞家族在伊特鲁里亚王朝艰难度日，在那里作威作福的都是一些贪婪且凶残的封建领主。"格雷戈罗维乌斯如是写道。是朱莉娅改变了她家族的命运，让它名垂史册。事实上，教皇为了表达对他年轻情人的爱意，让她的兄弟亚历山大·法尔内塞（当时他仅仅25岁）当上了红衣主教，后来她这位兄弟也成了教皇，即保罗三世。

在两人相隔两地的一段时间里，朱莉娅和罗德里戈之间的往来信件展现了他们之间关系复杂的心理变化。朱莉娅曾写下了这样一段话："教皇陛下远在异地他乡，使我的周遭没有了您的圣洁荣光，您要知道我只因您的圣洁荣光而欢喜快乐，如今我无法享受这种快乐，因为您在哪里，我的心就跟到哪里。"罗德里戈回答说："本座知晓你的完美，这一点本座从来没有怀疑过，本座希望我们两个都清楚地知道这一点，你注定与那个世界上最爱你的人相爱。"

罗德里戈的话语中充满了爱慕之意。很显然，这个老男人为了一个比他小很多的年轻女孩而丧失了理智，但他的内心也充满了担忧和嫉妒，这个担忧来自奥尔索，毕竟他才是朱莉娅的合法丈夫。虽然奥尔索谨慎地隐退到了巴萨内洛的领地中，训练了一些他自己的民兵军队，可说不定什么时候他又会重新出现在朱莉娅的生活中。实际上，这种事确实发生了。有一次，罗德里戈察觉到朱莉娅似乎又去见了自己的丈夫，或者至少有过这种意图。于是妒火中烧，奋笔写下了这样一封难以置信的书信：

> 背信弃义的朱莉娅……无法相信你对本座竟然如此的忘恩负义和背信弃义，虽然你曾许诺发誓要对我忠贞不渝，决不再接近奥尔索，可是现在却说一套做一套，想要快马加鞭地前往巴萨内洛：我无法相信你这样做不是为了让你再次和那匹野马重温旧梦。

在这封信的结尾，出于几近荒诞的愤怒，这位红衣主教居然禁止朱莉娅去她丈夫的领地：

> 我命令你不允许离开此处，不允许到巴萨内洛去，你应该考虑我们之间的现状，否则你将会被开除教籍，面临永久的诅咒和灾祸。

在一段掺杂着不合语法的意大利语和最浅显的拉丁语文字中，这位教会的红衣主教，以开除教籍来威胁他的情人，担心她被她法律上的丈夫弄大肚子。

这些事件发生的时候，朱莉娅大约20岁，卢克蕾齐亚只有十三四岁。此时，罗德里戈已经多次给他的女儿订婚又退婚。他女儿的每次订婚都只是他自己的喜好和政治权谋的产物。第一次订婚时，卢克蕾齐亚才11岁，虽然婚约上表明两年半后才举行婚礼。格雷戈罗维乌斯写道："卢克蕾齐亚在她自己身边看到了一些赤裸裸和厚颜无耻的恶习，最多只是覆盖着一层体面的外衣；那是对荣誉和金钱的贪婪之心，只要能达到目的甚至不惜犯罪；它是比异教更异端的宗教；神父、红衣主教、她的兄弟切萨雷、她的父亲以及所有神职人员的生活方式及他们的私密她都了如指掌，他们喜欢用盛大奢华的礼节来诠释上苍的神圣奥秘，这些卢克蕾齐亚都看在眼里。"

婚礼的那一天终于到了。出于政治利益，他的父亲为他选择的男人是乔瓦尼·斯福尔扎，一个26岁的年轻人，他是马达莱娜·贡扎加的鳏夫，贡扎加死于难产。卢克蕾齐亚与他的婚约于1493年2月2日签署；彼时卢克蕾齐亚已经13岁了，她带着31000达克特和价值10000达克特的衣服及珠宝作为嫁妆。

婚礼在6月举行，享有的规格与其教皇女儿的身份很匹配——非常奢华。新娘穿着一件紫色礼服，镶满了金饰和宽阔的珍珠，腰带以下的衣服摇曳多姿。金色的丝线支撑并凸显出尚未成熟乳房的轮廓，礼服的裙裾由一个小黑女奴托着。朱莉娅·法尔内塞，作为卢克蕾齐亚的朋友，或者说"继母"（她刚刚给她的父亲生了一个女儿，劳拉），领着一个由150名罗马贵妇人组成的婚礼队伍。身着白衣的教皇坐在宝座上，正在等待着队伍从其面前走过，他被身着猩红色长袍的十几个红衣主教簇拥着，左边是他的长子切萨雷，那时切萨雷担任大主教的职务。后来他的父亲将他升为红衣主教。

晚上的庆典将婚礼推至另一个高潮。费拉拉的大使在奏章中列出了数不胜数的礼单，其中提道："阿斯卡尼奥送了份大礼，一套几近价值1000达克特的银鎏金碗柜；红衣主教蒙雷阿莱赠送了两枚戒指，一枚非常漂亮的蓝宝石戒指和一枚钻石戒指，价值3000达克特；教皇法庭总书记切萨里尼赠送了一个带把手的洗脸盆，价值800达克特；甘迪亚公爵赠送了一个价值70达克特的杯子。"

整个晚上，包括这位细致的大使在内，都在歌曲和舞蹈中度过，还有所有人期待的为婚礼而准备的庆祝活动。例如，装在一百多个杯中的结婚糖果要拿出来，大把大把地放进妇女们宽大的胸口上，以便男人们随后在她们胸衣中掏出来。

到黎明时分，疲惫不堪的卢克蕾齐亚（她只有13岁）才被送到婚房。然而，在这个婚房里发生了一件颇有争议的事件，让人们猜测纷纷。卢克蕾齐亚在她父亲和红衣主教阿斯福里奥·斯福尔扎的陪同下等待新郎走进洞房。这是一次简短而谨慎的告别探望,还是这两个人为了见证房事完成而待了很长时间?抑或这是亚历山大六世与他心爱的女儿存在乱伦关系的证据,是一种病态的好奇呢?

约翰内斯·布尔查德对此曾有记叙:"还有许多其他事情我没有写出来;它们可能是真的,如果真是这样,我认为这是不可思议的。"暧昧不清的话语,反义的暗示,为此事蒙上了一层阴影。热纳维耶芙·沙特内曾对此专门做了研究,并得出结论,认为可能夫妻俩宽衣上床时亚历山大六世什么也没做,他在场只是为了遵循王室的习俗而已。同样的情况可以通过引用两年前阿方索·埃斯特与安娜·斯福尔扎婚礼的描述来说明:"新郎新娘都已上床睡觉……我们去到他们身边,开他们的玩笑。新娘安娜夫人心情很好,虽然对于他们两人来说,这么多人围着他们开玩笑的场景似乎很奇怪,但是这种情况似乎就是一种习俗。"

然而,新婚之夜没有发生人们意想中的事却是事实。也许是新娘太小不情愿,也许是乔瓦尼的小心顾忌,毕竟他的年龄是新娘的两倍,又或者是婚礼那天两人都已经疲惫不堪。总而言之,这个年轻人当时因为瘟疫的原因在他的领地佩萨罗避难。到了当年的9月份教宗召唤了乔瓦尼,教宗写信给他说:"按照婚约的规定,从10月10日或15日开始,当空气更新鲜、更健康的时候,你应该来这里,与你的妻子充分履约完婚。"

两人摇摇欲坠的关系坚持了差不多四年的时间,然后教皇又有了新的计划。1497年,亚历山大六世认为应该加强与西班牙和那不勒斯王国的联盟,觉得卢克蕾齐亚可以再次成为他的工具。于是,为了使这位年轻女子重获自由,教皇暗地里计划着如何利用他的权势以某种借口解除婚姻。他的儿子切萨雷,同往常一样直抒己见,直接提出要杀死可怜的乔瓦尼,还要把乔瓦尼的尸体扔进台伯河里。

编年史作者彼得·马泽蒂在《佩萨罗回忆录》中写道,一个晚上,卢克蕾齐亚在自己的房间休息,她丈夫的仆人,一个叫贾科米诺的人陪伴着她,忽然,切萨雷要求来拜访她。"在卢克蕾齐亚的命令下,贾科米诺躲在一把椅子背后。切萨雷在与妹妹交谈中肆无忌惮地提到,他受命要杀死乔瓦尼·斯福尔扎。哥哥走后，卢克蕾齐亚连忙对贾科米诺说：'你听到了吗？去吧，赶紧去告诉他。'这个仆人立即照办，于是乔瓦尼闻讯后立刻跃上一匹土耳其骏马，一路疾驰，日夜兼程，赶到了佩萨罗。这匹马也随之倒地身亡了。"

最后，切萨雷的残忍计谋并没有实施，教皇按照自己的计划解决了这个问题。卢克蕾齐亚通知乔瓦尼逃走的事件证明了这两人之间确有感情。但教皇却借由他们的婚姻"有名无实"宣判婚姻无效。教皇亲自向他的女儿宣布了这个消息，自那时起她正式恢复"处女"的身份。因为她也在一份文书中声明和乔瓦尼没有"肉体的交媾，并已经做好由产科医生进行审查的准备"。然而应该说，这次经历是十分痛苦的，因为她的家人们使她感受到了失望、羞愧、暴力，然而创伤总会伴随着爱的关怀而消散。

就在这场悲喜剧快要结束时，另一起事件发生了，这一次则是彻彻底底的悲剧了。一天夜里，波吉亚兄弟中的第二个儿子，甘迪亚公爵胡安在独自一人晚归时被神秘地杀害了。他刚刚从母亲瓦诺莎在圣彼得温科利附近的葡萄园里吃完晚餐，刚离开不久就惨遭谋杀。一个未被否认的普遍说法是，凶手就是他的哥哥切萨雷。也许因为教皇表现出对小儿子的偏爱使他心生嫉妒，又或者是因为其他更加模糊不清的原因，即胡安坚持让卢克蕾齐亚回到她小时候就待过的卡拉卡拉的圣西斯托修道院，好逃避切萨雷的控制。亚历山大六世听到这个消息非常震惊，他的儿子竟然被这种野蛮的方式杀害，在黑暗的小巷中被刺死在路边，然后还被抛在排污水的下水管道里。

在与乔瓦尼办理解除婚姻的诉讼案期间，卢克蕾齐亚就在修道院与一位名叫佩德罗·卡尔德斯的人进行幽会，后文将称他为佩罗托，这位22岁的年轻人是教皇的首席侍官。两人的谈话接触日渐亲热，以致有一天卢克蕾齐亚发现自己怀孕了，这与她作为"处女"的官方形象形成了尴尬对照。而此时情况也变得更为复杂了，由于乔瓦尼·斯福尔扎不愿承认自己是一个没有性能力的丈夫，他便写信给他的叔叔摩洛哥人卢多维科，并向他保证，他与他的妻子已经发生无数次如此这般的事情，教皇之所以把她从他身边带走，只是因为想占有她。乔瓦尼是第一批散布亚历山大六世和他的女儿之间存在肉体关系流言的人，之后这种流言传播甚广。

1497年12月，当卢克蕾齐亚出现在教会法庭上以证实她自己的清白之身时，为避免她挺着大肚子的尴尬样子被民众看到，产科医生的检查最终还是略过了。但年轻的佩罗托就不那么走运了。有一天，佩罗托经过梵蒂冈宫殿的走廊时不小心撞到了切萨雷。他一看见切萨雷，就感觉到对方眼中闪过了一丝阴狠的目光，仿佛预示着有什么不好的事情要发生，他开始以极快的速度逃跑，边跑边大喊救命。而此时切萨雷已经抽出了匕首。这场夺命追击最终在教皇大厅里结束了，受惊的佩罗托扑向教皇的脚，乞求教皇的保护。但这一切都是徒劳。切萨雷冲向他，狂暴地将他刺穿，"鲜血溅到了教皇的脸上"，白色的教士服也被染成了红色。不过他并非是被刺身亡，而是在奄奄一息时被扔到圣天使堡的地牢中，几天后，人们在台伯河的河床上发现了他的尸体。过了几个月，也就是来年的3月份，卢克蕾齐亚（现在18岁）生了一个男孩，并用了个模糊的名字"罗马的婴儿"来称呼他，这个孩子立即被抱走了。他是佩罗托的儿子吗？在民众间更广为人知的说法是这个孩子是她与父亲乱伦而生。她花了几年的时间才让孩子取得了合法身份和一定数额的收入。

面对周围骇人的暴行和血腥事件，亚历山大六世时刻保持政治家的冷漠和泰然，只关心着自己的目标。亚历山大六世疼爱他的儿子胡安，他的长子切萨雷却谋杀了他；他喜欢年轻的佩罗托，也许他就是亚历山大的一个情人，但又是切萨雷在他面前残杀了他。现在只剩下卢克蕾齐亚，他最宠爱的女儿，还有切萨雷。从切萨雷那里他学会了欣赏一个人才能的同时惧怕他的残忍；当然他的阴谋仍然存在着，他必须采取适当的行动，精心地策划。

此时，教皇的利益集中在一个叫阿方索的那不勒斯王朝的后裔身上（阿方索二世的私生子）。如若阿方索成了他的女婿，这将大大巩固罗马教皇国和阿拉贡王室之间的联盟。亚历山大六世的计划可以分为两步：第一步是卢克蕾齐亚和阿方索的联姻；第二步是那不勒斯国王费德里科的女儿卡洛塔和自己的儿子切萨雷之间的联姻。为完成第二个计划，切萨雷将恢复其世俗身份。该计划旨在形成一个在波吉亚家族统治下的意大利王国的基本雏形。切萨雷非常赞成这个计划；马基亚维利是少数洞悉其战略重要性的人之一。但是这一切想法都因为费德里科的拒绝而化为泡影，费德里科不想和一个这么不安分的人搅在一起；至于卡洛塔，她多次表示她不想被称为"红衣主教夫人"。切萨雷因为这两个人的拒绝而非常生气。

卢克蕾齐亚这边的情况却要好很多。据说，当她与17岁的未婚夫阿方索完婚时，这个小伙子给她留下了非常深刻的印象。阿方索被封为比谢列公爵，卢克蕾齐亚带着四万枚金币嫁给了他。一段时间后，曼托瓦驻教皇国的大使给他的领主的信中写道："卢克蕾齐亚被丈夫的优雅和英俊所吸引，她很爱她的丈夫。"

1498年8月13日，切萨雷辞去了红衣主教的神职，准备前往法国。因为法国国王路易十二答应授予他瓦朗斯公爵的头衔（瓦伦西亚，在德尔菲纳托），以及同意把一位法国公主嫁给他。路易国王的慷慨是有理由的。因为他打算迎娶英国的安娜为妻，但在此之前，他必须首先摆脱他的前任妻子乔瓦娜，而只有教皇才有权终止这种关系。（并非所有人都拥有英格兰亨利八世那样急躁的脾气，当他打算娶安娜·博莱娜时，立刻抛弃了他原来的西班牙妻子卡特琳娜·阿拉戈纳，并且断绝了与罗马教廷的关系。）亚历山大六世出于爱或恐惧，不再拒绝他儿子的要求，发布了教皇敕书以授权法国国王迎娶他的新欢。

1499年11月1日，卢克蕾齐亚生下了一个儿子，并以祖父的名字给他命名：罗德里戈。他们在西斯廷教堂中（当时不是如今的西斯廷教堂，而是西斯托四世在圣彼得大教堂建造的小教堂）举行了盛大的洗礼仪式。对于卢克蕾齐亚来说，这是一个十分幸福的时刻。除此之外，她的领地也扩大了，因为她的父亲将镇压反叛的卡埃塔尼家族所得的财产全部交给她处置：包括塞尔莫内塔、宁法、诺玛、切斯廷娜、圣费利切-奇尔切奥各地。而被关进监狱的雅各布·卡埃塔尼强烈地反抗这种掠夺暴行，于是教皇用毒药杀死了他，堵住了他的嘴。

在那个时代，谋杀的惯用伎俩是用匕首捅，用棍棒击打或者是淹溺对方。毒药算得上是一种优待的杀人工具，它精致，微妙，不见血。最流行的毒药主要还是改进自罗马人和阿拉伯人使用的那些。这种毒药取材于古希腊德尔菲的女预言家发表神谕之前少量吸食的月桂粉末，以及忘忧草，是一种混杂而成的草药制剂，通常是由天仙子和曼种拉草等多种植物组成，在古希腊神话中相当著名：伊阿宋用它来麻痹守护金羊毛的龙，尤利西斯也是用它来抵抗女巫瑟茜的妖术。此外，毒蘑酒也是非常有名的一种毒药，阿格里皮娜就是用它毒死了皇帝克劳狄。自中世纪以来，人们就使用从杏仁核和樱桃中提取的包含着苦杏仁苷的试剂，这种东西与胃液混合后会产生致命的氢氰酸。人们还从动物中提取毒药，比如让人痴呆的经血、蛇毒、与毒蛇相似的豹胆毒液，以及能致肠溃烂的马汗和驴汗。但当时存在的最致命的毒药是亚砷酸（俗称"砒霜"），它表面上像面粉和糖，加入后不改变食物的味道，引起的症状从表面上看很"自然"，少量服用，效果显著，这种毒药也可以撒在衣服或床单上，通过皮肤吸收。很多现代侦探小说把"砒霜"当作是首选毒药也就不足为奇了。

费德里科国王担心自己日后会被赶下王位，所以不愿意把他的女儿托付给切萨雷。然而，切萨雷·波吉亚并不是那种轻易被打败的人；他发誓，将代表现在保护着他的法国国王路易十二征服那不勒斯王国。1499年年底，圣年到来的前夕，来自欧洲各地的朝圣者将罗马挤得水泄不通。（根据编年史记载，这些朝圣者中还会有一位叫马丁·路德的德国信徒，他将会对发生在梵蒂冈的事情感到非常震惊。）这座城市又一次陷入惯常的混乱之中。在梵蒂冈拥挤的人潮里，即使没有杀人犯，也会有骗子和小偷。根据马林·桑多在自己的长篇日记里的说法："这里每天都有人被杀害，每晚会有四五具这样的尸体，有时甚至是主教的尸体。"

作为法国国王的摄政官和教会代表，切萨雷·波吉亚曾接待过罗马的各种绅士。当他回到罗马时，他的父亲骄傲而热情地拥抱了他。鉴于他意图夺取那不勒斯王国，他的妹夫阿方索就成了他的一个障碍。格雷戈罗维乌斯写道："妹妹与那不勒斯王子的婚姻已经成为切萨雷蓝图中的障碍，他为卢克蕾齐亚考虑了另一个对他来说更有利的婚姻对象。但卢克蕾齐亚与比谢列公爵结婚后已经有了子嗣，所以这段关系无法轻易拆散。所以，切萨雷决定用一种极端且暴力的方式解除这段婚姻。"事实上，在1500年7月15日，一个仲夏夜，圣彼得教堂前的空地上挤满了露天睡觉的朝圣者，阿方索离开他的妻子，从梵蒂冈启程回家。那时差不多是晚上十一点，只有一个仆人跟着他。突然，"在圣彼得的阶梯上，一个拿着匕首的蒙面男子扑向了他。他的头部、手臂、大腿处严重受伤,却坚持爬到了教皇的公寓里。看到全身是血的丈夫,卢克蕾齐亚立即昏倒了"。

是谁组织了这次袭击?威尼斯大使写道:"不知道是谁伤了公爵;但据说凶手也是杀死甘迪亚公爵并将他扔进台伯河的那个人。"诗人文森佐·卡尔马塔给乌尔比诺公爵夫人的信中明确写道:"无论谁做了这件事,人们都猜测是瓦伦蒂诺公爵。"亚历山大六世比任何人都清楚幕后的策划者究竟是谁;他吩咐年轻的阿方索在梵蒂冈接受治疗并派一支16个人组成的护卫队来保护他。阿方索在鬼门关前待了好几天,不错的身体素质使他慢慢地好转,逐渐康复,在此过程中卢克蕾齐亚和她最信任的侍女一直日夜看护着他。有一天,切萨雷告诉妹妹他打算去看望受伤的阿方索。卢克蕾齐亚同意了,但谈话过程中威尼斯大使和教皇本人必须在场;我们可以想象,刺杀未遂的凶手和受害者之间的谈话气氛会多么紧张,那注定是一场话里有话,弦外有音的激烈交锋。

在第一次袭击事件发生后的第33天,也就是8月18日下午,切萨雷又开始了他的行动。他让米凯莱托·科里拉带领一些打手,一同潜入阿方索的房间,并强行驱逐在场的所有人。受惊的卢克蕾齐亚知道大事不妙,立即跑到她父亲的住所求助。米凯莱托跳到康复不久的阿方索身上,在他的脖子上套上绳索,并在瓦伦蒂诺公爵冷漠的注视下活活勒死了他。当卢克蕾齐亚在教皇几个手下的陪同下返回时,这群打手又阻止她去见她丈夫的尸体。她被告知自己不幸的丈夫是由于受伤后身体虚弱,不小心滑倒导致大出血而死。伯查德在他的日记中理性且带有明确暗示地指出:"尊贵的比谢列公爵阿方索,于7月15日晚在一起谋杀中身受重伤后被带到塔楼内疗伤,似乎已经脱离了死亡危险。8月18日,在他自己的床上又被勒死了。"

对于卢克蕾齐亚而言,这个打击太沉重了。于是她卧病在床,发着高烧、神志不清。教皇十分害怕失去她,如果那样的话,他就不得不放弃下一步的行动,为了让卢克蕾齐亚尽快恢复过来,他下令每天都把她几个月大的孩子罗德里戈带到她身边。孩子的出现总能给母亲带来一定的安慰,但是这位年轻的母亲(只有20岁)依然很憔悴。见过她的人都说,她的容貌失去了原有的光辉。于是亚历山大六世随后派了一支护卫队将她送到内皮城堡,并且把这个城堡送给了她。时间的流逝最终治愈了她内心的创伤。格雷戈罗维乌斯写道："可能就在9月或10月，她父亲又把她召回了罗马，不久将再次为她准备一场婚礼。在这个时候，她的哥哥切萨雷也已经离开了罗马。几个月后，卢克蕾齐亚又一次精神焕发，重拾对未来的美好想象，把阿方索去世的伤痛抛在了脑后。"

为了让这个小可怜身心恢复得更快，教皇开始为女儿准备新的婚姻。亚历山大六世在暗地里加紧筹备，而卢克蕾齐亚却知之甚少。虽然卢克蕾齐亚依然很年轻，但毕竟已经是一个成熟的女人，对将与一个陌生的男人成婚这件事上，她完全对父亲的意思听之任之。这一次的候选人是阿方索·埃斯特，他是费拉拉公爵头衔的继承人，以行事果断决绝而闻名。费拉拉人可以帮助卢克蕾齐亚摆脱父亲的摆布和她凶残的哥哥对她造成的伤害。另一方面，这也似乎注定她新的家庭会远离罗马，远离阴谋，远离波吉亚家族。

如果我们赞同卢克蕾齐亚是当时局势的受害者这一说法的话，我们就可以想象，在这场新的婚姻中，她一定是看到了与父亲统治的恐怖教廷一刀两断的希望。但真的如她所想吗？她生活中的阴影是很难轻易消除的。雨果笔下所描述的道德畸形的剧情比比皆是；另外，在这个问题上更具权威的格雷戈罗维乌斯写道："如果她不是亚历山大六世的女儿和切萨雷的妹妹，那么在那个时代的历史中几乎没有人会注意到她，或者她最多会作为一个具有魅力的、很有教养的女人，泯然于芸芸众生。然而在她父亲和兄弟的手中，她成了政治谋划的工具和受害者，却没有足够的力量来抵抗。"

值得一提的是，卢克蕾齐亚除了自己成长的圈子外并没有接触过其他世界：她所受的教育是一个典型的公主式教育。当她还是个孩子时，就看到父亲在家中与她的玩伴朱莉娅一起做爱，这就是她所得的言传身教——她所经历的种种都塑造了她大体的道德观，实际上16世纪其他国家的王朝也都如此。不仅仅在意大利，那个时代所有的王子、公爵和领主没有不遍地播撒情种的，没有不在教廷的女官、已婚妇女或少女中挑选宠妃的。这就是当时的行为范式，即所谓的"伦理"。当然，这些情况之所以在当时的上流社会中成为常态，是因为他们的婚姻仅仅聚焦于财产或者权力，而所谓的"爱"（无论它意味着什么）只是一种奢侈品，有时候，只有最卑贱的人才能够拥有。其他人，那些贵族、统治者，眼中只有财富、占有和权力。至于在这张床或者那张床上醒来，并不重要，只要有利可图，其他一切都是次要的。

在这里，我们提到了利益。埃尔科莱·德·埃斯特因利益而不顾家族内部的阻力，让儿子阿方索·埃斯特迎娶罗马教皇亚历山大六世之女卢克蕾齐亚·波吉亚。但他的女儿，曼托瓦侯爵夫人伊莎贝拉·贡扎加和嫂嫂乌尔比诺公爵夫人伊丽莎白·贡扎加明确表示反对这一婚姻。她们非常介意卢克蕾齐亚众多的前夫和情人以及她流产和守寡的经历，很显然这些经历已经超出了当时人们可以接受的道德范畴。1501年11月底，一封匿名信流传开来，这封信有意针对波吉亚家族，历数亚历山大六世和他的儿子切萨雷、女儿卢克蕾齐亚的种种不端。这封信措辞十分激烈，好比一份公诉状。根据一些历史学家的说法，这封匿名信的作者可能是奥地利的马克西米利安皇帝，因为他害怕波吉亚家族和埃斯特家族之间的联盟。此外，收信人是"尊贵的罗马帝国皇帝转交伟大的西尔维奥·萨维利先生"，即要马克西米利安一世亲自转交，因为他在当时就被称为神圣罗马帝国皇帝。

那封信网罗了诸多的控诉，信中还提道：

> 在这位教皇看来，一切都可以被用来进行肮脏的交易：尊严、荣誉、结婚、离异和抛妻弃子……在罗马，教皇所犯下的罪行众人皆知，更不用说那些不计其数的谋杀、劫掠、强奸和乱伦的肮脏罪行。圣彼得大教堂成了教皇的子女、妓女和皮条客行污秽之事的场所。11月1日，是所有圣徒庄严的盛宴，而50名妓女被邀请到宫中赴宴，上演了一幕为人不齿的闹剧；更令人无法直视的是在接下来的日子里，教皇和他的子女等人还观看了一场有一匹母马与众多公马发情的马戏，那场公马为母马狂躁不安的横冲直撞，荒诞到了极点。

这封控诉信的结尾处，并没有签名，只是写着一段很长的落款"致塔兰托皇家营地，1501年11月15日"，这一线索让人联想到信是发自贡萨洛·费尔南德斯·科尔多瓦营地的，此时的塔兰托将士们正围攻那不勒斯费德里科国王的儿子。

这封信中提到的50个妓女和种马发情的事情并不是空穴来风，在另一份资料中就得到了印证。约翰内斯·布尔查德的记录如下：

> 有一天晚上，有50名妓女参加了教皇举行的一次盛宴。晚餐后，她们与仆人和在场的其他人一起跳舞，一开始还穿着衣服，后来便赤身裸体了。宴会结束后，桌子上点着的烛台被掀倒在地，满地的栗子抛撒在烛台之间，那些赤裸的妓女匍匐在地上去捡栗子，还左右摇摆着丰腴的躯体，教皇、公爵和卢克蕾齐亚当时都出席了晚宴并"视察"。最后，仆人们还拿来了丝制斗篷、鞋子、帽子和其他物品用来奖励那些与妓女交欢次数最多，让她们当众在同一个大厅供人欣赏的人。

这是你能读到的最接近"荒淫无道"这个词语定义的内容。这些场景完全是古罗马走向衰败时那些皇帝的荒淫无度的生活场景，但竟然就发生在神圣的宗教圣殿里。几天后，布尔查德描写了另外一件事，说是梵蒂冈建筑物内被带进了两匹母马：

> 四匹被释放的种马，没有任何束缚地奔向母马，厮打在一起，伴随着马的嘶鸣声，公马开始骑在母马上面……教皇在他房间的窗户旁，卢克蕾齐亚站在一旁。两人都看到了这一幕，还不时开怀大笑。

这些流言在意大利各地流传，很快传到了埃尔科莱·德·埃斯特公爵耳中，他勃然大怒。迫于家人的反对，他推迟了联姻的计划，当然这也可能是想要索取更昂贵的嫁妆。就这样拖延到了1501年12月中旬，他在罗马的使节向他保证：

> 除了每天收到的赠礼外，嫁妆总计将达到30万达克特。其中有10万现金，价值超3万达克特的银器，以及合计价值16万达克特的珠宝、

缎布、细麻布、马具等。此外还有一幅价值15000达克特的窗帘边饰和200件衬衫，许多都价值不菲，并饰以黄金和珠宝……为了准备这次的嫁妆，罗马和那不勒斯半年内销售和加工的黄金数量比过去两年都要多。教皇赠予女儿数千的马匹……

以贪婪著称的埃尔科莱一世·德·埃斯特，为了这些巨额财富和与教皇达成政治联盟带来的隐形利益，决意忽视未来儿媳妇的坏名声。1501年12月9日，他的儿子伊波利托·埃斯特红衣主教带领仪仗队从费拉拉前往罗马去迎娶新娘。由于冬季天气寒冷，即使骑马也需要14天才能到梵蒂冈。他们受到了教皇十分隆重的接待，欢迎典礼盛大豪华，恐怕仅次于亚历山大六世自己的登基典礼。与此同时，在梵蒂冈的地下室，费拉拉的财务主管仔细清点着嫁妆中的金币，不仅计了数，还称了重，因为很可能发生对金币做手脚的情况，比方说从金币表面轻轻刮下一些金粉，再拿出来变卖。这些嫁妆最终装在一个特殊的密封箱里，以待装运。

此时，希波吕托斯和赫拉克勒斯的其他使者已经彻底改变了他们对卢克蕾齐亚的印象。信使给埃斯特公爵带来了一个好消息，即未来的媳妇是一个"谦虚、诚实且优雅的女人"；"我们都为她善良、正直、谦虚和谨慎的品质所折服"；"有充分的理由对这位杰出的女士满意，她在礼仪和着装方面都很完美"等。总而言之，丰厚的嫁妆，优秀的新娘；已经别无所求了。

简单的婚礼在四个月前其实已经庆祝过了，但教皇希望再举办一次正式的仪式。12月30日，卢克蕾齐亚在婚庆队伍的簇拥下抵达圣彼得广场，她的容颜在火把的衬照下显得格外美丽，队伍的最后面跟着100位穿着金丝织衣的孩童。埃尔科莱一世·德·埃斯特的另一个儿子唐·费兰特为她戴上结婚戒指，然后身着红衣主教服装的伊波利托，给了卢克蕾齐亚一个装满珠宝的小盒子，圣普拉赛德的红衣主教安东尼奥·巴拉维奇尼估计这个盒子价值约70000达克特。

第二天，庆祝活动继续进行，在圣彼得广场还有一场精彩的斗牛表演，参演人是斗牛大师瓦伦蒂诺。他胆识过人，整个表演高潮迭起，险情不断，最后表演以在众人的惊叹声中刺穿了两头公牛而结束。1502年1月6日，未满22岁的卢克蕾齐亚永远地离开了罗马，前往新的城市开启她新的生活。此刻，我们和70岁的教皇一起目送着她离开，在阳台上向她告别。冬日里灰蒙蒙的天空带着轻微的雨夹雪。一群罗马骑士护送她沿着弗拉米尼亚大街前往米尔维奥桥。在那里，骑士们停住了脚步，与迎娶新人的大队人马挥手送别。声势浩大的迎亲队伍则继续远行，直至消失在白茫茫的雨雪之中。

对于那些想知道本章主人公结局的人，我补充一点，在费拉拉，卢克蕾齐亚度过了她生命中最美妙的岁月（甚至是最快乐的时光），1505年公公去世后，她继承了公爵夫人的头衔。她的丈夫非常爱她。正如人们所说的那样，几个孩子出生之后，这段婚姻就更加幸福了。卢克蕾齐亚之后成了艺术品和艺术家的资助人。

著名诗人彼得罗·本博为她写了首赞美诗，这也是一种表达对其爱慕的方式，说不定字里行间也留下了两人可能有染的蛛丝马迹。在这位艺术家的手稿中，还发现了她的一绺头发，这可能是一件承载着深情的信物。30岁以后，尽管她的丈夫阿方索在他不在家时把城市的管理权交给她，但她开始退隐到修道院生活中。卢克蕾齐亚在生下最后一个孩子——一个夭折的女孩以后，于1519年6月24日死于败血症，年仅39岁。两天前，她给教皇利奥十世写了一封非常动人的信，恳求他的祝福：

我最神圣的教皇，我的主：

我愿意满怀崇敬地去亲吻您神圣的脚……在经过一段非常艰难的孕期和两个多月的煎熬之后，本月14日黎明，我生下了一个孩子。我本希望，生下她之后我的病情也能够缓解。但事实恰恰相反，所以我被迫屈服于大自然。宽容仁慈的造物主给我的礼物是如此之多，但我已意识到我的生命将要终结，我觉得在几个小时后我就会离开这个世界。

……作为一个基督徒，虽然我是一个罪人，但我还是需要恳求您的祝福，恳求您用圣洁的祝福给予我一些精神上的安抚。

1519年6月22日14时

费拉拉，你谦卑的仆人

卢克蕾齐亚·德·埃斯特

在心爱的女儿离开罗马后不久，亚历山大六世于 1503 年去世。1507 年，卢克蕾齐亚的兄长切萨雷，即瓦伦蒂诺公爵，在 32 岁时也去世了，获得了与其智谋和恶毒相对应的结局。随着被法国国王抛弃和罗马尼亚王国梦的破灭，他成了妹夫纳瓦拉国王的手下。应国王之命他在潘普洛纳附近的维亚纳城墙下对抗路易·博蒙特。战争期间切萨雷中了敌方的奸计，被诱入陷阱，或者也许是他自愿掉入陷阱。他在士兵中孤立无援，只身扑向无数敌人，先是负伤作战，继而坠下战马，被长矛刺穿，剥去盔甲，扔进沟里。这一具裸露的男尸，就是在马基雅维利的眼中本有可能统一意大利半岛的君王。

当他的死讯传到费拉拉时，卢克蕾齐亚正忙着处理费拉拉公国的事情，她装作难以接受兄长噩耗的样子，一语双关地评论道："我越是想要接近上帝，上帝便越会让我更早去见他。我感谢上帝，我为上帝喜欢的东西而感到开心。"

The biography of Roma

罗马 *ROMA* 传

布尔乔亚的新生

第十一章

庇亚门以西一百米处，被拉马尔莫拉将军用大炮轰开了一个缺口，新空气开始流进这座古城。自那以后，罗马打破了持续几个世纪以来的孤闭状态，在短短几年里，甚至可以说在短短几个月中，便发生了巨变，甚至是颠覆性的改变。

罗马最具争议性的古迹无疑就是位于威尼斯广场的维托里亚诺纪念碑，它也被称为国家公祭祭坛；这里有耀眼的大理石，巨大的布景以及遍布的各种象征符号。然而，对于大多数人来说，由于缺乏对国家、历史（包括近代史）和共同记忆的了解，这些符号的含义他们都很难理解。建设之初，有关这座纪念碑的故事就存在模糊的部分，后来，新的意义覆盖了它最初的意义，性质不同、分量不等的各类事件和回忆，也使纪念碑的故事变得更加复杂。

首先我们来说说它的名字，"维托里亚诺"指的并不是胜利（vittoria），而是维克托，即维克托·伊曼纽尔二世。纪念堂的广场上有一座他的青铜雕像，雕像置于巨大的基座上，位处整个景观的中心位置；雕像中的维克托骑着马，显得威严、高傲又好战。国王伊曼纽尔二世1878年死于肺炎，时年尚不满60岁。这座纪念堂最初就是为他设计的。纪念碑的雕像规模庞大，以致在落成仪式前几天，还有16个工人在雕像的马肚子里设宴饮酒。一张著名的摄影作品记录下了他们举起酒杯笑着望向镜头的那一幕。但后来，情况发生了些变化。在纪念碑落成十年后，"伟大的国王"要跟另一些伟大的人物——无名英雄，共享这片空间了。无名英雄的存在，注定会使国王黯然失色，尤其是在1946年君主制谢幕以后。

维托里亚诺于1911年6月4日揭幕，尽管已经入夏，那日的清晨却一直有雨水淅淅沥沥。晚些时候，太阳出来了，于是，王室、政府、部长和高官健步登上台阶，走到了第一层事先准备好的主席台上。贵妇们炫耀着各自应季的帽子，小王子、小公主们穿着水手式的服装，打着几把小伞。周围则是市长、退伍老兵、军队、大批人群以及铜管乐队——铜管乐器则在阳光下熠熠发光。

由于根深蒂固的民族习惯，即使在当时那种情况下，纪念碑的修建仍旧存在争议：社会党人对是否应修建纪念碑持保留意见，共和党人则于下午在贾尼科洛山的加里波第雕像脚下举行了一场数千人参与的独立游行；共济会成员维托里亚诺纪念堂是罗马的标志性旅游景点，位于意大利罗马威尼斯广场和卡比托利欧山之间，用以纪念统一意大利的第一位国王——维克托·伊曼纽尔二世。由朱塞佩·萨科尼（Giuseppe Sacconi）设计于1895年，雕塑由当时几乎全体意大利的雕塑家雕刻完成

发表了严厉的反教权宣言，在宣言中，他们指出新纪念碑屹立在"梵蒂冈面前，总是警戒着，埋伏着"与让人不安的圣彼得大教堂的圆顶形成了鲜明的世俗对立。

落成仪式上，罗马市长埃内斯托·弥敦做了其中一个最重要的发言。埃内斯托·弥敦是共济会成员，马志尼派代表人物，也是反教权者和进步人士。他生于伦敦，40岁左右才成为意大利公民。他在当选首都市长后，一直致力于解决人民住房问题和底层人民的教育问题，可以说是罗马最好的市长之一。那天早晨，他用方言发表了演说："在卡比托利欧山上为国家祭坛建立的这个庞大建筑不仅是献给国王的纪念碑，还象征着第三意大利！之前卡比托利欧山中耸立着捍卫法律尊严的皇帝马可·奥勒留的骑马雕像，现在，这里则耸立着为民族复兴国家统一而战的'伟君'骑马铜像。"

那一年是令人难忘的，它以意大利王国50周年庆祝活动为开端，以九月份利比亚（在的黎波里的记录上，被称为美丽的爱的土地）战争结束而告终。维托里亚诺就是在这一年落成的。在国家50周年庆典之际相继竣工了许多伟大工程，其中就有正义宫，它从高处穿越穆罗托尔路、连接了鲍格才别墅和宾西亚丘陵的高架桥。此外，以朱莉娅山谷国际美术展为序幕，罗马还举办了各种大型展览。朱莉娅山谷国际美术展的开办促成了众多外国学会和一座大型建筑的建立——这栋建筑就是后来的国家现代艺术画廊（通常被称为"GNAM"）。此外，1911年人们还架设了两座桥梁，分别是弗拉米尼奥桥（单

层钢筋混凝土桥，在当时十分冒险）和维托里奥·埃马努埃莱二世桥——它将旧城区与美丽的古道以及河右岸的新城区连接了起来。同样建成的还有埃塞德拉广场[1]（piazza dell'Esedra）以及广场上的仙女喷泉，就连圣天使堡和戴克里先浴场也都得到了修复。另外，为迎接五十周年展览并为筹建未来的马志尼区做准备，罗马还推进了从卡尔托尼葡萄庄园到马里奥山山坡广大区域的城市化建设。因此，抛开风格或品位问题不谈，从那以后，就再没出现过这样一个有效的政府，能使罗马做好如此多的准备来迎接大型国际活动了。当然不得不提的是，早在1870年，因台伯河泛滥，当时的政府就已经开始着手修建大坝来治理河流了。

那天早上，当无数人到场观看维托里亚诺落成仪式时，有个人却以其精神力量成为一名缺席的在场者，并且十分引人注目：他就是乔祖埃·卡尔杜齐。乔祖埃·卡尔杜齐是共和党人（但对君主制没有恶意），一位反教权人士，也是共济会成员和第三意大利的诗人，如果说意大利存在民族诗人的话，那他便是最具代表性的一位。这座纪念碑所传达的精神与他的思想相吻合，而他也与这座纪念碑所代表的时代所契合。乔祖埃·卡尔杜齐多次讴歌称颂"自由"思想，这种思想与德拉克洛瓦的名画《自由引导人民》中出现的被巨响和硝烟围绕的浴血画面表达的思想完全一致：英勇的战士们缠着绷带艰难前行，年老的步兵手持步枪；十二岁的加夫罗什像《爱的教育》中的小伦巴第复仇者一样勇敢无畏；周围是从敌人那儿夺来的武器和旗帜；前面的是自由女神，她袒露出胸膛，赤脚站在血染的泥地上，高举着三色旗（画里是法国的三色旗），年轻、美丽又勇敢。

> 振聋发聩的呐喊让你目眩神迷，
> 让你高举武器，让民众的心跳停息，
> 你是钢铁琴弦上的平民，
> 弹奏出愤怒的音响：

---

[1] 即共和国广场（Piazza della Repubblica）。

你战斗在恐怖的铁蹄下，
和枪棒剑影的波澜里，
人民浴血奋战，
求自由。

同样的精神激励卡尔杜齐枉顾他人的非议，创作出了《撒旦颂》：

我赞美你，啊撒旦，
你这狂欢之王。
驱魔的圣水杯滚开，
神父，再也不要念你那驱魔咒语！
住口，神父，撒旦
他决不后退半步！

下面的诗句也是反浪漫主义的战斗檄文：理性、进步、迫近的未来，以积极的精神对抗时代的迷雾，这股迷雾可能是焚烧（旧时代枷锁）所致，也可能是"曼佐尼"式的暗喻迷蒙：

向你致敬，啊撒旦，
你奋起造反，
啊，你是理性复仇的
力量源泉！

卡尔杜齐所赞颂的意大利已成为过去，或者我认为他就不曾存在过。他曾燃起的民众战斗激情早已被温情和微笑所替代。维托里亚诺纪念碑传达的是同样悲怆激越的情感，并将这份精神保存在不朽的大理石中。

那年的三月，社会主义日报《前进！》曾写道："意大利资产阶级，在其历史的某个时刻，感觉需要表达出他们对其他国家资产阶级及其自身的赞赏。"一开始人们想从纪念碑中汲取力量，可渐渐地，纪念碑就被拿来与婚礼蛋糕或打字机相提并论。然而在20世纪初，欧洲各国其实都在竖立某些建筑以代表自己的形象，代表他们的主流思想和时代精神。巨大的布鲁塞尔司法宫、雷根斯堡的瓦尔哈拉神殿、柏林老博物馆、巴黎的加尼叶歌剧院、圣彼得堡总参谋部大楼的拱门以及沿着维也纳环城路的许多历史建筑，都与维托里亚诺纪念碑殊途同归。如果柏林的很多建筑没被炮弹炸成废墟的话，恐怕也会与上述建筑一起传递出同样的精神。毫无疑问，1911年维托里亚诺纪念碑的落成是意大利向其他国家展示自己的机会，虽然小小的意大利王国存在许多矛盾而且十分落后，却仍在试图联合，从而融汇到欧洲大陆的时代"交响乐"中来。

纪念碑于1885年开工，建设耗费了百万里也产生了许多丑闻。纪念碑的建筑设计师朱塞佩·萨科尼1854年出生在阿斯科利皮切诺省（1905年去世，没能看到纪念碑落成），他想用一种米黄色的大理石做纪念碑的贴面，使之与暖色调的罗马当地大理石形成鲜明对比。这种大理石的采矿区之所以选在布雷西亚省的雷扎托，很大程度上是受到该地区议员，受人尊敬的朱塞佩·扎纳尔代利的影响。大量的大理石块从布雷西亚南下运至罗马，在特拉斯提弗列火车站堆积起来并在那里加工凿方，最后运往工地。

为了给纪念碑开掘一块合适的地基，人们在卡比托利欧山开垦了大量土地，面积大到连照片也难容其规模。在挖掘过程中，还出土了许多古罗马遗迹，其中部分保留了下来，部分混入了地基。这里面最奇特的一个遗迹是史前大象的骨骼化石。大象的部分骨骼运到了大学的地质实验室，其他部分则留在原地，永眠在黏土层中。

在挖掘这片土地之前，人们就已经拆除了一些建筑物，包括保罗三世塔（现在还留有一些图片）以及连接塔和威尼斯广场的高架桥。阿拉切利修道院的相当大一部分也被截去，虽然截体完美地遵循了艺术规则，但仍令人扼腕叹息。如今我们还可以认出当年"手术"留下的创伤：在维托里亚诺的第一层平台上有一条走道，它代表新旧建筑的分界线；在那里可以看到，两座建筑物之间的裂痕迄今也没有完全消失。

20年后，为纪念进军罗马十周年，墨索里尼从1931年起又命令拆除更多的古建筑。为开辟帝国大道，维托里亚诺和斗兽场之间的一整片居民区以及韦利亚山丘的一部分都被夷为了平地。在十字镐下，公寓、小商场、手工作坊相继倒塌，大片密集的简陋房屋让位给了国家要道，而这个要道，则即将成为军事检阅的大舞台。

朱里奥·杜黑上校提出用纪念一名"无名英雄"的方式来象征性地纪念所有牺牲者，这种想法后来也被其他国家广泛采用。1921年8月，议会未经太多讨论便一致通过了一项决议：安葬"一名无名士兵的尸体"。于是，一场光荣而又可怕的仪式开始了。二战结束几年后，一个由军官、士官和士兵组成的特别委员会开始探访各个战争墓地，挖掘尸体。他们排除了那些可以通过名牌或者军团袖章确认身份的尸身，最终选出了六具无名尸骨，并将他们放进了六口相同的棺材中。1921年10月28日，一位的里雅斯特的平民妇女玛丽亚·贝尔加马斯作为一位失踪士兵的母亲，向其中任意一具棺椁抛下了头上的黑纱，于是这个棺椁就被送至罗马；其他五具则将被安葬在阿奎莱亚大教堂。仪式过程中，玛丽亚由四名金质军功章授勋者搀着，手中握着一朵白花，按原定计划，她应该将白花投在棺材上。但她或是受当时情绪的影响或是由于我们其他无从知晓的原因，犯了错误，将悲痛母亲的黑纱扔了出去，这反而更显出她那无法纾解的痛苦。

授勋的火车司机载着这位士兵的棺木从两侧的人流中穿越了意大利各地。很多人都屈膝下跪，眼含泪水；妇女们大多都十分痛苦地站在第一排。这是意大利历史上最真诚的集体纪念仪式之一。火车有16节车厢，装满了鲜花和花环。载着棺木的那节车厢上写着一首但丁的诗——"他那曾离开我们的灵魂，如今又回到了我们中间"，还标着年代数字1915—1918。火车抵达罗马后，举行了庄严的葬礼仪式。11月4日早晨，灵柩被运送至将被安葬的纪念碑。在圣玛利亚天使大教堂的三角墙上有一段题词："没人知道他的名字／但他的精神闪耀在整个意大利；／无数的母亲／带着悲痛却自豪的声音说：／他是我的儿子。"后来，11月4日成了国家的法定假日。

现在，维托里亚诺纪念碑就是这个无名英雄的丰碑。这位穷苦的步兵，无人知其来历，却默默献出了自己的生命，长眠在这黑暗的土地之下。此外，在维托里亚诺还坐落着一些著名的博物馆，其中就有海军博物馆和复兴运动博物馆。复兴运动博物馆里有很多重要的馆藏：尼诺·比克肖的手枪，加里波第在阿斯普罗蒙特山被子弹打穿的靴子，以及从伤口取出的子弹，加里波第千人军的照片、半身像、军刀、光荣的旗帜和日记。这种种记忆，都来自我们所经历过的伟大事业，虽然有时我们似乎很难对这种共同的历史完全感同身受。

意大利曾一度计划推倒维托里亚诺纪念碑，有人建议将其另作他用，有人建议任由它荒草丛生，掩映在树丛中。可我觉得维托里亚诺纪念碑保持现在这样就很好，它是如此的宏伟壮观。无论如何，这个丰碑是新生的意大利雄心壮志的证明，也展现了王国在"长大后"想要成为的模样。这是一种刚刚崭露头角的壮阔的民族精神，是对未来的献词。只可惜，在未来成功崛起并不是件容易的事。

并不是所有人都知道20世纪初的罗马是怎样一番情形。"意大利人"的出现和首都的确定带来了巨大的变化。庇亚门以西一百米处有个被拉马尔莫拉大炮轰开的缺口，除军事意义之外，它还有更强的象征意义。好像正因为有这么个小开口，新的空气才开始流进这座古城。自那以后，罗马打破了持续几个世纪的孤立状态，在短短几年里，甚至可以说在短短几个月中，发生了翻天覆地的变化。有些人认为阵痛为这个城市带来了颠覆性的改变。

罗马的一切都发生了变化：人口开始突然增加；城市布局迅速扩张，不久前还是葡萄园、矮树丛和牧场的土地，现在已被房屋和道路覆盖。收入的增加导致了生活习惯的改变。语言和娱乐方式变了，工作和休闲时间也变了，甚至连作奸犯科都与之前不同了。

在庇亚门事件后的前两年，罗马人口增长了10%；在接下来的几年里，人口增长也呈现出稳定的上升趋势。三十年里（1901年的人口普查），罗马居民增加了150%，人数达到500万人，而这之中，才有不到一半（46%）的人口出生于罗马。通过那个被打开的缺口，官员、职员、商人、自由职业者、政治家和记者乃至一大批投机者纷至沓来，他们觉察到了利用公共资金来做生意的大好商机。住在这里的"平民百姓"也跟着起了变化，或者说是即将发生改变。一位新闻记者曾写道："现在的百姓不是一百年前的百姓，也不是五十年前的居民。时间改变了一切，源源不断的文明潮流渗透到了各处，连神父都没法在罗马城门前阻止它。"

然而，最大的变化是罗马也开始出现了资产阶级，虽然相比其他国家的首都，它晚了整整一个世纪。但从前，在教皇的统治下，城市人口只由贵族、神父和平民组成。随着皮埃蒙特人的到来和国家管理体系的建立，社会开始形成一个中间阶层，这个阶层将成为社会变革的主角，从服装到政治再到出版和娱乐。

在当时的一个报纸专栏中，我找到了一段关于国内"资产阶级"的描绘："穿着大白围裙的服务员用燃煤熨斗熨着祖父的硬领；用来固定衬衫领子的金色纽扣常常从她手中滑过。纽扣让我想起了我的父亲，他总是在家里踱步，嘴上的胡子盖着他的嘴唇显得一动不动……而我的母亲则穿着便装坐在梳妆台前，梳理着她长长的头发。"在这幅家庭即景中，萦绕着一种都灵或者说是巴黎的气息，总之，就是欧洲的气息。

资产阶级有很多野心，其中一个便是寻求"合适的结婚对象"，即为女儿们寻找一段合理合算的婚姻。在科隆纳广场和大道之间的角落里有一家叫"龙齐&辛格"的咖啡馆，在很长一段时间里，这家咖啡馆的大橱窗都被叫作"奶牛场"，因为精于算计的贵妇们会在这里炫耀她们处在适婚年龄的女儿。娶到"外国"妻子也变成了一种时尚。"俄罗斯姑娘来到这里，她们苍白乏味，哀怨微弱，却也激烈炽热；英国女孩也来了，她们高大有教养，有贫有富，特立独行。她们中的很多人就借着政府小职员们都梦想娶个国外妻子这一热潮，钓到了金龟婿，而小职员们也都做着通过婚姻变身百万富翁的春秋梦。""小职员"是指那群在公共职能部门任职的官员，他们会给罗马带来正反两面的不同影响。"官僚主义下的小职员们，无非就是各部门有地位的乞丐。"一位尖锐的评论家如是说。

当然，现代城市的诞生也有一定的代价。最令人痛心的代价便是为了城市面貌，很罪恶地拆除了邦孔帕尼·卢多维西别墅。现在，我们很难想象这里曾经有着怎样一座精美绝伦的百年公园,它覆盖了威尼托路以及品奇阿纳城门至玛格丽特宫(现在美国大使馆所在地)附近的一大片区域。公园里点缀着一些小雕像和小庙宇,亨利·詹姆斯[1]都曾为它的庄严和美丽而倾倒,我记得,他曾感叹道:"我从未见过如此美丽的事物。"而如今这片区域早被其所有者划片出售了。如若不是及时制止的话,博尔盖塞家族的王子们一定也已效仿了这个糟糕的先例,破坏了他们家族的别墅。

在前言中我提到过一本短篇小说,即阿尔贝托·阿尔杜伊尼的《澳门贵妇》。阿尔贝托·阿尔杜伊尼是个十分高雅的罗马古董商,他的店先前开在弗拉蒂纳路上,后来转移到了西班牙广场,紧挨着济慈—雪莱纪念馆。恩尼奥·弗拉亚诺曾不怀好意地写道:"他是纪德[2]在《游记》中唯一提到的罗马人",暗指法国作家纪德是同性恋。阿尔杜伊尼所描述的罗马或许只是一种幻想,而非罗马的真实描绘。但至少在文学领域中,阿尔杜伊尼描写的那种愿景中的城市是存在的。让我们回溯30年,从1911年来到1881年,这一年,一名18岁的少年第一次来到这座城市,如果他的父亲没有被一位亲戚收养,并最终以邓南遮为姓的话,他应该叫拉帕涅塔。这位年轻的加布里埃尔回忆他初来的那一刻时,用他的妙笔描述了狂热岁月中的罗马:

> 那正是破坏者们和建造者们最疯狂的时候。一种建筑的狂热与尘埃混杂在一起,像旋风一样传播开来……到处弥漫的狂热,就像是一种庸俗的传染病。在商业的不断竞争中,在对物欲贪婪到近乎极端的疯狂中,有益的事业进行得混乱不堪,所有的审美,所有过去的一切都被抛弃了。

这位年轻的诗人被罗马深深吸引,或许,我该借用诗人自己用的一个动词:罗马使他着迷。邓南遮从他在博尔戈尼亚纳路14号的住处出来,环顾四周,觉得一切都很美,都值得描绘。他进入了文学院学习,后来这成了他在罗马居住的原因,但是,比起去听课,邓南遮更爱去沙龙和报馆。在邓南遮到来

---

[1] 美国小说家,文学批评家,年轻时曾在欧洲各地游历和学习,代表作有《一个美国人》等。
[2] 安德烈·纪德,法国作家,1947年获诺贝尔文学奖。

几个星期后，当时很流行的一份期刊——《拜占庭新闻》，就出版了他的一首十四行诗。罗马的住房和别墅，城市周边的郊野都在吸引着他。尤其令他着迷的是女人，这使他养成了耽于声色的性情。1883年2月，邓南遮认识了加莱赛的玛丽亚·哈杜因并与她坠入爱河，三个月后，在博尔盖塞别墅散完步后，他们整晚交欢。邓南遮迫不及待地将一切都写进了诗中，并将其命名为"五月之罪"：

> 事情是这样的：我们向树林走去。
> 我的女伴，有着金色的秀发，和纤细的身材。
> 在她婴儿般的后颈上，
> 有两绺长发……

两个人缠绵着一起散步，一时柔情似水，感觉有些事情就要发生，事实上也确实发生了：

> ……她的头突然向后垂下。
> 散开的头发成了她的花冠，她像是要死去一样，躺了下来。
> 一阵僵硬，一股死亡般的寒冷，占据了她。
> 我害怕了……
> 但这只是短暂的死亡。
> 她又活了过来，还带着愉悦。
> 我俯下身吻她，就像是用高脚杯喝酒一样，因征服而颤抖，
> 当我任由自己的手指抚摸她的时候，我感受到了她耸立的山峰……

与其说这是一首诗，还不如说它是场实况转播。这首诗描写了一对"可怜的恋人"在博尔盖塞别墅的灌木草丛里进行的一番云雨，恰恰是因为这些诗，人们才看到了这位青年作者极强的想象力和转化比喻的能力。后来，邓南遮和玛丽亚举行了婚礼并以自己的方式爱着他的妻子。但是，这种方式是把婚

姻转换成了一种舒服的关系，婚姻并不影响他的艺术创作，也不妨碍他与其他众多女性暗度陈仓。

如果我们把邓南遮当作19世纪末20世纪初的专栏作家的话，就会发现某些阶级的生活以多么快的速度变得现代、自由而又放荡。这里有一段脱衣女郎的记录，剖析观察了女性的魅力和淫荡：

> 开始时，她动作缓慢而又慵懒，时而带点犹豫，时而停了下来，仿佛是要侧耳倾听。她脱下了她精致的丝袜……又解开了最后一件衣服的带子，那珍贵又柔软的内衣……如雪般顺着胸部滑了下来，然后经过腰部，在胯上停留了一会儿；最后突然落在了脚下，似泡沫一般……

邓南遮是意大利文坛上的唯美派文学巨匠，也是当时政坛上可与墨索里尼并驾齐驱的人物

邓南遮为新生的罗马资产阶级（和全国的资产阶级）提供了构建情色幻想的原材料，他对某些情色氛围的描写也促进了人们在现实生活中去营造这种氛围。比如这样一些描述性的画面就被邓南遮收录在了1889年创作的著名叙事作品《欢乐》中。对于不安分的女主人公埃莱娜·穆蒂，邓南遮脑海中有两个原型，一位是笔名为费贝亚的那不勒斯记者奥尔加·奥西亚尼，这是他婚后的第一个情人；另一位是比他大一岁的埃尔薇拉·纳塔利娅·弗拉泰尔纳利，他们两人在性爱方面完全一致，无所顾忌。邓南遮称埃尔薇拉为芭芭拉或芭芭蕾拉。埃尔薇拉后来嫁给莱奥尼为妻，但这段婚姻短暂而不幸。同时，她也是诗人众多情妇中最了解和最能满足邓南遮口味的一位。在1887年4月到6月间，他们几乎每天都在约会。约会场所选在邓南遮两个朋友的工作室里，一个位于圣妮古拉·达·托伦蒂诺路，另一个位于德普莱菲利路。这段热恋持续了五年。

邓南遮开启了性崇拜之风，随着时间的推移，这种崇拜有时与世风世俗混合交融，有时又超前于当时的风俗习惯。

彼得罗·潘克拉奇的研究准确地描绘了邓南遮所描写的生活与逸事类型："招待会、拍卖会、狩猎、街道、店铺、音乐会、击剑学会、宫廷，'台伯河贵妇们'大帽子上装饰着的羽毛，这些都是他有关罗马作品的典型材料。"

从时间线来看，邓南遮作品中的"内部"场景与"外部"场景也都有时代特征。马里奥·普拉兹在他的一篇名为《装饰家邓南遮》的论文中发现，这些"内部"场景及其装饰品构成了一幅具有强烈对比色调的画面：中国花瓶、文艺复兴时期青铜器赝品、乐器、象牙、武器、巴洛克祭坛的碎片、半身像、石棺、徽章、天鹅绒、金属火盆、地毯、动物皮、非洲武器、托架、屏风、凤扇、棕榈树。邓南遮所展示的这些房间和装饰，培养了未来几十年大部分意大利资产阶级的品位。邓南遮还是一位伟大的水彩画家，他描绘出了一个非常迷人的罗马，这个罗马或许是他看见的，或许只是他的想象。下面是摘自《欢乐》的两张快照，一张充满阳光，另一张则是烟雨蒙蒙：

> 五月的早晨，沐浴着阳光的罗马闪耀着光辉。沿着道路，喷泉上银色的出水口映出了一个仍处在阴影中的小广场；……在桥上，可见清澈的台伯河从绿色的房屋间逃离似的穿过，流向巴尔托洛梅奥岛。再往上走一段，一座巨大、雄伟、光芒四射的城市尽收眼底，城市里的钟楼、圆柱、方尖碑鳞次栉比，极目尽是穹顶和圆形建筑，在蔚蓝的晴空下，好似一座卫城，雕刻有秩，轮廓清晰……

> 天空中下着雨。他把额头抵在窗户玻璃上，看着他的罗马——一个为人钟爱的城市。在视线的尽头，雨任由风吹洒，闪着跳跃的银光，周遭一片灰蒙蒙，微光不时地发散着，熄灭后只留下短暂的明媚景象。山顶的天主圣三一广场荒凉寂寞，只剩下孤零零的方尖碑凝神沉思。

在描述那些生活在幸福绿洲中的主人公时，邓南遮也从未忽略那些被卑鄙和痛苦环绕的人们。挤满了新移民的郊区以及罗马周边的乡村，仍如贝利以忧郁的现实主义手法所描写的情境。除了表达蔑视之外，邓南遮的唯美主义使他拒绝描写生活中的这些方面；但是身为一位作家，他的严谨还是促使他记录下了这些。在下面这段场景中，《欢乐》中的两位主人公，埃莱娜和安德烈亚在罗马郊外的农村散步的时候去了一家偏僻的小旅馆，要了杯水喝：

> 三四个狂热的男人围着一个方形火盆，沉默着，脸色暗黄。一个红发牛仔正坐在角落打盹儿，嘴里还叼着已经熄灭了的烟斗……旅店的女主人肥肥胖胖，怀里抱着一个孩子，正在卖力地摇晃。埃莱娜喝完水后，主人开始给她看自己的孩子，还不住地抱怨道：
> ——您就看看吧，我的太太！您看看，我的太太！
> 这个可怜的孩子四肢都十分消瘦。

翁贝托一世的妻子（也是他表妹）玛格丽特王后对罗马重新焕发活力起到了决定性作用，25年来，玛格丽特都是罗马上流社会的真正推动力，当然，她也是意大利王国最符合自身地位的皇室成员。在这座几个世纪以来只有男性"国王"和未婚"国王"的城市里，她成了第一个"女王"。玛格丽特为新医院剪彩，举办了大型招待会，她坐着马车在道路上前行时接受了人民给她的欢呼喝彩；她还给作家和诗人提供了支持和保护。虽然玛格丽特观念保守，但她却为王国、为萨沃伊王朝和罗马在公共形象和公共关系建设方面创出了一番丰功伟业。

鉴于玛格丽特所起到的模范作用，加之各种复杂的国家事件的刺激，罗马开始试着向欧洲其他国家的首都靠拢。这里逐渐出现了新的居民区，人口也显著增长。在供人们居住的大量建筑中，一眼望去也不乏一些有特色的另类建筑。（自学成才）的建筑师阿尔曼多·布拉西尼通过回收老城区拆除的材料，建成了一种"小城堡"（弗拉米亚路489号）。阿尔曼多学习了几十年前法国维欧勒·勒·杜克在一次彻底修复中重塑的哥特式准则，使"小城堡"呈现出一种塔楼、小尖塔、塔尖和扶壁相间的中世纪式混合体，但比起现实中的中世纪，它更接近于童话中的景象。吉诺·科佩代也完成了一个类似的作品。他在20世纪20年代初期建造了一个小型居民区。居民区位于塔利亚门托路边，占地约3万平方米，呈四边形，由四十来个小楼房和小别墅组成。在像罗马这样经常出现混乱建筑的城市中，"科佩代居民区"在外表的标准划一和城市规划的合理性方面脱颖而出。科佩代带来的最大的影响就是所谓"不拘一格"的风格，这一风格还在世纪之交传播开来。他以一种天才的方式利用旧物，创造了具有浓烈幻想色彩的作品：小尖塔、尖顶、阳台、塔楼、大铁门，刻着繁复浮雕的路灯。一扇巨大的拱门连接了这些被称为"大使"的楼房，这扇带有怪面的大拱门则戏剧性地给明桥广场做了边框，广场中间是青蛙喷泉，该喷泉的建造借鉴了马太广场著名的海龟喷泉。民间迷信认为这里是女巫的集合地。"蜘蛛小楼"因其大门上的镶嵌图案而得名；蜘蛛被视为沉默且不知疲倦的织造者，因此是勤劳的象征，经常在装饰中出现。"仙女别墅"被众多壁画装饰着，以一种童话般的方式回忆了文艺复兴时的佛罗伦萨，但比起现实，这座小别墅更像想象中的佛罗伦萨。很容易就可以看出，这些不同的建筑是以什么为模型重建的：中世纪的城堡、瑞士小屋、维多利亚时期的住宅，这种奇妙的混合在经过一个世纪后，为城市增添了一丝迷人的古色。

白色贵族，是王国创造出的新贵族，之所以将其定义为白色贵族，是为了将他们与教皇创造的"黑色"贵族区分开来。自从英国传来了运动和马术活动后，这些人便开始频繁出入拉卡巴尼拉，托尔-迪昆托和格洛里别墅的马场。阴沉而荒凉的村庄因为有人开始猎狐，突然间就活跃了起来。城市里也开始出现各种俱乐部（国际象棋俱乐部、狩猎俱乐部）以及一些贵宾专属的沙龙。此时的罗马有大量的外国人涌进来，由于存在两个王朝：教皇国和萨沃伊王朝，因此在这里有两派外交人员；几十年来，罗马贵族一直分为君主派和教皇派，很多人认为这两派是不可调和的。1875年1月，教皇庇护九世（乔凡尼·马斯塔伊·费雷提）在反动立场上告诫贵族们要远离"公共事务"，"你们就待在自己家里，专心料理家事"。大部分追随他的贵族都听从了他的建议，这其中包括阿尔多布兰迪尼、阿尔蒂耶里、巴尔贝里尼、博尔盖塞、基吉、科尔西尼、兰切洛蒂、马西莫、奥尔西尼、帕特里齐、罗斯皮廖西、萨尔维亚

277

蒂、索代里尼、泰奥多里等。还有一些贵族则顺应了新政权：有邦孔帕尼·卢多维西、切萨里尼·斯福尔扎、科隆纳、多里亚、奥代斯卡尔基、圣阿菲奥拉等。

不幸的是，在维克托·伊曼纽尔二世去世后仅几周，教皇也去世了，因此，两派间的论战得到了缓和，但也只是部分缓和。国王在夺取罗马后被逐出了教会，并受到极端天主教报纸的攻击，于1878年1月9日在奎里纳尔宫去世。2月7日，当教皇去世时，气氛变得十分紧张，枢机主教兼威斯敏斯特大主教曼宁担心会发生不测，便提议在马耳他举行选举教皇的秘密会议。在罗马，有流言坚持认为共济会成员可能会在向公众展示遗体的时候进行报复。实际上，什么事都没有发生；但恐惧却是实实在在的，以致一个营的步兵都被安排来维持公共秩序。很多人都想向教皇做最后的告别，即使每个人都有他自己的方式。警务人员朱塞佩·曼弗罗尼在回忆中证实，当信徒们耐心地排着队向去世的教皇致敬时，"宫廷贵妇和各部门高官、参议员、众议员携着家眷"和忠于教皇的贵族代表们都从小侧门进了教堂。

然而，"黑色"贵族对新国家的排斥注定会消减：所有人迟早都会明白，没有权力的教皇只能承诺遥远的天堂极乐，但有了新政权，他们就可以做一些极好的生意，尤其是可以以极高的价格出售祖上的田产让其成为建筑房屋的地皮。

这些年里，人们对表演和娱乐的需求也增加了，由于不是所有人都能出入宫廷或贵族宫殿，便开设了一些公共场所来满足大家的需求，这可是这座城市里从未有过的新鲜事。20世纪80年代初，罗马诞生了第一批歌唱咖啡厅，随之出现了"女招待"和"女歌手"等角色。有一段时间，与歌唱咖啡厅对应的还有音乐会咖啡厅，在那里，乐队是唯一的主角。从一个关于1983年音乐会的记录中我们了解到，在当地的音乐会中"罗马小调受到了热烈欢迎。在科尔内利奥，现在被杰出的大师阿尔贝托·卡万纳巧妙地改编为管弦乐的罗马小调受到了追捧，而且它还会一直博得大众的掌声"。一家剧院因纪念玛格丽特王后而开设，还有一种那不勒斯比萨，也是以意大利人最喜爱的玛格丽特王后命名的。此外，有一家大厅则沿用了翁贝托国王的名字。一些普通的娱乐场则大都采用了具有异域风情的名称：比如阿罕布拉、特里亚农、奥林匹亚、伊甸、库萨尔、阿卡萨等。

歌唱咖啡厅的特别之处在于，它把客人坐的扶手椅和沙发换成了放饮料和小吃的小桌子，分散在咖啡厅的各处，天鹅绒和大镜子装饰着咖啡厅，天花板上还有一些寓意雕饰。因此，当表演者或"女歌手"在舞台上表演她们的节目的时候，大厅里会有服务员来回走动，客人们则在进行热烈的谈话。这种气氛拉近了座位与舞台的距离，也就促进了观众与"艺术家"的交流。歌唱咖啡厅是一个令人舒适而又充满活力的地方，是一种大众化的散布轻度色情的场所，但却足以满足生活平静的资产阶级想要体验的不太出格的非分之想，这样的资产阶级同莫泊桑的小说里走出来的主人公一模一样。然而这些"咖啡厅"在大受欢迎的同时也遭到了猛烈的批评。在1899年的一本《意大利年鉴》中，我们可以看到这样一句话："音乐会咖啡厅使剧院造成了巨大的损失。它降低了品位，还损害了剧院本身的特性"（如同现在人们这样指控电视对电影的损害一样）。

1880年11月，一位充满活力的经理多梅尼科·科斯坦齐在"德·梅罗德"地区开了一家新歌剧院：剧院有2200个座位，使用了当时最先进的舞台技术，配有华丽的灯光、宽敞的休息室。27日晚，剧院举办了开幕仪式，表演了罗西尼的《赛米拉米德》，博得了一阵喝彩。观众们认为那些仍在运营中的老罗马剧院根本无法与这家新剧院相提并论，却又抱怨"科斯坦齐"剧院建的地方在民族街的最高处，离哪儿都很远。

罗马的文化生活正变得愈加丰富起来。古老的罗马大学实力增强了，圣塞西莉亚音乐学院和林奇国家科学院也有了革新和变化，帕尼斯佩尔纳路新开了一个有着良好发展前景的理工学院，民族街的新展览大楼办了很多艺术展，文物的发掘和考古现场的管理工作也得到了加强。

从根本上说，罗马还是那个充满文化魅力、充满怀疑和反叛精神的罗马，罗马人也依旧粗暴而懒散。至于部分公共工程，则不仅充斥着投机倒把的谣言，还确实爆发了一些真实的丑闻。不过，总的来说，翁贝托一世和乔利蒂的"第三罗马"，也就是世纪之交的"第三罗马"，在文化方面变得更加活跃了，与教皇时期相比，与法西斯时期相比，尤其是与二战后天主教民主党时期相比，都更加富有生气，也更符合时代潮流。

在这个时期发生的诸多事件中，我想特别提到几件大型诉讼案件。社会和司法相关的新闻报道成为剥去官方外衣、揭露社会事实的强大力量。新罗马的诞生使人们的生活习惯发生着剧变，加之人口迅速增长及大量公共工程和私人工程的投入，都难以避免地在司法史上留下浓墨重彩的痕迹。

19世纪最后几年最轰动的丑闻无疑是罗马银行丑闻。该行行长贝尔纳多·坦隆戈被选举为参议员，结果第二天就因欺诈被检举揭发。据调查，被授权印刷钞票的银行只有包括罗马银行在内的少数几家银行，但它们却将两套相同编号的钞票放入了流通市场。这还只是骗局最表面最显眼的部分。当案件得以彻查时人们才发现，涉案人员不光有该银行所有的高层领导，还牵涉到其他一些银行家、政治家和记者。

1893年1月21日，《晚邮报》是这样描写这场丑闻的主人公贝尔纳多·坦隆戈的："他不是一个好色之徒，也从不玩乐，但他却一点也不优雅，他的节俭与他的贪婪相一致。"坦隆戈通常被称为"贝尔纳先生"，时年73岁，他总是穿着破旧的衣裳，成长于"教皇—国王"时期的罗马，在这里，他学会了各种阴谋手段，这些招数随着1870年后建筑热的爆发就出现得越来越频繁了。在加里波第时期的罗马，他通过当法国间谍来自保；而当罗马的气氛转变之后，他就试图跟耶稣会士和共济会成员都搞好关系。坦隆戈很慎重地贷出了银行的钱，这里慎重的意思是，他尤其关注自己的收益。然后他又偷偷地修改账本，但是，当他意识到在账目上耍手段已经不足以掩盖高达2800万里拉的赤字时，便开始在银行出纳员和自己儿子的掩护下，签署发行双份钞票。

然而，坦隆戈真正的"保险"是他装满抽屉的支票。他在被逮捕前接受《晚邮报》采访的时候曾坦率地说："如果想让我对不是自己犯的错误负责的话，那我就不得不制造一场丑闻，把所有人都拉下水。"在议会里，克里斯皮和乔利蒂是仇敌，由于他们都清楚了解这一事件，于是就争相给对方安置对这场欺诈知情不报的罪名。结果，1894年7月底，坦隆戈毫无意外地被无罪释放了，这也证明只有糊涂虫和头脑简单的小偷，以及那些没有及时为自己的错误准备好合适辩护的笨蛋才会被关进监狱。应该说，这一案件十分重大，开了意大利国金融犯罪"现代"腐败之前例。

还有一些私人或半私人的性犯罪诉讼案件也引起了人们极大的关注。比如，一桩涉及政治的婚姻丑闻使报纸《首都》的主管拉法埃莱·松佐尼奥被杀。然后就是沸沸扬扬的"伯爵夫人拉拉"谋杀案。"伯爵夫人拉拉"是女诗人埃娃·卡泰尔莫莱·曼奇尼为自己发表唯美主义和"邓南遮派"诗歌用的笔名。拉拉的父亲是英国人，母亲是俄国人，为《论坛画报》中的一个《女士沙龙》专栏供稿，但最出名的还是她那些暴风骤雨般轰轰烈烈的情感经历。拉拉很早就结婚了，可是，她的丈夫在一场决斗中杀死了她的一个情人，因此她选择了离婚。然而很快，她就又有了数不清的情人。最终，她众多情人中的一个了结了她。

最能激发报刊兴趣，引起公众好奇心的诉讼案件当然要属"法达诉讼案"了。就连卡尔杜齐都对此案件十分关心，他在情绪激动时还专门为此写了一篇文章，这篇文章后来被收录进了诗集《短长格和长短句抒情诗》中。这位愤怒的诗人写道："罗马举行了对法达上尉谋杀案的审判，在这场案件中，凶手是骑师卡尔迪纳利，教唆者和帮凶是拉法埃拉·萨拉切尼，她是法达的妻子，也是卡尔迪纳利的情人。审判从1879年9月20日开始，到10月21日结束，大量群众围观了这场审判，包括大批罗马上流社会的太太和小姐们。"卡尔杜齐被这种过分的兴趣和病态的动机所震惊，他用嘲讽的诗句抨击旁听审判的那些女性的伪善："你们咀嚼着从舞台到监狱的鲜料，"接着他越写越直接，"你们嚼舌议论／左右顾盼／骑师拥在你们怀中，而匕首却刺向他人。"

这就是从狙击兵攻入庇亚门开始到维克托·伊曼纽尔二世纪念碑建成时的罗马，在此期间，这座古老的城市虽然保留了很多自己独有的特征，包括居民集体行为中的一些明显不足，但总归还是步入了现代。通过阅读当年的新闻报道，我们了解到，罗马既不比欧洲其他大城市好，也不比欧洲其他大城市差，但却多了一份忧虑和迫切，似乎是想要尽快弥补当世界其他地方都在奔向未来时自己所浪费的时间。

如果站在"后来人"的清醒角度看待这些人物和事件的话，我们可以清楚地看到，在这40年里（即罗马被立为意大利首都的40年），罗马既承继和保有其自诞生以来的独特传统，同时又产生了一个新的世俗领导阶层（包括在全国范围内），一群新的政治代表，一个缺席了几个世纪的中产阶级，一个真正从事实际生产活动的阶层，罗马因此而发生了翻天覆地的巨大变化：渺小与伟大、灾难与幸福并存，终而造就了罗马今天的模样。

罗马 传

意大利众弟兄

第十二章

《意大利众弟兄》，即《马梅利之歌》，意大利国歌。歌词由意大利诗人戈弗雷多·马梅利（Goffredo Mameli）于1847创作。米凯莱·诺瓦罗（1822—1885）于同年谱曲。1847年12月，热那亚群众举行了一次爱国示威游行，第一次高歌出这激昂人心的旋律。1946年6月2日意大利共和国成立后，《马梅利之歌》被定为国歌。

戈弗雷多·马梅利，意大利诗人。1847年写成诗歌《意大利众弟兄》，后成为意大利共和国国歌

时至今日，人们为捍卫光荣而短暂的罗马共和国所遗留的战斗痕迹仍然清晰可见。1849年2月9日至7月3日，整整5个月里，罗马共和国的建立使意大利许多大区一代爱国志士的梦想与追求成了制度现实。当人们登上贾尼科洛山时，仅仅是那些街道名就能让人回想起当时的主要人物和阵亡烈士：丹多洛、斯泰尔比尼、巴西、因杜诺、阿尔梅利尼、萨菲、达翁加罗、卡西尼、达韦里奥、马梅利等。

沿着加里波第街漫步，中途转上两次弯，就来到了蒙托里奥圣伯多禄堂。这座教堂内存着无数杰作，最大的圣坛处还埋葬着贝亚特丽切·钱齐的遗体，不过令人好奇的是棺椁前没有立石碑。教堂外的右边是布拉曼特设计的小神庙，它是15世纪末，遵照西班牙王室夫妇伊莎贝拉和费迪南的要求兴建的，传说这也是圣彼得被钉上十字架的地方。之所以会把传说中的地点选在这里，恐怕还因为此处有俯瞰罗马最为精彩的视野，也让临刑前的使徒有机会最后一次凝视罗马城。蒙托里奥这一名字是"金山"两字缩合而成，来源于日落时分山丘黏土会反射出的一片金光。

教堂左侧的外墙嵌有一颗炮弹，它是防线崩溃前猛烈炮击留下的最后一处震撼人心的残迹。再往前走一些，是纪念公墓，之前这附近有一座共和时期保卫城市的炮台，如今则安葬着高呼"誓与罗马共存亡"的英勇献身的烈士们，其中包括著名诗人戈弗雷多·马梅利。他在瓦斯塞洛别墅遭遇了袭击，当时只有一处严重的腿伤，后来迅速转化成了坏疽，以致截肢也未能挽救他的生命。他的战友们在动身离开罗马时，特意列队从佩莱格里尼医院下经过，大家一道高声唱着由他本人作词，诺瓦罗谱曲的雄壮战歌："意大利众兄弟……"彼时马梅利才 22 岁，然而他躺在医院的病房里，已然生命垂危。

白尔谢广场附近的西尔帕别墅围墙上有一道重新封补的豁口。墙内，一场历时数月的苦战遗迹引人注目。这里有两座相互紧挨着的大理石墓碑，左边那座是 1871 年用意大利文刻的，纪念为保卫罗马共和国而壮烈牺牲的爱国志士们；右边是 1850 年用拉丁文刻的，不仅是为了纪念城墙的快速修复，从而抹去了一切战争的痕迹，更是为了歌颂从法国军队手中重新夺回城市的人们所做的努力。

过了圣庞加爵门往前再走几步，在不到奥里利亚蒂卡街岔路口的右手边便是瓦斯塞洛别墅的围墙，作为当年抵抗法国人的最后堡垒之一，这座别墅富有浓重的传奇色彩。参观这些地方时我们也不妨想象一下它们曾经的样子：大片的草坪、菜园、花园和葡萄园交相呼应，其间遍布各种风格宏伟的别墅，比如上述的瓦斯塞洛别墅和离它不远的多里亚潘菲利别墅。从多里亚潘菲利别墅进去，上行一段路就来到了称作"四风"的拱门。这条路不算长，如今却显得十分热闹，全是些小孩、情侣和跑步晨练的人。可是在我接下来要提到的那段时期里，毫不夸张地说，它是一条沾满鲜血的道路。事实上，"四风"拱门是建筑家安德烈亚·布西里·维奇于 1856 年在科尔西尼别墅的原址上建成的，这座别墅在战争期间几乎完全毁于法国人的炮火之中。当时进攻者迅速占领了别墅，并借助这一有利位置，安放了用以围攻的大威力火炮。战役的最后一场激战就是在瓦斯塞洛别墅和科尔西尼别墅间轰轰烈烈地进行的。共和国军被炮火封锁在瓦斯塞洛别墅及乌尔巴诺八世城墙旁边，西尔帕别墅所筑的围墙被攻破了 8 个缺口，法军就从这些缺口里一拥而入。法意双方交战一个月，死伤无数，最后以罗马投降而告终。

漫步在贾尼科洛山繁茂的梧桐树下，使人不由得回忆起那个可歌可泣的年代。街道两旁排列着当年自愿参加复兴运动及保卫城市的一些主要人物的半身塑像。路尽头的广场中央巍然屹立着雄伟的加里波第骑马像，这一作品由埃

加里波第纪念碑 罗马－朱塞佩·加里波第，意大利建国三杰之一，传奇英雄，广受尊敬和爱戴，意大利几乎每座城市都有他的雕像，以他的经历为背景拍摄的影视作品不计其数

米利奥·加洛里于 1895 年完成。几十年后的 1932 年，马里奥·鲁德里给加里波第妻子阿妮达也雕刻了一座塑像。自 1904 年起，每到正午时分，放置在广场平台下炮台上的 19 世纪大炮，在接收到市政厅塔楼发出的灯光信号后，就会发出一声响亮的炮鸣，继而散出一缕烟雾。

说到这里不得不再聊一聊罗马共和国的历史，因为它充满了冒险、悲剧并富有先兆性，我们根据之后发生的事件可以轻易推断和解读出它所包含的种种。比如共和国所犯的一些错误，如今仍旧历历在目，清晰可见。幻想、冲动、误会、理想般的热情与碰撞、无止境的包容、乌托邦式的空想以及团体内部的分裂：人们可能会发现，罗马共和国短短几个月生命中所组织的行动、颁布的法律、涌现出的重要人物的言行，汇聚在一起，其实浓缩了 1948 年后建立的至今尚存的另一个共和国——即我们今天意大利共和国政治生活的全部精髓。

鉴于罗马共和国存续时间很短，为了更好地回顾它的历史，我们不妨就从它建立前的那几年讲起。1846 年 6 月 16 日，伊莫拉主教乔瓦尼·玛丽亚·马斯塔伊·费雷提担任教皇，封号庇护九世。彼时教堂击钟相庆，百姓欢呼，欧洲各个宫廷也纷纷表示祝贺。前任教皇格列高利十六世（桑巴特鲁姆·卡佩拉里）是 6 月 1 日去世的，当天有 2000 名的教皇信徒在监狱里默哀。

此前教皇国在整个半岛中是社会最为落后的,保留特权最为严重以及社会底层最为贫穷的国家。就连梅特涅统治的奥地利,在召开的选举教皇的秘密会议上也提出,是时候选定一位更有远见的人物了。最终,经过各方妥协,庇护九世当选新任教皇。

庇护九世即位时 54 岁,风度翩翩,仪表不凡。他言谈轻快,风趣幽默,在神学乃至政治见解上修为不深,但却是个出色的小提琴手。上任后,他首先要做的是兑现之前做出的改革承诺:登基不过一个月,他就宣布释放政治犯,并因此得到了一群思想自由的年轻教士的支持,另外他还给予了一定的出版自由并承认了罗马市政府颁布的宪法。1848 年 4 月 17 日,他下令拆除隔离犹太人的大门,宣布他们与其他市民拥有平等的地位。这项决定本身是值得赞扬的,不过还需要稍加解释一下。第一次犹太人解放浪潮发生在 1798 年法国大革命期间,随后从法国蔓延至罗马,但这只是昙花一现,没过多久,对犹太人的限制就又卷土重来了。同样,1848 年施行的措施也好景不长:随着 1850 年春庇护九世从加埃塔流放归来,针对犹太人的隔离再度兴起。瓦尔多派学者乔治·布沙尔认为,流放时的教皇心生恐惧,使他暗自盘算着该如何复辟,于是他推行了天主教改革并重新采取措施压制犹太人。罗马犹太人的真正解放还需等到 1870 年皮埃蒙特人的到来。

所谓"新官上任三把火",庇护九世在最初几个月启动了一项公共劳动计划,目的是减少失业并最终大面积地减少犯罪。当时意大利许多民众为之欢呼雀跃:"庇护九世万岁"的口号响彻大地。甚至连一向严肃的马志尼,也在伦敦鼓舞教皇领导民族救亡运动,他强硬地表示,不用担心同焦贝蒂的"新归尔甫派"相混淆。如果我们认为马志尼的热情纯粹发自内心,毫无目的可言,那么它就没有得到同样真挚的积极回应。而倘若仅把他的行为看作是一种鼓励教皇改革的手段,那便是以失败而告终。

1848 年革命运动席卷整个欧洲:在皮埃蒙特,卡洛·阿尔贝托于 3 月初被迫承认宪章并于月底向奥地利宣战。不安的情绪搅动着罗马:教皇该怎么办?要不要参与抵制"野蛮人"的战斗?庇护九世不愿意这样做,他在一次著名的面谕中宣称,作为爱好和平的上帝的代表,是绝不会参加各族人民之间的战争的。因此他召回了本已向教皇国北部边境进军的军队。

与此同时,情况急转直下。9月,教皇将政府委托给佩雷里诺·罗西,他是位卓越的法国贵族,也是位政治经济学教授。他以梵蒂冈大使的身份被邀请到罗马,又因其出色的外交能力被封为伯爵。罗西接受了教皇的委任,但他面前所呈现的是一条极为坎坷艰险的道路,他必须竭力恢复教皇国的权威和形象,开创先进的管理手段,启动一些必要的经济改革措施。要说谁有能力完成如此艰巨的任务,那可能就非他莫属了。但遗憾的是,他连一展身手的机会都没有,因为就在被任命的两个月后,即11月15日,当他登上教皇国国务大楼的大楼梯前去主持议会会议时,被两三名暴徒刺杀身亡。外号"丰满胖子"的安杰洛之子路易吉·布鲁内蒂,可能是行凶者之一。(这里有个趣闻,台伯河岸边为安杰洛创作的雕塑,描绘的是他正要被奥地利人枪杀的场景。雕刻家埃托雷·西门尼斯将他与儿子洛伦佐并列而置,唯独少了另一个儿子,这个人恰是刺杀罗西的路易吉。人们因他的这一疏忽还批评了这位艺术家,不过如果这是因为路易吉终生没有洗清自己杀人的嫌疑,那么这种疏忽或许是可以理解的。)

罗西遭暗杀后不久,群众就将奎里纳尔宫围得水泄不通,致使庇护九世都出不了门。这是一场混乱的骚动,没有明确的政治目的。人们大声呼吁教皇对奥地利宣战,要求他废除特权,设立意大利制宪会议,并启动社会改革。一时的群情激愤还引发了瑞士卫队开火镇压。起义者在经历了最初的迷茫后又重新组织起来。他们之中也混入了不少士兵和警察,刚开始时不过是言语的交锋,最后则将言语付诸行动。激愤的人民不断试图袭击奎里纳尔宫,教皇国国务秘书就是在其中一次袭击中惨遭不幸的。面对这种状况,庇护九世决定逃离罗马。11月24日夜,在巴伐利亚大使卡尔·冯·斯帕尔的协助下,教皇化装为普通教士,自称是大使家的家庭教师,踏上了逃往两西西里王国加埃塔的避难之路。

在罗马,只剩下教廷主教埃马努埃莱·穆扎雷利和内务部长朱塞佩·加莱蒂,他们便一起主持新政府的日常工作。穆扎雷利主张自由主义,但他面临的经济状况却十分令人担忧:国库的银两不足以维持日常运营。而在当时,附加利息的贷款被认为是一种高利贷，遭到了严令禁止，由此可见彼时的国家金融已落后到了何种程度。而落后带来的另一个明显后果就是滋生了地下高利贷。

穆扎雷利的做法许多人都会采取，包括未能施展其才华的佩雷里诺·罗西，如果他还活着，采取的措施估计也大同小异。穆扎雷利善于调和斡旋，他先是发行公债以解决国库的基本需求，同时也向民众承诺改革，尽管其中一些措施是他自知根本无法实现的。总之，他竭尽全力硬撑着新政府，却压力重重。这其中一部分的压力来自教皇，由于他尚未从革命和逃难带来的创伤中彻底释怀，因此便在加埃塔喋喋不休地声明新政府颁布的一切法律都不具法律效力。罗马那边则回应道，由于教皇逃离产生了新的制度形势，因此在事实上剥夺了教皇的合法权力。12月26日，政府批准制宪会议成立。两天后，议会解散，第一次全体男性公民普选于1849年1月21日举行。

面对如此不利的形势，教皇却一而再再而三地犯下一系列政治错误：他在加埃塔成立了一个政府委员会，任命红衣主教卡斯特拉卡为主持，但这不过就是一个流亡政府而已。另外他还说选举是"亵渎神灵的罪行"，并以开除教籍为威胁禁止基督教徒参加选举。这样一来，他就把温和派都排除在了选举之外，造成的结果就是投票权被紧紧地握在一部分人手中：这些人占比50%，最高达70%，使得代表大会完全为极端分子所主导。到这里，我们对共和国前几年的短暂回忆就进入了尾声：2月5日，制宪会议成立，2月9日，罗马市政厅（赞成票120，反对票10，弃权12）庄严地颁布了《基础法令》，并在其中规定："教皇国在事实上和法律上由世俗的罗马国家政府接管。罗马国家政府将以纯粹的民主为基础，将国名光荣地定为罗马共和国。"共和国国旗是三色旗。自1849年2月9日起，这一昙花一现的伟业共持续了5个月。

人们对当时的光明前途激动不已、跃跃欲试。但随后不久，这项事业的领导人之间就暴露出了种种问题。制宪会议采取三人执政形式。但民众对新政权极端不信任，商人们在收款时拒绝收入公债和纸币：事实上只有硬币才是当时市场上唯一合法流通的货币。对此，政府通过施行一系列应急又近乎无奈的措施尝试进行补救。首先，在2月21日，制宪会议投票决定征用教会财产：

其中包括动产、不动产、存款、祭祀用品及贵重饰物，价值达 1.2 亿银币，然而这项措施不仅不足以应对局面，反而招致诸多异议。其次，政府颁布了一种强制公债，要求所有收入超过 2000 银币以上的人要"暂时"抽出其中部分份额（从五分之一到三分之二不等）交予国家。最后，政府还规定了纸币的"强制性流通"，拒收纸币的人都将面临严重的惩罚。

尽管共和国产生了与民众达成共识的新的制度形式，改变了他们几个世纪以来除仪式队伍、捐赠、宗教礼仪外，远离其他一切公共生活的局面，但我们仍要说这一共和国在建国伊始就状况不妙，甚至可以说极其糟糕。这一点特别体现在庇护九世从加埃塔不断向其他天主教大国呼吁，请求他们协助自己重建世俗统治上。红衣主教安东内利作为当时的教皇国秘书，向西班牙、法国、奥地利和两西西里王国的总理府分别致函：

> 糅合了所有社会形式的反动政党，打着堂而皇之的民族尊严和独立自主等蛊惑人心的旗号，不顾一切地将自己的恶径发挥到了极致，肆无忌惮地把教皇国拥有的东西全都付之一炬。他们所谓的基础法令规定的内容，从任何方面来看都充满着最黑暗的背叛和最可恶的渎神。

他在信函中还总结道：

> 教皇再次向那些大国求助，尤其是天主教大国，因为他们在内心毫不吝惜地表现出了坚定的意愿……深信他们一定会尽快在道义上鼎力相助以让教皇重返圣座。

这里红衣主教提到的虽是"道义上的支持"，实则暗指军事干涉，实际上，这些国家也是这样解读这条消息的。与此同时，另一边新生的共和国正竭力在无数妄图使它们分裂的问题与冲突中艰难存活下来。一些必要的经济措施在实施过程中遭遇了很多困难：比如征用教会财产虽然安抚了最高纲领派和反对教会的人，但却令期望情形迅速得到改善的贫穷阶层大失所望。另外政府还需要考虑增加军费开支以应对敌军迫在眉睫的进攻问题。1849年3月，卡洛·阿尔贝托在北部城市诺瓦拉再次被奥地利人击败（这是继1848年7月库斯托扎战役之后的又一次失败）。显然，共和国无法指望从他那里再得到支援。

我个人十分赞同的一个观点是，短暂的罗马共和国在令人绝望的形势下彰显出了自己的伟大。之所以这么说，并非是他们激发了那些受侵略和强权压迫的弱者们虽败犹荣的浪漫想法，而是从真正的法律意义上得出了一个结论：如果当时形势不那么危急的话，共和国制定的那么先进的一部宪法可能也就不会诞生。

3月，朱塞佩·马志尼、卡洛·阿尔梅利尼和奥雷利奥·萨菲组成三人执政团并开始讨论宪法的内容，最后很快就定了下来。特别是马志尼，他力主给那段可以预见的短暂却不同寻常的经历一些特殊的、乌托邦式的政治特征。这些特征一方面从他们制定的紧急措施中得到了体现，另一方面，也因他们在几乎难以想象的时间内拟定出的新宪法章程而得到了彰显。4月，共和国决定将被征用的教会的不动产分配给最为贫穷的底层人民居住，以此激励他们参与社会生活。对于这些人而言，不仅仅是住房，他们在社会生活的各个方面都被教皇国政府边缘化了。除此之外，共和国还努力减少失业，因为失业是造成犯罪增长的罪魁祸首。这些改革的实际推动者正是马志尼本人：要是在一个记忆力稍强的国家，他将会如同美国的林肯，或者法国的孟德斯鸠一样，被当作一个德高望重的人而得到人们的纪念。然而，命中注定的是只有伟大的国家才能够永远对这类人物保持鲜活的记忆。

在马志尼的思想中，共和国"首先应以追求仁爱和更高级的文明，所有人的共同进步以及全体公民道德、智力和经济的提升为原则"。这位伟大爱国者奉行革命"源自人民、为了人民"的信条；认为恺撒统治下的罗马在政治上联合了旧世界，教皇主导的罗马进一步将旧世界与基督教联合，但人们还应有"第三个罗马"，它将引导所有公民在自由和平等中走向一致性地团结。马志尼意识到这段历程不会特别漫长，他想至少要把孜孜以求的崇高政治道德先写进宪法中。于是，罗马共和国成为欧洲第一个在其宪法第7条中宣称"公民权利及政治权利的行使不依赖宗教信仰"的国家；同时也是第一个废除死刑的国家，这是 1789 年法国制宪会议通过的关于人权和公民权声明的第 2 条到第 21 条法令中所指的那些人权的具体实现。另外，作为欧洲最先进的基本宪法，上面还写道：

"民主制度的原则是平等、自由、友爱。不承认贵族头衔和任何形式的特权。"（第 2 条）

"所有市政府享受同等权利。仅有国家普遍适用的法律限制其独立。"（第 5 条）

"天主教领袖从共和国获得独立行使精神权力所需的一切必要保证。"（第 8 条）

关于公民权利和义务宪法有如下规定："死刑或没收形式的刑罚一概废除"；"私人住宅神圣不可侵犯；除法律规定的特殊情形和方式外，未经允许不得擅自闯入"；"思想表达自由"；"教育自由"；"信件隐私不容侵犯"；"无犯罪意图的非武装结社自由"；"除非由于公共事业，预先支付合理赔偿，不得迫使任何人丧失其对某财物的所有权"等。在此之前，从未有过如此先进的规定。但凡是对 1948 年颁布的意大利共和国宪法有所了解的人，就会发现法律的其中一部分其实沿用了一个世纪前的这些先进规则。

加埃塔这边，庇护九世为重返圣座四处游说，向欧洲权贵及教会势力求助。2 月，当他转向外交使团求助时曾说道：

> 恣意妄为的敌对集团危害人类社会，令教皇的子民跌入痛苦的深渊，我作为世俗的代表，更是天主教首领和教皇，要替大多数被选中的教皇子民传达哀痛和诉求，他们请求松开束缚的枷锁。与此同时，我也要求保留教皇神圣的世俗统治权。

第二年 4 月，教皇在一次面向红衣主教团的训谕中又做出警告：

谁不知道罗马城，天主教圣地，如今却成为……唉！一群猖獗畜生扎堆之地，挤满异族人民，叛教者、异教徒，还有所谓的共产主义和社会主义的领导人，这些人心中燃起了对天主教真理最可怕的仇恨，无论是从口头、书面上，还是通过任何其他方式，他们都想尽办法教导、散布各种有害的奇谈怪论，妄想腐蚀所有人的心灵和精神，为的是在罗马，倘若可能的话，破坏天主教的神圣性。凡此种种不是人尽皆知的事实吗？

对此，加富尔伯爵卡米洛·奔索竭力重申，正是出于对精神的重视，我们才应当建议教皇放弃追求世俗权力这种不合时代的要求。后来，这位生于皮埃蒙特的总理也多次就这一话题同别人辩论，他反复论证，并引导人们反思，还竭力安抚教皇。1861年3月，罗马共和国已成为遥远的记忆，这位总理在一次众议院演讲中慷慨陈词："当教皇只拥有精神上的权力时，维护意大利境内外世俗权力的一切武装力量都变得毫无作用。因此他的权力非但没有缩小，反倒在仅与其相关的领域内得到了大大的增强。"他还承诺说："意大利不论以何种方式重新回归罗马，有无共识达成。一旦回归，则预示着世俗权力的衰落，它将立即声明（精神权力与世俗权力）分离，并立即实现具有更广泛基础的教会自由原则。"

在庇护九世看来，这些保证远远不够。教皇所要求的恰恰是精神权力不要与世俗权力分离。而加富尔坚持的"自由国度下的自由基督教"这一箴言，如同最动荡不安的

庇护九世，原名马斯塔伊·费雷提，最后一任兼任世俗君主的教皇。以其教皇无谬论而闻名于世。

人民起义一样令教皇畏惧。接下来发生的一系列事件都让他倍感煎熬。1854年12月8日,教皇宣布了圣母处女受孕怀胎的教义,随之做出的决定引起了包括新教徒在内的许多阶层的普遍不解。教皇企图通过这种方式迎合广大民众的宗教信仰,不久后发生的卢尔德牧羊女贝尔纳黛特·苏毕卢看见圣母"显圣"一事就是一个力证。整整十年后,在为上述教义宣布十周年举行的庆典上,教皇发布通谕《何等关怀》。通谕的附件——著名的《禁书目录》则堂而皇之地认定进步、自由主义、现代文明及包括思想在内的一切形式的自由都是有罪的。依教皇来看,下列事件均可视为罪行:离婚;废除教皇的世俗权力;否认基督教为唯一国教;政教分离;容忍公共场合下进行其他祭拜活动;公开表明违背教士指令的任何观点及想法;认为教皇应该适应现代文明的想法。其中"最致命的"错误是社会主义。教皇看到一度令他痴迷的自由社会中隐藏的诸多危险,意识到现代化的到来导致了人们对宗教的漠视。在一次通谕中他悲痛地抱怨道:

> 有人不能洞悉,人类社会一旦脱离宗教以及真正正义的约束,除了谋取和积累财富外,肯定没有其他事先的规划。所以当他有所行动时,除了一味贪婪地满足个人舒适和喜好外,定不会遵循其他准则。

这些话语在今天看来极富预见性。贪婪和价值观不清晰是当代西方社会的特征,这种社会被金钱和消费的狂热所主导。庇护九世觉察出这个可能的毒瘤,可是却提出了错误的纠正方法。他要求简单地倒退回专制主义,却已不合时宜。他的观点受到1870年第一次梵蒂冈圣公会议上提出的"教皇永无谬误"论的保护,在那场会议中,支持此教义的主教们占据了上风,反对者则承受了压力甚至遭遇了胁迫。持异议的神学家孔汉思最近写到那场会议,指出它"更像是专制政党的大会而非自由基督徒举行的自由代表大会"。许多反对会议文件的主教在最终投票之前便离开了罗马。那份文件最后规定:"教皇明确的信条及原则本质上不容置疑,因为其表达了基督教的共识。"1870年7月,20名隶属天主教分支的德国历史学家因此脱离了基督教。没过几日便爆发了普法战争,会议因此中断,之后再也没有重新召开过。

庇护九世激情澎湃的观点倒是得到了延续,还获得了一名追随者——教皇利奥十三世(维琴佐·焦阿基诺·佩奇)。这位继任教皇在1888年《自由》通谕中重新提到个人基本权利,并明确指出:"绝对不允许呼吁、捍卫并承认思想、出版、言论、教育或崇拜等非自然赋予的权利的自由。"考虑到信息的完整性,我还想指出,那份著名的社会通谕《新气象》也出自这位教皇之手,据此,他在历史上就享有"劳动者的教皇"的美名。

法国大革命争取到的个人权利一直遭到漠视,这种现象在利奥十三世之后仍然持续着。其中一位继任教皇庇护十一世(阿希尔·拉提),在20世纪中叶,仍然从容地声称:"如果存在一个事实上和法律上的专制制度,那就是教会制度,因为人作为上帝的造物,完全属于并且也应该属于基督教……只有基督教代表了上帝的意愿、思想和权利。"与他类似的还有约翰·保罗二世(卡罗尔·沃伊蒂瓦),尽管这位教皇非常积极地捍卫和平,但他也在《生命的福音》通谕中肯定——并在之后多次强调——"民主不顾其自身规律,反对基督教所维护的道德,在实质上走向了专制主义的道路",这句话是个人权利领域内君主权威的最后体现。

我们再谈回到罗马共和国。4月25日,由那不勒斯士兵组成的多支队伍从南部出发,同时乌迪诺将军率领的法国部队从奇维塔韦基亚登陆并沿奥莱利亚古道行军,他们笃定罗马人会不战而降。4月28日,三人执政团向乌迪诺将军发去了一封沉痛而崇高的信函(如今作为"文物"保存在罗马市立档案馆里):

> 以上帝的名义,以法国和意大利的名义,将军,请您停止行军吧。避免一场兄弟间残杀的战争。为了不让历史去议论:法兰西共和国无缘无故地挑起了与意大利共和国的第一场战争!有关我们国家的情况,您显然是被误导了;您应该勇于向贵国政府汇报,并等待新的指示。要是贵国坚持使用武力,我们也必然用武力回敬武力。不过这场重大不幸的

责任自然不应该落在我们身上。

显而易见,这些话并没有产生任何作用。两天之后,法军从贾尼科洛山发动了第一次进攻。那座小山位于连接马里奥山与梵蒂冈高地的一条较短山脊的最南端。这个丘陵,位于台伯河的拐弯处和老城之上,可以欣赏到罗马秀美山川的全景,从军事角度来讲它也是一个战略要地。不计其数的旅行者、朝圣者以及想要侵略帝国旧都的"野蛮人"都顺着那条路线抵达过罗马。中世纪时,与卡西亚古道基本重合的弗朗西珍那古道是最受欢迎的。不过这条道路也有不便之处:就是到达米尔维奥桥后,河水的涨落使得越过台伯河十分困难。人们更愿意选择翻山越岭。那里有一条凯旋大道,19 世纪的许多旅行者也都愿意选择这条路。在古老年代里,这条路还有另一个优势,即人们可以通过它轻易抵达台伯岛"渡口"和苏布里齐桥,那在当时是通向对岸的唯一途径。

4 月 30 日,法国先头部队发起了进攻。他们本来预想意大利人顶多只会进行象征性的抵抗,不料却被他们的决心震慑住了。战争仅一天,法军就死伤五百人。罗马涌现出了众多的志愿军,他们来自伦巴第、皮埃蒙特、威尼托和罗马涅等不同大区。多里亚·庞菲利别墅内及奥莱利亚古道沿线爆发了包括暴力冲突在内的多场战役。面对比预期更顽强的抵抗,法军竟然选择了撤退,志愿军则趁势追击,直至达成了停战协议。

通过查阅以那段短暂而残酷的战争为题材的影像资料,我发现了一些新颖之处。这是人们第一次想到去拍摄刚刚结束硝烟的战场,画面中还安排了一些人去饰演法国士兵,并通过这种方式来记录战争带来的影响。影片中我们能看见科西尼、萨沃雷利和瓦斯塞洛别墅战争后的残迹;看见一群专注的士兵,或是在大炮旁准备午饭,或是正炫耀着自己的武器,又或者正准备交接轮岗。

与此同时还有其他两支军队,一支由奥地利人组成,另一支,之前已经说过,是那不勒斯王国的部下,他们正向罗马日夜兼程地进军。奥地利军队在途中遭到安科纳的顽强抵抗,延迟了行军速度,而那不勒斯军队则在维莱特里被加里波第击败。罗马此刻似乎免遭围攻,可城中所有人都明白这不过是暂时的休战。

人们常感到疑惑，乌迪诺将军在第一次战败后，本可以从风险较低的地方通过，为何却选择继续从防守最牢固的贾尼科洛一侧进攻？事实上他并不是没有做过其他尝试：法国人在马里亚纳架起了一座仅限小船通行的浮桥，以此来袭击米尔维奥桥，在那里他们击溃守军防线，迫使后者躲往帕里奥利山上。所幸法国军队在抵达人民门后便停止了前进。乌迪诺集中三万兵力驻守在波特泽门和贾尼科洛山之间，也就是如今的蒙特维德居民区。他之所以实行这一战术，大概是考虑到如果操之过急地进入城市，会直接陷入敌人已筑好的街垒，被迫开战，然而敌人的狙击手肯定早已精心设下埋伏。恩里科·塞努斯基是"巷战委员会"的统帅，他是一位来自伦巴第的年轻人，曾参与过米兰五日起义。命运向他开了个玩笑，因为不久他就投身于巴黎公社运动。（巴黎的一条街道和他亲手修建的东方艺术博物馆也均用他的名字命名，我在之前讲述巴黎秘密的一本书中提到过这一点。）尽管法军选择贾尼科洛山作为突破口存在重重困难，但一旦占据了这个有利位置，就能够避开防不胜防的游击战，居高临下地掌控整座城市。

5月19日，交战双方协定停火，官方说法是为了让居住在罗马的法国人撤离，实际上是为了等待援军的到来。预计6月4日停战结束。停战书由时任外交官斐迪南·德·雷赛布子爵签署，他后来还为开凿苏伊士运河起草过相关文件。然而乌迪诺违背了那些条约，他下令在6月2日到3日的夜间恢复了进攻，还辩解称停战只限于内城，不包括城外。法国人这次出其不意的袭击获得了胜利，他们占领了科西尼别墅高地，后来在包围战的紧要关头，这里就成了他们的大炮阵地。加里波第（不久被任命为准将）试图重新夺回此地，但仅一天就丧失九百兵力，伤亡惨重，于是他便打算打一场持久战。这次罗马遭遇了全方位的封锁：物资供应困难，民不聊生，危机四伏，驻守贾尼科洛山的前哨部队伤势严重。

与三人执政组并肩作战的，还有一个主管医疗工作的妇女参谋部。医疗工作由三位杰出的女性负责：玛格丽特·富勒·奥索里、恩里凯塔·皮萨卡内和克里斯蒂娜·贝尔焦约索公主。据巴尔扎克回忆，就是克里斯蒂娜激发了司汤达的灵感，在《帕尔玛修道院》中塑造了桑塞维里纳这一人物形象。她是位美丽迷人的公主，知晓如何燃起男人的欲望，许多人都视她为万人瞩目的交际花。她结过婚，又离婚，有包括李斯特和缪塞在内的无数情人。

意大利连续多日尝试反击，每一次都因损失惨重而无功而返。加里波第看清局势后，利用奥莱利亚城墙开辟了第二条防卫线，进而坚持抵抗了好几周。与此同时，法国大炮集中火力不断猛攻城墙，导致几处缺口扩大。意军被迫撤退，法国部队一路凯歌，最终进到了城中。他们毁坏了几处遗迹，还将好几枚手榴弹扔向位于特拉斯泰韦雷的圣玛丽亚广场，造成了无辜百姓的伤亡。而当波特泽门城墙也被攻破时，也就意味着这场战争即将结束了。

在尝试反击的过程中，的里雅斯特军士贾科莫·韦内齐安壮烈牺牲，上尉戈里尼、克雷莫纳人卡多利尼和随行的年轻画家吉罗拉莫·因杜诺都受了伤。许多英雄牺牲的故事在百姓中流传，其中卢恰诺·马纳拉之死最为令人动容，他在斯帕达别墅内一场绝望的抵抗中受了伤。埃米利奥·丹多洛曾留下了关于卢恰诺在生命最后几小时的悲痛陈述，他写道："他恳求我将他的遗体连同其他兄弟的一起带回伦巴第。他发觉我在流泪便问道：'你是因为我即将死亡而感到难过吗？'看到我哽咽着无法回答，他低下声，像圣人般平静地说：'我也……挺遗憾的。'"这位英雄的遗体由他的战友们沿着罗马街道运至卢奇娜的圣罗伦佐圣殿，在那里，神父乌戈·巴斯为其念诵悼词，追念他为"祖国失去的最坚强的儿子之一"。

面对如此猛烈的炮击，一封抗议照会通过领事馆发给了乌迪诺。"这种进攻体系，"照会上写道，"不仅仅危及中立与和平立场的公民的生命和财产，就连无辜的妇女及儿童也深受其害。"照会要求乌迪诺将军"停止新一轮轰炸，避免破坏城市的遗迹，因为罗马理应受到世界上所有文明国家在道义上的保护"。在巴黎，左翼势力举行游行示威，他们抗议法国出兵，支持罗马共和国。不过游行队伍并没有使政府害怕，至于乌迪诺，他只是迅速放话：进攻和炮击仍在继续。

正如人们看见的那样，几个月过去，法国给予远征军的政治支持也招致了不少的误解。因此，同年10月，针对已经定论的战事又展开了一场辩论，外交部部长亚历西斯·德·托克维尔和文学巨匠维克多·雨果强烈谴责在罗马发生的战事。二人均对教皇采取镇压政策并借此想将 1848 年章程中废除的旧制度重新恢复的做法表示深感不安，但在陈述上又各有侧重。早期曾属于参战派的雨果表示，罗马不曾有过一部真正意义上的法律，至多存在着一些带有明显仇视进步色彩的封建条款和修道院制定的累赘规则。而当包括自由党人在内的众议员们通过远征提议时，从未料想到会产生这种结果，对此雨果解释道："制宪会议支持远征罗马，是为了追求人性和自由（总理向制宪会议表明了这一点），为了与诺瓦拉战役形成平衡，为了在奥地利军刀所到之处亮出法兰西之剑……为了不让法国在人们呼吁人性和伟大利益时缺席，总而言之，是为了抵抗奥地利以保护罗马城及其子民不受其侵犯。"

当时法兰西共和国总统是路易吉·拿破仑，他是拿破仑·波拿巴的侄子，1852 年发动政变后自封法国皇帝，即拿破仑三世。维克多·雨果蔑视地叫他"小拿破仑"，与他伟大的叔叔形成鲜明对照，这种叫法颇有几分嘲弄的意味。像许多人一样，路易吉·拿破仑年轻时就参加过革命。他在意大利加入了烧炭党，后来到了 20 岁，也就是 1830 年，他参加了罗马涅大区的运动。大权即将在握时，这个看起来不怎么起眼的男人意识到有必要得到天主教的支持，所以他决定支持参战。另一个不那么重要的原因，雨果略有提到，是拿破仑三世担心挽救教皇世俗权力的功劳被奥地利占去，如此一来可能会损害法国在意大利半岛的利益。于是，法国——这个早在 18 世纪末就想强迫罗马实行共和制的国家，半个世纪后，却想通过武力镇压来废除在罗马自发形成的第二共和国。这就是政治的风云突变和自相矛盾。

接下来，整个事件到了第三阶段。1870 年，在导致梵蒂冈公会议中断的普法战争中，拿破仑三世于色当战败，因而不得不撤退驻守在罗马的部队。加富尔对此期盼已久：在一个明朗的秋日——9 月 20 日，卡多尔纳将军率领狙击兵进入了罗马。

这一天终于到来了。当天下午出版的《小报》上刊登了这样一则消息："9 月 20 日罗马报道。卡多尔纳将军当即命令意大利军队于今日清晨 5 时 30 分进攻庇亚门至萨拉莉亚门的城墙段。同时，安焦莱蒂率领一支队伍进攻圣乔万尼门，比克肖率领另一支军队进攻圣庞加爵门。上午 10 时，经过短暂而激烈的抵抗之后，我方军队进入城市。教皇军停火，在所有炮台处打出了白旗，并向卡多尔纳将军麾下营地派去一名谈判代表。"次日，国防部发表简要公报申明了损失："死亡21人，受伤117人，战俘9300人。"另有其他消息称，意军损失32人，教皇军损失20人。不久后，在10月2日，全民投票决定将教皇国领土并入意大利王国。

但这一决定真正实现却是多年之后的事情了。1849年，罗马共和国尽全力抵抗。守军设防的别墅已经沦为一片废墟，城墙千疮百孔，封锁城市带来的不便和危险令百姓深感疲惫。马志尼幻想着号召人民拿起武器夺回失地，但遭到了加里波第的劝阻，加里波第并不是取笑马志尼的梦想，他只是以丰富的实战经验更现实地评估了当下的情形，也分析了包括交战各方已妥协的态度，尽管如此，完全沦为废墟的瓦斯塞洛别墅还是发生了可歌可泣的事迹。

6月26日，法国士兵发起了致命的炮击，随后试图进攻，却被一小队意大利士兵击退。27日，法国人时刻准备放弃圣庞加爵门后的萨沃雷利别墅。29日，圣彼得节在暗中举行，夜晚大教堂灯火通明，向敌军展示出其所进行的包围面对的是何等的不以为然。是夜，狂风暴雨过后，三支法国军队开始潜入城市。早在萨沃雷利别墅至圣庞加爵门沿线巡视的加里波第下令撤离据点。

第二天，马志尼前往罗马市政厅，他在代表大会上提出了三种解决方案：投降、继续凭借路障进行防守、所有人撤离罗马。代表大会决定召见加里波第并征求他的意见。将军风尘仆仆、浑身血迹地赶到了，在场所有人起身向他敬礼。他语速缓慢，似乎有些激动，却坦言一切抵抗都起不了作用了，最后他还宣布将与那些愿意跟随他的志愿军一道离开城市："我们所在的地方就是罗马，就是祖国，尽管我们的人数会减少，但祖国将永存。"

当天下午，市政厅代表团前去拜访乌迪诺将军，商量投降事宜。但因他们提出的条件过于严苛而遭到拒绝，执政团决定不提条件，任凭法国人占领罗马。6月30日签署了停战协议，允许法国人于三日后进入城市。加里波第在圣彼得广场上召集军队，并对为他欢呼的广大民众说："我要离开罗马，想要继续反抗外来侵略的人，就与我一起。跟随我的人需要有对祖国的热爱，不仅要愿意为其抛头颅洒热血，还要有一颗经得起磨砺的勇敢的心。我虽不能承诺给你们任何报酬，但我绝不能容忍一切懒散软弱。面包和水要靠我们自己争取。一旦跨出罗马的大门，那就只能是一条不归路。"

加里波第义勇军、伦巴第狙击兵、学生、金融家和教皇龙骑枪兵都自愿联合起来，组成了一支约有4000人、800匹马和1门大炮的奇特队伍，他们在晚上八点左右出发。7月3日，快中午的时候，数支法国步兵部队从贾尼科洛山直下，占领了特拉斯泰韦雷、圣天使堡、宾西亚丘陵和人民广场。接近下午4点，面对一片人山人海，代表大会主席朱塞佩·加莱蒂将军在市政厅阳台上庄严宣告罗马共和国成立，并宣读了宪法。4日夜，一支阿尔卑斯山轻骑兵部队占领了市政厅并要求立宪会议离开。众议员签署集体抗议书，上面写道："以上帝和自愿选举我们作为代表的罗马诸邦人民的名义；以法国宪法第5条的名义，当着意大利、法国和文明世界的面，罗马制宪会议抗议发生在今日，即1849年7月4日晚上7点，法国军队对市政厅的野蛮入侵。"这是制宪会议最后一次发声。从法律角度看，罗马共和国在诞生之后不过几小时便夭折了。

面对民众充满敌意的行为，乌迪诺将军下令在城市中散发一份宣言，开头是这样写的：

> 罗马的居民们！法兰西共和国派遣军队来到你们的领土，是为了恢复人们渴求的秩序。少数煽动分子和偏离正道的人迫使我们攻击你们的城墙；我们占领了这座城市；我们会履行相应的责任。真正的罗马人对我们抱有不容分说的好感，任何一丝敌对的声音都有必要立即清除。让伟大的灵魂、善良的人民和自由的真正朋友重新回来；让那些违背秩序和社会的人知道，如果不停止在外来党派煽动下所进行的激进示威活动，就会受到严厉惩罚。

罗马共和国的历史到这里就落下了帷幕，也许有人十分好奇，想知道不安于现状的加里波第率领的那支奇特队伍究竟有何结果。他们在向蒂沃利行军，绕了一大圈后，继续向特尔尼前进，接着经过了托迪、奥尔维耶托、皮耶韦城、切托纳，直到阿雷佐。这是一趟漫长而没有目的地的旅程。一些城市将他们拒之门外（比如奥尔维耶托和阿雷佐）。队伍在辗转中逐渐缩小，等到漫长行军结束时，原先的4000人已经减少到100多一点。怀有身孕又患病的阿妮达，因一路上骑马前行，身体每况愈下。

7月31日晚上，加里波第离开圣马力诺，经过一整夜行军之后，于次日抵达切塞纳蒂科，在那里他缴获了奥地利驻军的武器。他和同行的人登上13条渔船，于8月2日黎明启程驶向威尼斯。但逃跑并没有取得成功。他们弱不禁风的小船在戈罗海岬被奥地利舰队撞上。其中共有8条木船投降，另外5条包括将军乘坐的那条最终得以逃脱。次日早上，5条木船在加里波第港和沃拉诺交界处靠岸，队伍分成几个小队，随后便各自溃散了。

阿妮达病重，不得不靠担架抬着。她在8月4日夜晚去世，但紧随其后的追兵使加里波第无法将她安葬。再后来，加里波第乔装扮成农民，消失在了人们的视线中。

The biography of Roma

罗马 传

第十三章

侯门惨案

　　安娜·法拉里诺个人生活的飞跃正反映了国家的蓬勃发展，正是在那些年里，意大利虽然社会矛盾重重，但发展迅速（堪称"经济奇迹"）。从一个父权社会和农业文明国家迅速跻身于一流工业国的行列。这种转变不仅深刻影响到社会经济，更影响了社会风俗。

在罗马，即便是像帕里奥利这样的新区也不能逃脱历史的记忆和重压。帕里奥利指的就是弗拉米尼亚（Flaminia）大道附近分布的大面积凝灰岩山丘。自古以来，这些山丘就因洞穴里住着大量巫师和占卜者而远近闻名。一到夜间，就有古罗马的贵妇们让侍女们提着油灯开路，在她们的陪伴下去那里占卜，她们或是求一些能够燃起爱火或怀孕生子的魔药，或者与之相反，把她们不想要的孩子打掉。彼时的山丘两侧和如今一样草木葱茏，巫师们则像《麦克白》里描写的女巫，点起炉火，烹煮药水，收了钱之后，把魔药交给这些熬了一夜、疲惫不堪的可怜女人，再把她们赶走，有时好像鞭挞她们几下还能让魔法更加灵验。

帕里奥利山肩处的另一座小山上，有一座名为"格洛里别墅"或"烈士纪念园"的花园，它曾是复兴运动时期的一处战场。该别墅建于20世纪20年代，由建筑师拉斐尔·德·维科设计，建筑师在花园里种上了松树、栎树、马栗树和橄榄树，力求营造一个绿荫环绕、赏心悦目的休闲场所。格洛里别墅所在的山丘也和帕里奥利的山丘一样由凝灰质岩组成，其中遍布各种洞穴，有一些洞穴的历史甚至可以追溯到史前时代。这些洞穴几乎全在地下，其中的一座地下墓葬，经过部分考古挖掘，认定其很可能是一座帝国时期的墓穴。

1867年10月20日，一队70人的红衫军在恩里科·卡伊罗利和乔瓦尼·卡伊罗利兄弟的领导下来到格洛里别墅的山脚处。这些勇士们乘船从特尔尼出发，沿着台伯河顺流而下。他们带着武器，以支援准备起义反抗教皇政权的爱国者们。然而人民起义最终没有爆发，大部分的人民没被发动起来，于是教皇的军队轻而易举地镇压了势单力薄的起义者。红衫军甫一登陆就遭到了教皇军队的迎头痛击，使战斗完全变成一场屠杀。恩里科被杀，乔瓦尼受伤，几个月后便不治身亡。

1886年，诗人切萨雷·帕斯卡雷拉（1858—1940）为这场光荣却不幸失败的战役作了二十五首十四行诗（《光荣别墅》），并把它们献给了贝内代托·卡伊罗利，他是此次战役中牺牲的两位烈士的兄弟，是一位左翼历史上的杰出代表，还曾在1878年至1882年间三次出任总理。说话常常较极端的卡尔杜齐如此评价了这些诗作："意大利方言诗歌从未达到过这个高度。"即便不考虑夸张的成分，我们也可以领略到帕斯卡雷拉非凡的叙事能力，从我摘录的第一首十四行诗中就不难看出这一点：

> 我们立约于特尔尼，
> 在平原上把人召集，
> 里盖托对我们说："你们的感受
> 我会意，但无须害怕又迟疑；
> 同志们，我想告诉你，
> 所做的事业实非易，
> 罗马只能一瞥，
> 但城墙下的黄泉路凄凄。
> 所以，出发扛枪前，
> 若你心有异，
> 尽可直言，来把队伍弃。"
> 他又道："是否还有人哭泣？"
> 无人回答，尽数沉默。
> 既如此，午饭过后，70人开拔，
> 同心勠力。

从行政管理的角度来看（如果我们在巴黎，就要从"分区"的角度看），格洛里别墅位于帕里奥利区，而帕里奥利大街和帕里奥利山路位于皮恰诺区：地名缺水有些小怪异。皮恰诺区里有博尔盖塞别墅、动物园（如今叫"生态园"）和巴莱斯特拉别墅，是一个拥有大面积绿地的区域。皮恰诺区的周围还有国立现代艺术美术馆、国立伊特鲁里亚博物馆、博尔盖塞美术馆和一些地下墓穴（圣瓦伦丁之墓和圣埃尔梅特之墓）。此外，伦佐·皮亚诺设计的新礼堂也同样值得一提，但我现在要抛开皮恰诺区，再次回到帕里奥利区。

20 世纪初，帕里奥利区建起了许多带花园的小楼房和小别墅，成了知名的高级住宅区，从而大大激发了人们的投机热情，连战后的市政当局对此也无力抵挡（它们对这些热潮格外敏感）。于是，该地区便出现了不同建筑风格混杂的特征。比如，在阿基米德路朝向欧几里得广场的一侧，矗立着许多九层的高楼；与这些高楼形成对比的则是一些小型"飞地"，比如鲁本斯路、桑索费莱托路、多尔奇路，这些地方保留了许多以前的特色建筑，主要都是面朝大街的花园洋房。

帕里奥利区的与众不同之处在于，即便是新建的建筑，也堪称建筑的典范，比如帕伊谢洛路 41 号，就是克莱门特·布西里·维奇于 1928 年设计的作品；不远处的 38 号是马里奥·菲奥伦蒂诺和沃夫冈·弗兰克尔于 1949 年设计的加层小楼，他们在一栋 20 世纪建筑的基础上按照 50 年代的风格嫁接了四层楼房，这样的建筑与其说是一次成功的实验，不如说是一次有趣的尝试；建筑大师路易吉·莫雷蒂设计的花园小楼被称作"向日葵"，建于 1949 年，位于布鲁诺·博泽路 64 号；帕里奥利山路和阿曼纳蒂路交界的角落里，坐落着费代里科·戈里奥设计的美丽别墅，它建于 1957 年，被誉为"元帅之家"。沿着鲁本斯路继续前行，我们就可以顺着帕里奥利坡路到达山坡一侧。在第一个拐弯处有一栋靠近山坡的独户住宅，这是莫纳科-卢奇肯蒂工作室的作品（1952年），它美丽、孤独，非常适合情侣的夜间漫步。山脚下靠近格洛里别墅的一侧朝着欧几里得广场，这是一个相当混乱的区域，但值得注意的是，这里有一座非常美丽的圣母无玷圣心教堂。特立独行的建筑师阿尔曼多·布拉希尼在 1923 年设计了这座教堂，但由于时局动荡，这座建筑直到 30 年后才完工，还成了一座不合时宜的略显浮夸的建筑，此外，再加上资金缺乏或其他一些不明原因，计划中的穹顶并没有建成。于是，宏伟华丽的基座上加了一个纤巧的穹顶，使得各个元素间的比例显得尤为失衡。

离开这片区域，我们来到了皮恰诺区的另一个地方，将意大利路和皮恰诺路连接到一起的短小的普契尼路。皮恰诺路和整个皮恰诺区同名，使我们不由得想到这座山丘过去的所有者真斯·皮恰。皮恰诺路的两侧是 20 世纪初建造的布尔乔亚楼房，这些极具代表性的房屋会让人觉得此处可以同巴黎十六区或布鲁塞尔最好的住宅区相比肩。建筑的西侧，有在高高的松树间若隐若现的博尔盖塞美术馆和博尔盖塞别墅；从住宅的角度来看，这是罗马最好的地段。但也正是在这里，发生了战后最令人震惊的流血事件，它的发生反映了当时的时代特征，对今天也仍具参考价值的现实意义，让我们不得不多写上几笔。

那是一个周日，警察局于 1970 年 8 月 30 日晚 10 点左右接到了报警。奇怪的是，当天的天气甚是凉爽，仿佛秋天一般，这在夏末的罗马实不多见。报警者说，皮恰诺区普契尼路 9 号一栋上流社会的住宅里发生了凶杀案。刑警队凶案组组长瓦莱里奥·詹弗朗切斯科是第一个赶到案发现场的人。那是卡萨蒂·斯坦帕·迪·松奇诺侯爵的豪宅；典雅的顶层公寓，拥有可以俯瞰博尔盖塞别墅的空中花园。多年以后，警长埃齐奥·帕塞罗在接受《信使报》的采访时这般描述了那次行动："一接到报警我们就冲进了那个华丽的顶层公寓。显然，我们没有时间猜测作案动机。结合名字、位置和房子的奢侈程度我当时猜想可能是绑架未遂或者绑匪撕票。我是第一个进入书房看到那惨不忍睹的场景的人：一个女人倒在扶手椅上，眼含难以置信的目光，侯爵倒在地上，身旁有一把步枪，一个小伙子则蜷缩在一张打翻的茶几后。"

这场悲剧的三位主人公分别是谁呢？死去的女人名叫安娜·法拉里诺，结婚后成了卡萨蒂·斯坦帕·迪·松奇诺侯爵夫人。步枪旁的男人正是卡米洛侯爵，朋友们都叫他"卡米利诺"。至于被警长称为"小伙子"的第三名受害者，名叫马西莫·米诺伦蒂，大学肄业，25 岁，罗马人，有人称他为"法西斯暴徒"，有人则认为他只是"社会运动的积极分子"。鉴于现场的状况，犯罪动机似乎很明显：典型的嫉妒杀人。她，一个四十一岁的漂亮女人；他，她的丈夫，一个外表高贵的男人，几近秃顶，身材瘦削；还有一个二十多岁的年轻人，显然就是"第三者"了。然而，随着调查的逐步推进，我们发现，上述作案动机可以说对，也可以说不对。事实上，这个故事要比想象中离奇得多，这三个人束缚又割裂的感情纠葛也比想象中错综复杂。

在二战后罗马发生的所有凶杀案中，普契尼路的案子可能是最令人难忘的，因为案发地点特殊，因为卡萨蒂夫妇性格扭曲，也因为案发后的几天中发生的种种"可疑"的事情。当然，还因为在确定死者巨额遗产继承人时引发的反响和轰动。

肯定还有人至少大略地记得这些事：各大报纸连续几个月公布照片（至少是那些可以公布的）来披露新细节，寻找新证人，人们纷纷猜测卡米洛侯爵在和安娜共同生活了11年后何以变得如此愤怒。这愤怒是突如其来的吗？很难说。后来我们才知道两人早已时生口角，这些冲突和不悦既短暂又突然，但却来势汹汹。

普契尼路惨案之所以能引起我们极大的兴趣，还在于它发生的社会背景。这起案件的主人公使人们回想起战后的罗马在经历艰难困苦后的社会状况和社会风气：当经济腾飞带来的福利四散开来，财富似乎突然就变成了任何一个有足够能力、足够运气或足够手段的人都能够达到的目标，甚至有时只要长得漂亮就足够了。

安娜·法拉里诺正属于长得漂亮的那类。她有着美丽的眼睛、端正的脸庞、姣好的身材——尽管腰部以下略显丰腴。但那时候正是流行"丰满"的年代，所以即便是她丰腴的部分也很受欢迎。1929年3月19日她出生在阿莫罗西，在那里，法拉里诺是个相当常见的姓氏。阿莫罗西位于坎帕尼亚大区的贝内文托省，恰好就在德国军队的撤退路线上，因此安娜一进入青春期就接触到了战争。她生活在一个卑微的资产阶级家庭，父亲是名小职员，婚姻也不怎么美满。战争甫一结束，16岁的安娜就搬到了罗马，在这样一座大城市里，一个漂亮姑娘有得是机会站稳脚跟、追寻前程、获得成功，或者按当时的说法，可以钓个"金龟婿"。她住在叔叔马里奥家，马里奥在公安部做上士，家在米兰路43号5单元。米兰路与民族街交会，距离展览馆只有几米之遥，展览馆位于威尼斯广场和艾赛德拉广场（或者叫共和国广场）之间，艾塞德拉广场中心有个很美丽的仙女喷泉，喷泉上装饰着四个妖娆的女人——感觉颇有点像安娜。恰巧马里奥叔叔家对门的4单元公寓里住着一个名叫雷莫的年轻人，他的父亲是一名专卖野味的屠夫。雷莫有着与当时的时代和社会状况相契合的朴素梦想。了解那段历史的人就会知道罗马当时是什么样的状况。尽管1944年6

月初罗马就解放了，可它依旧沉浸于过去，好像是被战争吓坏了。在经济恢复之前，首都罗马和意大利的其他地方一样，勉力运行着落后的经济，人们翻改衣服，在喷泉边排起等待接水的长龙，还将难得一见的汽车看作财富的象征。这就是迪诺·里西在《贫穷但美丽》中描绘的罗马。很多年轻人可以在卢恰诺·埃默的电影《八月的星期天》中重温他们自己的经历，这部电影里没有发生任何事，诸事的意义就是任由它自己发展，而"假期"也不过就是带着一个装满煎蛋或菊苣帕尼尼（那会儿还不叫三明治）的包，登上去奥斯蒂亚海滩的电气小火车。

很少有人从一个街区搬到另一个街区。有些出生在法西斯建造的城郊小镇里的罗马人，甚至从来都没有去过市中心。而"市中心"也不过就是由无数条道路与科尔索大街交会成的稠密网络而已，那里没什么汽车，几乎一直保留着19世纪的风貌。伊塔洛·卡尔维诺在《看不见的城市》中完美地再现了那个时候的罗马："这座城市虽对过去沉默不言，但岁月的痕迹如手纹一般存在着：记录在街巷的角落、窗格的护栏、楼梯的扶手、避雷的天线和旗杆上，每一道印记都满布抓挠、锯锉、刻凿、猛击留下的痕迹。"确如此言，罗马的过去就被记录、划刻、体现在城市地表上的无数小细节中。

50年代初，当安娜挽着雷莫的胳膊浏览孔多蒂街优雅的橱窗时，罗马仍是一座很有历史氛围的城市。空气是澄澈的，在冬天的某些晴朗日子里，日光如瓷器般明净，汽车罕至的废弃街道上，古建筑所拥有的"纪念碑式的"力量显得越发强大。安娜和雷莫可能会去加拜特拉或图斯科拉诺的某个城郊庭院里开心，也可能在某一艘停泊在台伯河岸边的小船上跳舞，船上有一个麦秆盖顶的舞池，四周挂着纸糊的彩灯和红蓝两色的灯泡，一切的一切都给人带来一种愉悦的感觉。船上还会有一个细弱的男声，在三三两两的器乐伴奏下，吟唱着纤弱姑娘渴望的爱情，或者异域美人的蛇蝎迷人。在一些使人不免臆想的镜头中，有一些不容忽视的经典性感形象，比如丽塔·海华丝在《吉尔达》中随着《我的爱人》的旋律翩翩起舞的场景。

像安娜这样的女孩，通常是通过《大酒店》或《扎扎》之类的周刊或连环画获得爱情启蒙的，这种书里满是令人向往的灰姑娘的故事：女主人公通常是一名普通的女孩，比如一名打字员或者小店员，可她遇到的灵魂伴侣，可能是一名律师，或者更厉害一点，是一名记者甚至飞行员；从叙述中我们就能猜到一个美满的结局，一个人们都能想到的最好的结局。几年前的一支小曲，描绘出了故事中有关衣食住行的小细节："一栋郊区的小房子，一个像你一样年轻漂亮的小娇妻……不夸张地说，我一定会找到所有的幸福。"

这些小报也会刊登一些带有严厉训诫意味的故事，在这类故事中，常有一个轻率的女孩落入一个恶棍之手，刚开始，尽管姑娘有些许拒绝，但这种拒绝却更具有引诱性，最终她还是爱上了恶棍，然而姑娘一旦怀孕，她就会被立刻抛弃。那个时候，没有人会谈避孕，流产通常是在接生婆的桌子上完成，有条件的也会到国外去流产。主教们将未举行宗教仪式的世俗婚礼视作"姘居"，只有富人才能离婚，这被称作"圣轮法院的废止"。安娜·法拉里诺对这两个截然不同的世界都很了解：富者获得特权，穷者失去一切。

当安娜的前男友雷莫得知普契尼路的悲剧时，他说："我们曾经恋爱了三年。我们要是结婚了，就不会发生后来这些事了。我不敢相信最终竟是这样的结局。报纸上成天说她寻欢作乐、道德败坏，猜测她和侯爵做过的那些怪事。可我还记得她最初的模样：一个简单的女孩，能够照顾好自己。我只能记得这样的她，我想告诉那些认为她是坏女人的人：如果没有人带坏她，安娜永远不会变成那样。"

安娜采取了一种很常见的路线：她在一家服装店里找到了一份店员的工作，将各种衣服在柜台上铺开来说服顾客购买，如果客人们塞给她一点小费，她就会非常开心。她应当感到满足了，因为"乡间小屋"对她来说已经触手可及。但她一直有一个念头：如何能让她的美貌得到充分的利用。她觉得"意大利小姐"比赛中胜出的姑娘们没什么可羡慕的。安娜在电影开场前的新闻片里看到过那些姑娘，她们穿着美丽的白色紧身泳衣，高耸的胸部绷得紧紧的，高跟鞋把她们的双腿衬得修长，安娜知道，如若自己处在她们的位置上也毫不逊色。她甚至觉得，她比其中的许多人更配得上鲜花、闪光灯、额前的小王冠和副部长纯洁的拥抱与祝贺。这一切都是为了找到到达那个世界的道路，那个世界可以带她通往大银幕，通往豪华海滩，通往圣马可广场前的摩托艇，通往高级酒店露台上的水晶酒杯，和杯子里那些混着冰块叮叮作响的彩色饮料。

但要实现这一点却并不容易。很久之前，她也得到过一些做模特的机会，她学着僵硬地走台步，沿着一条直线前进，只微微抬起丰腴的胯部。然而最终她还是登上了大银幕：当1949年马里奥·马托蒂与托托拍摄电影《泰山托托》时，她在其中出演了一个小配角；这只是一个微不足道的成就，但安娜觉得，有时候微不足道的一点点成就也足以开启一番事业了。这部电影由乔瓦娜·拉利、索菲亚·罗兰——她那会儿还叫索菲亚·拉扎罗（不管怎么说，这名字总比她的本名希科洛内强点儿）和一个叫蒂诺·布阿泽利的年轻人主演。电影里，安娜在托托旁边隐隐约约地露了几秒钟的脸。她的电影生涯就这样结束了，但我们也不能断言如果她当时继续坚持这条路，她就能出名。她那地中海式的丰腴的美迎合了经历了战争的饥饿和哀痛之后，人们对于丰满富态的女性的偏好。

安娜没有坚持这条路也许是因为，就在电影《泰山托托》上映的同一年，也就是1950年，刚满20岁的她遇到了一个更好的选择：一位28岁的年轻企业家，出身罗马富裕家庭的工程师朱塞佩·德罗米，人称"佩皮诺"。他出入最时髦的沙龙，过着一种只存在于安娜梦想中的生活。当安娜和雷莫一起出去时，她最迟必须在晚上9点前回家。谈到他们的关系时，雷莫表示，他甚至没有碰过她一下，而且不知道出于什么缘故，是安娜的父母迫使他们分的手。当安娜和佩皮诺订婚的时候，她多多少少也还是以前的样子。这两人交往不久就开始谈婚论嫁，她给佩皮诺寄了很多小卡片，上面写道："我天天祈求圣母让我们早日结婚。"最终她成功了。他们在教堂里结婚，伴随着洁白的礼服、糖果、米粒、掌声、眼泪等。佩皮诺·德罗米是卡米利诺侯爵的老朋友，但那时候安娜还不认识侯爵，也不知道这段友谊将在她生命中占到怎样的分量。

这段婚姻持续了十年。他们没有孩子，但这种舒适幸福的生活是法拉里诺家闻所未闻的。当安娜跟他们讲她做过的事情、买过的衣服、去过的地方时，他们简直不敢相信自己的耳朵。这种变化与罗马和意大利正在经历的整体转变是相一致的：安娜·法拉里诺个人生活的飞跃正反映了国家的蓬勃发展，正是在那些年里，意大利虽然社会矛盾重重，但发展迅速（堪称"经济奇迹"），从一个父权社会和农业文明国家迅速跻身于一流工业国的行列。这种转变不仅深刻影响了经济，还影响了社会风俗，其中包含的两性观念也正是分析安娜·法拉里诺在与德罗米的婚姻时需要考虑的。

卡米洛·卡萨蒂·斯坦帕·迪·松奇诺的生活、思想根源、文化背景和行为方式完全不同。"卡米利诺"出生于一个古老的家族。1848年米兰"五日暴动"期间，他的一位先人加布里奥·卡萨蒂主持了临时政府，之后还担任了教育部部长一职，主持了一项学校改革，这一改革一直持续到1923年。加布里奥的姐姐特蕾莎嫁给了费德里科·孔法洛涅里。孔法洛涅里是伦巴第自由派领袖，被奥地利人判处死刑，囚禁于施皮尔贝格监狱中（西尔维奥·佩利科也曾被囚禁于这座可怕的监狱），后来正是因为他妻子巧妙的营救才被赦免。一项深入的研究表明，卡米利诺的祖先中甚至还包括曼佐尼曾提到过的蒙扎修女。

卡米洛有一位与他同名的祖先。这位卡米洛于20世纪初娶了路易莎·阿曼，一个有奥地利血统的女人，性格非常强势。菲利波·托马索·马里内蒂将她称作"世界上最伟大的未来主义者"，让·谷克多称她是"伊甸园里美丽的毒蛇"，加布里埃尔·邓南遮称她为"唯一使我震惊的女人"。路易莎美丽，高挑，双眼碧绿，性格怪诞大胆，她与20世纪20年代至30年代间欧洲最重要的艺术家们都有来往——邓南遮、谷克多、马里内蒂、曼·雷、塞西尔·比顿——她是他们的缪斯、朋友，有时甚至是情人。她喜欢穿黑色衣服，于是乔瓦尼·波尔蒂尼据此给她画了一幅火焰般的肖像，用黑色衬托出了她苍白的脸色，为她的美丽添上一分若有若无的柔弱。对于"诗人"邓南遮的狂热追求，她曾多次明确拒绝，却常常对那些远不及邓南遮"可敬"的人假以辞色。然而最后她还是屈服了，她与邓南遮的关系维持了大约十年之久：路易莎是少数进入胜利庄园、温暖了邓南遮最后岁月的女性之一。当她在1957年去世的时候，已经完全破产了，因为她把所有的财产全都挥霍到了疯狂的购物和奢侈的派对上。人们对她最为深刻的印象就是她租用了整个威尼斯圣马可广场来举办她的宴会。

一个如此显赫的家族却没有给我们生于1927年的卡米洛留下什么，即便有也少得可怜。也许就只剩下卡萨蒂这个大名鼎鼎的姓氏了，但如果没有其他的品质相配，姓氏有时也会变成一种无礼的傲慢。他的妻子安娜就曾这样描述过他："卡米洛从小就和仆人对战。他似乎养成了踢仆人胫骨的毛病。"悲剧发生之后，尽职尽责的管家费利切说："侯爵是一个充满矛盾的人。对于我们这些用人来说，他是无可挑剔的，从行为举止上来说他完全是一位绅士……比如说，有时他觉得直接和仆人们说话很不体面，他就会找一个中间人来传话，即便我们可能离他只有一步之遥。有一次他就是这样同我的妻子奥利维耶拉讲话的。我的妻子是侯爵夫人的贴身女仆和女管家。为了斥责奥利维耶拉，侯爵派人去找她，让她一动不动地站在他面前；然后侯爵又叫来了侯爵夫人，冲着夫人发话。"卡米洛对他的妻子说："必须让奥利维耶拉认识到，她犯了错。我不希望再发生这种错误。"安娜继而转向那个惊愕的女仆说："你犯了错！侯爵不希望再发生这种错误。"于是这个可怜的女人就流着泪走了。还有一次，侯爵把一个过早叫醒他的仆人打得头破血流，因为此事他被告上了法庭。之后我们会看到，侯爵对待贴身仆人的这种专横态度，会对悲剧发生的那晚产生怎样的影响。

卡米洛在瑞士的一所寄宿学校完成了学业。他是罗马教皇派黑衣贵族们的朋友和座上宾，他每天沉迷于两个爱好，打猎和填字游戏，尤其是填字游戏，不论走到哪里都要玩。他有多处房产：罗马普契尼路的公寓、赞诺内岛齐尔切奥国家公园里的度假屋，米兰的一套豪华公寓，还有位于乌斯马泰韦拉泰、奇尼塞洛巴尔萨莫、穆吉奥、诺瓦米拉内塞、纳维廖河畔特雷扎诺、加贾诺、巴雷焦等地的房产。此外，他在库萨戈还拥有大量财产，包括一座维斯孔蒂家族的城堡。他还坐拥一栋位于布里安扎省阿尔科雷市的 18 世纪别墅，别墅内收藏着 15 世纪和 16 世纪的绘画，而别墅里的具有一万册藏书的图书馆，使得这栋别墅显得格外珍贵。侯爵的日常忙碌又疲惫，只有某些奇怪的举止才让他的生活重新变得生机勃勃。他的一个仆人回忆说："侯爵在米兰的松奇诺宫居住期间，常常带着一个装着熟鸡蛋的袋子出门，他走进圣母玛利亚贝尔特拉德广场的一间咖啡馆，就能在那里待上一整天：他会一边和其他客人聊天，一边就着香槟吃鸡蛋……到了晚上才回到松奇诺宫，还不忘在咖啡馆留下十万里拉的小费。"

这种和蔼可亲常常与突如其来的盛怒交替出现。管家费利切说，有一次，侯爵需要从普契尼路公寓的公共庭院里倒车出去，有一辆车稍微影响了他倒车，但其实没有挡住他的路。侯爵就变得不耐烦起来，突然就很暴怒，开着他的罗孚 3000 不停地撞那辆车。他向前开了几米，然后就开足马力向后倒，撞向了那辆车："他当时咬牙切齿，非常可怕。而且不停地撞向那辆车，直到把它撞成了一堆废铁。"第二天，他一句话没说就付了赔款。

我无意细述卡米洛侯爵的生活，只是想突出强调一下某些因素，以便更好地让大家理解那场结束他和另外两个人生命的悲剧。1950 年是二战后的第一个圣年，大概就在安娜嫁给她的工程师丈夫的同一个月，卡米洛娶了那不勒斯芭蕾舞演员莱蒂齐娅·伊佐，并在第二年有了女儿安娜玛丽亚。1970 年悲剧发生的时候，安娜玛丽亚已经 19 岁了，这也是一个很重要的细节。事实上，在那个年代，过了 20 岁就是成年人了。

据我们所知，1958 年发生了一件事，也就是这两个男人第一次在安娜面前较劲。那是在戛纳的蔚蓝海岸，在一家历史悠久的大酒店里；当时正在庆祝一个节日，那会儿过节可比现在要隆重得多，非常盛大，参加者都觉得自己获得了无可比拟的特权。波尔菲里奥·鲁比罗萨也参加了这次庆典，这名字现在听起来十分陌生，但在 50 年代，他可是最知名、最成功的花花公子。由于安娜优雅又迷人，因此鲁比罗萨和其他人一样注意到了她；但他可不像其他人一样只看看就满足了。他刻意地接近安娜还与她攀谈，带着那种只有丰富的经验和极大的自信才能造就的愚蠢和令人愉快的圆滑。他一边说话，一边把一只手亲密地搭在安娜裸露的肩膀上。这种极其自大的行为引起了轩然大波。为了更好地理解为何这一举动居然就能引得一片哗然，我们需要先深入了解一下波尔菲里奥·鲁比罗萨这个人。

波尔菲里奥是一个身材中等，但模样非常讨人喜欢的多米尼加人。尤其是，作为一个情人，他天赋异禀，并且"耐力"惊人，美国人粗鲁地称之为"生殖器里的劳斯莱斯"，拉丁美洲人则含蓄地叫他"世界花花公子之王"。波尔菲里奥这个名字出自 18 世纪的滑稽戏，却被用在了一个出生于 1909 年的人身上。在走投无路的情况下，波尔菲里奥加入了多米尼加军队，开始了一段平淡的军旅生涯。多米尼加当时正处在铁腕独裁者特鲁希略的统治下。某天,特鲁希略派优秀的上尉波尔菲里奥去机场接他17岁的女儿弗洛尔德奥罗(Flor de Oro,意为"金花",一个很应景的名字)。这姑娘在法国上完高中后返回祖国。几个星期之后,两人便结婚了。这段婚姻并没有持续很长时间,但多年以后,弗洛尔德奥罗却向一位女性朋友透露,她花了一个星期才从新婚之夜中恢复过来,因此,新郎的热情可见一斑。

波尔菲里奥拥有了一个男人所渴望的一切享乐:房子、赛车、金钱和骏马。尤其是,世界上最美丽的十几个女人都愿意为这个拉丁美洲报刊所说的"散发着浪漫与冒险气质"的男人奉献一切。这些女人中包括伊娃·庇隆、莎莎·嘉宝、简·曼斯费尔德、维罗妮卡·莱克、艾娃·加德纳、玛丽莲·梦露、苏珊·海沃德、达尼尔·达黎欧、多洛莉丝·德尔·里欧。波尔菲里奥结过许多次婚。1947年,他娶了富婆女继承人多丽丝·杜克,杜克的家族通过烟草生意积累了巨额财富;之后他又娶了弗兰克·温菲尔德·伍尔沃思的外甥女芭芭拉·哈顿,哈顿也是世界上最富有的女人之一,她送了波尔菲里奥一架民用B-25轰炸机作为结婚礼物。波尔菲里奥最喜欢的格言之一用在这里正合适:"大部分男人热衷于积累财富,而我却喜欢花钱。"

但这很大一部分是作秀。事实上,鲁比罗萨很清楚他自己所扮演的角色,那时候,人们迫切需要忘记战争,而他似乎正是因为知道这一事实才如此行事。记者塔基·西奥多拉托帕罗斯说:"当'鲁比'喝醉的时候,他会拿起吉他唱'Soy sólo un chulo',我们可以把它翻译成'我只是个可怜人'。"他的最后一场婚姻要比之前的都要好,至少从持续时间上看是这样的。波尔菲里奥快50岁的时候娶了奥迪尔·罗丹,那年她17岁,刚刚开始演员生涯。婚礼于1956年10月举行,尽管他们差了三十多岁,但却相处得很融洽。波尔菲里奥1965年在巴黎去世。可以说,他是以一种与他人生非常相符的方式去世的:他支持的马球队取得了法国杯的胜利,为此他庆祝了整整一夜,之后,他发动了他美丽的法拉利,开心地和朋友们告别。那是早上七点三十分。不久后,他便撞到了布洛涅森林里的一棵树上。

因此,我们就能理解,佩皮诺·德罗米看到波尔菲里奥的手搭在他妻子裸露的肩膀上时是多么不安。即便当时奥迪尔也在场，也不能使他放心。不过，卡米洛侯爵比他还要担心。佩皮诺走向波尔菲里奥这位"世界花花公子之王"，叫他把手拿下去，波尔菲里奥宽宏地一笑，若无其事地继续和安娜说话。与此同时，卡米洛勃然大怒，一跃而起。佩皮诺打出了第一拳，鲁比罗萨（除了上述的角色之外，他还是一个业余拳击爱好者）立刻反击；卡米洛也冲了上去。这场打斗就像电影里演的一样：桌子翻倒在地，玻璃杯碎了一地，宾客们惊慌失措，然而整个场面却隐约显露出一丝娱乐的气息。

据说，正是在蔚蓝海岸豪华酒店的这场维护她名誉的粗鲁对决中，安娜与卡米洛摩擦出了第一朵火花。这是很有可能的。这事过去几个月后，卡米洛向圣轮法院提出请求，要求废除他和伊佐的婚姻。离婚的代价十分昂贵：前侯爵夫人伊佐为了从这场婚姻中脱身，便在宗教法院面前顺从丈夫的心意，要求获得一笔巨额财产，还想在卡萨蒂家族的墓地中占有一席之地。她好像说过这样一句话："我出身贫寒，但想与富人们一起长眠地下。"这句话值得铭刻成碑文流传下来。不管怎样，最终她在穆吉奥的卡萨蒂家族教堂中获得了一席之地。佩皮诺·德罗米也装作痛心不已地向圣轮法院提出了废除婚姻的申请；不久之后，他就同《Musichiere》节目前女主持帕特里齐娅·德·布兰克结婚了。1959年4月，卡米洛和安娜在瑞士登记结婚，完成了世俗婚礼。1961年6月21日，卡米洛侯爵与安娜在教堂里补办了宗教婚礼。从此，安娜在上帝面前也成了卡萨蒂·斯坦帕·迪·松奇诺侯爵夫人。

卡米洛与安娜的婚姻究竟是一场怎样的婚姻？二人之间的真正关系直到惨案发生之后才大白于天下；即便有人之前就已经知道了，甚至直接参与到了他们怪异的夫妻生活中，他也知道要保守秘密。

侯爵在普契尼路的公寓有两层，即大楼的三层和四层。入户门在三层，那一层还有卧室及带浴室和起居室的更衣间，侯爵的办公桌就在更衣室的一角。三层有一间客房，一间"游戏室"和一间用人房。四层则有一个大厅，一个餐厅和其他用人房。此外，还有鸟舍和一个装饰着侯爵狩猎战利品的大房间，所有战利品都被做成标本钉在了墙上：不仅有鸟类，还有狐狸、鹿、狍子和野猪。房间的角落里摆放着步枪陈列柜，柜子锁着，里面的枪支都上了油抛了光，随时都可以用。

1970年8月30日案发当天，警察多梅尼科·斯卡利是第一波冲进现场的人，他在接受采访时说："我看到的第一具尸体是安娜的。她好像还活着一般。坐在沙发上，双腿交叉着放在一个搁脚凳上。她双手放在腿上，神色平静。衬衫上的深色血迹显得很扎眼。沙发旁边离她不远的地方，倒着米诺伦蒂那个年轻人。他蜷缩在地上，穿着单薄的T恤和裤子，半藏在一张小桌子后面，显然曾试图用它进行紧急防御……我继续往前走，看到了第三具尸体，那是侯爵的。那场面可不怎么好看，他半个头都被枪打烂了。那把12口径勃朗宁被扔在一把扶手椅上。他应该就是用这把扶手椅抵着枪托瞄准自己下巴的。"

负责调查的警官瓦莱里奥·詹弗朗切斯科回忆道："屋里没有太多的血迹，除了侯爵的一只耳朵挂在一个画框上，非常可怕，可见他就是从那个方向向自己疯狂射击的。至于那个女人，她胸口被子弹击中，一只乳房从破烂的衣服里露了出来，上面的伤口里流出一种浓稠的白色物质，我不知道那是什么。我叫来法医，他是我的老朋友，我叫他仔细看看这个东西。他对我说，'别担心，那不过是硅胶罢了'。我半信半疑，那是我第一次见到这种东西。"

安娜·法拉里诺是第一批重塑乳房的意大利人之一，这种手术在当时绝对是个新鲜事物。但警官最重要的发现却是另一个：卡米洛·卡萨蒂的日记。"它就在案发现场的写字桌上。这是一本绿色皮革封面、公文包大小的日记，由卡萨蒂亲笔所写，字迹清晰。这是一个重要发现：通过这本日记和我们找到的照片，我们可以回溯之前发生的事，从而为案件的起因找到一个解释。但这也是一个很棘手的发现，其中记录的名字和某些叙述中的细节，比报纸上刊登的寥寥几句更加色情。"

侯爵以疯狂的精确度和丰富的细节，在他的日记中记述了他妻子与工人、军人、救生员、仆人们之间的关系。这种幽会有时是由他牵线的，有时是一种金钱交易。侯爵从他们新婚的第一天、在新婚之夜的酒店里就开始做这种事了。有一个服务生来给他们房间送香槟，侯爵把浴室的门半掩着，安娜正在里面洗澡。服务生一开始不明白他的意思，但很快就醒悟过来，抓住机会进了浴室。从那天晚上开始，十一年来他们的关系一直是这样的。

除了日记本，调查人员还找到了上百张照片，这些照片全是安娜的裸照，她一时摆着各种"艺术"的姿势，一时摆出猥亵的姿态，很多近景细节人们都能想象得到。

侯爵的这种心理动机在心理学家埃米利奥·塞尔瓦迪奥看来简单且较为普遍，他在接受采访时说："这叫'窥淫癖'，指的是协助、窥视、观察的欲望。换句话说，有个美国著名学者将它称为'视觉刺激'。这种现象常起源于幼年时期，孩子在某个年龄段产生了好奇心，最终发展成想要窥视、了解、观察的愿望。如果在性心理发展中没有克服这种倾向，那么它就会成为成年个体性行为的重要组成部分，他就会想观看别人的性行为。"塞尔瓦迪奥教授表示，这些患者还具有强烈的受虐倾向，他称之为"道德"受虐癖。

在得到了精神分析的解释后，人们不禁要问，一个人在维持此种恶习长达十一年、并显然对此很满意的情况下，为什么会突然对自己为了取乐而亲自创造的状况进行反击呢。塞尔瓦迪奥的回答是："解谜的关键（对我来说，是这个'病例'的治疗方法）在于：与我们的认识恰恰相反，受虐狂并不是让自己随机地受到虐待，也就是说，并不是取决于另一个人的愿望和兴致而受虐。受虐狂总是扮演导演的角色，是各种情境的制定者。让我们追溯一下受虐癖的起源：利奥波德·冯·萨赫-马索克（这种性反常正是得名于他）在给他的妻子旺达·冯·杜纳耶茨[1]的信中写道：'我会在那个时候去找你，你会穿着一双黑色的长靴，你手里拿着一只鞭子对我说：奴隶，跪下，因为我是你的王后。'这是他写的，因此是他制订了计划；如果他的伴侣在某一刻突然忘记了自己的角色，没有鞭打他，那么马索克就会以一种可怕的方式反抗。事实确实如此，当马索克试图掐死他妻子的时候，他的妻子正处于一种计划之外的情境中。"

新情况的出现破坏了卡萨蒂夫妇创造的机制：安娜在为了取悦她丈夫，甚至是出于对她丈夫的爱接受了十几个男人之后，第一次自己选择了一个伴侣，并爱上了他。安娜和年轻的米诺伦蒂不是像和其他人一样在"交配"：她是在做爱。

---

[1] 根据查到的资料，旺达应为马索克的小说《穿裘皮大衣的维纳斯》的主人公。

他们两人在一个宴会上相遇，然后便开始频频幽会，并在某个下午一起去了列吉路附近的一家酒店：相聚总是短暂的，在丈夫在场的情况下与这么多男人交欢之后，安娜还是第一次进行这种秘密的约会。

如果说卡米洛的心理机制很容易理解的话，那安娜的则要复杂得多。她为什么愿意进行这种游戏？甚至从新婚之夜就开始了？他们之间是否有明确的协议？还是说他们甚至不需要语言就能达成共识？如果侯爵是窥淫癖患者，难道她（从临床意义上来说）是一个暴露癖患者？我们并不知道答案，塞尔瓦迪奥教授关于这个问题的观点也存在争议："在我看来，很明显这位女士在被她丈夫利用时，更多的是感受到了快乐，而不是为了获得可能带来的经济—社会利益。不仅如此：研究表明，同样的受虐或施虐倾向，在女性身上比在男性身上更容易被探知。因此，她可能从她丈夫创造的这些混乱、异常的情境中获得了一种直接的快感。比如，我们以裸照或淫荡的姿势为例：安娜可能比卡米洛更接受这种倒错的爱好。"

如果是为了"经济—社会"利益，安娜通过婚姻就已经获得这方面的保障了。侯爵同他第一任夫人的"分手费"已是耗费巨资，因此如若安娜再要求离婚，就很不符合侯爵的利益了。另一方面，仆人费利切和奥利维耶拉在证词中说，他们经常听到两人争吵，也看到过女主人哭泣，还曾听到她泄愤似地说，还不如从"侯爵夫人"变成过去那个阿莫罗西的可怜姑娘："我宁愿在我的世界里吃面包洋葱，活得像个乞丐，也不想接受这个堕落世界的法则和这个恶心的人住在一起。如果再这样下去，总有一天我会抛下一切回到我的世界中去的。"

这只是安娜人格和整件事的其中一面。另一面则几乎完全相反，如果一个女人不是天生就对这种色情游戏有所偏好，或者说句刻薄的话，天生就有这种性倒错，她不会愿意被人拍数百次这种淫秽的动作，也不会愿意被陌生人占有十几次。或者说还有一种可能——她内心深处隐藏着无边的不幸。

西格蒙德·弗洛伊德在性倒错方面提出了值得我们深思的观点，他写道："或许没有什么能够比这种失常更加有力地表现出爱的无所不能。"这种"无所不能"代价高昂，佛朗哥·德·马西在一篇刊登在《恶的概念》上的关于性倒错的文章中指出,这种"无所不能"表现在"爱的客体的堕落,把人转换成一种物"。人们普遍认为——或许事实也确实如此——"乖张者(perverso)"指的是把大部分人想都不敢想的事付诸行动的人,(乔治·巴塔耶说:"乖张者不过是比我们都过火。")但这正是差异所在,我们可以将此视为悲剧的前提。佛朗哥·德·马西和利奥波德·冯·萨赫-马索克都肯定了同一件事:性倒错按照自己的精确准则运作,其中一个准则就是爱的客体堕落成一种"东西"。从安娜开始自己做选择、做决定,并脱离"东西"状态的那一刻起,这种规则就被打破了,悲剧也就注定了。

安娜从赞诺内岛给年轻的米诺伦蒂写信,信中说:"我非常悲伤。我过去非常喜欢这座岛,但今年却很厌恶它……我想,也许你的信会使我快乐起来。如果可以的话,信封上的字用打字机打出来,寄件人就写萨尔托里娅·博蒂,意大利路 21 号,罗马。现在我得离开你了,卡米洛就要回来了。我热烈地拥抱你,你的安娜。"在菲乌米奇诺的沙滩上,当安娜在丈夫的眼皮子底下被占有的时候,她是一场下流游戏的同谋者;而在这里("我得离开你了,卡米洛就要回来了")我们却见证了一场经典的"背叛",安娜的行为就像包法利夫人似的。过了一阵子,1970 年的春天,安娜又在信中说:"我唯一的爱,我给你写信的时候,卡米洛正舒服地坐在扶手椅上听广播。除了我非常、非常、非常爱你,我不知道还能说些什么。我万分激动地想象着我们再次相聚的那一天,只有我们两个人,一周或者哪怕只有一天也好,这是完全属于我们俩的时间。再见,我的爱。"这正是包法利式的浪漫人生观。

同一时间,或者在那之后不久,卡米洛注意到,事情正在悄悄发生变化,他在日记中痛苦地写道:"真扫兴!让我死掉,把我埋了吧。真讨厌,真卑鄙。安娜真让我恶心。我是说,安娜居然为了马西莫这样一个一文不值的小伙子晕头转向,这小子要不是有那一头头发作掩饰,就完全什么也不是。"不管他是不是"什么也不是",马西莫都是一个英俊的小伙子,有点游手好闲,有点乡下花花公子的做派,政治科学肄业,一门考试都没参加过。他常常出入当地的夜总会,参加了新法西斯青年团,他装出一副扑克高手的样子,却经常输牌,签下了一堆票据。然而赌场失意情场得意,他很受女士们喜欢,他和黑人芭蕾舞明星罗·法拉娜的亲密关系就是很好的证明。他的愿望似乎是开一个"汽车展厅"或一家夜总会；这是他熟悉的领域，有了安娜的帮助，当然也少不了卡米洛的帮助，他觉得自己可以实现这个愿望。总而言之，由于他打破了游戏规则，马西莫也陷入了危险之中，要不是动了感情，他肯定会更为谨慎一些。

安娜试图让丈夫陷入他自己的陷阱中。她没有隐藏同马西莫的关系，而是想要通过这种关系来改变惯常的游戏规则。她与马西莫做爱的时候不允许卡米洛偷看，但之后却会把经过报告给他："安娜对我说，她和她的情人、朋友一起吃了晚饭。不过，我觉得她和平时一样藏了百分之八十的事没说。真可惜。"卡米洛不能向他妻子要求传统意义上的"忠诚"，但他至少可以要求安娜对他们的规则"忠诚"，即详细地报告他们的幽会。他在日记中写道："对我来说，安娜完全堕落了，但我对她的癖好束缚着我。虽然我很想睡觉，却睡不着。安娜上床睡觉的时候跟我说，'我打个电话再睡'。她打了一个电话，又接了一个电话，然后又打了一个电话，她什么都没跟我汇报，我在会客厅里饱受折磨，还怎么能睡得着……我再也受不了这种情况了。我非常想和她分开，但我做不到。"第二天，他又写道："我正在慢慢地、彻底地死去，我已经一无所有了……我再也受不了这种日子了。"

他知道自己的状况。而她也知道他陷入了何等抑郁愤恨的状态。也许是为了帮助他，或者是为了远离那些在她看来有危险的东西，案发前四天，安娜同意跟卡米洛去菲乌米奇诺，并当着他的面和一个过路的士兵上了床。

8月29日，星期六，侯爵受朋友马尔佐托一家的邀请，去了瓦尔达尼奥做客，准备进行一场围猎。他给家里打了很多次电话，想跟安娜通话。安娜告诉他，她正在和马西莫以及另外三个朋友一起吃晚饭。最后一个电话打来的时候已经快午夜了，安娜承认，除了马西莫和他的朋友奥雷利奥，其他人都走了。卡米洛怀疑马西莫会和他妻子一起过夜；他威胁说要回罗马杀了他们。马尔佐托一家证实，打完那通电话之后，侯爵就心烦意乱地睡下了。然而，事情却朝着另一个方向发展了。安娜、马西莫和奥雷利奥直觉感到，侯爵的忍耐快到极限了。他似乎已经失控了，他在电话里命令所有人离开他家，说马西莫是"贪得无厌的人"，并跟他妻子约定，她第二天要给他个解释。安娜和两个年轻人非常害怕，跑到了一起吃饭的第四个朋友家。星期天上午十一点，侯爵夫人给她做那不勒斯警察局副局长的表兄打了电话，要求他陪自己一起去赴卡米洛的约，但她表兄拒绝了。事情一步步激烈而混乱地推进着，马西莫打电话给一个他认识的律师，并简要地描述了一下情况。律师的建议很有建设性：不要去赴约。当时安娜已经吓坏了，她写了张纸条向卡米洛投降："如果我错了，你得原谅我，我向你保证，我立刻和马西莫断绝关系，我们会像过去一样亲密无间。"她安排了一个仆人，等侯爵一踏进家门就把纸条交给他。

周日下午18点30分。普契尼路的一个仆人给安娜打了电话，告诉她侯爵已经回来了，正在等着她和马西莫来赴约。安娜犹豫不决，要求直接跟她丈夫讲话。卡米洛在电话里听起来很冷静，说他只是想搞清楚情况。当安娜和马西莫要求两个朋友陪他们一起去的时候，侯爵命令管家放安娜和她的同伴进来，把门关上，不管什么原因都不要来打扰他。

大约晚上七点的时候，安娜和马西莫开着一辆菲亚特500出发了；马西莫的朋友们开着一辆罗孚跟着他们。与此同时，卡米洛在书桌前写下了这张纸条："我要死了，因为我无法忍受你爱上另一个男人。我必须这么做。原谅我。记得来看看我。"他把纸条装进了一只信封里，并在上面写上"给安娜"。当卡米洛打开猎枪陈列柜的时候，两辆车正沿着台伯河沿岸的公路行驶。卡米洛选了一把12口径勃朗宁，并往弹匣里装了五枚打野猪用的子弹。车开到了普契尼路，安娜和马西莫上了楼，开着罗孚车来的朋友们则在街上等着。

悲剧究竟是怎样开场的，我们不得而知，但时间肯定很短。如果正如纸条上所说，卡米洛之前想要自杀，甚至是想要在安娜和她的情人面前自杀，那他便是后来突然改变了主意。也许愤怒使他变得盲目，也许寂静的会客厅里短暂的交谈使他确信，安娜说谎了，一切都不可能回到过去，他最终还是失去了她。他首先朝妻子开了枪。侯爵是个优秀的射手，至少在这个距离上他不会失手：他开了两枪，一枪打在安娜的胳膊上，一枪正中胸口。安娜坐在一把扶手椅上，毙命于此。我们一会儿就会发现，这个情况很重要。马西莫在屋子里东躲西藏，疯狂地逃命。第一枪打中了他的后背；电光火石之间，他抓了一张小桌子做盾牌，但第二枪正中他头部。卡米洛这时候也已经疯了，他朝安娜走了过去。在几步之遥的地方，朝安娜的喉咙开了最后一枪。现在他的子弹用完了；他又往弹匣里装了两枚子弹，把枪托抵在一把扶手椅的靠背上，枪口抵在喉咙上。他扣动扳机，脑袋和子弹一起炸开了。

等在街上的两个朋友都听到了开枪的回声和玻璃碎掉的声音。于是，他们决定上楼看看。仆人们也听到了这些声音，但当两个朋友要求去看看发生了什么的时候，仆人回答说，他们被严令，无论如何都不准进入会客厅。那会儿大约是晚上八点，房间里的三个人都已经死了。两个朋友下了楼，其中一个给安娜住在罗卡迪帕帕的姐姐打了电话，说他们很着急，怀疑有不好的事发生。安娜的姐姐立刻动身前往罗马，她到达普契尼路的时候大约是晚上9点30分。他们一起又上了楼，但没能说服管家。在他们的一再坚持之下，管家终于同意打开会客厅的门。

会客厅里的场景我们都知道了，接下来发生的事情也和我们知道的，或者说和我们想象中的一样：医生，救护车，警察，调查，照片和报道（接下来的几天中，罗马各大报刊的发行量增加了五十万份）引发了大众病态的好奇心，当然也少不了那些悬而未决的问题：马西莫知道安娜的双重生活吗？她真的想跟一个只有16岁的男人重新开始吗？她究竟是卡米洛的同谋，还是服从他的命令？如果侯爵本来是打算自杀的，那么是什么促使他犯下了这起屠杀罪呢？那时候，没有人能够回答这些问题，如今就更不可能找到答案了。恋爱关系中往往会出现这样的结局，这个秘密随着三位主人公的死亡，被永远带进了坟墓。

不过，这件事的后续也值得记述一下。凶案发生的几周后，公证人卡洛·潘塔拉尼公布了卡萨蒂·斯坦帕侯爵的遗嘱，其中有一条写道："我指定我的妻子安娜作为我的全部财产继承人，多年来她陪伴在我身边，一直使我感到非常幸福，我于1961年6月21日与她在教堂结婚。至于我与莱蒂齐娅·伊佐所生的女儿安娜玛丽亚，除了她应得的部分，我另外留给她一亿里拉保险和一幅圣母子图。"安娜的亲属对于这份文件的有效性提出了异议，他们认为，如果8月30日晚上，安娜在侯爵之后死亡，哪怕只是晚了一秒，那么卡萨蒂·斯坦帕的遗产就应该归他们所有。帮助他们处理这个棘手问题的是切萨雷·普雷维蒂律师，他于1934年生于雷焦·卡拉布里亚，同他的父亲翁贝托一样，都是新法西斯党的支持者。翁贝托是一名商业顾问，也是安娜的姐姐的好朋友。然而，法医的报告证实，子弹片刻之间就杀死了侯爵夫人，之后卡米洛才自杀身亡，因此，继承人应当是侯爵第一次婚姻中所生的女儿——1951年5月22日生于罗马的安娜玛丽亚。少年法庭将安娜玛丽亚判给监护人抚养，直到她成年为止。此时，普雷维蒂律师虽然代表的是法拉里诺家的利益，却与年轻的安娜玛丽亚联系，要为她提供帮助。安娜玛丽亚已经被这场悲剧搞得不知所措了，她接受了律师的帮助。埃米莉亚·伊佐，她的姨妈，也是她唯一活着的亲戚，向罗马法院申请担任未成年侄女的监护人。然而，在法官面前，安娜玛丽亚表示不想被委托给她姨妈，而是希望被委托给参议员乔治·贝尔加马斯科（1904年生于米兰，自由党人）。米兰初审法官安东尼奥·德·法尔科支持了她的要求，枉顾了民法中关于监护人任命的规定，即最好是"未成年人的长辈，或者其他近亲或姻亲"。安娜玛丽亚的监督监护人，即未成年人与监护人产生利益纠纷时未成年人的律师或代表，正是普雷维蒂律师。

父亲的离世（和当时的环境）给安娜玛丽亚带来了很大打击，她无法承受众多法律义务和媒体的重重包围，离开了意大利。她嫁给了皮耶尔·多纳·达莱·罗塞，并在巴西定居。几个月之后，安娜玛丽亚成年了，不再需要监护人了。时任安德烈奥蒂内阁部长的贝尔加马斯科被任命为她的总监督监护人，"免去一切授权限制"，可以说，他拥有了广泛的权利。她的前监督监护人普雷维蒂仍然是她的律师。由于需要补齐所欠的税款，遗产税的缴纳期限也即将到达，1973年，安娜玛丽亚委托她的律师卖掉了阿尔科雷的别墅及花园，并明确表示售卖范围不包含别墅的陈设、画廊、图书馆及周边的地产。1974年春天，普雷维蒂律师给身在巴西的她打了电话，表示已经成功地达成了一笔"可靠的交易"。他把整栋别墅都卖掉了，也就是说，包括画作（一些15世纪和16世纪的油画，以及一幅精美的安娜·法拉里诺的肖像画，这幅画是皮埃特罗·阿尼戈尼的作品，被评论家们称为杰作），图书馆（含一万册古籍），陈设以及一座巨大的花园，总共卖了五亿里拉。远在巴西的安娜玛丽亚并不知道，这是相当大的一笔钱，足够在米兰的市中心买一套公寓。几天之后，建筑商西尔维奥·贝卢斯科尼（他就是买家）搬进了这栋豪华的别墅。他没有立刻结清约定好的五亿里拉，而是按照安娜玛丽亚的税款以及她亡父卡米洛巨额欠款的到期期限按年分期付款，这样做时限长且毫无压力。年复一年，一直到1980年，阿尔科雷的房产虽然已经于1974年被贝卢斯科尼这个野心勃勃的"房产投机者"买下了，却一直挂在安娜玛丽亚·卡萨蒂的名下，也就是说，她需要继续缴纳财产税。在1980年10月2日签署的销售契约中是这样描述这栋别墅的："周围带有各种用途的农舍和土地的住宅。"在分期支付完"住宅"的五亿里拉后不久，卡里普洛基金会将这栋别墅判定为73亿里拉资金的有效担保。

我还可以再讲上一些骇人听闻的逸事，但这就不是我们开头所讲的20世纪50年代的罗马的故事了：它将会变成动荡的21世纪意大利史了，因此，我还是在此停笔为妙。

罗马传

The biography of Roma

第十四章 犹太高墙

尽管在每个时代犹太人都遭遇了重重困难，但总能站稳脚跟取得一定成功，比如说在贸易领域，尤其是在人们向往的东方珍稀物品的贸易领域。

总之，文献、墓碑上的铭文、稀有历史资料都描摹出了一个勤劳能干又人才辈出的犹太群体，通常情况下他们能够很好地和其他民族融合在一起，至少能够被其他民族接纳。但在某些时期，罗马与犹太人的关系，异常艰险。

奥塔维亚门廊路是罗马城中承载了最多魅力与回忆的道路之一。这条路靠近台伯河的路口，正对着法布里奇奥桥，这座桥在古时候被叫作"犹太桥"，现在则被称为"四头桥"。桥的右边，有一座圣格里高利教堂。从教堂的名字可以推断出格里高利一世很可能出生在这里。尽管现今看到的教堂外立面建于18世纪，但建筑本身其实非常古老。大门上方墙壁上用拉丁文和希伯来语写了一段话，内容是先知以赛亚对犹太人不断行凶作恶的指责："我整日向一个叛逆的民族伸手，他们我行我素，步入歧途；他们不断激起我的愤怒。"圣格里高利教堂正好处在犹太人居住区的一个大门口，神父常常在这里进行强制性的布道，力图让"不祥的犹太人"皈依天主教。每年这个居住区里的犹太人都有四五次被送到附近教堂的经历（除了圣格里高利教堂外，还有比斯卡罗的圣天使教堂、圣母之泪教堂以及其他的一些教堂），目的就是说服他们放弃自己的宗教信仰。不愿参加宗教仪式的人得缴罚款，在布道期间睡着的人，则会被负责监督的瑞士警卫用一顿结实的鞭子抽醒。

往前再走几步，道路就会变得越来越宽，夹在圣天使教堂和马切罗剧场之间的路到后来几乎就变成了一片小广场。广场的一栋古建筑墙上有一块石碑，上面记述着1943年10月16日，数辆纳粹卡车聚集在此，把罗马的犹太人全部拉走的事实。这是纳粹法西斯在历史上最为臭名昭著的一页，有关这些，我们后面还会继续谈到。古建筑前的不远处有一座壮丽的拱门，接着后面有一座由圆柱组成的四方形大门。拱门是古代奥塔维亚门廊的遗迹。而四方门则通向比斯卡罗的圣天使教堂，因此，如今的奥塔维亚门廊路在古代也被称作比斯卡罗路（比斯卡罗在意大利语中是鱼市的意思）。

圣天使教堂的历史非常悠久，最早可追溯到伯尼法齐奥二世时期，即530年；不过，也有人说它可能建于斯特法诺二世时期，即770年。总之，两位教皇中的一位，想利用这座宏伟遗迹的柱廊作门廊，把圣天使教堂完整融入到遗迹中。奥塔维亚门廊十分巨大，有超过三百根圆柱，是公元前33至前23年，奥塔维亚为纪念他的姐姐，在已有的一栋普通建筑的基础上扩建而成的。除了方便公众进入附近的马切罗剧场外，门廊区还是人们会议和聚会的场所。它周围有两座神庙、两座图书馆（一座希腊图书馆和一座拉丁图书馆）以及众多艺术品，比如科涅利亚的青铜雕像。科涅利亚是格拉古兄弟的母亲，是第一位被罗马人竖起雕像的女性。（加图认为为女人立雕像叫人无法容忍，便强烈抗议，但最后却徒劳无功）；在废墟中人们还发现了一尊被称作《美第奇的维纳斯》的精美女性雕塑。门廊里的艺术品价值之高，由此可见一斑。

圣天使教堂之所以知名不仅在于它是一座嵌在古迹中的教堂，还因为1347年的五旬节之夜，柯拉·迪·里恩佐曾在这里静心祷告，而当教堂的钟声敲响时，便紧握武器从这里出发去攻占卡比托利欧山，以让罗马恢复古罗马共和国时期的荣光。教堂右侧几米处，有一面小巧优雅的17世纪外墙，墙面装饰着灰泥雕饰，这便是"卖鱼者圣安德烈小礼拜堂"的入口。

在我们继续探索其他亟待发现的惊喜前，有人不禁会问，这片地区为什么有如此多与鱼相关的记忆呢？答案其实很明显。有些台伯河里捕的鱼会从河中小岛运上岸，附近第勒尼安海捕的海货也会经水路运抵罗马。运输都在夜间进行，当清晨的第一缕阳光洒下时，商人们的批发和零售活动就都开始了。他们从神庙墙上拆下大理石板，把它当货摊用，这种长期以来形成的习惯从19世纪晚期的照片上就能得到印证。

沿着奥塔维亚门廊路往里走，会在25号门牌前欣赏到一个对空间和材料进行再利用的杰出范例。那是一家商店，商店的门窗边框和横梁用的都是精雕细琢的古罗马大理石，而墙壁则是13世纪格拉西家族古塔的一部分，格拉西家族也是卖鱼的商人。一家在21世纪营业的商店，开在一座饰有1世纪大理石的中世纪建筑中，这恐怕是只有在罗马才可能发生的事情。我们继续向前走，会在右侧看到两条狭窄平行的道路（圣安波罗修路和瑞吉内拉路），这两条路向人们直观展示了1888年破旧脏乱的老街被拆除重建前犹太人聚集区真实的样貌。

穿过这两条街，就来到一座角楼前。角楼建于克里斯托弗·哥伦布发现美洲前后，名叫"洛伦佐·马尼廖之家"或"马尼廖宅邸"。开明的房主马尼廖希望在建筑的外立面镶嵌上刻有拉丁文和希腊文的珍贵文物。此外他还想按"犹太人市场"的方式来装饰他的房子，从而使城市风貌重焕古罗马城时期的光彩。角楼装饰的古罗马雕塑有四个半身像组成的陵寝浮雕，也有刻着狮子捕猎小鹿的精美高浮雕。所有这一切，都表现出房屋主人令人倾慕的人文主义志趣。

一转过拐角，就到了科斯塔古提广场，这里有一座18世纪的小礼拜堂——"卡尔梅洛教堂"。这也是另一个进行强制布道使犹太人皈依的场所。奥塔维亚门廊路最远延伸到古老的犹太广场，犹太广场位于与世隔绝的犹太人居住区的另一扇大门外。广场上有一座16世纪的喷泉，出自贾科莫·德拉·波尔塔之手，但并不怎么好看。然而，距离这里不远处的马太广场上，却有一件贾科莫的传世作品——秀美的乌龟喷泉，是罗马最雅致的喷泉之一。

乌龟喷泉（贾科莫·德拉·波尔塔），是罗马最雅致的喷泉之一

犹太广场的左边有一座不规则的广场，被称作"五庙"广场，是为了纪念曾经一度伫立于此的五座犹太教堂，即神庙教堂、西西里教堂、卡斯蒂亚教堂、新教堂和加泰罗尼亚教堂。关于这个广场，可言甚多。我们可以从它周围阴暗的山丘"钦契山"（得名于地下的古罗马遗迹）开始一直讲到未完工的圣母之泪教堂。该教堂是为纪念奥塔维亚门廊里一座神龛壁画上的圣母而建。传说，壁画上的神像曾因为一起发生在她眼前的谋杀而落泪。

斐迪南·格雷戈罗维乌斯认为，在这样一个带有侮辱痕迹的区域附近，建一座纪念圣母之泪的教堂，尤为合适。在1853年的作品中，格雷戈罗维乌斯生动地描绘了当时犹太人聚居区给访客呈现出的悲惨景象：

> 现在，我们走进了犹太人居住区的一条街道，发现他们都在自家的茅屋前忙碌着。他们有的坐在门槛上，有的坐在门外的小巷里，那里的

光线要比他们潮湿黢黑的小屋里明亮一些。他们把破衣服分发下去,开始缝缝补补。我无法描述那里堆砌的破布有多么凌乱,就好像整个世界都被撕成了碎片和破布,散落在犹太人的脚下。它们混乱地堆在门口,式样各异,色彩斑斓:有金色流苏、丝绸和天鹅绒的锦缎碎片,红色、蓝色、深蓝色、黄色、黑色、白色等各色的布头,又旧又破,污迹斑斑。我从未见过这样的场面。犹太人可以像哈利昆一样,有着给万物换上新衣的才干。现在,他们只能坐在那里,沉浸在破布的海洋里,仿佛在寻找宝藏,至少是想找到一些金色锦缎碎片。

罗马的犹太人居住区是西方最古老的犹太社区,它在经历了包括古罗马统治、中世纪黑暗、宗教裁判所、教皇统治、纳粹法西斯主义等几个世纪的迫害和误解之后,依然留存了下来。多年以来,犹太人居住区一直是"被压抑的"人性的浓缩,是一切卑劣堕落和英雄主义的滋生土壤,是人类对最恶劣居住条件的适应能力的杰出楷模。几个世纪以来,罗马的犹太人就居住在这四条街道上,街道狭窄逼仄,使人如同挤在船舱中一样,道路上弥漫着令人难以忍受的恶臭。此外,犹太人的需求也无法得到满足,饱受折磨,还时不时会因教皇的政治和宗教利益而受到迫害,很多时候,灾难甚至只源于教皇的一次心血来潮。

关于犹太人何时出现在罗马,第一个确凿的历史记载可以追溯到公元前159年。当时一位犹太指挥官犹大·马加比派出的使团抵达首都罗马,想同罗马的统治者签订一项友好同盟协议。尽管罗马有几分不情愿和含混不清,这份协议最终还是签订了下来,这使得犹太人成为第一个与当时世界上最强大的帝国签署(几乎是)平等条约的东方民族。在罗马共和国和帝国时期,犹太人与罗马当局的关系可谓起起伏伏,但即使是在关系最糟糕的时候,犹太人也没有遭到过迫害。的确,这两个民族之间有过摩擦,有过误解,比如,罗马人曾把犹太教的割礼和阉割混淆,因此主张禁止割礼。当然,二者之间也发生过战争。庞培曾在公元前63年征服了耶路撒冷;大约一个世纪之后,也就是70年,提图斯劫掠并摧毁了所罗门神殿,标志着犹太人国家的覆灭。1948年,在经历了近两千年的空白之后,这个国家才从灰烬中重生。所罗门神殿被毁这一灭顶之灾,有时会被解释成是上苍通过罗马人的武器进行的一场神圣的复仇,以报复犹太人犯下的杀害耶稣基督的罪行。提图斯劫掠来的战利品被运到首都后,建起了罗马帝国时期最大的博物馆。位于神圣之路起点处的提图斯凯旋门上有一幅浮雕,记录了掠夺所罗门神殿和偷盗神圣烛台的故事。这些艺术珍宝一直保存在罗马,直到西哥特国王亚拉里克和汪达尔领袖盖萨里克后来入侵罗马时才被盗走。

据说,犹太人和古罗马皇帝之间的关系时有阴晴,但总的说来,古罗马皇帝都秉持了帝国对待外来宗教典型的宽容态度。比如说,他们与尤利乌斯·恺撒之间的关系就十分融洽。恺撒捍卫犹太人的权利,甚至允许他们重建部分在庞培围城时被毁的耶路撒冷。公元前44年,恺撒被刺去世,同年,苏维托尼乌斯创作的《恺撒生平》说:"许多外国人在火葬堆旁悲叹,他们按照自己的习俗哀悼恺撒,尤其是犹太人,他们连续数晚都来这里悼念。"

定居罗马的古希腊历史学家狄奥·卡西乌斯的作品《罗马史》,是古希腊-罗马时代最伟大的见证之一。他在《罗马史》中关于犹太教特色的记载相当有趣,这些独一无二的特色,给他留下了颇为深刻的印象:"他们只承认唯一的神,并以疯狂的热忱崇拜他。在耶路撒冷,人们从未为神立过一座雕像;因为他们认为神是无法描述、不可见的存在,他们以一种在其他任何民族中都寻不到的狂热纵情崇拜他……农神日(Shabbàt,即星期六)是他们纪念这位神祇的日子。"狄奥·卡西乌斯高度敏锐地用短短两个词概括了犹太人的精神性,即纯粹的抽象认识(astrazione intellettuale):一个无法形容的、不可见的神。塔西佗也在他的《编年史》中得出了相同的结论:"犹太人只信一个神,且只存在于思想中:那些依据人的形象、用会腐烂的材料塑造神像的人是不虔诚的。"这与奢华的罗马宗教形成了鲜明对比,罗马人为每一个可能存在的神灵建造雕像,并用花环和各式各样的尘世礼物装点他们,而且在狂热的仪式中,他们最终崇拜的往往不是神的精神,而是神的躯壳。(这种非基督教的特征之后也部分地表现在基督教中,至少表现在一些最喧闹的宗教仪式中。)

因此,总的来说,除了某些血腥的事件以外,犹太人成功地与罗马人建立了一种恰当的共存关系。到了4世纪君士坦丁大帝统治时期，律法开始将犹太人定义为一个卑鄙、野蛮、邪恶的民族。

而教皇对待犹太人的态度则颇为多变。590年至604年，格里高利一世教皇在位期间，对犹太人表现出了一种十分公正的宽容。他颁布了一项开明的法令，体现了罗马伟大的法律文明，其中规定"犹太人不能擅自在他们的教堂里进行任何超出法律许可的行为，同样他们不能因为做了法律许可范围内的事情而受到任何伤害"。然而，其他教皇就没有那么宽容了。长期以来，他们一直对犹太人的风俗持拒绝的态度。

许多证据可以印证这一情况，我们之后会详细讨论。这里，我想引用朱塞佩·焦阿基诺·贝利的一首意蕴丰富的十四行诗作为佐证。该诗作于1833年5月4日，以一种直白的语言描述了一种欺侮他人的恶行。诗的题目是《邪恶的犹太人》，这里作者玩了一个文字游戏，"献辞（omaggio）"（因为本诗原题《犹太人的献辞》）和"邪恶的人（omaccio）"拼写相近。诗人在诗中提到了达泽利奥在《我的回忆》中记述的同一件事：

"狂欢节的第一天，在卡比托利欧山发生了一场值得大家知晓的宗教仪式。届时，全体参议院的人将聚在一起，议长在议长席上就座；代表犹太人居住区的犹太人首领将跪拜并宣读致辞，用谦卑的言辞向罗马参议院表达被拣选的人民（指犹太人）的虔诚和驯服。在犹太人首领读完致辞之后，参议员踢了犹太人首领一脚，示意让他离开，而犹太人首领满怀感激地退了下来。"

下面请看贝利的诗歌是如何描述上述场景的：

我要给你们讲一个冷笑话：
罗马狂欢节开场的第一天，
犹太人来到了卡比托利欧山，挤进了行政官的一间法庭
他们双手奉上了一笔巨额贡金，

只为洗刷当年的所谓欺诈行为,犹太首领宣读献辞
尽管内容荒诞,语调却一本正经。

演讲的主题是犹太区从来就规规矩矩
他们对天发誓严加遵守,由参议院和罗马人民颁布的法律。(此乃双关语)
三位议员头戴假发化着妆在现场,
耐着性子听献辞,心里却十分不耐烦,
三巨头中最年长的那一位于是抬起腿踢了犹太人首领一脚,呵斥道:"赶紧退场。"

然而,尽管在每个时代犹太人都遭遇到了重重困难,但总能站稳脚跟取得一定成功,比如说在贸易领域,尤其是在人们向往的东方珍稀物品的贸易领域。奥斯提亚·安提卡发现的犹太教堂表明,当地人口众多的犹太侨民社群主要从事海上贸易。还有一些犹太人成了银行家,甚至资助教皇的事业,正如在更久远的年代,犹太人还为古罗马帝国的战争提供过资金支持。比如,提贝里乌斯家族的生意就委托给了亚历山大港的犹太人首领处理。不过,这些都只是个例;大部分居住在罗马的犹太人,主要聚集在特拉斯提弗列区,基本都是做些小生意,通常都是流动商贩。犹太人中也不乏画家和演员;其中一个叫阿利图罗的犹太人,在波佩亚表演过犹太历史学家弗拉维奥·约瑟夫斯的剧作。焦韦纳莱提到过有些犹太女人靠解释梦境为生。总之,文献、墓碑上的铭文、稀有历史资料都描摹出了一个勤劳能干又人才辈出的犹太群体,通常情况下他们能够很好地和其他民族融合在一起,至少能够被其他民族接纳,只在很少的情况下才会被排斥或嘲讽。

教会和犹太人之间的关系从新教改革开始逐渐恶化。路德教在欧洲的广泛传播,促使教皇采取强硬的镇压措施。保罗三世(亚历山大·法尔内塞)于1540年正式承认耶稣会,并于1542年建立了至高无上的罗马宗教裁判所,也被称作"罗马最高宗教法庭"。主持宗教裁判所的是极其严厉的枢机红衣主教

吉安·彼得罗·卡拉法。1553年，教廷当局下令，在犹太新年时销毁《塔木德》，并在鲜花广场升起一个巨大的火刑堆，焚毁犹太书籍，犹太法典及宗教书籍首当其冲：一个注定要持续很久的黑暗时代就这样开始了。

1555年5月，卡拉法继任教皇，封号保罗四世，情况无疑变得更糟了。威尼斯的大使在给政府发回的第一篇公文中这样描述他："这位教皇性格暴躁易怒……他处理事务很急躁，绝不容许任何人反对他。"1559年，保罗四世颁布了《禁书目录》，其中甚至批判了圣经的某些部分和一些基督教早期教父们的著作。宗教裁判所大概是他最喜欢的法庭了。同样是这位教皇，在当选仅两个月后，于1555年7月17日颁布训令，将矛头直指犹太人，并将他们限制在犹太人居住区，不允许他们随意外出：

> 无论是在罗马还是在其他城市，在一切罗马教会所属的土地上，所有犹太人都只能生活在同一条街上，如果住不下的话，也应生活在特定的两条、三条或必要数量的街道上；这些聚居区还必须是毗邻的，必须与基督徒居住的区域明显地区分开……只能有一个入口和一个出口。

意大利的第一个犹太人居住区是1516年在威尼斯建立的；40年后，保罗四世的训令通过详细的法律条文又对它严加限定。对犹太人的排斥不仅体现在将他们集中到一个特定的地方，还体现在给他们一个醒目的辨别标志，这样做一举两得：既让人们可以轻易地辨认出他们，还让他们永久地遭受当众羞辱（纳粹后来孜孜不倦地践行了这一点）：

> 男人和女人们必须戴上蓝色的帽子或任何其他显眼的蓝色标志，这样，他们就无法隐藏或伪装起来。犹太人不得以地位显赫、头衔响亮或享有特权为借口去免除这项义务；他们也不能得到豁免或特赦。

罗马的犹太人居住区由一堵高墙与城市的其他部分隔开，于是很多人都称之为犹太人的"牢笼""隐居地""牢房"。现存的五扇建于1603年的大门，

335

从复活节到万圣节这段时间里都必须在日落后一小时内关闭，而一年中的其他时间也应在日落后两小时内关闭。只有当太阳升起、教堂的第一次钟声敲响的时候，大门才能开启。狭小的空间（约3公顷）和日益增长的人口使得房屋越建越高，人均居住面积越来越少；一两个家庭挤在同一间屋子里的情况并不少见。小巷十分狭窄，日光只能勉强照进来，居住环境很不卫生。更糟糕的是，临近台伯河的房子（那时候还没有防护墙）常因河水上涨和下水道溢出的污水而被淹没。犹太家庭通常通过干些小手艺（做皮匠、裁缝、鞋匠）或者做点小买卖谋生：首选的往往是布料生意（如果不是破布），也有卖葡萄酒和粮食的。教皇训令允许的几项职业中，还包括做旧货商和开当铺。

犹太人居住区就在如今的朗格塔维尔路、奥塔维亚门廊路和五庙广场之间。三个世纪以来，犹太人就在这些狭窄的道路上来来往往。如今的加泰罗尼亚路当时叫鲁阿路，就是犹太人居住区的中心大道了。多年以来，由于居民人数的增加，犹太人居住区的空间有所扩大，大门的数量也增加到了八个。根据保罗四世的命令，将这一地区圈定为犹太人居住区，是因为沿河正好可以形成一道天然的边界，同时还因为之前住在特拉斯提弗列的一些犹太人，自发地搬到了河的左岸靠近台伯岛的地方。只需要把少数基督徒迁走，重新安置在别处，这片地区就能成为清一色的犹太人居住区。此外，从商业的角度看，这一地区也呈现出重要的战略特征。大约16世纪中叶，东哥特人和拜占庭人之间的哥特战争结束了，战争带来的灾难性劫掠使罗马在某种意义上退回了它大发展之前的地方，也就是台伯岛和卡比托利欧山之间的缓坡地带。事实上，河流十分有利于这片区域的运输供给，存在大片遗迹也可以帮助人们把古罗马遗址改建成住宅，此外，卡比托利欧山的市场也刺激了贸易的繁荣。因此，从衣食住行各方面来看，这片犹太人居住区的选址十分理想：马切罗剧场宏伟的遗址划定了南北边界，两座庄严的门廊遗迹（门廊和菲利帕斯门廊）可以进行多种形式的再利用，各种神庙的废墟可以用作采石场。尤其优越的是犹太人居住区的地理位置，它位于台伯河码头和卡比托利欧山市场之间，对开展贸易和金融业务来说十分方便。

各任教皇的法令常常给犹太人施加诸多严格的限制。犹太人不可以拥有基督徒的保姆和仆人；犹太医生不可以接诊基督徒病人，也不可以上门为其治病；犹太人周日时不可以在公共场所工作；除了进行二手交易（"破布和破烂儿"）外，不可从事任何贸易活动。此外，在众多禁令中，还包括禁止犹太人拥有房地产。事实上，犹太人居住区的房屋都是租来的，犹太居民必须向他们的基督徒房东或国家缴纳租金。不过，犹太人可以从事不同目的的各类放贷活动（极少部分情况下可以买卖珠宝首饰），小到家庭所需的小额贷款，大到数目巨大的实际金融交易。

有关放贷，知名犹太画家阿梅代奥·莫迪利亚尼的先人就有一段相关的逸事传闻，这位先生曾贷出过不大不小的一笔钱。有感于罗马贸易的兴旺发达，这位画家的祖上就和家人一起搬到了这里。这家人家境阔绰，可能是银行家，更有可能是一家典当行的经营者。他们的客人里有一位位高权重的枢机主教，正为财务问题焦头烂额，莫迪利亚尼就给这位主教放了一笔贷款。问题解决得十分顺利，双方都很满意，于是，莫迪利亚尼先生便轻率地认为，他可以挑战教皇的禁令，用这笔生意里赚到的钱投资阿尔班山坡上的某个葡萄园。事情传开之后，教廷的人就命令这个目无法纪的犹太人立刻拆除葡萄园，并威胁说要对他进行严厉地处罚。放贷帮助一位红衣主教度过了窘境的举措却不足以帮他获得购买一块地产的资格。莫迪利亚尼遵从了他们的命令，但不久之后就举家搬到了里沃内。因为只有里沃内和比萨，是全意大利仅有的没有驱逐或隔离过犹太人的地方。1884年，画家阿梅代奥就在里沃内出生了。

大宗的金融交易显然和上述事件是两码事，在犹太人与非犹太人关系恶化之前的几个世纪中，它的发展情况总体上是令人满意的。这类交易主要发生在中世纪，不过直到1524年，也就是性格反复无常的克雷芒七世教皇（朱利奥·德·美第奇）在位期间，梵蒂冈活跃着一位犹太金融家——达尼埃尔·达·比萨。他是当时最具影响力的金融家之一，曾被授予"教廷批准的罗马商人"的称号，享有诸多特权，比如在教皇国境内免除关税等优惠。

高级别的贷款，在某些情况下是由教廷直接管理的，但更常见的是由与教廷有关联的佛罗伦萨中介机构再和一个或多个"罗马犹太人"金融家进行联系。正如埃里尔·托阿夫在《罗马的犹太人》一文中指出的那样，"教廷借助罗马的犹太银行家们控制当地的信贷，并通过这种方式，操纵罗马的政治"。共同的利益在某些情况下将这二者捆绑得十分紧密，并显著增强了银行家和教廷之间的联系，从而将这种关系转变为真正的社会纽带。比如，我们发现，他们曾同托迪市政府签订了一份合同，规定如果市政府方违背了条约，那么它需支付一大笔罚金，其中一半付给"罗马的犹太人"，另一半则付给教廷。罗马最野心勃勃的犹太公司之一，

罗马犹太教堂

福斯科·德拉·斯科拉公司，向教皇国境内的多个地区和社群提供贷款，从萨比纳北部到斯波莱托公国，从佩鲁贾到安科纳，均是它的业务范围。

16世纪中期犹太人居住区的建立，无疑使矛盾急剧恶化了。不过，罗马犹太人社群的危机，事实上很久以前就已经开始了。根据薄伽丘的叙述，14世纪下半叶一场大瘟疫之后，接踵而来的就是严峻的经济形势。罗马受这场危机的打击尤为严重。瘟疫、饥荒、河流泛滥，使整个城市处于一种无政府状态，暴力横行，生活条件迅速恶化。于是许多有能力的人离开了罗马，去其他地方寻找良机。在这样一个可怕的世纪里发生折磨教会多年的西方教会大分裂（1378年），还发生了短暂而意义非凡的柯拉·迪·里恩佐起义。

柯拉出生在菲乌马拉路（这条路之后在该区整修期间被毁）的"犹太人群体中"。如今，圣巴尔托洛梅奥德伊瓦奇纳里路上——这条路之所以叫这个名字是为了纪念一座皮匠们常去的小教堂——仍有一个小牌子，上面写着这位罗马行政长官的出生地就在附近。距离古老的犹太教堂仅几步之遥的地方，有一座圣多默德钦契教堂，柯拉在这里度过了他的青少年时代。《柯拉·迪·里恩佐的一生》记述了他的生平，这本书的作者无从寻觅，但不妨碍该书成为最精彩的一部中世纪流传至今的作品。作者用极为鲜活的语言描绘出了邪恶统治下罗马城的冷酷图景。这位佚名作者写道："柯拉·迪·里恩佐出身贫寒，开了家小酒馆，母亲名叫马达莱娜，靠给人洗衣服和挑水为生。柯拉生于雷戈拉

区一座紧靠台伯河的家中,家周围磨坊林立,临近的圣多默堂在一条通往雷戈拉区的道路上,道路一直延伸到一座犹太教堂的山脚下。"

卑微的出身使柯拉倍感压力,因此,他从小就暗示自己是亨利七世的私生子,刚愎自用且野心勃勃,还迷恋着罗马过去的辉煌与荣耀,"他喜欢听人讲述尤利乌斯·恺撒的丰功伟绩,醉心于罗马城周围的大理石雕刻,并能读懂古老墓碑上的文字"。

后来柯拉通过努力获得了学习深造的机会,成了一名公证人;30岁出头就作为大使派往阿维尼翁,去请求克雷芒六世教皇(皮埃尔·罗杰)返回罗马。教皇拒绝了他的请求,理由是罗马城内动荡不安,贵族间的持续争斗也使政治局势变幻不定。不过,教皇却对柯拉的风度和雄辩印象深刻,于是当柯拉返回罗马时,他授予了柯拉"罗马市政府公证人"的称号。这是他辉煌政治生涯中成绩斐然的第一步,甚至可以说是太过荣耀的第一步。柯拉心中有个十分人文主义的乌托邦构想:他希望恢复罗马过去的荣耀,使它成为世界的首都。

为了实现这个梦想,他得让那些互相残杀,争权夺利的贵族们,特别是科隆纳家族的人恢复理智。但是,他也需要盟友,这其中就包括犹太人。为了寻求犹太人的支持,他做出了一项残忍而又惊人的举动。罗马的监狱里关押着四名死囚,四年前,他们在佩鲁贾杀害了一名犹太银行家及其妻子,可这件事在当时几乎已经被人抛诸脑后了。然而柯拉进入政府后,最先采取的措施就是对这四名凶犯执行死刑,帮犹太社群伸张正义,从而获得了他们的支持。之前我说过,比斯卡罗的圣天使教堂排钟齐鸣,敲钟的正是一名犹太人:"一天晚上,比斯卡罗的圣天使教堂排钟齐鸣。敲响它们的是一个犹太人。"

柯拉关于国家构想中的一些不合理成分直到1347年8月1日才暴露无遗。在一场华丽的典礼过后,他宣布就任行政长官,并让人授予了他一个浮夸又荒唐的称号——"诸圣的候选人、严肃又仁慈的尼古劳斯、罗马城的解放者、意大利的贤才、受全民爱戴者及奥古斯都行政官。"他在罗马举行了各种繁复的仪式、浩大的游行和盛大的宴会。个人形象也好像每天上演的演出一般:服饰日日不同,穿戴愈发奢侈,仿佛尼禄皇帝再世。他沉迷于自己的这种装腔作势。

面对这些浮夸的行径,教皇开始渐生疑心。与此同时,柯拉想要与其结成联盟的意大利中部城市对他的构想反应冷淡，致使他的设想最终落空。无论他的雄辩之才多有感召力，科隆纳家族还是煽动了叛乱，最后柯拉不得不逃亡他乡。他后来于1354年重返罗马并试图通过博人同情的方法重新执政，然而这次他连犹太人的支持也指望不上了，因为他们发现他的政治理想不切实际。因此他变得傲慢、残暴、失去理智且反复无常；他越是发现自己势单力薄，就越发癫狂。在人民发动的一场暴动中，当攻打卡比托利欧山的矛头指向他时，他本想像浅浮雕上描绘的那样手握武器、英勇献身，即"以一个英雄和统帅的方式"死去。可是他毕竟也只是一个凡人，"也像其他人一样害怕死亡"。于是，他乔装打扮，刮掉胡子，摘去一切身份标志，涂黑脸颊："他剃净了胡须，努力地把脸涂黑，离他不远处有一间看门人住的破房子，他进了那间房子，找到了一件牧羊人留下的破烂毛呢披风，披在了自己身上"。

可是，他把自己扮成牧羊人的做法最终还是没能奏效。他很快就被认了出来，还被拖到了审判所："在那里，所有人都沉默不语。没人敢碰他。"他又着胳膊一言不发，周围是一群想要终结他却又不敢动手的人，这种难以置信的情形持续了整整一个小时，直到"切科·德洛·韦基奥拿了一把剑，刺向了他的腹部"。仿佛妖术被打破了一般：在第一剑之后，他的尸体便被后来的一阵乱砍刺了上百下，"全身千疮百孔"，即便这样他也没能逃过一顿拳打脚踢，最后被人拽着双脚在地上拖来拖去，还被残忍地砍去了四肢。人们把他的尸体在阳台上整整挂了两天一夜，使之不断遭到唾骂和侮辱，还任人用乱石击打。最后，尸体还被拖到奥古斯都陵前："所有犹太人都在那里聚齐了，无人缺席。众人用干栗子壳生了一堆火，把他的尸体扔进了火堆里。原本他就体型庞大，由于脂肪很多，所以很容易就烧了起来。犹太人很激动地在周围忙活着，挽着袖子，任凭自己烤得浑身发热、满脸通红。他们拨动着干柴，好让火势更旺。就这样，柯拉的尸体烧成了灰烬：什么也没留下。许多罗马人因为柯拉没有履行他的承诺而觉得自己遭到了背叛，尤其是犹太人。因此，他们凌辱柯拉的尸体、把他残损的尸体烧成灰烬时，表现出惊世骇人的愤怒，就不那么让人惊讶了。"

在长达数十年，或者说长达几个世纪的时间里，罗马的犹太人在经济上都经历了跌宕起伏，而他们与教廷的关系，则一直处于表面尊重实则相互不信任的状态；正如我们之前所见，根深蒂固的财务问题促使双方保持了审慎合作的态度。此外，教廷的御医常常是犹太人，甚至教皇也几次将自己的健康托付给犹太人，并多次让充当御医的犹太人管理罗马的犹太侨民，好让他们凭借自己职业上的极高声誉，更好地行使区域管理权，从而保持较高的工作效率。事实上，犹太人内部也存在很多问题，也会经常出现严重而长期的分歧，这些问题主要围绕职务的委任以及断然拒绝接受来自其他国家难民的做法等。比如，1492年就曾来过一批因被伊莎贝拉一世的驱逐而流亡的西班牙难民，这位女王曾为克里斯托弗·哥伦布提供过发现美洲的船只。

根据埃里尔·托阿夫的记述，15世纪罗马犹太人的文明状况"令人沮丧，并且在接下来的几个世纪中也没有任何改善"。对犹太侨民的致命一击来自1527年德意志雇佣兵对罗马城的劫掠。紧随这些劫掠而来的是灾难性的后果，正如斯波莱托医生和文人戴维·德·波米斯（原籍罗马）记载的那样：

> 犹太历5287年（1527年），纯金绝迹，这里只剩下最劣质的金属。德意志雇佣兵在罗马这座声名显赫的富饶之城大肆劫掠，皇帝的士兵抢走了我们所有的财产，使我们陷入破产的绝境。

西斯都五世是最开明的教皇之一，他本名为费利切·佩雷蒂，1585年至1590年在位，是为数不多的致力于开辟城市道路、改良农村状况的教皇。他允许犹太人从事各种艺术和手工业，免除了他们佩戴区分标志的义务，并允许他们根据社群的需要建立学校和犹太教堂。他去世之后，犹太人的境况又跌入谷底，直到18世纪末才在种种反对的声音中出现了些许转机。当1791年，第一批犹太人在法国获得解放时，罗马的犹太族群也开始期盼自由了。然而不幸的是，在1798年至1799年的两年里，不仅仅是犹太人，全体罗马人都经历了一段混乱时期，整日惶惶不安，政府在几个月内频繁更迭，不断变换政策；庇护六世（吉奥瓦尼·安吉洛·布拉斯齐）面对拿破仑的军队仓皇逃亡，直至流亡到阿尔卑斯山以北；随后法国的军队入侵罗马，诞生了一个罗马共和国，随之又迅速消亡。拿破仑本要下令成立一个"犹太枢机会"，但他也要同教皇搞好关系，想让教皇给他加冕，因此不能做得太过出格。

不过，拿破仑的伟业终是昙花一现。维也纳会议和复辟运动（1814—1815年）恢复了教皇在罗马的绝对权力。对于犹太人来说，这意味着又要回到狭窄的犹太人居住区。1846年登基的庇护九世（乔瓦尼·马斯塔伊·费雷提）在执政的最初几年里表现出了一定的宽宏大量：他废除了犹太族群代表对卡比托利欧山的臣属义务，并终止了收效甚微的对犹太人的强制布道。最重要的是，在1848年4月17日，犹太复活节的晚上，他下令拆除了三个世纪以来每晚都会关闭的犹太人居住区大门。但这种情况也没有持续多久。在罗马共和国（我们在《意大利众弟兄》一章中提到过）短暂的统治之后，庇护九世重返罗马，继而态度发生了很大转变。他重新执掌教皇国和教会，对变革痛心疾首，对未来深感不安。他十分厌恶自由的思想，难以忍受人们放荡的习俗。意大利的统一进程因此受到了严重影响，同样受到影响的还有犹太人，他们再次受到了欺侮和压迫。尽管犹太人居住区的大门没有再度关闭，但教廷却再次禁止犹太人拥有不动产，"即便以抵押投资的名义"也不行，教廷还禁止犹太人与基督徒交易，并征收重税，最后还把强制犹太人受洗的措施重新实行。

正是强制受洗的问题导致了一起非常严重的事件。1858年6月20日晚上8点，五名宪兵在宗教裁判所一名神父的带领下，闯入博洛尼亚的犹太人莫尔塔拉的家，还带走了一名六岁男孩埃德加多。据他们所述，两年前，这个男孩曾患过重病，由于担心他的生命安危，就被秘密地安排在基督徒女仆安娜·莫里西处受了洗。这孩子最后被带到了罗马，送进了新入教者之家（Casa dei catecumeni）接受基督教教育，后来成了一名神父。该案件在各地引起了广泛关注：权威人士甚至外国政府代表都出面干预，抗议教廷犯下的暴行。可小莫尔塔拉却被带到罗马犹太人居住区最肮脏贫穷的街道上，好让他看看自己免遭了怎样悲惨的命运。意大利所有犹太族群对此都提出了抗议，只有罗马的犹太人出于直觉上的谨慎没有参与其中，但这并不足以使其免遭教皇的怒火。1859年2月2日，事情发生约六个月后，一个罗马犹太人代表团受到庇护十世的召见。代表团秘书长萨巴蒂诺·斯卡佐基奥刚问候完教皇，教皇就指责他道："当然，当然，去年你们可是对我言听计从，可是在莫尔塔拉案上，你们却把整个欧洲搅得一团乱。"这位秘书试图辩解，但愤怒的教皇打断了他的话，用更严厉的语气讽刺道："你们，正是你们在火上浇油，是你们煽动了民众的怒火……你们从我这儿收了多少好处，如今就是这么报答我的嘛。但请注意，我也可以让你们受到伤害，我可以逼迫你们滚回你们的破洞里去……只怪我太过好心，对你们心怀仁慈，所以我会原谅你们，是的，我应该原谅你们。"亚伯拉罕·贝林纳在《罗马犹太人史》一书中根据一位参与觐见的人的现场笔录记述了上述这段话。这位参与觐见的主教还说教皇发泄一通后，立刻就后悔了。召见结束后，他向商会负责人"故意说起了夸赞斯卡佐基奥秘书的话，而且声音很大，好叫已经退到走廊上的代表团也能听见他的话"。

不管怎么说，在召见的时候，教皇的语气就已经缓和很多了，这多亏了代表们用语之谨慎。在之后的场合中教皇也没有再用过这些辱骂性的话语。然而，尽管语气不那么严厉，之后每次会见时，庇护九世总要重申对"杀害耶稣"的民族所犯下的滔天大罪的谴责。例如，在1868年5月29日的一次召见中，代表们就感谢教皇向犹太医生颁发11枚银牌"以表彰他们在霍乱疫情期间的奉献精神"。庇护九世在答词中道："祂的神迹大显神通，愿祂启发你们的思想，使你们尊重教皇，将他当作君主和引路人。因为只有祂，只有上帝，才能施展神迹，使你们皈依。"

直到意大利王国时期，罗马犹太人的权利才得到充分承认。1870年10月13日（攻破罗马20天后），两名犹太人，萨穆埃莱·阿拉特里和塞蒂米奥·皮佩罗被提名为市议员，其他九名犹太人也进入了国会。简而言之，意大利王国给予了犹太公民充分的权利。大学教授、法官、军官和国家高级职位中都有犹太人。他们甚至还能参军打仗：1849年，加里波第的部队和意大利共和国的保卫者里都有浴血奋战的犹太人；1911年利比亚登陆战及一战的战壕里，也都有他们的身影。

从1885年开始，犹太区的房屋开始拆除。这是一个环境治理工程。虽然有些不干净的金融投机活动在这个过程中钻了空子，但是在罗马（在其他地方也是），这种行为是切合实际的，或者我们可以说，都是惯常做法。宽阔的道路和气派的住宅取代了过去肮脏简陋的茅屋。1904年，台伯河岸建起了一座大犹太教堂，它是建筑师奥斯瓦尔多·阿尔曼尼和温琴佐·科斯塔的作品，是一栋亚述-巴比伦风格的建筑：从那时起，大犹太教堂和它那四方形鼓状穹顶就成了罗马城市风貌中的一部分。大犹太教堂内部保留了一些古代教堂的装饰元素，比如，17世纪罗马大理石制成的座椅和壁龛。从古老的卡斯蒂亚教堂移过来的诺亚方舟等。如今教堂的地下室里也已被布置成有关犹太族群生活的常设展览区。

这样的和平共处持续了30年，在这期间许多犹太人离开了聚居区，搬到了罗马的其他社区。然而这平静的30年被法西斯头目贝尼托·墨索里尼用1938年的《种族法》，这个最臭名昭著的举措打破了。墨索里尼为何会犯下如此玷污自己名声的罪行？他的政治逻辑是什么？历史学家一致认为，尽管德国在1935年的纽伦堡法案颁布后，大大加速了排犹进程，但希特勒并没有对墨索里尼施加任何直接的压力。

或许，墨索里尼认为，创造一个假想的"敌人"有助于巩固他的政权，他可以更好地利用当时欧洲逐渐复苏的反犹之风，这种风气不光出现在纳粹德国，还出现在奥地利、波兰、匈牙利和罗马尼亚。在意大利，反犹太主义运动是通过"专业性"报纸和杂志开展的，1937年，著名的《犹太贤哲纪要》出版，尤利乌斯·埃佛拉为其作了序言：这是一部轰动一时的虚构作品，但能为当局所用，它可以燃起大部分意大利人完全没有感受到的对犹太人的仇恨。不过，无中生有地捏造出的"犹太人仇恨"，并没有在大多数意大利人心中得到共鸣。然而，此举还有其他目的，例如，分散意大利人对殖民活动的注意力（和不安），因为这些殖民活动没有解决国家面临的任何问题；通过呼吁"种族的纯洁性"来对抗意大利军队和殖民地土著之间通婚可能产生的危险。因此，1937年12月，一项极其严厉的法律出台了，它规定"在王国境内或殖民地境内与意属东非人保持婚姻关系"的意大利公民须被判处"一至五年徒刑"。

1938年7月13日，《种族宣言》的发表从理论上对墨索里尼本人所倡导的"意大利种族"理念提供了支持。这一"种族主义科学家宣言"由一群"法西斯学者"签署，并将以下内容奉为公理：

> 目前意大利的人民源于雅利安人,其文明是雅利安文明……据传,古时大量雅利安人迁徙至此……如今已经形成了一个纯粹的意大利种族……这一论述基于极其纯粹的血缘关系,它将今天的意大利人与几千年来一直生活在意大利的民族联系在一起……现在,意大利人是时候坦率地宣称自己是种族主义者了。

宣言的最后几行明确说明:"犹太人不属于意大利种族。"1938年10月6日,法西斯大议会(五年后也是这个会议推翻了墨索里尼的统治)颁布《种族声明》,提前透露了1938年11月17日,国王批准的第1728条法律的具体规定:

> 禁止意大利公民与非雅利安人种族通婚;将犹太人从国家法西斯民族党中驱逐出去;禁止犹太人成为任何类型公司的所有者或管理者,禁止他们持有超过50公顷以上土地;禁止犹太人服兵役;禁止犹太人担任王国公职或在王国学校中任职;犹太人就业必须符合专门特殊的规定……

恩佐·科洛蒂在《法西斯主义和犹太人》一书中,试图探究墨索里尼的行为是否存在某种心理因素:

> 在他开始接触第三帝国政策的阶段,可能存在一种摆脱自卑心理的需求……他重新发现了意大利人的种族主义起源于古罗马时代,并坚信"我们是纯粹的地中海雅利安人"……尽管他充分了解德国发生的状况,却依然推动了对抗犹太人的仇恨运动。他非常清楚反犹斗争意味着什么,但他依然要做这件事,即便要面对诸多异常残忍的情况,他也选择义无反顾。

最残忍的画面果然出现了。如果说,对犹太人的迫害起初还只是侮辱、贫困、将他们排除在国家生活之外,1943年9月8日之后,纳粹便开始公开迫害他们了。这种迫害在1943年10月16日星期六达到了高潮,当日罗马犹太人居住区被全数赶尽杀绝:2091名犹太人,包括妇女、老人和儿童,遭到围捕并被装进突然而至的卡车里，运往奥斯维辛和比克瑙集中营的毒气室。贾科莫·德贝内代蒂的优秀短篇小说《1943年10月16日》就真实还原了这场悲剧。

其实，这场斩尽杀绝的不详预兆在早些时候，也就是9月26日就显现出来了。那天晚上，罗马犹太族群和犹太联合会的主席们被传唤到德国大使馆，在那里，党卫军中校赫伯特·卡普勒佯装和蔼实则残暴地宣布，罗马的犹太人犯有两宗罪：一是作为意大利人，他们背叛了德国；二是作为犹太人，他们所属的种族是德国人永恒的敌人。因此，为了赎罪，帝国政府要求他们在9月28日上午11点之前，缴纳50公斤黄金的赎罪金。如果完不成，就会有200名犹太人被抓捕并转移到德国。当犹太区的代表询问是否可以在凑不齐黄金的情况下用纸币补足时，卡普勒回应称，他不知道要纸币有什么用，毕竟，他要是需要纸币的话，自己印就好了。

在如此短暂的时限内，一场团结救援的竞赛开始了，参与其中的不仅有犹太人，还有很多不是犹太人的罗马人。德贝内代蒂写道："筹款中心设在犹太社区的一间办公室里。警察局总算接受了我们的请求，下令维护秩序并负责警卫，筹到的金子变得越来越多。桌子旁坐着一个犹太人信任的人；在他旁边，一位金匠在鉴定金子的成色，另一位则在称重。"就连梵蒂冈都采取了行动，通过非官方渠道表示，如果需要的话，他们有15公斤的黄金可供使用。

犹太人在没有其他人帮助的情况下最终筹到所需数量的黄金（甚至还超了一点点）并按时交付了出去，尽管最后德国人还试图使诈，谎称十个包裹里一个装着五千克黄金的包裹丢失了。可即便已经满足了德国人的要求，也没能使他们免遭10月16日的抓捕。

抓捕行动在一个湿漉漉的黎明开始，那天的雨水给寒秋染上了一丝哀愁，枪声中夹杂着不安的尖叫、凄惶的吵嚷和猛烈的枪托砸门声：罗马城在它漫长的历史中，见证过很多次这样的劫掠场景。凌晨5点30分，有近400名德国士兵在14名军官和士官的命令下四处搜寻——意大利法西斯在这场对犹太人的围捕中被认为是不可靠的（名义上说是要经过挑选），因此没让他们参加。上百名士兵包围了犹太人区，其他士兵则前往两名法西斯警官拉法埃莱·阿涅洛和真纳罗·卡帕事先提供的个人住址抓捕犹太人。德贝内代蒂写道：

从奥塔维亚门廊路传来了混杂着尖叫的哀鸣：S女士从圣安波罗修路和门廊路交界的拐角处探出头来。谁能相信他们会把所有人都抓起来，但他们确实全都抓了，这比任何人能想象的都要糟糕。路的中央断断续续地走着一队人，他们都是被围捕的家庭：一个党卫军在队头，一个党卫军在队尾，监视着这一小队人。他们把这群人差不多编成一个纵队，用机枪托顶着他们前进，除了哭泣、呻吟、乞求怜悯和迷茫地询问以外，无人反抗。

在接下来的几次围捕中，又有许多犹太人被抓：共计1067名男性、743名女性和281名儿童。那些可怜人被装进车厢，于18日14点15分离开罗马，22日晚上11点他们到达奥斯维辛集中营，精疲力竭，口渴难耐，有些人已奄奄一息。可是，他们在车厢里又被关了一夜，直到第二天黎明时分才被放了出来，这时距离他们被捕已经过了一周了。

执行这项残酷任务的部队是被特意派往罗马参与此次行动的；有些卡车司机想利用这个机会看看圣彼得大教堂。当士兵们撤下卡车欣赏着宏伟教堂时，"从车厢里爆发出一阵恳求教皇的呼喊，求他说说情，求他来帮助他们。然而卡车又启程了，最后的一丝希望也破灭了"。教皇方面没有做出任何反应，尽管这桩罪行就发生"在他的窗户底下"，第三帝国驻教廷大使冯·魏茨泽克这样写道。28日，大使十分满意地给外交部部长发电报表示"尽管身受诸多压力，但教皇并没有发表任何抗议清剿罗马犹太人的宣言"。

我想从德贝内代蒂的叙述中引用两小段的内容，用当中的细枝末节冷酷地反映出当时的气氛和怪相，说明生命的恶作剧对人生有着怎样的影响。第一个情节讲述了一个小伙子在被扔进这群可怜人中之前，获准买上一杯咖啡的故事：

他带着一种胆怯又疲倦的微笑问咖啡店老板："他们会对我们做什么？"这寥寥数语是那些被抓走的人留下的为数不多的几句话。这声音使我们感到，在某个片刻，他的生命又回到我们中间，然而他的生命已经不再属于他了,而是进入了那个新的黑暗而又可怕的世界。

第二件事因更加惨无人道而显得更为触动人心:

> 一位妇女以为自己躲过了那场劫难,已经安全了:她的丈夫没能在水箱里藏好,被德国人抓住带走了;她带着四个孩子——其中两个患了白喉,正发着高烧——一路逃亡,已经逃到了加里波第桥。可当她看到一辆满载着他们亲戚的卡车经过时,不禁发出了一声尖叫。于是德国人立即扑向她,抓住了她和她的孩子们。一个"雅利安人"心生慈悲,救了其中一个孩子,声称这孩子是他的。但这个孩子因执意想和妈妈待在一起,而开始哭闹起来,于是这个孩子也被一并带走了。

在这 2091 名犹太人中,仅有 73 名男子和 28 名妇女活着回来,所有人都因集中营里惨无人道的经历留下了深深的创伤。1944 年 3 月 23 日,又有 75 名罗马犹太人和 260 名无辜者在阿德阿提涅大屠杀中被射杀,这件事我们在《死于 1944 年 3 月 24 日》一章中有专门的描述。

罗马犹太人居住区的最后一场悲剧发生在 1982 年 10 月 9 日星期六上午 11 点 55 分。那天适逢圣会节,也是住棚节的最后一天,当一群信徒从加泰罗尼亚路犹太教堂的小铁门走出来时,一名外表中东模样的青年,站在对面的人行道上,把手伸进一个袋子里,微笑着,掏出手榴弹扔向了那些信众。许多人应声倒下,继而又被一阵机枪扫射。这次的袭击者共有 10 多人,尽管警察立刻赶到了现场并做出应对,但袭击者还是逃走了。他们中唯一可确定身份的,是约旦裔巴勒斯坦人奥萨马·阿卜杜勒·阿尔·佐马尔,意大利法院判处其终身监禁。可这名恐怖分子居然逃到了希腊,且希腊当局还拒绝引渡他。1988 年年底,他登上了奥林匹克航空公司从雅典飞往的黎波里的航班,从此人间蒸发。

那天,罗马共有 35 人受伤,1 人死亡,死者名叫斯特凡诺·塔凯,仅 3 岁,他是自 1945 年纳粹法西斯主义溃败以来,意大利反犹太主义暴力的第一个受害者。

The
biography
of
Roma

罗马 传

远古遗迹与现代建筑并存，今古奇观相连，瞬间便可穿越几个世纪，如此情形，只在罗马才会出现得如此频繁，也只在罗马才会产生如此效果。因此，罗马人更应经常念及并珍惜上苍赐予的厚爱。

古城新景

第十五章

古罗马城市模型

在罗马有一个十分漂亮的立体城市模型，呈现的大约是君士坦丁时期，也就是4世纪的罗马。摆放模型的台面对角线超过15米，从而使一些主要的建筑得以真实再现于此：竞技场、剧院、公众浴场、大教堂、凯旋门、螺旋形圆柱、古罗马市场和住宅区。人们可以在模型周边的高台上，"鸟瞰"这座古都，观察到一些保留至今的废墟结构，并能惊奇地发现17个世纪以前的城市街道，如科尔索大道、巴布伊诺大道以及考古大道和今天一模一样。连亘19公里的城墙、烽火台以及东西方向穿过罗马为皇宫供水的克劳迪奥引水渠，都展现得十分清晰。此外，罗马城内宏伟的建筑还包括圣格雷戈里奥大道上可见的一些拱门。

城市模型很有效用，它有助于我们利用一个精确的场景了解、找寻和定位古罗马城过去的壮美，有助于我们了解现在的罗马城究竟保留了多少遗迹。这个模型制于1937年，保存在埃乌尔区（EUR：Esposizione Universale Roma 的缩写，罗马万国博览会）的罗马文明博物馆里，那里还有一个很不错的天文台，使我们能以更广阔的视角了解我们头顶上的这片天空。

古代罗马的形象出现在现今罗马最现代化的地方，这是一个奇怪的悖论。那之后，罗马并不是继埃乌尔区以后不再修建其他建筑群，相反，二战后罗马向城市的各个方向有了井喷式的发展。但埃乌尔区仍是20世纪最宏大的街区，是当时最出色的一批建筑师受委托为迎接1942年的万国博览会精心设计而成的,而这次展览会本是为纪念1922年"法西斯革命"20周年而发起的。在最初的设计中,它被称为"E42",这是一个缩写,"E"是展览会这个单词的首字母,"42"是庆典的时间,也就是1942年。希特勒曾向墨索里尼保证展览会庆典前不会发生战争,墨索里尼也相信了,但在1939年9月1日,希特勒入侵波兰。于是在众多遭搁浅的事情之中,就有墨索里尼的博览会。

墨索里尼的最初构想产生于1935年。继1937年巴黎博览会和1939年纽约博览会后计划举办的1942年万国博览会有一些与众不同的特点:展厅、纪念性、功能性和代表性的建筑都是要长期留存的,因此不同于那些只能维持几个月的临时材料搭建的楼宇,这些建筑是用钢筋混凝土和坚固的石材设计、修建而成,并带有装饰与装修,因此它成了老城区西南方向逐渐形成的新居民区,位置就在罗马到海边的半路上。这是一个天才的创想,因为它将城市去中心化和分散转移人口的概念设想在时间上大大提前了。这样一个新的社区是经过多年设想才出来的,而人们很难想象战后的这些年这座城市到底充斥着怎样的混乱与喧嚣。在广阔的乡村建造出一个能吸引办公和住宅的区域,意味着扩展了城市的概念,将罗马从其17世纪的狭窄街道上剥离开来,从势必更加严重的拥堵中解放出来,使市中心向外投射、分散。

然而这项计划实质上是失败了的。究其原因,不仅是由于爆发了战争,还因为战后几年里,这座城市呈现旋涡般的扩展,仿佛一滴油渍以同心圆的方式漫展开来,然而"中心仍旧是中心",因此对罗马的交通网造成了人尽皆知的影响。虽然说项目遭遇了滑铁卢,但埃乌尔区却留下很多建筑遗迹,并且随着时间的流逝,它们也会成为历史。

我认为,想要真正了解埃乌尔区,而非浮光掠影看一眼的人,应该先从它的办公大楼开始看起。这座大楼是唯一一个在战争爆发前修建、装饰和陈设好的建筑,它的入口在居鲁士大帝路上。这座宏伟建筑的山形墙上刻着一行字:"第三罗马将沿着神圣的河岸延伸到第勒尼安海岸上的其他山丘",这证实了墨索里尼将城市向西南方向扩展的意图。在门廊对面,有一个排水池,用18个黑白相间的方形马赛克装饰着,这是吉诺·赛韦里尼、乔瓦尼·奎里尼和朱利奥·罗索在 1939 年设计出来的。建筑的主题是罗马神话和一些墨索里尼强加之物的混合，是典型的"法西斯"风格：迦太基的毁灭，海之女神罗马、花神、时间女神和胜利女神，还有青年意大利、土地改良、施工建设等。福斯托·梅洛蒂的雕像，塑造了一个挂着手杖的裸体青年，雕像名字本是《拯救土地》，它本来不是一个孤立的雕塑，而是一组雕塑的一部分，其中还包含一个女人和一个孩子的雕像。雕像都刻好了，但只有一尊最终被送达目的地，这是因为载有其他两尊雕像的火车遭遇了空袭，人们觉得最后还是将其带回：如今那两个雕塑仍在维西利亚雕刻它们的棚子里。

大楼外另一处具冲击感的是占据了过道整一面墙的大理石浅浮雕，1939 年普布利奥·莫尔比杜奇构思出这个作品，其灵感来源于罗马传统浮雕，图拉真凯旋柱和安东尼柱。建筑的演变可以代表罗马的历史进程：从罗慕路斯划耕出来的一道道犁沟到恺撒和罗马帝国修建的一系列成果；从耶路撒冷圣殿的摧毁（法西斯的种族法律在这前一年发布）到圣彼得广场上方尖塔的竖立；从"E42"的建设（其中最具代表性的建筑被亲切地称为"方形斗兽场"，它是一座劳动文化宫）到一座墨索里尼脚踩马镫，野心十足的雕像。然而奇怪的是，这座雕像旁边还有一个青铜雕塑，一个年轻的运动员举起手用罗马人的方式问好。作者伊塔洛·格里塞利的本意应是要表现法西斯主义的才华，二战后年轻人的手上被套上了拳击手套以改变这个姿势，使这座雕塑有了新的名字：运动天才。

办公楼内的陈列品即使是放在美术博物馆里也毫不逊色。很多物品都是在战争和占领中幸存下来的，占领者包括德国人、美国人，最后达尔马提亚难民也曾暂住此地。这里有古列尔莫·乌尔里奇设计的精美陈列台、实心玻璃的石阶栏杆、大理石门框、珍贵木材制成的门和地板、墙壁上的镶嵌物以及吉奥·彭迪设计的实用铝制门把手。一楼大厅的整个墙壁都被乔治·夸罗尼 1940 年所做的画作覆盖，又一次描绘了在一位身披红袍的女神的保护之下，罗马城的建立。

这座大楼的地下室也颇有几分趣味。其中一个大厅守护着五座青铜制成的头像，其中有两座刻画的是维托里奥·埃马努埃莱三世，另外三座则是墨索里尼。头像都有两种类型，一种戴着头盔，另一种没有，头像表情的威严程度也各不相同。再走过几个房间，会看到一个被钢筋混凝土制成的厚实天花板保护的房间，它是空袭时的避难所；这房间看起来会很揪心，但却值得一看，特别是对那些不了解战争愈加严重，轰炸愈加频繁时，受到生命威胁的人民如何生活的人。

有趣的是，劳动文化大道的尽头就被意大利文化宫堵住了。意大利文化宫有个更为人熟知的名字，叫劳动文化宫，或者就是上面提到的"方形斗兽场"，这个明亮的"大方块"最后成了埃乌尔区的"标志"，有时它也被当作是 20 世纪上半叶意大利建筑的标志。它于 1938 年到 1942 年间由建筑师乔瓦尼·奎里尼、埃内斯托·布鲁诺·拉·帕杜拉和马里奥·罗马诺设计建造而成，大理石贴面的庞大建筑修建在墩座墙上，人们一般从墩座墙的西边通过阶梯进入大楼。大楼的四面完全相同，都很简洁，没有装饰，没有门楣，没有层拱，只有几何感、垂直感和体量感。文化宫由于形而上学的抽象设计成了乔治·德·奇里科风格的代表作：建筑的每一面都分为六层，每层有九扇拱形窗口，一共 216 扇，它们展现出了大理石中空雕刻的通透感。在三角墙楣上，还有一行字，这句话很出名，常常被后世模仿和改编："是英雄、艺术家和诗人的民族 / 是科学家、思想家和圣徒的民族 / 是移居者和航海者的民族。"墩座底层的四边上有四组双子群雕，这是普布利奥·莫尔比杜齐和阿尔贝托·费里奇的作品，他们重拾了奎里纳尔广场上双子星雕像的理念。底层的 28 座雕像以隐喻的方式展现了不同艺术、不同行业和不同价值：音乐、天文、历史、物理、手工艺术、英雄主义、军事等。

万国博览会的其他著名建筑还包括圣彼得和保罗教堂，这是阿纳尔多·福斯基尼和他的同伴设计而成的，教堂建在高处，所以很显眼。教堂的平面图是方形的，穹顶由钢筋水泥铸成，直径 32 米，是仅次于圣彼得大教堂的罗马第二大教堂。这座教堂的确很美，也是宗教建筑中最后几例令人信服和恰当的作品。在战后的很多年里，罗马新建的教堂实际上都遵循了极为朴素的建筑理念，有些甚至丑陋得令人尴尬，仿佛宗教事物在经历多年的辉煌之后丢失了它的表现形式。

同样值得注意的是一座原本被称为"招待会与会议"的大楼，这是阿达尔贝托·利贝拉的作品，与"方形斗兽场"遥相呼应。利贝拉（1903—1963）是建筑唯理论的推动者，他也是库尔齐奥·马拉帕尔特在卡普里岛的别墅的设计者，这个别墅的设计标新立异，独树一帜。"招待会与会议"大楼的修建因战争而中断，在1954年结束战争和对峙后又重新开始修建，尽管这座建筑在修建过程中经受了诸多争议和设计师并未支持的改变，它仍然是20世纪意大利最重要的建筑作品之一，因为它有着辨识度极高的帆形圆拱屋顶。大楼的两个入口相对，又相互对称，通向建筑不同区域（接待大楼和会议大楼）。一切都是那样的和谐：十四根无柱顶的花岗岩石柱，高高的玻璃板，阿基利·福尼的湿壁画（可惜没有完成），宏大的内部空间经测量甚至可以容纳整个万神庙。

在克里斯托弗·哥伦布大道的中间（现在叫帝国大道）有一个丘陵，丘陵的顶端是罗马体育宫的所在地，人们本想在那儿建一座光之楼，"只由玻璃、光和水构成的幻妙景象：灯塔闪耀在整个展区之上，内部装饰极具现代想象及技术，构成最具特色的标志性建筑"，但可惜的是这座建筑从未实现过。当时的人们拒绝阿达尔贝托·利贝拉设计的未来主义的拱形建筑（所谓的大凯旋门，被认为是和平和寰宇的标志）：他设计了直线长度为200米的"光"（之后增加到320米）和130米高的箭头（从地面到最高处）会以雄壮之姿阻断展览区上那片海的视野。用钢筋混凝土建造这座建筑的想法被摒弃后，人们决定用铝，但因为一些难以克服的技术障碍，最终还是不得不放弃这个解决方案。

在此，我只简要对它做了概述。对于那些想要看到这片区域的人来说（我想说的是真正意义上的看）埃乌尔就在那里等待你们的到来。它那令人眼花缭乱的建筑物等待着人们去探索，它们在战争和战争初期的厄运中幸存了下来，也可以说，在艰难的历史中幸存了下来：变化和争论一路伴随着建筑的设计和施工，混合交织了技术因素、实际困难、政治需求和个人竞争。

在墨索里尼决定要在罗马举办一个向全世界展示这座城市的万国博览会之后，在哪里实施这个计划的问题就出现了。他本想定在罗马北部的加尼克罗和意大利市场（当时叫墨索里尼市场）的博尔盖塞别墅区，但由于罗马总督府的秘书长韦尔吉利奥·特斯达倡导城市向海洋发展，才使得将展区定在南部的想法逐步得到实现。随后马利亚纳和奥斯蒂亚海滨这两个地名就开始得到传播，最后由于劳动效率的原因，一个名为"三泉"的区域成为首选。有证据显示，罗马万国展览会总指挥维托里奥·基尼于1936年11月报告政府首脑："海左侧区域的道路延伸到马利亚纳桥附近的山丘上，位于三泉的桉树林和罗马－海滨的铁路之间。这片土地地势平缓，海拔高度为30—40米，处于台伯河河谷的优势位置，拥有得天独厚的原始环境和优美如画的自然风景，有着向海洋发展的无限可能。"

这一片地方的历史鲜为人知，却非常有趣，说明这段历史只需要依次说明城市形成过程中的军事和宗教变迁就足够了。三泉河谷，顺着劳伦缇娜大道延伸了几百公顷，并在不同时期几易其名。古时候，可能是由于这里有泉水或温泉浴场，被称为"撒尔维亚水"（Ad aquas salvias）。据传说，保罗·迪·塔索被斩首，砍下的头颅因刀剑力猛在地面上弹了三次，每一次弹跳都涌出一股泉水：第一股是热的，第二股是温的，最后一股是冷的。在5世纪时这里建成了三座庙宇，每一个喷泉对应一个庙宇，因此就有了三泉这个地名，这也是之后一个修道院的名称来源，修道院由希腊僧侣建成，他们敬拜波斯殉教者阿纳斯塔西的遗物，之后西班牙殉教者文森佐的遗体也埋葬在此。1000年之后，在这个当时还很荒凉的乡村里，著名的贝尔纳多·达·基亚拉瓦莱带领人们建设了西多会团体，后来发展到在罗马尼城堡周边购买很多土地，其中包括内米城堡，那是僧侣在炎炎夏日的避暑胜地。后来，该地区被冷落废弃之后，水的淤塞导致了土地被淹和疾病肆虐。1868年，在教皇皮奥九世的授意下，法国修道士通过种植大量桉树改良了这片土地并建立了一个新的修道区，现在这些桉树已经变成了一个茂密的树林。

在修道区现有的教堂中，以圣玛丽亚·斯卡拉·科利的名字命名的那座，即便不算美丽，却也是最令人回味的。它是16世纪末由贾科莫·德拉·波塔设计建造的。据传，戴克里先手下的10203名皈依基督教的罗马军在此惨遭杀害。教堂的名字源于贝尔纳多·达·基亚拉瓦莱梦里所看到的一幅景象：在为救赎一个罪人的灵魂祈祷后，他的面前出现了一个很长的阶梯，那个不幸的罪人正在努力向上攀爬，在阶梯顶部等待着祝福他的是圣母，为了专门建来纪念这件事，人们还修了一个12世纪的地下教堂。

1936年12月15日，在墨索里尼亲自考察以后，批准选定了三泉区。项目委托给了建筑师朱塞佩·帕加诺、马尔切洛·皮亚琴蒂尼、路易吉·皮奇纳托、埃托雷·罗西和路易吉·维耶蒂，同一团队还在1935年设计了罗马大学城。从第一张平面图中我们可以很好地理解项目的基本原理是什么：设计灵感源自伟大的建筑师安德烈·勒诺特（1613—1700）的凡尔赛宫。我们可以看到，市区一侧有一个大型的广场式入口，名为"帝国门"；内部道路网也承续了罗马风格，其中相交的道路由两条主干道延伸出来，这两条主干道分别叫"南北大道"（cardo maximus）和"东西大道"（decumanus maximus），它们相互交错呈一个直角；一片湖泊处于该区的中心位置；广场式入口的另一端有一扇门，叫作"海之门"。在俯瞰台伯河流域的山坡上矗立着"方形斗兽场"，从布景角度和观念形态角度看，这与在山丘上占主导地位的巨大建筑圣彼得和圣保罗大教堂形成了一种组合。因此，罗马最具历史性的两个建筑斗兽场和圣彼得大教堂都在E42项目中得到了复制。整体设计和单个建筑共同的合理性和几何严谨性是该项目的主要特征。在这一点上，E42项目与17世纪和20世纪初罗马蜿蜒和逼仄的街道有着明显不同。"现代"材料，如玻璃和铝的使用，强化了街区的严谨性，这些材料像大理石一样都使建筑表面呈现出明丽的浅色。

在法西斯时期，建筑的现代化与传统之间的冲突有时会引发一些尖锐的对立。E42则既体现了一种理性定义的城市概念，也未屈服于在其他地方盛行的国际潮流。马尔切洛·皮亚琴蒂尼是E42的"项目负责人"，他成功地将经典式样与莱昂·巴蒂斯塔·阿尔贝蒂和莱昂纳多·达·芬奇有关"理想城市"的图案和政府要求的恢宏大气调和在了一起。文艺复兴时期描绘的"理想城市"具有严格的对称性，兼以空间和结构的理性概念为基础。乌尔比诺的著名画作《理想城市》以最生动的方式展示了这些空间应具备的各项特征。城市的样式趋于简洁、和谐和平衡：空白和满盈、直线和曲线、教堂和宫殿相互交错，构成一个整体，成为示例和标准。E42只是想用现代的方式尝试重现它。

在此基础上，项目中还加入了一些古典风格，比如广场式入口对面的两个半圆形长廊（现在是国家保险局和国家社会保障局的大楼）、罗马文明博物馆的高廊柱，以及会让人想起古罗马市场和古希腊广场的中央大广场（现在是古列尔莫·马可尼广场）。

拥有设计法西斯建筑成功经验的建筑师们成竹于胸，他们设计了大学城，墨索里尼市场，以及图斯科拉那路的影视城。这些建筑因不同的需求和目的而出现，正如城市建筑师恩里克·圭多尼所说的那样，"直接基于艺术形式和表现说服力的公式化成功"。E42 诞生之初就是一种代表和一个舞台，本意是要向世人展示墨索里尼治下的意大利优秀的设计能力以及它在建筑方面的无限潜力。

另一方面，在 20 世纪，所有的独裁政权都利用建筑作为一种政治宣传工具。希特勒看中的设计师阿尔伯·施佩尔从新古典主义的浮夸的印记中受到启发，建立了国家社会主义的"纪念碑"。1935 年在纽伦堡落成的"齐柏林集会广场"是他最重要的作品之一。早在 1934 年，导演莱尼·里芬斯塔尔（她完美地拍摄下 1936 年柏林奥运会的官方电影）就制作了一部关于纽伦堡纳粹集会的纪录片，其中的背景里有一个施佩尔的短暂镜头。这部作品的名称是《意志的胜利》(Triumph des Willens)。希特勒很重视，并认为"他"的建筑有为德国和世界其他地方的人提供示范和警示的价值。1937 年他在杂志"《奇思异想》"(Baubild) 的演讲中重申道："国家社会主义即将公民和国家的集体利益置于某些利益集团之上……优先考虑的是代表性建筑而非私人建筑。国家对公民的要求越高，国家自身就必须越强。"且不说《我的奋斗》中的政治宣言，如果墨索里尼仅就上述研究中包藏的危险信息仔细思考一番的话，就可以让意大利人（以及他自己）避免一场巨大的悲剧。

但无论如何，那些都是指导方针，E42 项目也正是朝着这一个方向发展的。在第二次世界大战之前的几年中，两个未来的轴心国盟友通过他们各自的建筑仔细审视和衡量了自己。1936 年的柏林奥运会有着史无前例的历史背景，也正是这次奥运会，德国以 30 枚金牌的数量超过了美国的 25 枚。当时罗马申请举办 1944 年的奥运会（由于一些国际事件 1940 年奥运会未能举办），计划在奥斯蒂亚兴建一整座奥运城。

与此同时，作为宣传噱头，即将举行的罗马万国展览会提出了"文明奥运"口号。鉴于德国在奥运领域独领风骚，罗马表示会在其他智力活动上取得更广泛的胜利。希特勒在 1938 年访问罗马期间就感受到了这一点，墨索里尼当时筹划了一系列轰动的场面和活动，包括建造了一个新的火车站——奥斯蒂恩塞（l'Ostiense）车站。

E42 这个大框架中的一个部分，它是意大利法西斯在东非做出一系列重大举措之后，给自己的"帝国"风范加码的方式。在期刊《美居》（casabella）上，建筑师和城市规划师朱塞佩·帕加诺用坚定的信念写道，"当罗马大胆创造出这个新城市之时，它就可以在未来为自己的传统感到自豪，并将现代建筑理解为具体表现意大利新气象的途径"。然而，墨索里尼想要将这些新建筑物作为他最有效的宣传武器之一，敏感的建筑师们也充分意识到他们正在做的事情具有政治价值。

众所周知，这次展览上的大多数建筑是永久性的，也就是展会结束后继续保留下来。这个总原则是取得了一致同意的。项目总指挥维托里奥·西尼在 1937 年 1 月的新闻发布会上表示："举办这次活动本身不是目的……目的应该是解决一些重要的城市问题。"普利尼奥·马可尼在 1938 年年底的《意大利图解》中写道，"使这次展览会区别于别者的基本要素是其实践的一致性和城市规划的持续性"。1938 年在《建筑》中，皮亚琴蒂尼本人又重申了这个重要概念：

> E42 的城市规划非常特殊，从而得以同世界上迄今为止所有其他城市的规划区区分开来。这是意大利计划在法西斯执政二十周年时举办的文明盛会，也是建立帝国首都罗马纪念性新区域的重要规划……从技术角度来看，广场、街道、地下通道的配套、地面地砖、人行道、树木、灯光、花园、喷泉、楼梯、装饰品（雕塑、马赛克、青铜器）都是长久的，巨型湖泊及其中的喷泉、拱廊和平台以及大部分建筑物也都是永

久的。

但正如许多专家所说,这种"稳定的特点"实际上也并不是绝无仅有的事物。建筑历史学家埃齐奥·戈多利指出,利用一次博览会以在城市里建成一些有用的建筑,是一种普遍的方法,例如在巴黎,一些永久性建筑主要用来展出和作为博物馆使用。典型的例子就是巴黎大皇宫和巴黎小皇宫,它们是为了1900年法国巴黎的世界博览会建造的;塞纳河上面的亚历山大三世桥,也是为了这次活动而建;挺立在埃菲尔铁塔对面,塞纳河右岸的特罗卡德罗宫殿是为了1878年的博览会修建的(我记得1940年,根据报刊报道,在宫殿前的空地上,攻占巴黎的希特勒以这座宫殿作为背景拍下了照片)。

之前的"稳定"也发生在我们的国家:1911年,在宣布意大利王国成立50周年纪念之际,罗马建成了一些对罗马的持续性发展起决定性作用的永久性工程。其中包括飞跨古罗马城墙遗迹托儿托城墙(Muro Torto)的桥梁,它连接了博尔盖塞别墅和宾齐奥山;对卡尔托尼葡萄园地区的改造本是修建顿明左尼广场和布鲁诺伯茨大道;在瓦莱茱莉亚宫殿建立了国家现代美术馆和众多迄今仍然存在的外国美术学院,它们为罗马的这一区域增添了国际化特色;矗立在民族复兴桥和马泰奥提桥之间的阿尔米河岸的一系列小楼和别墅(国家建筑比赛的冠军);民族复兴桥(当时叫弗拉米尼奥桥)是台伯河上最大的单拱桥梁,由法国工程师弗朗索瓦·亨内比克(1842—1921)设计,是钢筋混凝土桥的"先驱";最后,还有如今马志尼区的整体布局,及其同名广场的星形线路,它是位于香榭丽舍大街起点的巴黎星辰概念的微缩版。

1911年的都灵万国博览也保留了几个"永久性的产物"。不像埃乌尔区,这个展览区没有从头新建,但铺设了基础管线、连接了主轴道路。很多范例表明(从巴塞罗那到科隆,从布鲁塞尔到纽约),以E42的建设为契机建设一项重大的城市化工程,是20世纪30年代的普遍选择。

然而,意大利法西斯较之其他国家困难更大。1935年10月3日,由彼得罗·巴多利奥和鲁道夫·格拉齐亚尼尼领导的意大利军队入侵埃塞俄比亚,引发了一场持续七个月的战争。为了镇压当地的抵抗,他们不仅进行了大规模的空袭，还使用了窒息性气体。1936年5月，巴多格里奥攻占了亚的斯亚贝巴；同月9日，墨索里尼在威尼斯宫的阳台上宣告了帝国的建立。于是，埃塞俄比亚成为意大利在东非（AOI）的一部分，这一地区当时还包括了厄立特里亚和索马里。在侵略开始后，国际联盟在英国的挑唆下立即对意大利实施了部分"经济制裁"，认为意大利的殖民扩张不是一件好事。但这一举措在很大程度上因美国和德国继续向意大利出售工业产品和原材料而得到了缓解。但是，困难依旧是存在的，就我们历史的客观而言，国家原材料的匮乏要求我们考虑问题要与做事的实际条件相匹配。在意大利文化宫建设的招标规则中我们就可以看到，作品必须"使用当地常用的建筑材料，遵守国家自给自足的规定，将铁的使用限制在必要范围内"。

鉴于本国珍贵原材料（包括铁和石油）的稀缺，招标书就呼吁人民展开想象利用现有的其他可替代产品，减少对外国的依赖。实际上，E42区或者说埃乌尔区的大多数建筑物都是钢筋混凝土浇筑的，只是表面贴有较昂贵的其他材料。如罗马提布尔提那区以东储量丰富的石灰华，以及替代木材的硬质纤维板和绝缘纤维板；用玻璃、玻璃膏和水泥玻璃（玻璃瓦片嵌入水泥结构中）做出的半透明表面；还有就是用来铺地的油毡和在石膏或硬水泥中添加其他物质获得的人造大理石。铝合金的形式应用也很广，例如锌铝合金和耐蚀铝合金，这些"年轻且现代的金属"并被看作"自给自足产品的完美体现"。

正在制订的宏伟计划的过程中，更大的困难源于三泉地区仍有人口居住。实际上这里有四散的隧道、深井、凝灰层和石灰采石场，还有一些简陋的住房，这些房屋形似新殖民地中的原址棚屋，故被戏称为"阿比西尼亚村"。像东非的小屋一样，这些小屋是贫苦农民的栖身地和无家可归者的避难所，他们在极度艰难的情况下生存了下来。为包装自己的帝国形象，意大利法西斯显然是无法容忍这些破落户存在的，因此墨索里尼下令把这些尽快清除干净。1937年6月的一份备忘录记载道："7月15日，全国各地的工人、建筑师和外国人会来到展览区，展览区内不得再出现这样的棚屋。十五天内，可在其他地方搭建十到十五个砖石棚屋。"

这位元首实际上复制了一个30年代初就被采用过的一个解决方案，当时历史中心区内的居民为配合拆除整治，不得不迁到其他地方，比如过罗马市场和如今的奥古斯都皇帝广场就有很多人口搬迁。"迅速形成的村庄"（圣巴西利奥、焦尔达尼、托马兰奇奥、皮耶特拉拉达等）如雨后春笋般涌现，它们都是一些由砌筑棚屋组成的临时村庄。这样的解决方案本应只是权宜之策，但最终却成了定局，从而对郊区的大片区域产生了负面影响。战后，这些"乡镇"成了新现实主义电影的背景，皮埃尔·保罗·帕索里尼所表现的悲剧命运，将这些村庄升华到了文学范畴。

20世纪30年代，另一批居民被迫涌入这些"乡镇"，由于租房政策到期，被驱赶出的人数骤然增多。同样的现象之前也发生过，在1911年天主教大赦之际，后来的普拉蒂区的部分区域被"清空"，从而产生了大量的"流离失所者"，他们中有些人幸运地在美特罗尼亚军营地区和沿奥勒留城墙的一些区域找到了栖身之所。在离我们较近的年份里，这一现象在1960年又重演了，那时是因举办奥运会需要完成很多项目，特别是道路项目。

现在让我们重新谈谈E42区。在这个地区进行普查后发现，这里有共约80多个棚屋，其中一些用来置放农具或用作鸡舍，还有一些则是24户人家，共计102人的住所。罗马总督彼得罗·科隆纳在向墨索里尼的报告中解释说，他们其中的不少户人家"耕种了一小片土地，用来补贴他们从工厂的劳动所得"。不知是基于人道主义精神，还是担心人们被迫转移可能会引起社会动荡，他补充说："如若立即迁出这些住户，这24个家庭无疑会丧失基本的生活来源……因为他们无法再依靠他们目前从中获益的小块土地维持生计……如果阁下认为有必要在七月内办理拆除工作，本政府将研究出台一项尽可能减少损失的方案措施。"墨索里尼读着，想着，甚为紧张，最后用红笔在旁边批示道："待定！M。"

在E42项目相关的活动中，还有一个值得一提的重要举措：发掘奥斯提亚古城。第勒尼安海岸，包括靠近台伯河入海口的海岸，几个世纪以来一直受到疟疾的困扰，一点不亚于臭名昭著的彭甸沼泽地。众所周知，罗马古老的港口埋藏有几个世纪的重要遗迹。但由于怠惰、任务量大和资金稀缺，重重困难削弱了解决问题的可能性，在这里曾有过一些挖掘活动，但都不是系统性的，尤其因为没有得到充分的资金援助，故而发掘工作做得总不彻底。

第一个在奥斯蒂亚进行科学研究的是丹特·瓦列里，一个圆滚滚的迪里雅斯特人，一位学识渊博的拉丁派学者，一名顽强的工作者。他用当时广泛使用的工具（铲子和镐）在 1907 年开始了第一次真正的挖掘。1913 年 4 月，在他去世后，挖掘工作在包括伊塔洛·吉斯蒙迪和圭多·卡尔扎等有才能的考古学家监督下继续进行。但是资金依旧很少，结果也就不足挂齿了。

1937 年，在开展 E42 的工作时，人们开始认真考虑奥斯蒂亚这个地方。加尔查教授提出了"关于挖掘奥斯蒂亚的完整一体化计划"，其中包括废墟的修复和整治，周边植被的绿化等问题。计划中提到这次"预计能对约 18 公顷的废墟进行挖掘，这比过去二十五年挖掘的面积总和（16 公顷）还要多"。奥斯蒂亚古城的总面积约 50 公顷，最近一次挖掘结束后，奥斯蒂亚将有超过 2/3 的部分被发掘出来。

四年里（1938—1942 年），挖掘计划在这片 400 米乘 300 米的土地上圆满完成了。1938 年 3 月至 1939 年 6 月间，项目组挖掘了 6 万平方米的土地，相当于挖了 22000 立方米的土方，而这些工作都是靠人力靠手工完成的。加尔查教授和工程师吉斯蒙迪使得一个仅次于庞贝古城的伟大遗迹重现天日。《晚邮报》特派员阿尔贝利奇在报纸上评论道："游览奥斯蒂亚古城，能让我心生敬畏：你会惊叹于它的占地之广、结构之精，即便在废墟里，肃穆庄严之气也显露无遗，它饱含古罗马真诚之精神。"

古老的港口——奥斯蒂亚的故事非同寻常。这一地区最早可以追溯到安科·马尔齐奥的君主制时代，奥古斯都时期，又修建了剧院、市场和水渠。随后建成的两个港口，克劳迪奥港和图拉真港，使这里成了罗马城人民生活物资的重要集散地，这一点可以从它大片的空地和仓库中（拉丁文 horrea）看出来。在 5 世纪初，台伯河流经奥斯蒂亚的支流已无法通航，城市的大片区域（已有 5 万居民）遭到了荒弃。如今去奥斯蒂亚古城的人已经很难想象出它曾经面朝大海的样子了。河流的淤塞使海岸线延伸了近 2 公里，台伯河的河道也随着时间的推移而改变，渐渐远离了城镇的北侧。

与庞贝不同，在奥斯蒂亚，并没有人类活动的阴影导致的悲戚回响。那里有许多公共建筑、房屋和商店遗迹，有世世代代生活的街道和广场。罗马任何一本好的导游册（旅行俱乐部的《红皮书》就很不错）都会列出许多知名景点供游客参观。但接下来我想提到的一些地方，只存在于我自己的记忆里。在这里，一位开明的高中老师让我和我的同伴们发现了拉丁诗歌之美。他带我们到奥斯蒂亚的古剧场去过两三次，在那里我们学习了贺拉斯 (Orazio) 的讽刺作品。一些成绩优异的同学大声朗读了其中一些段落，成绩不太理想的同学也能领悟到自己面对的是生命中的伟大和回响。经过这么多年，这些作品中一些令人惊叹的文字仍能在我的脑海中产生共鸣，这都要感谢我们在废墟中曾经度过的那些温暖明媚的清晨。

到了现代社会，剧院经历了多次的重建和修复，但正是因为这些意义非凡的印记，使得它的魅力仍能久久萦绕在舞台的圆柱间，礼堂（部分被重建）的石阶上，圆形的回廊里，这样的演出场地告诉我们当时的罗马文化和社会究竟代表了什么。

另一个知名古迹是海神公共浴场，公共浴场建于哈德良时代，位于剧院的右侧，面朝东西向大道，当台伯河还能流经那片地方时，公共浴场就正对着河岸。在这个建筑上至少有两幅精美的马赛克图案值得欣赏：一幅表现了海神和安菲特里忒，另一幅在浴场的东侧，描绘了四个向罗马供应物产的地方（西西里岛、西班牙、埃及和非洲）。浴场的不远处有一座"爱与灵之屋"，它的名字源自一尊雕像，刻画了两位相爱的神明，这座雕塑现已移到了当地的博物馆里。可以说这个屋子的建筑时间距我们相对较近，可以追溯到 3 世纪（奥勒良时期）。这家的主人一定很有钱，因为他们不仅用五彩斑斓的马赛克和大理石点缀装饰了墙面，还在院子里专门建了一个花园博女主人欢心（pax domestica）。

在剧院的左侧有一个名为"七天圣地"（dei Sette Cieli）的密特拉神殿，神殿保存得近乎完好。在基督教时代之前，这个源于古代波斯历史的密特拉神崇拜是如此重要以至成了当时罗马最流行的宗教，与官方宗教旗鼓相当。通过古希腊的推动，它在帝国的首都得到了广泛的传播，甚至遍及北方各省（默西亚、达契亚、潘诺尼亚、德国、英国）。像许多东方宗教一样，密特拉教也具有晦涩和神秘特征；它的神殿总是建在地下室里，称为"mitrei"，用以象征密特拉神诞生的洞穴。这位神明保障法律的执行，保护契约、牲畜和正义的人，并保证完成对他们的最终救赎。崇拜活动的核心是祭杀公牛（真实的或象征性的），公牛的死亡是为了促进人类的生机和繁衍。但是战胜野牛也代表着秩序和纪律战胜混乱与野蛮。信徒以面包和水，可能还有葡萄酒为主的聚餐将仪式推向了高潮。在一些密特拉神庙中，主大厅下面还有一个叫作"血沟"（fovea sanguinis）的小室；这里可能是用来接受牺牲公牛鲜血洗礼的地方，鲜血经由特殊的管道传送到这里。

当神在尘世间的生活结束时，会在太阳的帮助下重归天堂继续保佑人类。神的生辰恰逢冬至，即12月25日左右。虽然有几位皇帝报之仁慈的态度，但密特拉教派从未成为国家的官方宗教。然而，他依旧享受着巨大的尊荣，不仅在军队中，也在社会最贫苦的阶级中：奴隶，自由民，工人，工匠，小商人。同是这样的社会阶层，因类似的精神需求，也对另一个伟大的一神论宗教——基督教兴趣浓厚。法国历史学家欧内斯特·雷南就这一问题表达过自己的看法："假如基督教由于致命的打击停止扩张，那这个世界或许会被密特拉教所主宰。"

两种宗教在灵感和它们所构建的神奇事件上都有着不容否认的极为相似之处；有人甚至说（但没有提供文件证明）密特拉也是由处女所生。然而，两种宗教也是互相怀疑，相互斗争的。从第三世纪开始，基督徒从密特拉教中吸收了某些特征和仪式，先借助君士坦丁皇帝占了上风，而后狄奥多西一世大帝（347—395）从参观寺庙到祭祀祖先等各方面都采取迫害异教徒的措施，使基督教成了真正的国教，从而使教会也拥有了世俗的权力。

密特拉在帝国首都的传播也体现在罗马至今尚存的众多密特拉圣殿中。除了圣克莱门特教堂下面的那个（我在"恐惧之塔"一章中提到过），至少有一个在阿文蒂诺的位于圣普里斯卡小教堂的地下室。人们通过狭窄的通道进入其中，在少数得以保留的壁画中可以看到七种级别的教徒入教仪式，以及一个纪念上帝和公牛牺牲的仪式队伍。

如今的埃乌尔区会对人产生怎样的影响呢？奥地利作家（但被罗马人收

养）英格博格·巴赫曼称其为"一座空洞且令人毛骨悚然的建筑群"。也许是这项工作还没有完成，也许是它的建筑似乎与外国人希望在罗马找到的巴洛克式的圆度、形状和风格都相去甚远。我喜欢埃乌尔区表现出的形而上学的感觉（米开朗基罗·安东尼奥尼将它用在他的电影《日食》中），即便今天它有点被繁华交通和广告标牌弄得失去了光彩。设计师脑海中想象的那个"理想城市"的印记在道路、风景和十字路口依旧清晰可见，尽管生活本身留下了自己的印记和标志，使一些轮廓有了人为的改变，磨平了棱角，将占主导地位的白色大理石融入了花园的青绿、海水的蔚蓝，以及汽车驶过的五颜六色的街道上。

设计建筑群的建筑师不仅展现出了经典模型，也拥有20世纪的最新经验；他们珍视文艺复兴时期的遗产，并能够巧妙利用所有艺术中都承袭的和谐和比例的对称感。

在一个数世纪来都充满宗教气氛的城市中，埃乌尔区成了为数不多的世俗区域之一。在罗马试图建立世俗的力量胜过宗教的综合区的尝试只有两次。第一次是"皮埃蒙特人"建造的，即我在序言里介绍的1870年之后在独立广场附近建立的"澳门"区；第二次是"法西斯"建造的埃乌尔区。罗马就是罗马，这一点毫无争议，但优秀的建筑师仍尽己所能使E42能与任何一座欧洲大都市比肩。

我说的是接近大都市的水平，但并不是要与其相似。事实上只要让眼睛略微离开一会儿埃乌尔区的抽象几何形建筑，离开身处的街道，去它的周围逛逛，就能遇到这一章中我提到过的历史景观，包括三泉修道院、奥斯蒂亚古城遗址。今古奇观相连，如闪电般瞬间穿越几个世纪，如此情形，只有在罗马才会出现得如此频繁，也只有在罗马才会产生这样的效果。因此，罗马人更应经常念及并珍惜上苍赐予的厚爱。也许，这本书正是良助，使他们得以谨记。

致　谢

在写作此书的两年半时间里，承蒙各位厚爱关照，鄙人不胜感激。衷心感谢各方面的权威及友好人士或当面或通过他们的文字给予我意见、资料，并慷慨贡献他们宝贵的时间。

我想在此主要对以下朋友表示感谢。首先是小说家克劳迪奥·伦迪纳和阿曼多·拉瓦廖利以及我的朋友乔治·鲁福洛。有关"祖国祭坛"的内容，我得到了奥雷利奥·乌尔乔利、玛丽亚·罗莎里亚·科波拉和布鲁诺·托比亚的鼎力相助。至于"十七世纪的罗马"，茱莉亚诺·卡佩拉特罗和马可·贝索基金会的负责人劳拉·比亚吉奥蒂则给了我有针对性的建议。此外，乔治·布查德、塞吉奥·雷普利、安东尼奥·蒂里也就"1849年的罗马共和国"的相关内容，给予我诸多帮助。

罗伯特·卡茨、亚历桑德罗·波洛特罗以及格哈德·施雷贝尔在"拉赛拉大道的谋杀"以及"阿迪亚廷大屠杀"的相关文献证据收集上给我开了方便之门。得益于弗拉米尼奥·迪·比亚吉、图利奥·凯齐希、迪诺·里西、马里奥·维多的帮助，我才得以重构罗马电影之城。而在诠释米开朗基罗的作品《摩西》时，我参考了安东尼奥·福尔切利诺的研究；此外，文森佐·切拉米、艾琳·德·古特里和朱塞佩·菲奥里都是我在撰写20世纪60年代的罗马和"卡萨特谋杀案"时要特别感谢的对象。恺撒·德奥诺弗里奥、克里斯蒂娜·纳代拉、乔凡尼·玛利亚·维安的建议和作品则对我描述中世纪早期的罗马至关重要。

亚伯拉罕·贝林纳、恩佐·科罗迪、露丝·莉莉安娜·盖拉、斯蒂芬妮·西格蒙德、阿里埃尔·托阿夫向我展现了罗马犹太人居住区的故事与历史。考古学家伊达·西奥蒂诺和劳拉·文迪特利米帮助我从正确的视角认识一些重要的古迹,弗朗切斯卡·巴尔博尼博士就专门针对古罗马广场遗址提供了良多意见和见解。圣彼得的镣铐教堂和它地下室的一些资料来自唐·贾科莫·萨拉丁,莫里斯·费伦神父用其广博的学识向我讲述了四殉道堂的壁画和故事。伦佐·菲力,法比奥·格里桑蒂、伊达·维奥拉则帮助我找到了罗马新区及其兴衰变迁的新闻。

尼科莱塔·拉扎里和皮尔·安吉拉·马扎里诺将所有的建议汇总编辑成文。蒙达多利出版社驻罗马办事处的安娜·拉马多里亦不吝花费精力,常施与我以援手。

我要向所有人致以衷心的谢意。毋庸赘言,文中如有任何错误或不妥之处概由本人负责。

如若将来,有伯乐来相助,愿将本书再版,我亦借此表达同样的感恩之情。

译后记

甫一拿到书稿，读起来有些兴奋，虽因工作和学习的关系数次到访罗马，也看到过永恒之城辉煌壮丽下难免的芜杂，却从不感觉厌弃，因为我知道这里的每一条街巷，每一寸光景都有自己太多的故事要讲。

记得第一次来罗马时，遇到过一位素昧平生的罗马老大爷，他看我能用意大利语交流，便自告奋勇地给我讲解罗马废墟中各座神庙的历史，那骄傲的神态，铿锵的声音颇有指点江山的神采；我也记得自己学生时代曾拿着地图和旅行指南，独自一人步行在这七丘之城，对地名、看景色、读介绍，上上下下，流连忘返，身体虽疲，心内欣喜。当然还有在意的中外友人开车同我一起到访的拱门水渠、浴池广场、教堂门廊，一处酒馆一张比萨都是我对这个城市万千的碎片印象。

董其昌有言：人之气韵不可学，然亦有学得处，读万卷书，行万里路，涤胸中浊。得益于用脚丈量的道路，书中多次提及的贾尼科洛山、卡比托利欧山、马切罗剧院才让我觉得亲近可触，而读完书后再回罗马，拿到地图我会想起这座城市最早的旅游指南是9世纪时那本叫《爱因斯尔德林线路图》的小册子；知道与其总去人满为患的梵蒂冈建筑群，不如重返城郊那"无人问津"的圣若望大教堂，品一品当年一座用于选举，一座用于加冕，迫使教皇穿梭期间的权利角斗场。感谢语言给了我行动的助力，也给了我读书译书的能力。

翻译是一个和作者一同回望历史，感受惊心动魄的历程。对这座城市，作者没有肤浅的歌颂和崇拜，但深爱的情感却无处不在。他为罗马遭遇的数次劫掠和难以避免的衰落深感痛心。在作者笔下，犹如 17 世纪罗马社会镜像的画家卡拉瓦乔的一生，混乱无序、残忍暴力、动荡危险，一切似乎都那么"糟糕"，那么脏兮兮，然而画家的光线切割、明暗对照却无时无刻不提醒我们这才是我们不想直面的艺术中伟大的真实，毕竟 1600 年烧死布鲁诺的鲜花广场就在彼时的罗马。一个为扼杀现代思想萌芽而做垂死挣扎的教皇所在地，又如何避免被现代文明抛弃，如何同启蒙思想笼罩，工业革命开道的法英同日而语。

然而作者批判的不只有亨利四世杀入城中的暴行和将自身和教廷的安危置于罗马城安危之上的教皇，还有因迫害异教徒而拆去神庙石柱的天主教势力（有超过三百座的教堂是通过异教徒的神庙改建而成的）和截取古代雕塑用作新建筑材料的贪婪民众，以及各个时期来到了罗马又想带回几马车"纪念品"的"游客"（800 年的查理曼，1800 年的拿破仑），简陋的民居、悲惨的生活与争权夺利的显赫家族和古建上扒下来的装饰雕刻一起混杂在这个昔日骄傲光荣的城市里，叫人感叹也许"废墟本身就能证明罗马的伟大"。

作者笔下的罗马是壮怀激烈的，他写这里最著名的政治谋杀：恺撒之死；写这里最不朽的传世名作：米开朗基罗的雕塑与绘画。在罗马，军事家和艺术家共同构成了这个城市最底层的气质，尽管职业身份不同，但作为生命的强者，他们都用坚毅定力为自己的伟大目标克服万难，顽强抗争，开创下这万世敬仰的文化之源。也正是有了这种精神，1847 年四分五裂的意大利才会唱起那首《马梅利之歌》：意大利众兄弟，看祖国正奋起，问胜利在哪里，罗马城众奴隶。

走入近代，书中的很多章节都对法西斯时期的罗马着墨颇多，我想这是作为欧洲一分子的意大利在上个世纪的共同伤痛，不管是在 36 小时内交满 50 公斤黄金赎金却仍旧被围捕的犹太人，还是德军铁蹄下，罗马共产党、游击队乃至手无寸铁的平民百姓的英勇抗争，作者讲述的每一个生动的故事都是对那首中国人耳熟能详的歌曲《桥》最生动的注解，他让我们知道反法西斯斗争在亚欧大陆的另一端同样有很多可歌可泣的事件，意大利才不只是二战战场上那个用以玩笑打趣的存在。

在本书中，作者着迷于描写罗马的资产阶级，写他们的新生，写他们的疯狂，写他们的商业罪恶，写他们的花边文章；邓南遮文学中的浪漫欢愉，《晚邮报》新闻里的贪腐丑陋，"罗马梦工厂"见证过的繁荣和衰落，居民区别出心裁的住宅设计，还有囤积暴涨的城市地价，普契尼路的侯门惨案都是罗马给20世纪的历史所做的标签和注脚，作者的笔仿佛切开社会方方面面的刀，刀锋锐利，但滴滴落入的也是我们心头的血。

既是作家也身为电视节目制作人的作者总爱很自然地给我们带来一些动情的画面和镜头，常让我作为译者泪流满面，这里引一小段抛转引玉，以期能略略引起读者兴致，同这本书一起探寻罗马的隐秘，心中的隐秘："一名美国士兵从吉普车抽屉里拿了一块巧克力送给我，这是我吃过的第一块真正的巧克力。我吃着巧克力走在回家的路上，一位年长的绅士拦住我并踌躇地问道：'你能分给我一点吗？'我毫不犹豫地把巧克力递给他，男人从口袋里拿出一把小刀，切下一小块巧克力，他并未用言语向我致谢，但全部的谢意都凝聚在他那闪耀的目光中，至今令我难以忘怀。"

译文的完成还需要感谢为之付出努力的各方朋友，感谢出版社给出足够的时间打磨修改，感谢倩如的沟通和协调，感谢与我探讨罗马方言诗歌的经贸大外教，感谢在翻译初期给我提供帮助的贸大学生，感谢在稿件修改期间成为我第一批读者的孙先生，他们中有人看过原文，有人则只懂译文，但却无一例外都告诉我，很爱读这部罗马传，读之收获颇丰，受益良多。我想这样的反馈是对本书作者的莫大敬意，也是对我们小小译者的鼓励与安慰。整本书的翻译结束了，我对罗马新的向往却开启了，毕竟"罗马往昔物华天宝，今日犹然"，密特拉圣殿就是下一个我想到访的地方。

吴菡

2020年2月20日 于北京

I SEGRETI DI ROMA, © 2005 Arnoldo Mondadori Editore S.p.A., Milano.© 2015 Mondadori Libri S.p.A., Milano
The simplified Chinese translation rights arranged through Rightol Media （本书中文简体版权经由锐拓传媒取得 Email:copyright@rightol.com）
Simplified Chinese edition copyright: 2020 New Star Press Co., Ltd.
All rights reserved.

图书在版编目（CIP）数据

罗马传：人类历史的镜子 ／（意）科拉多·奥吉阿斯著；吴菡译．—— 北京：新星出版社，2020.6

（丝路百城传）

ISBN 978-7-5133-4020-5

Ⅰ.①罗… Ⅱ.①科… ②吴… Ⅲ.①文化史-研究-罗马 Ⅳ.① K546.03

中国版本图书馆 CIP 数据核字（2020）第 065273 号

出版指导：陆彩荣
出版策划：彭明哲　简以宁

罗马传：人类历史的镜子

[意] 科拉多·奥吉阿斯 著；吴菡 译

责任编辑：简以宁
责任校对：刘　义
责任印制：李珊珊
装帧设计：冷暖儿

出版发行：新星出版社
出　版　人：马汝军
社　　址：北京市西城区车公庄大街丙3号楼　100044
网　　址：www.newstarpress.com
电　　话：010-88310888
传　　真：010-65270449
法律顾问：北京市岳成律师事务所

读者服务：010-88310811　　service@newstarpress.com
邮购地址：北京市西城区车公庄大街丙3号楼　100044

印　　刷：天津图文方嘉印刷有限公司
开　　本：660mm×970mm　　1/16
印　　张：25.5
字　　数：418千字
版　　次：2020年6月第一版　2020年6月第一次印刷
书　　号：ISBN 978-7-5133-4020-5
定　　价：89.00元

版权专有，侵权必究；如有质量问题，请与印刷厂联系调换。